DIE VERFASSUNG DER VEREINIGTEN STAATEN VON NORDAMERIKA

JAMES M. BECK, LL.D.

WASHINGTON

Die Fertigstellung des ersten Exemplars der deutschen Ausgabe erfolgte am 22. Februar, dem Tage der Geburt George Washingtons

# DIE VERFASSUNG DER VEREINIGTEN STAATEN VON NORDAMERIKA

*„Was war, was ist — was wird?“*

VON


JAMES M. BECK

SOLICITOR-GENERAL DER VEREINIGTEN STAATEN


NACH
DER NEUNTEN BEI GEORGE H. DORAN COMPANY, NEW YORK,
IM JAHRE 1925 ERSCHIENENEN, MIT EINER EINFÜHRUNG
DES PRÄSIDENTEN DER VEREINIGTEN STAATEN
CALVIN COOLIDGE
VERSEHENEN AUSGABE, IN GENEHMIGTER ÜBERSETZUNG

HERAUSGEGEBEN VON

DR. ALFRED FRIEDMANN
RECHTSANWALT AM KAMMERGERICHT

MIT EINER EINLEITUNG VON

DR. WALTER SIMONS
PRÄSIDENT DES REICHSGERICHTS

*„Tantae molis erat Romanam condere gentem.“*


(2. bis 6. Tausend)

BERLIN UND LEIPZIG 1926
WALTER DE GRUYTER & CO.
VORMALS G. J. GÖSCHEN'SCHE VERLAGSHANDLUNG —
J. GUTTENTAG, VERLAGSBUCHHANDLUNG — GEORG REIMER —
KARL J. TRÜBNER — VEIT & COMP.

*„Verrücke nicht den alten Grenzstein, den Deine Väter aufgerichtet haben."*

— Sprüche Sal. 22, 28.

Dem Andenken

an die verehrungswürdigen Staatssekretäre
des Reichsjustizamts

Dr. Arnold Nieberding

und

Dr. Hermann Lisco

wird die deutsche Ausgabe des Beck'schen
Werkes gewidmet.

# WIDMUNG DES HERRN JAMES M. BECK

In dankbarer Wertschätzung der großen Ehre, von Gray's Inn in die hochberühmte „Bar of England" berufen und zu der Genossenschaft ihrer Bench zugelassen worden zu sein, widmet der Verfasser dieses Buch den

MASTERS OF THE BENCH OF GRAY'S INN*)

*) Anmerkung des Übersetzers: Gray's Inn ist eine der vier Londoner Advokaten-Innungen (Inns of Court): Inner Temple, Middle Temple, Lincoln's Inn, Gray's Inn.

James M. Beck, LL. D.
Solicitor-General of the United States.

# EINLEITUNG

Die Darstellung, die der frühere amerikanische Oberreichsanwalt James Beck über die Entstehung und die Grundgedanken der Unionsverfassung gibt, beruht auf Vorlesungen, die er zunächst vor englischen Juristen in Gray's Inn und sodann vor französischen Juristen in der Sorbonne gehalten hat. In Buchform hat diese Darstellung in den Vereinigten Staaten selbst eine Reihe von Auflagen erlebt; sie ist aber auch für deutsche Leser, und zwar nicht nur für juristische Leser, gerade heute von größter Bedeutung.

In überaus anschaulicher Weise werden die schweren Kämpfe geschildert, die der Geburt dieses Wunderwerks menschlicher Staatsweisheit vorausgegangen sind. Die Verfassung, die jetzt seit fast 140 Jahren in allen ihren Grundzügen unverändert das politische Schicksal einer der seltsamsten und größten Nationen der Weltgeschichte bestimmt, ist von ihren eigenen geistigen Vätern keineswegs so freudig begrüßt worden, wie man es im Hinblick auf ihre heutige Einschätzung erwarten sollte. Sie war das Ergebnis eines Kompromisses, der keine der streitenden Parteien voll befriedigte; aber der starke Wille des amerikanischen Volkes, die schwer errungene Form seiner politischen Einheit zu bewahren, und die weisen Hemmungen, die von den Vätern der Verfassung gegenüber vorschnellen Abänderungen dieser Form in die Verfassung selbst eingebaut worden sind, haben den erstaunlichen Erfolg gehabt, daß organisatorische Bestimmungen, die für eine Anzahl kleiner, auf Sicherung individueller Freiheit bedachter Gemeinwesen von durchaus kolonialem Charakter bestimmt waren, sich auch noch für ein ungeheuer volkreiches, über den halben Kontinent sich erstreckendes Staatswesen von höchster Ausbildung industrieller und kommerzieller Kräfte und von gewaltiger außenpolitischer Macht als hinreichend erwiesen haben.

Die amerikanische Verfassung ist im bewußten Gegensatz zu der Verfassung der damaligen europäischen Staatenwelt entstanden. In Europa hatte sich über den Resten mittelalterlicher Feudalität und Ständewirtschaft der Absolutismus des Territorialfürstentums aufgerichtet; gegen Feudalität, Ständewirtschaft und Absolutismus protestierten die freien und tapferen Kolonisten, die sich im Kampfe gegen England ein unabhängiges staatliches Dasein eroberten. Es sind Gedanken der französischen Aufklärung, die in der Konvention von Philadelphia immer wieder auftauchen: Rousseaus Contrat social hat keine glänzendere Verwirklichung gefunden als in der Verfassung dieser britischen Kolonien, und Montesquieus Teilung der Gewalten ist niemals bewußter in die Praxis umgesetzt worden. Aber der Geist, der über der Verwirklichung dieser französischen Gedanken wachte, war sehr abweichend von demjenigen, der später in der französischen Revolution zur Erscheinung kam; es war nicht der romanische Geist eines logischen Radikalismus, sondern der angelsächsiche Geist der nüchternen Rücksicht auf das praktisch Erreichbare, der Geist des Kompromisses. Wenn man die Kapitel des Beck'schen Buches durchgelesen hat, wird man diesen Gegensatz so bezeichnen dürfen: der Geist Washingtons und Franklins hat über den Jeffersons und Hamiltons gesiegt.

Der Ausgangspunkt dieser Verfassungskämpfe ist das starke Bedürfnis individueller Freiheit, das die Bewohner Neu-Englands erfüllte. Sie waren ebenso überzeugt von der Unverletzlichkeit ihrer Menschenrechte, wie das die Vertreter des dritten Standes in der französischen Nationalversammlung waren. Trotzdem haben sie eine Aufzählung dieser Menschenrechte nicht in ihre endgültige Verfassung aufgenommen; sie haben nur dafür gesorgt, daß darin die Grenzen der Staatsmacht nach Möglichkeit fest umrissen wurden. Die großen politischen und wirtschaftlichen Gefahren, die das junge Gemeinwesen in den 70er und 80er Jahren des 18. Jahrhunderts umdrohten, zwangen die Väter der Verfassung, eine starke und selbständige Exekutive zu schaffen, die das neue, aus verschiedenen Gemeinwesen zusammengesetzte Staatengebilde wie mit eisernen Klammern zusammenhielt. Das ist das erste Kompromiß, das die Verfassung kennzeichnet: die Verbindung individueller Freiheit mit staatlicher Macht.

Fast noch schwerer war ein anderer Gegensatz zu lösen: der zwischen den großen und den kleinen, zwischen den mächtigen und den schwachen, zwischen den volksreichen und den spärlich besiedelten Kolonien. An diesem Gegensatz ist das Verfassungswerk beinahe noch im letzten Augenblick gescheitert, in dem Augenblick, als es nach der Annahme durch die Konvention von Philadelphia den einzelnen Staaten der Konföderation zur Annahme vorgelegt wurde. Auf der einen Seite stand der berechtigte Stolz des Einzelstaats, der in einem langen kolonialen Sonderdasein seine Eigenart ausgebildet hatte und sich seines Anteils an den Freiheitskämpfen bewußt war, der Stolz, der nicht auf den Anspruch verzichten wollte, gleiches Recht mit jedem anderen Staat zu gewinnen und zu erhalten. Auf der andern Seite erhob sich der Wille der größeren und mächtigeren Staaten, ihre natürliche Überlegenheit auch in den Artikeln der Verfassung anerkannt zu sehen. Hätte man diese natürliche Überlegenheit außer acht gelassen, so würde das Band, das Große und Kleine zusammenhielt, sehr bald gesprengt worden sein; denn auf die Dauer werden sich niemals die Größeren durch eine Mehrzahl von Kleineren majorisieren lassen. Hätte man dagegen den Großen und den Kleinen ihren Anteil an den Verfassungsrechten lediglich nach dem Umfange ihrer Macht zugemessen, so würden die Kleinen sich bald als vergewaltigt betrachtet und das gemeinsame Interesse an der Verfassung verloren haben. Vor dieser doppelten Gefahr bewahrte die Verfassung das amerikanische Volk durch die geniale Verbindung des Gleichheitsprinzips, das im Senat zur Geltung kommt, mit dem Machtprinzip, das der Vertretung des Volks im Repräsentantenhause zugrunde liegt.

Dieses Beispiel ist für die Welt von höchster Bedeutung. Eine völkerrechtliche Gemeinschaft zwischen den großen und den kleinen Staaten der Erde ist nicht denkbar, wenn es nicht gelingt, auch in dieser Gemeinschaft dem Beispiel der Vereinigten Staaten von Amerika zu folgen. Die Verbindung der beiden gegensätzlichen Prinzipien, wie sie im Völkerbund versucht worden ist, kann sich an Billigkeit und praktischer Brauchbarkeit mit der Unionsverfassung nicht messen. Während nämlich in der Unionsverfassung der Senat die Gleichheit, das Repräsentantenhaus die Ungleichheit der Einzelstaaten zur Auswirkung bringt, ist es im Völkerbund umgekehrt. Der Senat, das ist der Völkerbundsrat, verkörpert die Übermacht der Großstaaten, während das Repräsentantenhaus, das ist die Völkerbundsversammlung, die Gleichheit der Staaten zur Erscheinung bringt. Bei der überragenden Bedeutung des Völkerbundsrates bekommt so die Verfassung des Bundes einen einseitigen und oligarchischen Charakter, der schon jetzt beginnt, den dort nicht vertretenen Völkern auf die Nerven zu fallen.

Ganz besonders interessant für einen europäischen Leser sind nun die Darstellungen Becks über die Art und Weise, in der die Unionsverfassung es verstanden hat, sowohl der Exekutive wie der Legislative des Bundesstaats gewisse Schranken zu setzen. In der Innenpolitik versteht es sich von selbst, daß die Exekutive durch den Willen des Gesetzgebers beschränkt wird; der amerikanischen Verfassung eigentümlich ist dagegen die Methode, nach der die auswärtige Politik, der Präsident, durch den Senat in Schach gehalten werden kann. Daß die Mittel, die hierfür in der Verfassung vorgesehen sind, nicht immer ausreichen, hat die Geschichte des Weltkrieges gelehrt; wie stark aber der Senat die Regierung der Vereinigten Staaten in ihren auswärtigen Verhandlungen beeinflußt, hat wohl jedes Land erfahren, das mit den Vereinigten Staaten Verträge abgeschlossen hat und die bereits erreichte Verständigung durch nachträgliche Bedenken des Senats gefährdet sehen mußte.

Den Mittelpunkt der Darstellung Becks nimmt die Schilderung der Bundesgerichtsbarkeit ein. Er bezeichnet sie geradezu als das Schwungrad an der Maschine der Verfassung. In der Tat ist es wohl ganz besonders der Wirksamkeit des Supreme Court zuzuschreiben, wenn die Verfassung während der langen und wechselvollen Geschichte der Vereinigten Staaten die unverrückbare Grundlage ihres politischen Daseins geblieben ist. Eine solche Wirksamkeit gerichtlicher Instanzen wäre undenkbar, wenn die Verfassung nicht das höchste Gericht dem Gesetzgeber und dem Inhaber der vollziehenden Gewalt völlig gleichberechtigt an die Seite gestellt hätte. Gleichberechtigt, nicht übergeordnet! Denn auch der höchste Gerichtshof ist nicht befugt, ein Gesetz für nichtig zu erklären oder der vollziehenden Gewalt Vorschriften zu machen; er ist nur in der Lage, im gegebenen Streitfalle dem Gesetz oder der Anordnung, die er für verfassungswidrig erklärt, die Wirksamkeit und die Durchführung zu versagen. Das aber genügt, um Verfassungswidrigkeiten im Lebenskern zu treffen und sie praktisch matt zu setzen. So ist der Supreme Court das rechtspolitische Gewissen des amerikanischen Volkes; so hat er sich die überragende Stellung erworben, die ihm bis heute in der amerikanischen Öffentlichkeit zugebilligt wird.

Diese Stellung ist aber nicht mehr unbestritten. Das hängt mit dem schwindelnden Tempo zusammen, in dem sich die wirtschaftlichen und damit auch die sozialen Verhältnisse der Union in den letzten Jahrzehnten entwickelt haben. Man hat schon vor längerer Zeit der amerikanischen Verfassung prophezeit, daß sie dem Leben der Nation nur so lange genügen würde, als es auf ihrem unermeßlichen Gebiete noch unbesiedelte kolonisationsfähige Strecken gäbe, weil nur solange die Verhältnisse fortwirkten, unter denen die Verfassung zustande gekommen sei. Darin liegt wirklich etwas Wahres; sobald der innere Druck, mit dem die Genossen einer menschlichen Gemeinschaft auf einander wirken, nicht mehr durch ein Ausweichen in unbesiedeltes Gebiet aufgehoben werden kann, nähern sich die Zustände der Vereinigten Staaten denen des übervölkerten Europa. Aber von dieser Folge des veränderten Siedelungscharakters der Union scheint mir jetzt verfassungsrechtlich noch wenig zu spüren zu sein. Sehr viel folgenschwerer ist ein anderer Charakterzug der modernen Entwicklung, nämlich die Zusammenballung der Bevölkerung in Industrie- und Handelszentren der Großstädte und die Entwicklung einer Massenfabrikation, die nicht nur das Produkt, sondern auch den Produzenten „typisiert". Diese Umgestaltung der Wirtschaftsbedingungen hat notwendig zu einer völlig anderen sozialen Schichtung geführt, als sie die Väter der Verfassung vor sich sahen.

Die Kolonien Neu-Englands waren zur Zeit des Unabhängigkeitskampfes ein Gemisch agrarischer und frühkapitalistischer Bildungen; auf ihre Staatsform hat gerade der Frühkapitalismus entscheidenden Einfluß gehabt. Damit hängt es zusammen, daß der oberste Gerichtshof in letzter Zeit wiederholt gesetzgeberische Maßnahmen für verfassungswidrig erklärt hat, wenn sie darauf abzielten, die bestehenden Vorschriften in Einklang mit den sozialen Erfordernissen der Neuzeit zu bringen, die den Auswüchsen des Kapitalismus zu begegnen suchen. Die Folge war, daß der höchste Gerichtshof mit den vorwärtsdrängenden Elementen der sozialen Bewegung Nord-Amerikas in Konflikt geraten ist; man wirft ihm reaktionäre und unsoziale Gesinnung vor, und es ist eine wachsende Bewegung erkennbar, sein Kontrollrecht gegenüber der Legislative abzuschaffen oder doch zu beschränken. Meines Erachtens wäre es im Interesse eines gesunden Fortschritts der Union sehr zu bedauern, wenn diese Bewegung Erfolg hätte; nimmt man das Schwungrad aus der Maschine, so wird ihr Lauf bald unregelmäßig, ihr innerer Zusammenhang schließlich zerstört werden. Setzt sich in den Vereinigten Staaten die soziale Bewegung durch, die jetzt über die ganze Welt ihren Siegeszug hält, so wird der Widerstand des Supreme Court durch eine Verfassungsänderung zu brechen sein, für die ja die Väter der Verfassung einen Weg gewiesen haben. Der Weg ist freilich steiler und schwieriger, als er von der Weimarer Verfassung vorgesehen worden ist; aber einer einmütigen Volksbewegung wird es nicht schwer fallen, ihn zu gehen. Es scheint mir ein Beweis für die tiefe staatspolitische Einsicht der Konvention von Philadelphia zu sein, daß sie den Weg zwar eröffnet, aber nicht leicht gangbar gemacht hat; denn nur auf diese Art konnte vermieden werden, daß die Verfassung den schwankenden Mehrheiten der öffentlichen Meinung des Landes und ihrer Vertreter im Parlament ausgeliefert wurde.

Herr James Beck ist ein Freund Englands und Frankreichs und hat dies in den Vorreden zu seiner englischen und französischen Ausgabe deutlich zum Ausdruck gebracht. Er ist kein Freund Deutschlands; als Vertreter des Rechtsgedankens hat er die Verletzung der Neutralität Belgiens durch Deutschland schwer empfunden. Mir ist von einem Freunde aus Philadelphia gleich zu Beginn des Weltkrieges ein Artikel zugesandt worden, den Herr Beck über diesen Neutralitätsbruch im „Philadelphia Public Ledger" hat erscheinen lassen unter dem Titel „Belgium versus Germany" und in dem er den völkerrechtlichen Streitfall in Form eines gerichtlichen Prozesses abhandelt. Der Spruch fällt gegen Deutschland aus. Trotzdem glaube ich, daß Herr Beck durch die Autorisierung der deutschen Übersetzung seines Werks dem deutschen Volke einen wirklichen Freundschaftsdienst erweist; denn er zeigt uns in diesem Buche einen Spiegel, in dem wir unsere eigenen politischen Aufgaben, unsere eigenen republikanischen Probleme erkennen können. Es lassen sich aus seinem Buche gerade für das Deutschland der Weimarer Verfassung wichtige Lehren ziehen.

Als Leiter der höchsten deutschen Gerichtsbehörde ziehe ich aus ihm hauptsächlich den Schluß, daß unsere Republik keinen Bestand haben kann, wenn nicht der jurisdiktionellen Gewalt in Deutschland neben der Legislative und der Exekutive eine stärkere Stellung eingeräumt wird als bisher. Die Ansätze dazu sind in der Weimarer Verfassung gegeben; sie bedürfen nur der Ausbildung. Aber der Zustand, daß das Parlament Jahr für Jahr verfassungsändernde Gesetze beschließt, fast ohne sich dessen bewußt zu werden, daß die Exekutive sich mit Notverordnungen aushilft, für die in der Verfassung vielfach keine Grundlage gegeben ist, — dieser Zustand darf nicht andauern. Das deutsche Volk muß vor seinem eigenen Willen zur staatlichen Form, dem Willen, der durch die Beschlüsse seiner konstituierenden Nationalversammlung Gestalt gewonnen hat, so viel Achtung haben, daß es an ihm nicht leichtherzig durch seine Vertreter rütteln läßt. Nur ein Volk, das seinen eigenen Willen achtet, kann erwarten, daß dieser Wille auch von anderen Völkern geachtet wird. Nach einer Umwälzung, wie wir sie erlebt haben, kann kein Verständiger glauben, daß die endgültige Form unseres staatlichen Daseins gefunden sei. Aber das Suchen nach dieser Form darf nicht in ein unruhiges Experimentieren oder in hochverräterische Umsturzversuche ausarten. Wir sollten mehr Achtung vor den Männern haben, denen es gelungen ist, unter unerhört schweren Bedingungen gegenüber äußerem Druck und innerer Not, gegenüber den Forderungen der Feinde und dem Zwist der Parteien unserem Volke die Einheit in einer würdigen Lebensform zu sichern; wir sollten deshalb an die Änderung ihres Werks nur mit Vorsicht und in reiflichster Erwägung der Notwendigkeit einer solchen Änderung herantreten. Schließlich kommt es doch am meisten auf die Menschen an, die unter der Verfassung leben, nicht auf deren Artikel; der stetige Wille, dem Gemeinwohl zu dienen und die Verfassung in diesem Geiste auszulegen, wird auch über manche Bestimmung hinweghelfen, die uns schon heute als nicht glücklich gefaßt erscheint.

Wie man eine Verfassung den Notwendigkeiten der Zeit anpassen kann, ohne sie formell abzuändern, sieht man aus dem Unterschied zwischen den Bestimmungen der amerikanischen Verfassung über die Präsidentenwahl und der Praxis dieser Wahl. Gedacht war der Wahlmodus als ein schwerfälliger indirekter Wahlgang innerhalb der Einzelstaaten; geworden ist daraus die Entscheidung über den Kandidaten innerhalb der großen nationalen Parteien, nach der sich dann die Wähler zu richten haben. Wenn das deutsche Volk in kommenden schweren Jahren eine ähnliche Fähigkeit der Anpassung und eine gleiche Zähigkeit in der Behauptung seiner Lebensbedingungen beweist, wie sie das amerikanische Volk in gleichfalls schwieriger Lage uns vorgelebt hat, dann wird Deutschland aus seiner jetzigen politischen, wirtschaftlichen und sozialen Not erlöst werden können.

Leipzig, den 24. Januar 1926.

Dr. WALTER SIMONS.

# NOTIZEN DES HERAUSGEBERS

1. Herr James Montgomery Beck, bis vor kurzem Solicitor-General der Vereinigten Staaten von Nordamerika, wurde am 9. Juli 1861 in Philadelphia geboren. Mütterlicherseits ist er englischer Abkunft, von seiten des Vaters trägt er deutschschweizer und böhmisches Blut in sich. Sein Ururgroßvater, Bernhard Adam Grube, promovierte an der Universität Jena und kam Mitte des 18. Jahrhunderts nach Amerika als Missionar für die Indianer, unter denen er ein halbes Jahrhundert lang tätig war. Herr Beck genoß seine Ausbildung auf dem „Moravian College" zu Bethlehem in Pennsylvania, von dem er im Jahre 1880 als „Salutatorian" seiner Klasse graduiert wurde. Nach dreijährigem juristischen Studium wurde er zur Advokatur (Bar) in Philadelphia zugelassen, wo er im Zeitraum der nächsten vierzig Jahre durch seine seltenen Gaben als Rechtsanwalt, Gelehrter und Redner Ruf und Erfolge erringen sollte.

Schon vier Jahre nach seiner Zulassung zur Advokatur wurde er zum Hilfs-Attorney der Vereinigten Staaten für den Ostdistrikt von Pennsylvania berufen. Nachdem er dort vier Jahre tätig gewesen war und dann die nächsten vier Jahre wieder in Philadelphia als Anwalt die Praxis ausgeübt hatte, wurde er zum Attorney der Vereinigten Staaten für den gleichen Distrikt ernannt. Herr Beck plädierte das erste Mal vor dem Obersten Gerichtshof der Vereinigten Staaten im Jahre 1896. Er erschien dann wieder vor diesem Gerichtshof als Spezialassistent des Attorney-General. Kurz darauf wurde er zum Assistenten des Attorney-General der Vereinigten Staaten ernannt und wirkte bei dem berühmten Northern-Securities-Fall mit, eine Angelegenheit, die er selbst als seine bedeutendste forensische Leistung betrachtet.

1906 zog sich Herr Beck vom Staatsdienst zurück, um wieder seine Privatpraxis als Anwalt aufzunehmen. Er war hauptsächlich in New York tätig und galt dort als einer der ersten Anwälte. Bis zum Jahre 1921 blieb er Anwalt. Im Juli 1921 erfolgte seine Ernennung zum Solicitor-General der Vereinigten Staaten durch den Präsidenten Harding.

In dieser Stellung verblieb er bis zum vorigen Jahre. Zur Zeit ist Herr Beck wieder in New York als Anwalt tätig.

Herrn Becks außerordentliche Leistungen werden sowohl in den Vereinigten Staaten wie in anderen Ländern gewürdigt. Er ist Ehrenmitglied der Bar von England, und in der Widmung, die er seinem Werke vorausgeschickt hat, gedenkt er voll Stolz der Tatsache, daß er Honorary Bencher von Gray's Inn ist. Bei seinem Aufenthalte in Paris im Jahre 1922 wurde er von der Cour de Cassation in öffentlicher Sitzung empfangen, eine Auszeichnung, die in der Geschichte dieses Gerichtshofs wohl einzig dasteht. Einer seiner Verehrer hat auf ihn das Wort geprägt: „Er hat das Recht geehrt, und das Recht ehrt ihn."

2. Von dem Beck'schen Werke sind folgende Auflagen erschienen:

1. Auflage vom Oktober 1922,
2. „ „ November 1923,
3. „ „ Juni 1924,
4. „ „ Juli 1924,
5. „ „ September 1924,
6. „ „ November 1924,
7. „ „ Januar 1925,
8. „ „ Januar 1925,
9. „ „ April 1925 mit der Vorrede des Präsidenten Coolidge.

(Verlag von George H. Doran Company in New York.)

3. Die erste Auflage wurde vom „Daily Telegraph" herausgegeben und erschien in London bei Hodder and Stroughton, Limited.

Sie enthält ein Vorwort des Earl of Balfour, und zwar war dieses die Ansprache, die der Earl of Balfour als Vorsitzender von Gray's Inn bei Gelegenheit eines Beck'schen Vortrages in Gray's Inn am 13. Juni 1922 gehalten hat. Das Vorwort des Earl of Balfour enthält außer einer Anerkennung der Verdienste des Herrn Beck folgende Worte über die amerikanische Verfassung, die eine besondere Erwähnung verdienen:

„Die Schöpfer der amerikanischen Verfassung sahen sich gänzlich neuen Problemen gegenübergestellt, wenigstens soweit die Englisch sprechende Welt in Betracht kam. Wiewohl sie ihre Lehren auf den englischen Überlieferungen von Recht und Freiheit aufbauten, hatten sie doch mit Verhältnissen zu kämpfen, denen sich keiner ihrer britischen Vorfahren gegenübergestellt sah. Sie zeigten einen meisterlichen Sinn in der Anpassung ihrer ererbten Ideen an ein neues

Land und neue Bedingungen. Das Ergebnis ihrer Arbeit ist eins der größten Werke aufbauender staatsmännischer Kunst, das je vollendet wurde. Wir, die wir zum Britischen Reiche gehören, sind jetzt damit beschäftigt, unter ganz anderen Umständen langsam und schrittweise die zerstreuten Teile des Britischen Weltreichs zu einem organischen Ganzen zusammenzuschmieden, einem Ganzen, das gerade wegen seiner geographischen Lage eine so von der Verfassung der Britischen Inseln abweichende Verfassung haben muß, wie sich diejenige der Britischen Inseln von jener der Vereinigten Staaten unterscheidet. Aber alle drei entspringen einer einzigen Quelle; alle drei werden von Männern mit gleichen politischen Idealen zum Abschluß gebracht; alle drei sind bestimmt, Ordnung und Freiheit in der ganzen Welt zu fördern. Inzwischen können wir auf der anderen Seite des Atlantischen Ozeans nichts Besseres tun, als unter den günstigsten und glücklichsten Bedingungen die Geschichte des großen konstitutionellen Wagestückes zu studieren, das uns die Vereinigten Staaten von Nordamerika geliefert haben."

Weiter war der ersten englischen Ausgabe eine Einführung durch Sir John Simon, King's Counsel, beigefügt. Es war ebenfalls eine Ansprache, und zwar hatte sie Sir John Simon am 19. Juni 1922 beim Schluß der Beck'schen Vorlesungen gehalten. Von Sir Johns Ausführungen, die sich, wie immer, so auch bei dieser Gelegenheit, durch Geist und Witz auszeichneten, sei Einzelnes wiedergegeben, was in Wahrheit für den Engländer hier charakteristischer ist als für den Amerikaner. Sir John sagte:

„. . . Und wir können bei dieser Gelegenheit nicht ohne ein persönliches Wort von Herrn Beck scheiden. Plato berichtet einen Ausspruch des Sokrates, daß der Hund ein wahrer Philosoph sei, weil Philosophie Liebe zur Kenntnis sei und der Hund Freunde, die er kenne, immer begrüße, während er Fremde anknurre. Die britische Öffentlichkeit sieht ihre fremden Besucher oft mit einem Gefühl dieser Hundephilosophie. Wir betrachten Herrn Beck jedoch nicht als gelegentlichen fremden Besucher, sondern als vertrauten Freund, dem wir Vieles verdanken. Er ist verschiedentlich hier gewesen, und wir hoffen, daß er seine Besuche noch oft wiederholen wird."

Endlich ist die französische, von Charpentier herausgegebene Übersetzung zu erwähnen, die mit einer Einführung des bekannten französischen Gelehrten F. Larnaude, Ehrendekan der Rechtsfakultät der Universität Paris, im Jahre 1923 bei Armand Colin in Paris erschien. Aus dieser Vorrede des (vielleicht nicht deutschfreundlichen) Herrn Larnaude sei ebenfalls eine Stelle wiedergegeben, weil sie für die allgemeine Frage der jetzigen Ordnung und für die Eingliederung der Verfassung in diese Ordnung höchst bedeutsam erscheint. Herr Larnaude erwähnt die im Beck'schen Buche enthaltene Klage über den Verfall der Führerschaft und die Gefährdung der Verfassungsweihe durch die Auflehnung gegen die Autorität. Hierzu sagt Herr Larnaude:

„In der Tat, Amerikas Juristen, seine großen Universitätslehrer und seine Staatsmänner, die dieses Namens würdig sind, verbergen nicht ihre Befürchtungen über die Wege, welche die Demokratie in ihrem Lande einschlägt. Sie konstatieren gewisse Offenbarungen des demokratischen Geistes mit einiger Unruhe. Dieser neuen Demokratie gegenüber, die so verschieden von derjenigen der Väter der Verfassung von 1787 ist und die sich übrigens besonders in den Verfassungen und in den Gesetzgebungen der Staaten offenbart, spart nun James Beck weder mit Warnungen noch mit Kritiken. Er zeigt den erschütternden Kontrast, der zwischen der Weisheit, dem verantwortungsbewußten Gewissen, dem vernünftigen Denken, der Uneigennützigkeit, der Abgeneigtheit gegen jede Wahlreklame, wie sie bei den Männern, die mit ihren starken Händen den Bau des Jahres 1787 errichteten, bestanden, und zwischen den Charakteren ihrer Ersatzmänner von heute vorhanden ist. Mit einer unerbittlichen Virtuosität beschreibt der hervorragende Solicitor-General in seiner Ansprache zu Cincinnati die vielfachen Anzeichen und Äußerungen, die er als Auflehnung gegen die Autorität und als den Verderb und Ruin des konstitutionellen Sinnes bezeichnet und die übrigens, wie er bemerkt, in gleicher Weise in Amerika wie anderwärts zutage treten. Nichts ist merkwürdiger und eindrucksvoller — wiewohl sein Bild wohl ein wenig zu schwarz gemalt sein mag — als seine in einem kurzen allgemeinen Abriß vorgebrachte mächtige Anklage betreffs des allgemeinen Niedergangs der Moralität, des Anwachsens der Kriminalität, der Auflehnung gegen die Überlieferungen und gegen den Takt in Literatur, bildender Kunst, Musik, in öffentlichen und privaten Sitten, einer Auflehnung, die sich selbst gegen die Natur richtet, — die in ihren Grundfesten durch feministische Verirrung angegriffen wird. — — — —

Wie kann man sich angesichts des so gründlichen Wandels auf dem Gebiete der Moral, des sozialen Lebens und der Wirtschaftlichkeit wundern, daß selbst die politische Ordnung sich bedroht fühlt.

Sicherlich lastet eine wirkliche Krankheit auf der Menschheit, doch nicht nur seit dem Kriege; denn, wie James Beck bemerkt, erschien diese Krankheit sichtbar schon in den Jahren, welche dem Kriege voraufgingen, aber sie hat sich beträchtlich verschlimmert seit dem riesenhaften Gemetzel ...

Gewisse Länder sind zweifellos mehr als andere von den Übeln betroffen. Aber keines entrinnt ihnen vollständig.

‚Sie starben nicht alle daran, aber alle waren davon betroffen.'

Es bedarf nur der Zeit, um zu handeln, oder besser gesagt, um dagegen zu handeln und zu kämpfen."

4. Der Herausgeber hat sich bemüht, seinen eigenen Stil zu verbergen und Herrn Becks eigenartige, charakteristische Sprache nach Möglichkeit getreu wiederzugeben.

Herrn Dr. Georg Fischer zu Neu-Finkenkrug (Ost-Havelland) ist der Herausgeber für seine wertvolle Unterstützung bei der Herausgabe zu Dank verpflichtet.

Besonders angenehm war es dem Herausgeber auch, daß Herr Reichsgerichtspräsident Dr. Simons ihn auf mehrere Fehler aufmerksam gemacht hat.

Dankbar werden Anregungen von Lesern, die der Verbesserung des Textes dienen, entgegengenommen; nach Möglichkeit sollen solche Ratschläge bei einer späteren Auflage berücksichtigt werden.

5. Der Herausgeber hat davon Abstand genommen, durch Einfügung von wissenschaftlichen Anmerkungen dieses Werk zu einer wissenschaftlichen Streitschrift umzugestalten. Er macht aber keinen Hehl daraus, daß er es für eine der wichtigsten Aufgaben der staatsrechtlichen Wissenschaft hält, offen in einen Kampf einzutreten, der ausgekämpft werden muß: Es ist der Kampf gegen die Ansicht der zur Zeit namentlich in Heidelberg vertretenen, auf der Allmacht des Gesetzgebers beruhenden Lehre, die in einer Verfassung kein höheres Gesetz erblicken will. Die Vertreter dieser Lehre sind Professor Gerhard Anschütz und Professor Richard Thoma. Auch der Heidelberger Kriminalist Professor Alexander Graf zu Dohna, der Tübinger Rechtslehrer Max von Rümelin und der Kieler Staatsrechtler Walter Jellinek scheinen den erstgenannten Gelehrten nahezustehen. Auf der anderen Seite, das heißt auf der für die Verfassungsheiligung Streitenden, seien von deutschen Gelehrten Beyerle, Wilhelm Kahl, Erich Kaufmann, Koellreutter,

Rudolf Smend, Carl Schmitt sowie Heinrich Triepel und seine Schüler besonders hervorgehoben. Es ist nicht möglich, mehr Herren zu nennen, weil es sonst darauf hinausliefe, hier sämtliche deutsche Staatsrechtslehrer zu gruppieren. Wenn Professor Erich Kaufmann in der zweiten Gruppe genannt ist, so geschieht dies in der Annahme, daß, wenn ein Gelehrter von dieser Bedeutung seine Hauptschrift Otto von Gierke gewidmet hat, dies auch eine sachliche Bedeutung haben muß; denn in keines deutschen Rechtslehrers Werk tritt die dem Naturrecht entstammende, der Idee der Gerechtigkeit geweihte Lehre von der Gleichberechtigung zwischen Staat und Recht so klar hervor wie bei Otto v. Gierke (vergl. Gierkes Johannes Althusius, S. 179).

Vielleicht erinnert man sich daran, daß Friedrich Carl von Savigny (Zeitschrift für geschichtliche Rechtswissenschaft, 1. Bd., S. 3) einst schrieb:

> „Kein Zeitalter bringt für sich und willkürlich seine Welt hervor, sondern es tut dieses in unauflöslicher Gemeinschaft mit der ganzen Vergangenheit. Dann also muß jedes Zeitalter etwas Gegebenes anerkennen, welches jedoch notwendig und frei zugleich ist; notwendig, insofern es nicht von der besonderen Willkür der Gegenwart abhängig ist, frei, weil es ebensowenig von irgendeiner fremden besonderen Willkür (wie der Befehl des Herrn an seinen Sklaven) ausgegangen ist, sondern vielmehr hervorgebracht von der höheren Natur des Volkes als eines stets werdenden, sich entwickelnden Ganzen."

Und weiter erinnere man sich jener Warnung, die Otto von Gierke 1883 an Laband richtete:

> „nicht das spezifisch staatliche Moment auf den durch Zwangsandrohung gesicherten Befehl zu reduzieren, weil die Konsequenzen des auch hier eingreifenden Formalismus in letzter Instanz das Recht mit dem Verluste allen wirklich wertvollen Inhalts bedrohen".

Mag der wissenschaftliche Kampf um die Verfassung bald beginnen. Je energischer er geführt wird, desto schneller wird sich auch für die Allgemeinheit die Grundlage unseres Verfassungsrechtes klären. Auch Bismarcks Erbe muß man heute neu erwerben, um es zu besitzen.

6. In einem Punkte ist der Herausgeber von Beck abgewichen. Der Herausgeber hat sich nicht davon überzeugen können, daß Kap. 29, 18 der Sprüche Salomonis richtig über-

setzt ist. Die übliche, sich auch bei Luther findende Übersetzung lautet: „Wo keine Weissagung ist, wird das Volk wild und wüst; wohl aber dem, der das Gesetz handhabt!" Die überwiegende Zahl der Gelehrten nimmt an, daß es sich mit diesem „Spruch" ebenso verhält wie mit den meisten „Sprüchen", die, in der Form kunstmäßiger Sprichwörter gehalten, in der nachexilisch-persischen Zeit entstanden, zum mindesten aber damals gesammelt worden sind. Jeder Kenner der eigentümlichen Kunstformulierung weiß, daß es sich um einen reinen „Maschal" handelt, also um jene bekannte Form der Antithese, die gewöhnlich im Gedankengange des Parallelismus membrorum gekennzeichnet wird. Gerade zur Zeit der Auflösung des Volkes, also in den Perioden sittlicher Verwilderung — verbunden mit der Loslösung von der Religion, ertönten aus dem Priester- oder aus dem Dichtermunde in feierlicher Form gefaßte Mahnungen, anknüpfend an die Offenbarung des Gesetzes. Nun ist es richtig, daß sowohl in der Septuaginta wie beim Origines wie in den sonstigen lateinischen und griechischen Texten gewöhnlich im ersten Teile das Volk und im zweiten Teile das Individuum auftaucht. Aber schon Delitzsch wie Ehrlich haben die grammatische Möglichkeit, als Subjekt des zweiten Teiles wieder das Volk anzusehen, hervorgehoben; und will man den Parallelismus membrorum in seiner Reinheit hier zeigen, so kann man gar nicht umhin, auch im zweiten Teile zum Subjekt das Volk zu machen. Herr Lizentiat Kurt Galling, cand. theol. und phil., mit dem der Herausgeber durch die liebenswürdige Vermittlung des Professors D. Greßmann über die Exegese von Prb. 29, 18 korrespondiert hat, ist mit dem Herausgeber zu dem Ergebnis gekommen, daß der Vers in freier Übersetzung bedeutet: „Ohne Ehrfurcht vor seinen heiligen Rechten wird das Volk zügellos; wer aber diese Rechte heiligt, wohl dem!" Der Herausgeber hat es für richtig gehalten, das Ergebnis seiner eigenen Exegese in die Form folgender Worte zu fassen:

**„Volk ohne Weihe vergeht,**
**Volk, das sich heiligt, besteht."**

Hätte sich der Herausgeber mit dem Problem der Staatserhaltung zu befassen, so würde er von Prb. 29, 18 ausgehen.

Berlin, den 3. Februar 1926.

Dr. Alfred Friedmann.

# EINFÜHRUNG

von

CALVIN COOLIDGE

Präsident der Vereinigten Staaten von Nordamerika

Es scheint mir von äußerster Wichtigkeit, daß das Studium der Verfassung einen wesentlichen Bestandteil in der Erziehung der amerikanischen Jugend bilde. Der Gemeingeist eines eminenten Amerikaners, Eldridge R. Johnson, der eine weite Verbreitung „der Verfassung der Vereinigten Staaten von Nordamerika" von James M. Beck an Erziehungsanstalten ermöglichte, verdient allgemeine Anerkennung und Empfehlung*).

Herr Beck ist seit Jahren als Autorität auf dem Gebiet unseres Staatsgrundgesetzes bekannt. Er ist ein Rechtsanwalt von hervorragender Kultur und umfassenden Kenntnissen. Er ist nicht nur durch seine langen Erfahrungen als Anwalt mit der praktischen Seite der Gesetzesanwendung bekannt, sondern er hat auch als Forscher einen tiefen Einblick in die theoretischen Grundlagen unserer Institutionen gewonnen. In seiner Praxis als Anwalt sowie in seiner Tätigkeit als Solicitor-General der Vereinigten Staaten von Nordamerika ist er in jene intime Berührung mit unseren Gesetzen gekommen, die die beste Grundlage für ein gesundes Verständnis ihres Geistes, ihrer Wahrhaftigkeit und ihrer Weisheit ist. Er kennt die praktische Anwendung der Verfassung auf die Vorfälle des täglichen Lebens.

*) Diese Einführung ist aus einer Sonderauflage „der Verfassung der Vereinigten Staaten von Nordamerika" von Beck in Höhe von 10 000 Exemplaren abgedruckt, die Eldridge R. Johnson an Schulen und Bibliotheken in den Vereinigten Staaten von Nordamerika verteilen ließ.

# EINFÜHRUNG

Wir können nicht alle in den technischen Einzelheiten der Gesetzgebung Erfahrung haben; gleichwohl sollten wir aber alle eine gewisse Kenntnis von unseren grundlegenden Institutionen besitzen. Wir müssen ihre Beziehungen zu unserem täglichen Leben, die Gründe ihrer Geltung, die Wohltaten kennen, die wir ihnen verdanken; wir müssen ferner wissen, warum es in unserem eigenen Interesse notwendig ist, daß sie dauernden Bestand haben. Wir müssen wissen, daß das Gericht u n s e r Gericht ist.

Die Verfassung ist nicht in sich selbst Ewigkeitswerk. Wenn sie fortbesteht, so geschieht das, weil sie sich auf das allgemeine Interesse stützt. Diese Unterstützung ist nicht bloßes Dulden, sondern tätiges Handeln. Es bedeutet ein entsprechendes Opfer für die Aufrechterhaltung eines gemeinnützigen Gutes.

Die Verfassung der Vereinigten Staaten von Amerika ist das Endrefugium für jedes Recht, das irgendein amerikanischer Bürger genießt. Solange diese Verfassung beachtet wird, sind diese Rechte sicheres Gut. Sobald aber die Verfassung der Mißachtung und dem Verruf anheimfällt, ist das Ende jeder geordneten Regierung da, wie wir das vor mehr als 125 Jahren erfahren haben.

Die Verfassung bedeutet eine Regierungsform kraft Gesetzmäßigkeit. Es gibt daneben nur noch eine andere Autoritätsform, die der Gewaltherrschaft. Die Amerikaner müssen zwischen diesen beiden Dingen wählen. Das eine bedeutet Gerechtigkeit und Freiheit, das andere Tyrannei und Unterdrückung. Unter der amerikanischen Verfassung leben zu dürfen, bedeutet das größte politische Vorrecht, das je dem Menschengeschlecht zuteil wurde.

Weißes Haus, den 12. Dezember 1924.

C a l v i n C o o l i d g e.

# EINLEITUNG

„Was bedeutet Verfassung unter Freunden?"

So lautet die berühmt gewordene Frage, die ein sehr praktischer Politiker vor vielen Jahren an einen der bedeutendsten und edelsten Präsidenten der Vereinigten Staaten von Nordamerika richtete, als er ihm eine Handlung zumutete, die die Verfassung verbot. Die Geschichte berichtet nicht, ob die Frage scherzhaft oder ernstlich gemeint war. Sie hatte aber in jedem Falle große praktische Bedeutung. Auch die Antwort, die Präsident Cleveland seinem übereifrigen Parteianhänger gab, ist nicht überliefert.

Es liegt in der Frage erheblich mehr, als der Fragesteller selbst geahnt haben dürfte; denn die Kraft einer Verfassung, den lebenden Geschlechtern in der Verwirklichung ihrer Bestimmung auf ihre eigene Art die Hände zu binden, ist in sich ein philosophisches Problem von höchster Bedeutung. Jefferson, der große Apostel der amerikanischen Demokratie, hat einmal gesagt, die Verfassung „gelte für die Lebenden und nicht für die Toten". Die klare Schlußfolgerung ist, daß die Unterwerfung einer lebenden Generation unter die Anschauungen und Einstellungen einer dahingeschiedenen Generation eine Form der geistigen Sklaverei und so eines freien und fortschrittlich gesinnten Volkes nicht würdig ist.

Für den philosophischer veranlagten Geist eines Edmund Burke ist die Gesellschaft ein sich immer wieder erneuernder, wahrhaft geheiligter Pakt zwischen den Toten, den Lebenden und den noch ungeborenen Geschlechtern. Ein heiliges Vermächtnis der Toten an die Lebenden verpflichtet diese, das Erbe der Vergangenheit den Nachkommen zu überliefern.

Jede dieser Theorien bedeutet ein Extrem; die beiden Anschauungen lassen sich aber mit Hilfe einer Tatsache versöhnen. Wenngleich die Lebenden die Herren ihres eigenen Schicksals sind, so wird doch ein vernünftiges und gerechtes Volk, ohne sich allzu streng binden zu lassen, jene Grundsätze und Überlieferungen respektieren, welche die Weihe der Vergangenheit besitzen. Die Lebenden haben eine Verpflichtung gegenüber dem später geborenen Geschlecht; denn der Fortschritt ist eine Art von Erbe. In diesem Sinne meint es Burke, wenn er sagt, daß die Beschränkungen, die sich ein Volk selbst auferlegt, zu seinen Rechten gezählt werden dürfen.

Im Jungle Book beschreibt Rudyard Kipling die Gewohnheiten der Affen, auf die der übrige edlere Teil der Tierwelt mit tiefer Verachtung herabblickt. Das Schlimme beim Bander-log- oder Affenvolk war, daß ihnen das Gedächtnis fehlte. Auf den Wipfeln der Bäume sitzend, pflegten sie laut über Rechte und Pflichten zu schwätzen und, in der großsprecherischsten Weise prahlend, in der Vorstellung zu schwelgen, daß sie über die übrige Tierwelt erhaben seien. Da ihnen aber das Gedächtnis vollkommen mangelte, vergaßen sie ob jeder neuen Ablenkung sofort alles, worüber sie sich einige Augenblicke vorher schlüssig gemacht hatten. Zu großen, heldenhaften Unternehmungen waren sie unfähig, weil sie ganz dem Augenblicke lebten. Ausdauer im Denken und Handeln war ihnen nicht gegeben. Eine Nation, die keine Rücksicht auf die Vergangenheit kennt und gleichgültig gegen die Zukunft ist und deren ganzes Dasein in den vergänglichen Meinungen und flüchtigen Leidenschaften des Tages aufgeht, leidet an den gleichen Beschränkungen wie das Bander-log-Volk; sie wird, jenen Affen gleich, mehr und mehr der Verachtung anheimfallen.

Geziemende Ehrfurcht vor der Erfahrung und vor den gefestigten Überzeugungen der Vergangenheit ist das Kennzeichen eines großen Volkes; diese Ehrfurcht findet ihren höchsten Ausdruck in einer Verfassung.

Was ist eine Verfassung? Nach amerikanischer Ansicht ist sie in erster Linie eine Regierungsform, welche die Staatsgewalt in der Weise zu verteilen sucht, wie es der öffentlichen Sicherheit und dem allgemeinen Besten am zuträglichsten ist. Wie ich aber gleich zeigen werde, schafft sie nicht nur einen mechanischen Regierungsapparat, sondern begründet auch als ein hohes Ideal ein System von grundlegenden Leitsätzen, die durch lange Erfahrung so geprüft sind, daß sie eine ganz besondere Weihe erhalten haben. Die Toten einer einzelnen Generation mögen nicht weiser gewesen sein als die Lebenden; aber die Toten vieler Generationen haben — zumindest zusammengenommen — eine größere Erfahrung.

Die größte menschliche Erfindung war die Sprache. Sie überbrückte den scheinbar unüberwindlichen Abgrund zwischen Geist und Geist. Nur von sekundärer Bedeutung war daneben die Fähigkeit, Gedanken durch Zeichen festzuhalten, die zum Alphabet führten. Mit Hilfe der Sprache und der Schrift überwand der Mensch nicht nur den Raum, er trotzte auch der Zeit. Diese beiden Meistererfindungen ermöglichten eine Kontinuität der Gedanken und Erfahrungen, die für das Bander-log-Volk vollkommen undenkbar ist. So trägt ein Grundsatz, der durch die Erfahrungen von zwei Jahrtausenden geprüft ist, in viel höherem Maße die Gewähr seiner Richtigkeit in sich als die vergängliche Gedankenwelt einer lebenden Generation, die doch nur ein Produkt ihrer zeitweiligen Interessen, ihrer flüchtigen Leidenschaften und ihrer außergewöhnlichen Lebensbedingungen sein mag.

In unserem hektischen Zeitalter haben viele ihre politische Macht durch eine geschriebene Verfassung begrenzt gefunden; sie fragen dann bald in dieser, bald in jener Form: „Warum sollen die Lebenden durch ein altes Stück Pergament in der Kongreßbibliothek, das vor 137 Jahren von Leuten entworfen worden ist, die jetzt alle tot sind und deren letzter bereits vor beinahe einem Jahrhundert in den ewigen Himmel der Vergangenheit eingegangen ist, „eingepfercht, eingesperrt und eingeengt“ sein?

„Warum sollen diese Kinder eines anderen Zeitalters der Weltgeschichte, in dem die Menschheit eben erst, wie der Schmetterling aus der Puppe, aus dem Zustande des Hirten-

und Ackerbauzeitalters auftauchte, mit ihren feierlichen Anweisungen ein Geschlecht beherrschen, das in einer höchst komplizierten Zeit lebt, in der alles durch menschliche Energie Erreichbare bis zur xten Potenz gesteigert worden ist?"

„Soll das Zeitalter des Schubkarrens das Zeitalter des Flugzeugs beherrschen?"

Wäre die dynamische Kraft das Ein und Alles der menschlichen Gesellschaft, so könnte die Antwort auf diese eindringlichen Fragen freilich nur verneinend lauten. Aber die Gesellschaft ruht doch keineswegs nur auf mechanischen, sondern in der Hauptsache auf geistigen Grundlagen, und die ewigen Wahrheiten sind durch die ungeheure Ausdehnung der thermo-dynamischen Kraft keineswegs vernichtet worden.

Die große Aufgabe der Verfassung ist es, diese ewigen Wahrheiten der Freiheit und der Gerechtigkeit festzuhalten. Das lebende Geschlecht sollte deshalb seine ehrerbietige Aufmerksamkeit der erprobten Weisheit einer gewaltigen Vergangenheit ebenso schenken, wie es die erhabene Schönheit einer gotischen Kathedrale bewundert, die doch auch nicht deshalb weniger Begeisterung erweckt, weil ihre Erbauer schon tot sind.

Eine Verfassung ist also mehr als lediglich ein Regierungsschema; sie ist der bestimmte Ausdruck des höheren Rechts. Sie braucht nicht geschrieben zu sein; sie kann ebensogut auf altem Herkommen wie auf förmlich niedergeschriebenen Aufzeichnungen beruhen. Das Wesen ihres Geistes ist das eines höheren Rechtes.

Der Ausdruck „constitutio" in diesem Sinne hat seinen geschichtlichen Ursprung. Im römischen Recht war eine „constitutio" jedes Dekret, Edikt oder Gesetz, das der Kaiser, als oberste Autorität, ohne den Antrag oder die Mitwirkung einer untergeordneten Regierungsstelle dem Volke auferlegte.

Die mittelalterliche Kirche entlieh den Ausdruck „constitutio" dem römischen Recht; im Mittelalter bedeuteten dann die „constitutiones" solche apostolischen Schreiben, die für die ganze Kirche irgendeinen wichtigen und umfassenden Grundsatz in bleibender Form festlegten. Der Ausdruck wurde dann auch auf jede förmliche Grenzziehung zwischen der weltlichen und der kirchlichen Gewalt angewandt. In dieser Weise regelten die sogenannten „Constitutions of Clarendon", die unter der Regierung Heinrich II. auf dem Konzil von Clarendon zustandekamen, die rechtmäßige Abgrenzung zwischen jenen miteinander streitenden Jurisdiktionen.

Zum erstenmal wurde der Ausdruck auf einen Akt der Staatsgewalt wahrscheinlich von Francis Bacon angewandt, als er den Entwurf einer der Virginia-Charters billigte. Er besaß eine tiefe Gelehrsamkeit auf dem Gebiete des bürgerlichen und des allgemeinen Rechtes und wandte, vielleicht in dem etwas pedantischen Geiste, der seine Schriften kennzeichnet, den Ausdruck auf die örtliche Verfassung an, die König Jacob den Londoner „adventurers" verlieh, als sie im Jahre 1607 die erste englische Niederlassung in Nordamerika gründeten. Seitdem hat das Wort seine jetzige begrenzte Bedeutung und wird sowohl auf die große Sammlung von geschriebenen und ungeschriebenen Grundsätzen angewandt, welche die britische Verfassung bilden, als auch auf das förmliche, schriftliche Dokument, das die Gründer der nordamerikanischen Republik annahmen.

Trotzdem besteht zwischen den beiden Verfassungsformen folgender wichtiger Unterschied: Die britische Verfassung beruht einzig und allein auf der Zustimmung der lebenden Generation; gibt es doch keine Einzelheiten der britischen Verfassung und keinen Freiheitsgrundsatz, die das Unterhaus nicht jetzt durch bloßen Mehrheitsbeschluß abschwächen oder ganz aufheben könnte. Früher hätte kein Gesetz, mochte es auch im Parlament durchgegangen sein, ohne die Zustimmung der Krone Gültigkeit erlangt; das königliche Vetorecht ist jedoch zum letztenmal zur Zeit der Königin Anna ausgeübt worden, und in der Gegenwart wird es als nicht mehr zu den geltenden Verfassungsgrundsätzen gehörig angesehen. Es ist richtig, daß die Befugnis des englischen Volkes, seine Regierung zu wechseln, bis in die Gegenwart durch die Befugnisse eines mit erblichen Sitzen ausgestatteten Oberhauses stark beschränkt war. Unter dem Kabinett Asquith ist jedoch diese Einschränkung der Macht der Mehrheit fast gänzlich durch eine neue Verordnung beseitigt worden: Nimmt das Unterhaus heute ein Gesetz an, versagt ihm das Oberhaus seine Zustimmung, wendet sich darauf die Regierung wegen dieser Meinungsverschiedenheit an das Volk und kehrt dann eben diese Regierung zur Macht zurück, so muß das Oberhaus seine Zustimmung zu dem Gesetz erteilen, wenn es wieder eingebracht worden ist.

In der amerikanischen Bedeutung des Wortes „Verfassung“ ginge es zu weit, wenn man sagte, England sei ohne Verfassung in dem Sinne einer fehlenden nachdrücklichen Beschränkung der Macht der Mehrheit.

In Amerika ähnelt die Verfassung mehr der uneingeschränkten Autorität eines römischen Kaisers. Durch die Rechtspflege zur Geltung gebracht, beschränkt sie die Macht der Mehrheit und kann nur abgeändert werden durch Annahme eines verfassungsmäßigen Abänderungsantrages, wozu die Zustimmung von drei Vierteln der Staaten der Union erforderlich ist. In einer Beziehung, nämlich hinsichtlich der Gleichmäßigkeit der Vertretung im Senat, kann sie sogar nicht einmal mit Hilfe dieses umständlichen und mühsamen Verfahrens geändert werden.

*Auf diese Weise ist die amerikanische Verfassung die hervorragendste und wirksamste Erscheinungsform eines höheren Gesetzes.* Daß diese Unterwerfung der Lebenden unter ein höheres, von den Toten herrührendes Gesetz in unserer fieberkranken Zeit Widerspruch hervorruft, ist nur natürlich. Der Zweck dieses Buches ist nun der, die geschichtliche Entwicklung dieser Verfassung, ihr Zustandekommen im Jahre 1787 und ihre tiefe politische Weisheit darzulegen. Ich bitte den Leser, sich zu vergegenwärtigen, wie die Verfassung zustandegekommen ist, worin ihre wesentliche Bedeutung liegt und wie sie durch den verirrten, neuerungssüchtigen Geist unseres hektischen Zeitalters verstümmelt worden ist und noch verstümmelt wird.

An anderer Stelle habe ich die Verfassung mit einer gotischen Kathedrale, etwa der von Reims, verglichen. Ihre

Grundmauern erwecken den Eindruck der Festigkeit, wenn auch ihre Pfeiler erschüttert und die Statuen, die sie schmückten, verstümmelt sind. Sie bleibt nichtsdestoweniger ein edler und brauchbarer Tempel der Freiheit und der Gerechtigkeit. Hoffen wir, daß nicht bei der gegenwärtigen Gleichgültigkeit der Masse gegenüber der Verfassung und bei dem neuerungssüchtigen Geist unseres unruhigen und ungeduldigen Zeitalters die Zeit kommt, in der die Verfassung denselben Anblick bietet, den der Verfasser im Sommer 1916 von der Kathedrale von Reims hatte. Reims war eine edle, aber mitleiderregende Ruine. Der Hochaltar der Kathedrale war umgestürzt, und die herrlichen Rosenfenster waren hoffnungslos zerschlagen.

Der Hochaltar der Verfassung ist die Selbstbeschränkung, die das amerikanische Volk von 1787 sich und der Nachkommenschaft aufzuerlegen weise genug war; ihre Rosenfenster sind die großen Überlieferungen der Freiheit, die wir von unseren Englisch sprechenden Ahnen mit unermeßlichen Opfern an Gut und Blut übernommen haben.

Zum Schluß noch ein Wort der Erklärung. Dieses Buch ist aus fünf Vorlesungen entstanden, die der Verfasser auf Einladung und unter den Auspizien der Londoner Universität und der Gray's Inn zu London in der Hall der Gray's Inn am 13., 15. und 19. Juni 1922 und am 25. Juni und 2. Juli 1923 gehalten hat. Die Vorlesungen sind darauf in New York und London, später auch in Paris*) veröffentlicht worden. Merkwürdigerweise sind von der französischen Ausgabe in sechs Monaten mehr Exemplare verkauft worden, als in England verkauft worden sind. In Amerika sind mehrere Auflagen erschienen. Da eine ständige Nachfrage nach dem Buch zu bestehen schien, hat sich der Verfasser entschlossen, es gänzlich umzuarbeiten; die Vorlesungsform ist beseitigt und das Buch so beträchtlich erweitert worden, daß sich sein Inhalt mindestens verdreifacht hat.

Das Buch ist deshalb ganz neu. Der Verfasser war be-

*) La Constitution des Etats-Unis, par James M. Beck. Traduction de M. John Charpentier; avant-propos de M. F. Larnaude, Doyen honoraire de la Faculté de Droit de l'Université de Paris. Librairie Armand Colin, 103, Boulevard Saint-Michel, Paris.

müht, alles auf die Entstehung der Verfassung bezügliche Material beizubringen. Dabei erkennt er gerne seine große Dankesschuld gegenüber den erschöpfenden Zusammenstellungen von Quellenmaterial an, welche die Welt der ausdauernden Gelehrsamkeit von Paul Leicester Ford und Dr. Farrand verdankt. Anerkennung schuldet der Verfasser ferner seinem Freund und Amtsgenossen Robert P. Reeder für seine wertvolle Mitarbeit bei der Zusammenstellung der geschichtlichen Daten und für viele nützliche Ratschläge.

Washington, D. C., den 1. Mai 1924.

James M. Beck.

# INHALT

# DIE VERFASSUNG DER VEREINIGTEN STAATEN VON NORDAMERIKA

# DIE VERFASSUNG DER VEREINIGTEN STAATEN VON NORDAMERIKA

## 1. Kapitel

## DIE ENTSTEHUNG DER VERFASSUNG

*„Schauet den Fels an, davon Ihr gehauen seid."*

—Jes. 51, 1.

DIE Verfassung wurzelt in der großen und heldenhaften Vergangenheit der Englisch sprechenden Rasse. Keine Vorstellung ist — obwohl sie die Autorität einer Höflichkeitsbemerkung Gladstones für sich hat — phantastischer als die, sie sei als tour de force von ungefähr fünfzig Staatsmännern der Kolonien durch eine einzige Anstrengung und zur gegebenen Zeit geschaffen worden. Ohne die Geschichte der englischen Rasse, dieser gens aeterna, zu würdigen, kann man sie unmöglich verstehen. Ohne ihre Begabung für schöpferische Staatskunst hätte sie niemals entstehen können.

Wie „die Wirkung eines Witzes in dem Ohr dessen liegt, der ihn hört", so beruht auch die Stärke jeder politischen Einrichtung auf der Fähigkeit eines Volkes, sie zur Entstehung zu bringen und sie dann fortwährend wirken zu lassen.

Vielen ist es merkwürdig vorgekommen, daß ein Bauernbursche ein kleines Dorf am Avon verlassen und innerhalb von zwanzig Jahren nach seiner Ankunft in London so viel Meisterdramen für die Bühne schreiben konnte. Aber ebenso erstaunlich ist es, obwohl diese Tatsache nicht in der gleichen Weise allgemein bekannt ist, daß es zu Elisabeths Zeiten in London eine Zuhörerschaft gab, die fähig war, die großen Dramen Shakespeares au zunehmen und zu würdigen.

Ebenso gebührt die Bewunderung, mit der die Welt schon immer die Verfassung der Vereinigten Staaten betrachtet hat, auch einem Volke, das hinreichend Veranlagung zum Regieren hatte, um sie zu schaffen und wirksam zu machen. *Eine erfolgreiche Verfassung ist für ein Volk undenkbar, wenn es nicht einen tiefen und lebendigen Sinn für konstitutionelle Sittlichkeit hat und wenn nicht sein Wesen von einem Geiste der Selbstbeschränkung erfüllt ist, der gewillt ist, die flüchtigen Interessen und hitzigen Leidenschaften des Augenblicks bestimmten Grundwahrheiten unterzuordnen, die für unwandelbar gelten.*

Diesen Sinn für Sittlichkeit hatten die amerikanischen Kolonisten im höchsten Maße. Die Bedingungen der kolonialen Entwicklung hatten in diesen englischen Pionieren Sinn und Anlage für Konstitutionalismus stark angeregt.

Edmund Burke zeigte in der Rede, die er am 22. März 1775 über die Versöhnung mit Amerika hielt, sein charakteristisches philosophisches Verständnis für dieses starke konstitutionelle Bewußtsein der weit entfernt wohnenden und vernachlässigten amerikanischen Kolonisten. Er stellt zunächst fest, daß in *keinem anderen Lande der Welt das Recht so allgemein studiert werde*, und weist auf die Tatsache hin, daß in Amerika ebensoviel Exemplare der Kommentare Blackstones verkauft seien wie in England; dann fährt er fort:

> „Dieses Studium macht die Menschen scharfsinnig, wißbegierig, geschickt, schnell im Angriff, gewandt in der Verteidigung, unerschöpflich in ihren Hilfsmitteln. In anderen Ländern ist das Volk einfältiger und von einer weniger lebhaften Art; es urteilt über einen schlechten Regierungsgrundsatz nur dann, wenn es

sich davon im einzelnen Falle bedrückt fühlt. Hier will man dem Übel zuvorkommen und bedenkt die Möglichkeit einer Bedrückung schon dann, wenn ein Grundsatz der Regierung schlecht beschaffen ist."

Diese kühnen Pioniere waren die bevorzugten Erben der großen politischen Überlieferung Englands. Wenn auch die Verfassung der Vereinigten Staaten von Nordamerika bedeutend mehr war als die Übernahme der britischen Verfassung, so ist doch der Geist, der ihr zugrundeliegt, der Geist der Englisch sprechenden Rasse und des allgemeinen Rechts. Als sich die Schöpfer der Verfassung ihrer bedeutungsvollen Aufgabe zuwandten, standen hinter ihnen die mächtigen Schatten von Simon de Montfort, Coke, Sandys, Bacon, Eliot, Hampden, Lilburne, Milton, Shaftesbury und Locke. Gibt es eine würdigere Lobrede auf den Geist des allgemeinen Rechts als jene Worte Sir Frederick Pollocks:

> „Seid dessen eingedenk, daß unsere Herrin, „Common Law" genannt, keine Fronmeisterin ist, sondern eine freigebige Fürstin, der zu dienen Freiheit bedeutet! Die Geschicke der Englisch sprechenden Welt sind mit ihrem Glück und mit ihren Wanderzügen verbunden, und ihre Eroberungen werden durch ihre Werke gerechtfertigt."

Als der Wortlaut der Verfassung im Jahre 1787 formuliert wurde, war gerade ein Weltkrieg zu Ende gegangen, und die zivilisierte Welt trat eben in die Finsternis eines neuen, größeren Weltkrieges ein. Damals wie heute war die halbe Welt von den Wunden eines Bruderkampfes entkräftet. „Die ganze Welt war", wie Washington sich ausdrückte, „im Aufruhr", und er fügte hinzu, daß es nun die Aufgabe sei, „heil zwischen Scylla und Charybdis hindurchzusteuern". Damals wie heute war es das Problem, nicht nur „die Welt für Demokratie zu sichern", sondern die Demokratie, für die es darin anscheinend eine Alternative nicht gibt, der Welt zu sichern. Die 13 Kolonien waren im Jahre 1787, obwohl klein und verhältnismäßig unbedeutend, doch schon eine kleine Welt für sich. Betrachtet man ihre Zahl und ihre Hilfsquellen, so unterschied sich das Problem, dem sie sich gegenübersahen und das sie lösten, nicht der Art, sondern nur dem Grade nach von demjenigen, dem die Zivilisation jetzt gegenübersteht. Verarmt an Hilfsmitteln, erschöpft durch den Verlust der Blüte ihrer Jugend, demoralisiert durch die Wirkung des heißen Kampfes, wie die Vereinigten Staaten es zwischen 1783 und 1787 waren, waren sie der Tummelplatz der Kräfte der Zwietracht geworden. Gesetz und Ordnung waren fast völlig untergegangen, und die provisorische Regierung war nahezu ohnmächtig. Einige wenige kluge und edle Geister, wahrhaft treue und hochherzige, führten ein verzagendes Volk aus dem Sumpfe der Verzweiflung heraus, bis es mit seinen Füßen wieder auf festem Grunde stand und seine Stirn wieder den „Delectable Mountains“ des Friedens, der Gerechtigkeit und der Freiheit zuwenden konnte. Wie nachdrücklich betont werden muß, vollbrachten sie dies nicht nur auf die Weise, daß sie für die Zentralregierung umfangreichere Machtvollkommenheiten zu erreichen strebten, sondern daneben auch dadurch, daß sie sowohl der von ihnen geschaffenen Regierung als auch — und das ist noch bezeichnender — ihrer eigenen, ihnen als Volk verbleibenden Macht heilsame Beschränkungen auferlegten. Dieser Geist der Selbstbeschränkung ist ein Charakterzug, und zwar ein höchst bedeutsamer Charakterzug der amerikanischen Verfassung.

Der Geist der Schöpfer der Verfassung war weniger auf das Gefühlsmäßige und mehr auf das Praktische gerichtet als der Geist, welcher die Unabhängigkeitserklärung hatte entstehen lassen. Das hat Beard in seinem Buche über „den Obersten Gerichtshof und die Verfassung“ vortrefflich dargelegt. Es heißt bei ihm:

„Zunächst muß daran erinnert werden, daß es bei Annahme der Verfassung zwei große Parteien gab; die eine legte das Hauptgewicht auf die Stärke und Leistungsfähigkeit der Regierung, die andere auf ihre volkstümliche Gestaltung. Ganz selbstverständlich waren die Männer, die eine führende Rolle gespielt hatten, als der Aufstand gegen Großbritannien geschürt und der Kampfesmut der Aufständigen auf dem notwendigen Hitzegrad erhalten werden mußte, die kühnsten und radikalsten Denker, — Männer wie Samuel Adams, Thomas Paine, Patrick Henry und Thomas Jefferson. Sie vertraten, allgemein gesprochen, nicht die Interessen des Besitzes und besaßen auch keine große praktische Geschäftserfahrung. In einer Zeit der Unordnung konnten sie folgerichtigerweise mehr Gewicht auf die persönliche Freiheit als auf sozialen Zwang legen; auf die äußerste Spitze trieben sie die Lehren von den Individualrechten, die sich in England während der Kämpfe der kleinen Landeigentümer und der gewerbetreibenden Volksschichten gegen die königliche Prärogative entwickelt hatten und jenen wirtschaftlichen Bedingungen entsprachen, die in Amerika am Ende des 18. Jahrhunderts vorherrschten. Sie stellten eine starke Regierung auf gleiche Stufe mit der Monarchie und kamen so zu dem Schlusse, daß das beste politische System dasjenige sei, wo am wenigsten regiert werde. Eine Mehrheit von Radikalen betrachtete jede Regierung, insbesondere aber eine stark zentralisierte, als eine Art von Übel, das nur wegen seiner Notwendigkeit erträglich sei und immer durch eifersüchtige Wachsamkeit auf einem nicht weiter reduzierbaren Mindestmaß niedergehalten werden müsse ..." Weiter heißt es bei Beard: „Das neue politische System Amerikas, das nur auf diesen Lehren beruhte, war kaum in Wirksamkeit getreten, als es von vielen Seiten bekämpft wurde. Der Abschluß des Revolutionskampfes beseitigte den eigentlichen Grund der radikalen Agitation und schob eine neue Gruppe von Denkern in den Vordergrund. Nachdem die Unabhängigkeit errungen war, ergab sich eine neue praktische Aufgabe: die Aufrechterhaltung der sozialen Ordnung, die Bezahlung der öffentlichen Schuld, die Schaffung eines gesunden Finanzsystems und die Herstellung von Bedingungen, die die Entfaltung der ökonomischen Kräfte des neuen Landes sicherten. Die Männer, die sich vor allem diesem Werk des Friedens widmeten, waren nicht Philosophen, sondern Geschäftsleute, Grundbesitzer und Inhaber von Staatspapieren. Sie hatten zum größten Teil nichts gegen das System der Klassenherrschaft und der starken Zentralisation der Regierung einzuwenden, das in England bestand. Aus politischen Gründen, nicht wegen der Struktur des Staatswesens, hatten sie mit der Obrigkeit im britischen Mutterlande gebrochen."

Aus diesen widerstreitenden Tendenzen von Radikalismus und Konservatismus entwickelten die Männer der Revolution nach mühevoller Arbeit eine Verfassung, die auf ihren widerstreitenden Theorien aufgebaut war. So dauerhaft war ihr Werk, daß heute die Verfassung der Vereinigten Staaten die älteste in sich geschlossene, schriftlich aufgezeichnete Verfassungsurkunde ist, die es in der Welt gibt. Wenn überhaupt, so haben nur ganz wenige Verfassungsformen besser dem wilden Neuerungsgeist zu widerstehen vermocht oder wirkungsvoller ihren Wert durch die steile Linie der geschehenen Tat bewiesen.

Einer der größten Ministerpräsidenten Englands, William Pitt, erklärte kurz nach der Annahme der Verfassung in prophetischer Voraussicht, daß diese Verfassung den Gegenstand der Bewunderung zukünftiger Zeiten bilden und das Muster für künftige Verfassungen sein werde. Die Zeit hat diese Voraussage wahr gemacht. Seit Annahme der amerikanischen Verfassung hat man nicht aufgehört, neue Verfassungen zu machen. Die amerikanische Verfassung ist das klassische Vorbild für den Bundesstaat geworden. Lieber schätzte, daß in den ersten 60 Jahren des 19. Jahrhunderts 350 Verfassungen verfaßt wurden, und in den Staaten, die die nordamerikanische Union bilden, sind im ersten Jahrhundert des Bestehens der Vereinigten Staaten 103 neue Verfassungen verkündet worden.

„Haben Sie ein Exemplar der französischen Verfassung?" wurde ein Buchhändler während des zweiten französischen Kaiserreichs gefragt, und die von gallischem Witz zeugende Antwort lautete: „Wir führen keine Tagesliteratur."

Verfassungen sind als Allheilmittel der Regierungen erschienen und wieder verschwunden. Von der amerikanischen Verfassung kann man jedoch, unter Paraphrasierung der würdigen Anerkennung, die Dr. Johnson dem unsterblichen Ruhme Shakespeares gezollt hat, sagen, daß der Strom der Zeit, der den gebrechlichen Bau so vieler anderer papiernen Verfassungen hinwegschwemmte, die diamantene Härte der amerikanischen Verfassung fast unberührt gelassen hat. Abgesehen von den ersten zehn Amendments, die ihrem Wesen nach einen Bestandteil der ursprünglichen Verfassung bilden, sind in mehr als 130 Jahren nur neun weitere Zusätze angenommen worden. Welch andere Verfassungsurkunde hat die Prüfung der Zeit besser bestanden?

Eine Verfassung ist, wiewohl zunächst Grundlage für die Verteilung der Staatsgewalten, doch ihrer letzten Bedeutung nach der förmliche Ausdruck einer Anhängerschaft an das, was man in der neueren Zeit das höhere Recht, die Idee des Rechts, früher das Naturrecht genannt hat. Die Rechtswissenschaft aller Völker hat mit größerer oder geringerer Klarheit die Geltung solcher Haupt- und Grundrechte anerkannt, die über den Gesetzen, Verordnungen und Vereinbarungen lebender Generationen stehen. Der Ausdruck wurde ursprünglich gebraucht, um die Überlegenheit der kaiserlichen Erlasse über die Gesetze zu betonen, welche die Komitien beschlossen hatten. Alle Völker haben dieses höhere Recht in höherem oder geringerem Maße anerkannt. Wenn wir die Schriften des intellektuellsten Volkes des Altertums und vielleicht der geschriebenen Geschichte überhaupt — der Griechen — betrachten, so sehen wir, wie das „höhere Recht" in der Moralphilosophie ihrer drei größten Dramatiker Äschylus, Sophokles und Euripides mit unvergleichlicher Energie verteidigt wird. Wie kann dies besser zum Ausdruck gebracht werden als durch Antigone?, die auf die Frage, ob sie die staatlichen Gesetze übertreten habe, dem Fragesteller antwortet: „Ja, denn jenes Gesetz stammte nicht von Zeuß; auch hatte Themis, die unter den Göttern hienieden weilt, es nicht als solches inmitten der Menschheit erlassen; auch glaubte ich nicht, daß Dein Dekret — nur vergänglich wie Du selbst — jenes ungeschriebene und unfehlbare Recht beseitigen könnte, das nicht nur von gestern oder für morgen gilt, das ein ewiges Leben führt und von dem niemand weiß, wann es entstanden ist."

Fünf Jahrhunderte später sprach der größte römische Verteidiger und Redner, Cicero, in denselben Ausdrücken von einem höheren Recht, „das niemals aufgezeichnet worden ist, das wir niemals gelehrt worden sind, das wir auch niemals durch Studium lernen, das vielmehr von der Natur selbst stammt."

Die römischen Juristen haben es ausdrücklich anerkannt. Sie trugen immer dem Unterschied Rechnung zwischen dem jus civile, dem vom Staat gesetzten Recht, und dem jus naturale, dem Naturrecht. In vortrefflicher Weise meinten sie, daß die menschliche Gesellschaft eine einzige Einheit sei und von einem Rechte beherrscht werde, das dem römischen Rechte zeitlich vorherginge und ihm übergeordnet sei. So ergriff die Vorstellung von einem höheren, die Macht einer lebenden Generation übersteigenden und deshalb wie die Gerechtigkeit selbst ewigen Recht in unserem System der Rechtswissenschaft Platz. Auch das Common Law entbehrte nicht, wenn auch in einer sehr unbestimmten Form, der Anschauung von einem höheren Recht, das der Macht des Königs wie des Parlaments Widerstand zu leisten vermöge. Seine älteren Lehrer, darunter vier Oberrichter (Coke, Hobart, Holt und Popham), vertraten die von Coke aufgestellte Lehre, daß die Rechtspflege die Macht habe, ein Gesetz für ungültig zu erklären, wenn es gegen gemeines Recht und Vernunft verstoße. (Bonham's Case, 8 Coke Rep. 114)*).

Die Lehre vom Naturrecht ist nicht in Rom, sondern in Griechenland entstanden. Sie kam nach Rom erst lange, nachdem der Unterschied zwischen dem jus civile und jus gentium voll ausgebildet worden war. Das jus

*) Allzuviel Nachdruck darf man auf Cokes bekannten Ausspruch nicht legen; aber mag es nun ein guter Rechtssatz gewesen sein oder nicht, die wichtige Tatsache bleibt, daß die Kolonisten ihn als einen Teil des Common Law angenommen haben.

In seinen „Institutionen" geht Coke nicht so weit wie in „Bonham's Case". Er war kein unbefangener Gelehrter. Pollock sagt hierzu in seinem ersten Buche von der Rechtswissenschaft (S. 250): „Coke vertrat diese Anschauung mit seiner gewohnten Heftigkeit und mit einer das bei ihm übliche Maß übersteigenden Unaufrichtigkeit, indem er seine eigene besondere Meinung in die Autoritäten hineininterpretierte, die er als seine Gewährsmänner anführte."

gentium und das jus naturale wurden erst gleichgestellt, nachdem die Charakteristika des jus gentium voll entwickelt worden waren. Es war ein nachträglicher Gedanke, der einen Zustand erläutern sollte.

Dieser Begriff eines höheren Rechts hatte im späteren Mittelalter und in neueren Zeiten, besonders in der zweiten Hälfte des achtzehnten Jahrhunderts, politische Bedeutung, als die Enzyklopädisten ihn zur Grundlage ihrer politischen Philosophien machten und damit nicht nur die französische Revolution vorbereiteten, sondern auch in Amerika den Aufstand der Kolonien gegen das Mutterland stark beeinflußten. Im Grunde genommen war es nur ein unbestimmtes Ideal und schloß wahrscheinlich wenig mehr in sich als das jus resistendi, das Widerstandsrecht gegen unterdrückende Gesetze.

Diese Ansicht von einer moralischen Begrenzung der Regierungsgewalt und einer Verneinung der Allgewalt der Obrigkeit wurde in Amerika infolge der tatsächlichen Verhältnisse bei seiner Kolonisation besonders nachdrücklich betont. Der biedere Freisasse aus England, der nach Amerika auswanderte, kam ganz im Geiste des edlen und furchtlosen Kent, der seinen Rücken wandte, als sich König Lear zeitweilig ungerecht zeigte, und dabei sagte, er werde seinen „alten Weg in einem neuen Lande gehen*)“.

Die ersten Kolonisten hatten die Mühen und Gefahren einer gefährlichen Reise überwunden, in der Wildnis den Krankheiten, dem Hunger und dem Blutvergießen getrotzt; war es da verwunderlich, wenn sie bezüglich ihres eigenen Governments auf diese Grundwahrheiten der menschlichen Gesellschaft zurückkamen und nicht nur ihr ererbtes Recht

---

Auch Popham ist keine besonders große Autorität. Er war ein erfolgreicher Rechtsanwalt und Richter, obwohl er bis zu seinem dreißigsten Lebensjahre ein Straßenräuber gewesen war. Er stellte einen Band Reports aus seinen Entscheidungen zusammen, während er Oberrichter war. Campbell urteilt jedoch über diese Entscheidungen in seinen „Lebensgeschichten der Oberrichter“ folgendermaßen: „Sie sind ganz erbärmlich und können nicht als maßgebend betrachtet werden. Wir hätten mehr Freude gehabt, wenn er uns seine Heldentaten als Führer einer Bande von Straßenräubern erzählt hätte.“

*) Amerkung des Übersetzers: Vergl. Shakespeare, König Lear, I. Aufzug, 1. Szene.

als Engländer, sondern auch noch besondere Vorrechte als Pioniere in einer uneroberten Wildnis für sich beanspruchten?

Es gab jedoch noch eine ältere und reicher fließende Quelle für die Entwicklung des Verfassungsgeistes in den Kolonien.

Schon lange vor den Tudors hatte das englische Volk in seinen Gilden- und Innungssatzungen praktische Erfahrung in einer Art des Konstitutionalismus gehabt. Sogar der Krone gegenüber war es zu einer Geste der Unabhängigkeit gekommen, zu Vereinbarungen über besondere Rechte einer halbautonomen Selbstverwaltung.

Die Handels- und Gewerbegilden hatten die Befugnis, nicht nur für ihre eigenen Mitglieder, sondern für alle in dem gleichen Handels- oder Gewerbezweig beschäftigten Personen verbindliche Vorschriften zu erlassen, und erhielten bereits lange vor der Zeit Elisabeths ihre Satzungen. „Die Goldschmiede erhielten ihre Privilegien 1327, die Schnittwarenhändler 1373, die Kurzwarenhändler 1407, die Fischhändler 1433, die Weinhändler 1437, die Schneider 1466 . . . Außenhandelskompagnien, die, abgesehen davon, daß ihre Mitglieder mit dem Auslande statt mit dem Inlande Handel trieben, in jeder Hinsicht den älteren Gilden glichen, wurden erst später organisiert." — Die „Russian Company" erhielt 1555 und die Ostindische 1600 ihre Satzung.

Im alten englischen Recht war ein Gemeindeverband eine Art subordinierte Regierung, „und die Mitgliedschaft konnte nicht einfach dadurch erworben werden, daß jemand innerhalb der Stadtgrenzen wohnte. Der Verband übte eine scharfe Aufsicht über die Einwohner aus, indem er neben anderen Angelegenheiten auch den Gewerbebetrieb regelte. Die Zünfte oder Kompagnien taten das Gleiche, nur in beschränkterem Umfange"*).

Dr. Cheyney (Prof. für europäische Geschichte an der Universität von Pennsylvania) sagt in seiner „Industrial and Social History of England" auf Seite 57—59:

*) Williston, 2 Harv. L. Rev. 108.

„Die Städte unterschieden sich ihrer Verwaltung nach stark voneinander; alle hatten sie jedoch Satzungen, die ihnen je nach dem Gebiet, auf dem sie entstanden waren, vom König, einem Edelmann, einer Abtei oder einem Bistum verliehen waren. Gewöhnlich stellte eine solche Satzung das Recht der Stadt fest, die alten Gewohnheitsrechte beizubehalten, welche unter ihren Bewohnern Anerkennung gefunden hatten, und verlieh ihr auch gewisse Privilegien, Freiheiten und Selbstverwaltungsrechte. Die allgemeinsten und wichtigsten dieser Privilegien waren folgende: Die Stadt zahlte die dem König oder einem anderen Herrn von ihren Einwohnern geschuldeten Zölle und Abgaben in einer Gesamtsumme und erhob den Betrag von ihren Bürgern so, wie es diese oder ihre Behörden für richtig erachteten; die städtischen Gerichte hatten die Rechtsprechung über die meisten Rechtshändel und Vergehen und befreiten die Bürger von der Vorladung vor Hundertschafts- und Grafschaftsgerichte in Prozessen, soweit es sich um Angelegenheiten innerhalb ihrer eigenen Stadtgrenzen handelte. Die Bürger, denen der König die Satzung verliehen hatte, waren von der Zahlung von Zöllen verschiedener Arten in allen Gebieten des Königs befreit. Sie konnten Verordnungen und Vorschriften erlassen für die Kontrolle des Gewerbes in der Stadt, für die Verwaltung ihres Besitzes und ihrer inneren Angelegenheiten im allgemeinen und konnten Beamte zur Ausführung solcher Verordnungen wählen. Diese Beamten verhandelten auch mündlich und schriftlich im Namen der Stadt mit den Behörden anderer Städte und mit der Regierung. Seit dem Ende des 13. Jahrhunderts waren alle Städte von einiger Bedeutung im Parlament vertreten. Nicht jede Stadt war im Besitze all dieser Grundbestandteile der Unabhängigkeit, einige hatten dagegen noch besondere, in der obigen Aufzählung nicht enthaltene Vorrechte. Die erste Satzung einer Stadt war gewöhnlich unbestimmt und unzulänglich, aber von Zeit zu Zeit erlangte man eine neue Satzung, die weitere Privilegien verlieh und die alten Rechte klarer abgrenzte."

Diese Gemeindeverbände und Gewerbezünfte hatten seit langer Zeit in der Englisch sprechenden Rasse die Rechtsanschauung entwickelt, daß weder die Krone noch das Parlament allmächtig seien.

Jener Geist des Konstitutionalismus in Amerika, der seinen Höhepunkt in der Verfassung der Vereinigten Staaten fand, hatte seinen eigentlichen unmittelbaren Ursprung in der langen Regierungszeit der Königin Elisabeth. Dieses wunderbare Zeitalter, das der Welt nicht nur Shakespeare, Spenser, Bacon und Jonson, sondern auch Drake, Frobisher und Raleigh schenkte, stellte die angelsächsische Reaktion auf die Renaissance dar. Der menschliche Geist erlebte eine Wiedergeburt und riß sich von den allzu starren Fesseln alter Gewohnheit und Autorität los.

Unter den bemerkenswerten, aber jetzt fast vergessenen Führern jener Zeit befand sich auch Sir Edwin Sandys, der leitende Geist der London (oder Virginia) Company. Er war ein Anhänger des Liberalismus, als es noch „ein ganz besonders gefährliches Wagnis" war, sich zu ihm zu bekennen. Er war der Sohn eines Liberalen. Sein Vater war nämlich als Vizekanzler der Universität Cambridge wegen seiner Predigten zur Verteidigung von Lady Jane Grey in den Tower geworfen worden; später als Bischof und als Erzbischof von York war er ein Freund der Puritaner und war als solcher häufig in Konflikt mit anderen einflußreichen kirchlichen Würdenträgern gekommen. Der Sohn, Sir Edwin, war ein Gegner von Monopolen, und in dem gleichen Parlament, welches den großen Genius von Gray's Inn, Francis Bacon, in den Anklagezustand versetzte, verteidigte Sandys den damals neuen Antrag, daß angeklagten Gefangenen das Recht eingeräumt werden solle, sich vor Gericht durch einen Anwalt vertreten zu lassen. Man erhob dagegen den merkwürdigen Einwand, dies würde die Handhabung der Gerechtigkeit zunichte machen. Bereits im Jahre 1613 hatte er im Parlament kühn erklärt, sogar die Gewalt des Königs beruhe auf der klaren Einsicht, daß es wechselseitige bedingte Voraussetzungen gäbe, welche weder Herrscher noch Untertan straflos verletzen dürften. Man kann ihn ohne starke Übertreibung den „Vater des amerikanischen Konstitutionalismus" nennen. Im Jahre 1606 gehörte er zu jener kleinen Gruppe von Engländern, welche der „London

Company" eine Charter für Virginia sicherten, unter welcher die Kolonisten, obwohl man politische Machtvollkommenheiten nicht zugestanden hatte, „alle Freiheiten, Gerechtsame und Vorrechte" britischer Untertanen haben sollten. Insbesondere dank seiner Bemühungen erwarb dann diese Company in den Jahren 1609 und 1612 eine gewisse politische Aufsicht über die Kolonie. Als dann ein paar Jahre später die völlige Herrschaft über die Company in die Hände von Sandys und seiner Freunde kam, benutzten sie die der Company bereits in ihrer Satzung verliehene Ermächtigung und schufen eine „Great Charter", die ihren Kolonisten verliehen wurde. Auf ihrer Grundlage wurde dann im folgenden Jahre die erste repräsentative Regierung in Amerika errichtet. Durch diese Urkunde wurden Selbstverwaltung, freie Meinungsäußerung, Gleichheit vor dem Gesetz und Verhör vor dem Geschworenengericht zugesichert. Drei Jahre später wurden den Kolonisten durch eine andere Verfassung weitere Rechte verliehen. „Auf diesen Charters in ihrer gekennzeichneten Kulminierung basierten alle künftigen Rechte und Freiheiten der Kolonien, im Norden und Süden, des revolutionären Amerika von 1775 wie der heutigen Republik."

Es ist interessant, daß diese Regierungssatzungen, mit denen der Konstitutionalismus in Amerika begann und durch die so der Keim zur Verfassung der Vereinigten Staaten gelegt war, von Lord Bacon selbst zwecks Erhalts der königlichen Bestätigung in gesetzliche Form gebracht wurden. So ist der unsterbliche Schatzmeister von Gray's Inn unmittelbar mit der Entwicklung konstitutioneller Freiheit in Amerika verbunden*).

*) Francis Bacon war jedoch nicht das einzige Bindeglied, welches Gray's Inn mit der Entwicklung des amerikanischen Commonwealth verknüpfte. Unter Francis Bacon's „fellow Masters of the Bench" befand sich Lawrence Washington, der Vorfahre des großen Washington. Wahrscheinlich saßen sie oft Seite an Seite am Tisch der Benchers, und wie wenig mag da wohl jeder von beiden vorausgeahnt haben, daß eines Tages ein Nachkomme von Lawrence Washington der Gründer einer großen Republik in der westlichen Hälfte der Welt werden würde, die mit ihrem weltenweiten Reich die größte Nation der Erde werden sollte.

Ein anderer Angehöriger der Inn war Andrew Hamilton, der nach Amerika auswanderte, in Philadelphia zur Advokatur berufen und nach

Bacon wurde 1609 Mitglied des Rates für die „Virginia Company". Sein lebhaftes Interesse für diese wird dadurch bestätigt, daß ihm William Strachey im Jahre 1618 seine neuere „Historie of Travaile into Virginia Brittania" widmete.

In seiner im Unterhaus am 30. Januar 1621 gehaltenen Rede hatte Bacon eine Vision der Zukunft und prophezeite das Wachstum Amerikas mit folgenden Worten:

> „Unser Königreich hat durch die Besiedlung von Virginia und der Sommerinseln jetzt erstmalig in den Zeiten Seiner Majestät ein Los oder einen Anteil an der neuen Welt erhalten. Und sicherlich geht es mit den Königreichen auf Erden ebenso wie mit dem himmlischen Königreich; ein Körnlein Senfsamen wird schließlich ein großer Baum."

Wahrlich, der Senfsamen von Virginia wuchs zu einem mächtigen Baum im amerikanischen Freistaat.

Einer der Neffen Bacons, Nathaniel Bacon, ebenfalls Mitglied der Inns of Court, wurde der erste liberale Führer in den Kolonien und leitete den ersten Aufstand gegen die koloniale Mißherrschaft. Wahrscheinlich stammte er ebenfalls aus Gray's Inn, denn man kann sich nur schwer vorstellen, daß ein Bacon in einer anderen Inn als der studierte, welcher der große Bacon soviel liebevolle Fürsorge gewidmet hatte.

---

dem bekannten Zengerprozeß der größte amerikanische Advokat der Kolonialzeit wurde. Als man in Pennsylvania für die Regierung ein State House errichten wollte, sich aber in den Kolonien kein Berufsarchitekt fand, wurde Andrew Hamilton dazu berufen, die Pläne zu entwerfen, und das State House in Philadelphia war sein Werk. Ein Vergleich seines ursprünglichen Planes mit dem von Gray's Inn zeigt solche Ähnlichkeit in kleineren Einzelheiten, daß die Möglichkeit naheliegt, daß Andrew Hamilton beim Entwurf seiner Pläne in seinem Geiste gern in die berühmte Inn zurückschweifte, die ihn zur englischen Advokatur berufen hatte. In diesem Gebäude, das jetzt unter dem Namen „Independence Hall" bekannt ist und geradezu als die Wiege der Freiheit Amerikas verehrt wird, wurde die Unabhängigkeitserklärung Amerikas unterzeichnet und seine Verfassung formuliert. Dem Verfasser dieses Buches ist es deshalb eine besondere Genugtuung, daß sein Buch aus Vorlesungen hervorgegangen ist, welche er als Honorary Bencher of Gray's Inn in dieser ehrwürdigen Halle aus den Zeiten der Tudors halten durfte.

Den genannten „Charters" entsprechend wurde am 30. Juli 1619 der kleine Überrest von Kolonisten, den Krankheit und Mangel verschont hatten, aufgefordert, sich in der Kirche von Jamestown zu versammeln, um die erste parlamentarische Versammlung in Amerika zu bilden, die erstgeborene Tochter der fruchtbaren Mutter der Parlamente.

Es war nicht nur Sandys zuzuschreiben, daß die erste bleibende englische Niederlassung in der westlichen Welt im Jahre 1607 in Jamestown angelegt wurde, sondern es war ebensosehr ein Zufall für die Virginia Company, daß eine spätere Gruppe der „adventurers", der Pilger, durch Wind- und Wellenwechsel an der Küste von Massachusetts ans Land getrieben wurde. Sie hatten das königliche Versprechen völliger Religionsfreiheit erhalten; und die Zusicherung, auf deren Grundlage sie fortgesegelt waren, wurde durch die Billigung der in Sandys Haus versammelten Mitglieder der Company bestätigt. Damit war nicht nur der Grund gelegt zu Englands Kolonialreich, das noch heute eine der segensreichsten Weltmächte darstellt, sondern es war damit zugleich auch der Grundsatz lokaler Selbstverwaltung aufgestellt worden, der in der westlichen Welt den amerikanischen Freistaat zur Entwicklung bringen sollte. Das Übereinkommen, das in der Kabine der „Mayflower" unterzeichnet wurde, war zwar genau genommen nicht eine Verfassung wie die Virginia Charter, doch sollte es ein Markstein in der Geschichte werden.

Sandys hatte für seine Überzeugung zu leiden, denn die Partei der Reaktionäre redete König Jacob ein, Virginia sei ein Nest des Aufruhrs, und der launenhafte Herrscher sprach bei der Reorganisation der „London Company" in scharfen Worten die Warnung aus: „Wählt den Teufel, wenn ihr es wollt, aber wählt nicht Sir Edwin Sandys." Im Jahre 1621 wurde Sandys dem Tower überliefert und erst wieder freigelassen, nachdem das Unterhaus kräftig gegen seine Einkerkerung protestiert hatte.

Sein Nachfolger als Schatzmeister der London Company war Shakespeares Schutzherr, der Earl of Southampton (ebenfalls von Gray's Inn). Es ist daher gar keine phantastische Mutmaßung, wenn man annimmt, daß die nach

England gelangten Nachrichten von dem Unglück, welches eine Flotte der London Company bei der Bermuda-Insel betroffen hatte, Shakespeare inspirierte, seine unvergleichliche See-Idylle „Der Sturm" zu schreiben. Wenn dem so ist, dann war dieses liebliche Drama Shakespeares eine unbewußte Apostrophierung Amerikas, denn in Ariel — der seine Freiheit zu erlangen sucht — kann der erwachende Geist des Landes sinnbildlich dargestellt sein, während Prospero mit seinen Zaubertaten auf die konstruktive Begabung hinweist, die in wenig mehr als einem Jahrhundert eine der kleinsten Nationen zu einer der größten unserer Zeit gemacht hat.

Die Theorie, daß der Schiffbruch der Flotte des Admirals Sommers an der Bermuda-Insel die Inspirationen zu dem „Sturm" gab, stützt sich auf mehr als lediglich auf Vermutungen. Auf ihre wahrscheinliche Richtigkeit weisen nämlich viele auffallende Ähnlichkeiten zwischen Darstellungen aus dem Schauspiel und dem zeitgenössischen Bericht über den Schiffbruch hin. Die Kolonien Virginias und später die von Massachusetts waren zunächst kommunistisch organisiert, und Shakespeare wird wohl die Erfahrung der „Virginia adventurers" im Sinn gehabt haben, wenn er im „Sturm" seinen Gonzalo sagen läßt:

„Ich wirkte in der Volksgemeinschaft alles
Durchs Gegenteil: Denn keine Art von Handel
Erlaubt ich, keinen Namen eines Amts;
Gelahrtheit sollte man nicht kennen ... Reichtum,
Dienst, Armut gäb's nicht ... von Vertrag und Erbschaft,
Verzäunung, Landmark, Feld- und Weinbau nichts ...
Auch kein Gebrauch von Korn, Wein, Öl, Metall,
Kein Handwerk ... alle Männer müßig, alle ...
Die Weiber auch ... doch ohne Schuld und keusch,
Kein Regiment —
Alles gemeinsam sollte die Natur
Erzeugen ohne Mühe und Schweiß ... Verrat, Betrug,
Schwert, Messer, Speer, Geschütz, Bedarf von Werkzeug,
Gäb's nicht bei mir ... es schaffte die Natur

Von freien Stücken alle Hüll und Fülle,
Mein schuldlos Volk zu nähren*)."

So hatten Bacon, Sandys, Southampton und die liberalen Führer des Unterhauses in die Vorstellungen der Kolonisten die konstitutionelle Gesinnung eingepflanzt, welche die ganze Entwicklung der amerikanischen Kolonien gründlich beeinflussen und zuletzt ihren Höhepunkt in der Verfassung der Vereinigten Staaten finden sollte.

Es war diese Gruppe von Männern, in der Hauptsache Kaufleute der „City", die am schärfsten die Auswüchse des Despotismus zu Hause zu fühlen gehabt hatten, welche in der Neuen Welt jene alten Freiheitsrechte der Städte und Zünfte begründeten und unablässig im Parlament für die endliche Einsetzung einer konstitutionellen Regierung in England kämpften. Der spätere Kampf im „Langen Parlament", der Fall Karls I., und ganz besonders die Absetzung Jacobs II., die Thronbesteigung Wilhelms von Oranien und die Ersetzung des Regierungsanspruches der Stuarts kraft göttlichen Rechts durch die oberste Gewalt des Volkes im Parlament, all das hatte natürlich auch seine Wirkung in Amerika und verstärkte die konstitutionelle Gesinnung im aufblühenden amerikanischen Freistaat.

Die Kolonialgeschichte wurde deshalb in steigendem Maße durch einen Geist des Individualismus, eine natürliche Vorliebe für lokale Herrschaft und ein beharrliches Festhalten an besonderen Privilegien gekennzeichnet, gleichgültig, ob sie nun an Kronkolonien, wie New Hampshire, New York, New Jersey, Virginia, die beiden Carolinas und Georgia, oder an Kolonien im Privatbesitz, wie Maryland, Delaware und Pennsylvania, oder an Freibriefkolonien, wie Massachusetts, Rhode Island und Connecticut, verliehen waren. In den drei letztgenannten Kolonien waren die förmlichen Korporationscharters von der Krone verliehen; sie waren embryonale Verfassungen. Die Kolonisten erwarben auf diese Weise geschriebene Rechte über die Regelung ihrer internen Angelegenheiten, und auf die Erhaltung dieser

*) Anmerkung des Übersetzers: Vergl. Shakespeares „Sturm" II. Aufzug 1. Szene.

Rechte waren sie eifersüchtig bedacht. So entstand in Amerika ein Geist, der konstitutionelle Rechte nicht so sehr als besondere und widerrufliche Privilegien betrachtete, die von einer voll souveränen Macht verliehen waren, sondern vielmehr als vertragliche Verpflichtungen ansah, die zwar gegen den Souverän nicht vor Gericht mehr erzwingbar erschienen, die aber doch im Parlament und vor dem größeren Forum der öffentlichen Meinung einen locus standi gaben.

Dies alles entwickelte in den Kolonisten einen mächtigen Sinn für konstitutionelle Sittlichkeit. Seine Bedeutung für mein jetzt vorliegendes Thema liegt in der Tatsache, daß die 13 Kolonien, als jede von ihnen am Ende des Unabhängigkeitskrieges eine eigene und unabhängige Nation wurde, bei der Errichtung einer Zentralregierung mehr daran interessiert waren, die Autorität dieser Zentralregierung zu begrenzen und eine lokale Selbstverwaltung beizubehalten, als daran, der neugeborenen Nation die erforderlichen Machtvollkommenheiten einzuräumen. Sie trieben ihren Konstitutionalismus so sehr auf die Spitze, daß dadurch eine kräftige und wirksame Zentralregierung nahezu zur Unmöglichkeit wurde.

Nichts wünschten sie weniger als eine einheitliche Regierung. Eine solche sollte ihnen vielmehr erst durch harte Nöte abgerungen werden. Die Verfassung entstand aus dem Gegeneinanderwirken zweier entgegengesetzter Tendenzen: einerseits der gebieterischen Notwendigkeit einer wirksamen Zentralregierung und andererseits der leidenschaftlichen Vorliebe für lokale Selbstverwaltung. Das Zusammenarbeiten zwischen den Kolonien war Gegenstand langer Auseinandersetzungen und ernster Debatten und ergab sich erst aus der Notwendigkeit der Verteidigung gegen einen gemeinsamen Gegner — die Franzosen in Kanada und die Indianer in den Wäldern. Im Jahre 1643 schlossen sich vier der Neu-England-Kolonien — Massachusetts, Plymouth, Connecticut und New Haven — zu einem Bündnis zusammen, um sich gegen die Indianer, die Franzosen und die Holländer zu verteidigen, und diese blieben dann nahezu 40 Jahre miteinander verbündet. 1697 machte dann William

Penn den ersten Vorschlag zu einer alle Kolonien umfassenden Union. Auf Veranlassung der Krone fand dann 1754 zu Albany ein Konvent statt, auf welchem die Mittel für die Verteidigung gegen die Franzosen in Kanada festgesetzt werden sollten; und damals legte Franklin seinen ersten konkreten Vorschlag für eine Vereinigung der Kolonien zu einem dauernden Bund vor. Dieser Vorschlag war zu früh für seine Zeit; denn konservativ, wie er war, wurde er sowohl von der Krone wie auch von den Kolonien selbst bekämpft. Franklin behauptete später, daß die Trennung vom Britischen Reich wohl niemals eingetreten wäre, wenn man seinen Plan in Albany angenommen hätte.

Die Zeit war noch nicht reif für einen solchen Zusammenschluß, und der Grund dafür war offensichtlich. Nach dem Charakter ihrer Bevölkerungen, der Art ihrer wirtschaftlichen Interessen und nach ihrer politischen Vergangenheit unterschieden sich die Kolonien sehr voneinander. Sie waren nicht sämtlich von Menschen englischer Abkunft bewohnt. Viele Völker Europas hatten bereits zu ihrer Bevölkerung beigetragen. So war beispielsweise New York zum Teil holländisch, und in Pennsylvanien gab es beträchtliche schwedische, deutsche und schweizerische Elemente. Überdies waren die Kolonisten, wenn man die Verbindungsmöglichkeiten zwischen den einzelnen Orten zum Maßstab nimmt, ebensoweit voneinander entfernt, wie es in der heutigen Welt die entlegensten Völker sind. Nur ganz wenige fanden jemals Gelegenheit, ihre Kolonie zu verlassen, um in eine andere zu reisen, und die meisten verließen vom Tage ihrer Geburt an bis zum Tode niemals die Gemeinde, in der sie lebten. Außerhalb der wenigen in den verschiedenen Kolonien zerstreuten Gemeinden dehnte sich eine fast ununterbrochene Wildnis mit nur vereinzelten Straßen für Wagen und stellenweise sogar nur mit einem Reitweg aus. Die einzige Art der Verbindung stellten Briefe und wenige Zeitungen her, die durch Postreiter oft durch eine nahezu pfadlose Wildnis befördert wurden.

Es ist klar, daß für Leute verschiedener Religion und Rasse, mit verschiedenen wirtschaftlichen Interessen, die sich größtenteils niemals von Angesicht zu Angesicht sahen und zwischen denen eine häufige und leichte Verbindung unmöglich war, nicht leicht eine arbeitsfähige Regierung errichtet werden konnte.

Die Streitigkeiten zwischen den Kolonien und dem Mutterland über die innere Besteuerung entwickelten sich langsam mehr zu einem Streit über den Konstitutionalismus als zu einem solchen über die Politik der Gesetzgebung. Wie in England ging es zunächst um die Macht der Krone, die Zollinspektoren zwecks Durchführung der Navigationsgesetze zu allgemeinen Untersuchungen und Beschlagnahmungen zu bevollmächtigen. 1761 hielt James Otis aus Massachusetts eine schicksalsvolle Rede zu der kolonialen Legislatur, in der er die Gesetzwidrigkeit der Untersuchungsbefehle mit der Begründung feststellte, sie verletzten die verfassungsmäßigen Rechte der Engländer auf Schutz im eigenen Heim. Er führte in seiner Rede weiter aus, daß vom Parlament erlassene Gesetze, welche sich gegen die Unverletzlichkeit des eigenen Heims richteten, nichtig seien, insbesondere aber auch die an Massachusetts verliehenen Privilegien verletzten. Bei der Verfechtung dieser These, welche er als eine These des englischen Common Law betrachtete, wie es von Coke und drei anderen Oberrichtern aufgestellt war, führte er aus:

> „Die Behauptung, das Parlament sei unbeschränkt und könne handeln, wie es ihm gutdünke, schließt einen Widerspruch in sich. Das Parlament kann auch nicht aus zwei und zwei fünf machen. Selbst die Allmacht kann das nicht . . . Parlamente haben unter allen Umständen kundzutun, was der Gesamtheit zum Segen gereicht; aber es ist nicht die Erklärung des Parlaments, die das macht: es muß in jedem Falle eine höhere Autorität vorhanden sein, d. h. Gott. Würde ein Gesetz des Parlaments gegen irgendeines seiner Naturgesetze, die unveränderlich wahr sind, verstoßen, so verstieße seine Verkündigung gegen die ewige Wahrheit, Gerechtigkeit und Billigkeit und wäre infolgedessen nichtig. Es würde vom Parlament selbst verurteilt werden, sobald es sich von seinem Irrtum überzeugt hätte."

Hier sei nun auf folgende merkwürdige Tatsache hingewiesen: England gab in Reaktion auf die Tyrannei der Stuarts diesen Grundsatz des Common Law auf und ersetzte die Macht der Krone durch die Allgewalt des Parlaments. In Amerika wurde dagegen die überaus schwankende und unbrauchbare Abstraktion des Common Law — die der Rechtspflege die Macht zuschreiben wollte, einen gegen natürliche Vernunft und Gerechtigkeit verstoßenden Akt der Gesetzgebung für ungültig zu erklären — zu jenem großen Prinzip weiter entwickelt, ohne das die Gesetze in einer aus heterogenen Elementen zusammengesetzten und weit zerstreuten Demokratie unbrauchbar sein würden, zu dem Prinzip nämlich, daß die Gewalten der Regierung genau bestimmt sein und weder die Exekutive noch die Legislative, noch die Gerichte die klare Ansicht des Fundamentalgesetzes verletzen sollten.

Die Verfassung war also ebenso wie das Common Law das Ergebnis einer langen Entwicklung. Gladstone sprach in seiner oft angeführten Bemerkung eine irrige Meinung aus, wenn er folgendes sagte:

> „So wie die britische Verfassung der feinste Organismus ist, der sich im Verlauf der geschichtlichen Entwicklung gebildet hat, so ist die amerikanische Verfassung das wundervollste Werk, das jemals dem Gehirn und der Denkkraft des Menschen zur gegebenen Zeit entsprungen ist."

Es besteht hier also die Ansicht, daß die Verfassung, der Minerva gleich, vom Kopf bis zum Fuß gerüstet, dem Gehirn des amerikanischen Volkes entsprungen sei, während sie doch das Ergebnis einer ebenso langwierigen, arbeitsreichen und mühsamen Entwicklung war wie die britische Verfassung. Madison, der doch sicherlich so gut wie nur irgendeiner über die Bildung unseres Regierungssystems Bescheid wußte, sagte lange nach der Annahme der Verfassung:

> „Der Wechsel in unserer Staatsform muß gleich so vielen anderen bedeutsamen Fortschritten eher einer ganzen Reihe von Ursachen als einer einzelnen und plötzlichen zugeschrieben werden und ebenso eher der

Mitwirkung Vieler als den Anstrengungen eines Einzelnen. Es ist sicher, daß die allgemeine Idee einer Revision und Erweiterung der Bundesgewalt auf ein den Zwecken der Union entsprechendes Maß in den Seelen Vieler entstand, und zwar ganz natürlich und allmählich zu Zeiten, als man die Unwirksamkeit der alten Konföderation empfand."

Als sich der Kampf um die Verfassung zwischen den Kolonien und dem Parlament zuspitzte, ergab sich die gebieterische Notwendigkeit eines Zusammenschlusses zur gemeinsamen Verteidigung. Bereits im Juli 1773 empfahl Franklin die „Einberufung zu einem Allgemeinen Kongreß", damit die Kolonien vereint handeln könnten. Seinem Vorschlag wurde im Mai 1774 im Virginia House of Burgesses stattgegeben; dieses erließ nämlich die Einladung zu einer solchen Zusammenkunft mit dem Ergebnis, daß am 5. September des gleichen Jahres der erste Kontinentale Kongreß zusammentrat, der sich selbst „The Delegates appointed by the Good People of these Colonies" nannte. Nichts lag der Absicht dieser Delegierten ferner, als eine Zentralregierung zu bilden oder sich von England zu trennen. Dieser Kongreß tagte nur als eine Konferenz von Vertretern der Kolonien zur Verteidigung dessen, was sie als ihre verfassungsmäßigen Rechte ansahen.

Bevor der zweite Kontinentale Kongreß im folgenden Jahr zusammentrat, hatte der zufällige Zusammenstoß mit den Engländern zu Lexington und Concord stattgefunden; und als dann der Kongreß im folgenden Jahr wieder zusammenkam, hatte sich allmählich eine wichtige Änderung ergeben, die tatsächlich den Grund zu dem amerikanischen Commonwealth legte. Durch die Macht der Verhältnisse wurde der Kongreß zu einer „Provisorischen Regierung", und als solche hätte er wohl unbeschränkte Gewalt beanspruchen können, um den Forderungen des Augenblicks zu genügen. Man war aber so sehr abgeneigt, sich von England zu trennen oder seine Herrschaft durch eine neue Regierung zu ersetzen, daß es der Kontinentale Kongreß bei der unfreiwilligen Übernahme der Regierung über Amerika unterließ, eine entsprechende Gewalt auszuüben. Er blieb einfach eine

Konferenz ohne tatsächliche Macht. Jede Kolonie hatte eine Stimme, und es herrschte die Vorschrift der Einstimmigkeit. Sogar seine Beschlüsse waren rein beratenden Charakters; denn sie richteten sich kaum auf mehr als auf Empfehlungen an die konstituierenden Staaten über die Art der zu treffenden Maßnahmen. Jede Kolonie kam dann der Empfehlung nach ihrem Belieben und auf ihre Weise nach. Trotz dieses verhängnisvollen Mangels an Autorität schuf der Kontinentale Kongreß, der damals gerade in den Bürgerkrieg verwickelt war, eine Armee und trat durch seine Kommissionen mit fremden Staaten in Verhandlungen. Um das Heer zu unterhalten, gab er Papiergeld aus, woraus sich unheilvolle Folgen, die man leicht hätte voraussehen können, ergaben. Er hatte zwar einen obersten Beamten, der den Vorsitz hatte, hatte aber keine Exekutive, und außerdem besaß die neue Nation, die sich kaum ihrer eigenen Geburt bewußt war, auch kein Gerichtswesen.

Hätte diese de facto-Regierung die volle Gewalt an sich gerissen, wie es provisorische Regierungen unter gleichartigen Umständen notwendigerweise tun müssen, so wäre es für die Sache der Kolonisten besser gewesen. Die Haltung dem Kongreß gegenüber veranschaulicht die zwanzig Jahre später erfolgte Feststellung des Richters Samuel Chase, der selbst die Unabhängigkeitserklärung mit unterzeichnet hatte und sich darüber folgendermaßen äußerte:

> „Ich betrachte sie als eine Erklärung, daß nicht etwa die Vereinigten Staaten gemeinsam, als Gesamtkörperschaft, unabhängige Staaten sind usw., sondern daß jeder einzelne von ihnen ein souveräner und unabhängiger Staat ist, das heißt, daß jeder einzelne von ihnen das Recht hat, sich durch seine eigene Gewalt und seine eigenen Gesetze ohne jede Kontrolle durch irgendeine andere Gewalt auf Erden selbst zu regieren."

Infolge des Mangels einer wirksamen Zentralregierung zeichnete sich die Zivilverwaltung der jungen Nation durch jene Schwäche und Unfähigkeit aus, die Washingtons Pläne vereitelten und seinen Geist fast brachen. Die sich ständig verringernde Armee war das Opfer der groben Untüchtigkeit einer unfähigen Regierung. Die Soldaten kamen und gingen, nicht wie es der General befahl, sondern wie es die verschiedenen Kolonien erlaubten. Die Tragödie von Valley Forge, wo die kleine Armee fast zu Tode hungerte, die Soldaten keine Schuhe an den Füßen hatten und man ihre Spuren auf den Schneefeldern buchstäblich an ihren Blutflecken verfolgen konnte, war nicht dem Mangel an Kleidung und Proviant zuzuschreiben, sondern der großen Unfähigkeit einer kopflosen Regierung, der, wenn sie auch die Weisheit zu handeln gehabt, doch die Macht dazu gefehlt hätte. Washington schrieb darüber 1780:

> „Wir sind ohne Geld und sind es bereits seit langer Zeit; ohne Proviant und Furage, mit Ausnahme dessen, was mit Gewalt genommen wird; ohne Kleidung, und in kurzem werden wir (bis zu einem gewissen Grade) auch ohne Leute sein. Mit einem Wort, wir haben solange von Notbehelfen gelebt, daß wir nicht länger leben können, und man kann wohl wirklich sagen, daß die Geschichte dieses Krieges eine Geschichte falscher Hoffnungen und gelegentlicher Pläne ist, während es ein System und eine sich daraus ergebende Ordnung nicht gibt. Wenn wir unseren Kampf fortsetzen wollen, dann müssen wir das auf Grund eines ganz neuen Planes tun. Wir müssen ein stehendes Heer an Stelle eines solchen haben, das beständig wechselt und geradezu unter uns wie ein Sockel von Eis unter einer Statue an einem Sommertag wegschmilzt, und das uns zudem noch in Ausgaben stürzt, die jede Rechnung unmöglich machen. Wir müssen gleichzeitig Mittel und Wege ausfindig machen, unsere Steuern durch Anleihen zu unterstützen und unsere Finanzen auf eine sicherere und stabilere Grundlage zu stellen, als wir sie gegenwärtig haben. Unsere Zivilverwaltung muß gleichfalls einer Reform unterzogen werden, — dem Kongreß als dem Haupt der Bundesunion müssen ausgedehnte, allen Kriegszielen entsprechende Vollmachten verliehen werden. Solange nicht diese Maßnahmen getroffen werden, werden unsere Anstrengungen vergeblich sein und nur dazu dienen, unsere Ausgaben zu steigern, unsere Verlegenheiten zu vermehren und das Volk mißvergnügt zu machen, ohne daß es eine Hoffnung auf die Erreichung des Zieles vor uns gibt.“

Die Lage war eine chaotische. Die Kolonien warben ihre Kontingente selbst an, zahlten ihre ständig geringer werdenden Abgaben, ganz wie es ihnen gefiel, und der Kongreß hatte keine Zwangsgewalt, um seine politischen Maßnahmen, ob sie sich nun auf innere oder äußere Angelegenheiten bezogen, durchzusetzen.

Man erkannte die Lage so klar, daß man unmittelbar nach der Unabhängigkeitserklärung am 4. Juli 1776 den Entwurf einer Verfassung vorschlug, um der Zentralregierung eine wirksamere Gewalt zu geben. Obwohl nun aber die Verhältnisse offensichtlich dazu drängten, wurden die sogenannten „Articles of Confederation“ bis zum März 1781, also fast bis zum Ende des Krieges, nicht endgültig angenommen. Inzwischen wurde der Krieg unter der Leitung eines Kongresses geführt, der lediglich einen beratenden Einfluß hatte und nicht ein Land, sondern eine Anhäufung von 13 souveränen und unabhängigen Staaten vertrat. Freilich ergriff der Kongreß einige Maßnahmen, um den Krieg fortzusetzen, aber er übte keine unmittelbare Macht über die Individuen aus und sicherte sich das Zusammenwirken der einzelnen Staaten nur durch Gunsterweisungen und nicht durch gesetzliches Recht. Washington faßte die ganze Tragödie und ihre Ursache in einem einzigen Satz zusammen: „Einfluß ist nicht Regierung.“

Die Artikel, die vom Kongreß in ermüdender Ausführlichkeit beraten worden waren, wurden den Staaten im November 1777 zur Ratifikation vorgelegt. Die Staaten zur Erteilung ihrer Zustimmung drängend, erklärte der Kongreß:

> „Es ist kaum zu erwarten, daß auch nur ein Plan bei der Mannigfaltigkeit der für unsere Union wesentlichen Bestimmungen genau mit den Grundsätzen und politischen Gesichtspunkten jedes Einzelstaates übereinstimmt. Man erinnere sich doch aber daran, daß dieser nach sorgfältigster Untersuchung und vollständigster Information als der den Umständen nach beste von allen Seiten und als der einzige, der eine ziemliche Aussicht auf allgemeine Annahme eröffnet, angenommen wurde.“

Viele Staaten ratifizierten die „Articles of Confederation" bereits innerhalb weniger Monate nach ihrem Entwurf, aber hierbei hatte man sich dahin verständigt, daß die Zustimmung der gesetzgebenden Körperschaften aller Staaten wesentlich und notwendig sein solle; die Zustimmung des dreizehnten Staates, Maryland, wurde jedoch erst im März 1781 erreicht. Dieser kleine Staat hielt solange damit zurück, nicht wegen irgendeines Einwandes gegen den allgemeinen Plan einer Regierung, wie sie durch die Artikel gebildet werden sollte, sondern um sein Ziel zu erreichen, daß das gesamte Nordwest-Territorium, aus dem sich bereits die großen Staaten von Ohio, Indiana, Illinois, Michigan und Wisconsin gebildet hatten, an die Vereinigten Staaten abgetreten werde. Nachdem Maryland die Überzeugung gewonnen hatte, daß dies erfolgen werde, — die Verwirklichung dieses Planes lag ganz gewiß im Interesse der zukünftigen Nation — ratifizierte es spät die Articles of Confederation.

Überblickt man das Ergebnis, so bedeuteten der bestehenden de facto-Regierung gegenüber die Articles of Confederation nur einen sehr kleinen Fortschritt, wenn auch dieser Fortschritt von großem Werte war; denn die Staaten, denen die Schaffung der Konstitution oblag, waren aufeinander noch zu eifersüchtig und dem Gedanken zu feindlich, eine Zentralregierung zum Zweck einer wirklich kräftigen Verwaltung zu bilden. Die Gründer der Republik konnten aus ihren Irrtümern nur lernen. Aber es ist ihr großes Verdienst, daß sie die Fähigkeiten hatten, aus der strengen Schule der Erfahrung Nutzen zu ziehen, von der Franklin sagte, „daß sie eine teure Schule sei, daß aber Narren in keiner anderen lernen wollten."

Glücklicherweise waren die Gründer der Republik keine Narren, sondern selten kluge Männer. Sie waren zwar nicht, wie es Gladstone anzudeuten scheint, von dem weisen Gedanken inspiriert, nur durch reine Intuition ohne Hilfe der Erfahrung eine geeignete Verfassung zu entwickeln, hatten aber doch die Fähigkeit, ihre tatsächlichen Irrtümer zu erkennen und so die Stufen zu einer höheren Bestimmung zu legen.

Durch die „Articles of Confederation", die, so wie sie aufgestellt waren, erst 1781 in Kraft traten, wurde die Leitung in den auswärtigen Angelegenheiten der neuen Regierung übertragen. Sie erhielt auch die Macht, admiralty courts einzurichten, das Münzwesen zu regeln, eine Armee und eine Flotte zu unterhalten, Anleihen aufzunehmen und Banknoten auszugeben. Ihre starke Beschränkung aber lag darin, daß in allen anderen Angelegenheiten, besonders im Handel und im Steuerwesen, die Einzelstaaten absolute Macht behielten. Die Zentralregierung konnte lediglich den Staaten auferlegen, Einnahmen zu beschaffen, und es blieb dann den Staaten überlassen, Steuern aufzuerlegen und nötigenfalls ihre Zahlung auf ihre eigene Art zu erzwingen. Das unvermeidliche Ergebnis war, daß sie miteinander in dem Bemühen wetteiferten, sich den Zahlungen zu entziehen. Über die Bürger der Einzelstaaten hatte die Konföderation keine unmittelbare Gewalt. Ferner konnte der Kongreß keinerlei Steuern erheben noch tatsächlich irgendeine andere Maßnahme anordnen, wenn nicht 9 von 13 Staaten zustimmten. Auch konnte die Verfassung nur geändert werden, wenn sämtliche Staaten dem zustimmten. Obwohl der Kongreß einen präsidierenden Beamten für eine einjährige Amtszeit wählen konnte, hatte dieser doch keine tatsächliche Exekutivgewalt. Während der Ferien des Kongresses hatte eine Kommission von 13 Mitgliedern, die aus je einem Delegierten der einzelnen Staaten bestand, Vollmachten *ad interim*; diese waren nicht größer, als sie der von ihnen vertretene Kongreß selbst besaß.

Eine solche Regierung hätte keinem Volk für längere Zeit in befriedigender Weise dienen können. Daß sie in Amerika noch einen solchen Erfolg hatte, war dem bei Kriegsausbruch herrschenden Gefühl der Notwendigkeit gegenseitiger Unterstützung zuzuschreiben, das die Staaten aus Erwägungen der Selbsterhaltung zu gemeinsamem Handeln trieb, obwohl sie gänzlich abgeneigt waren, eine kräftige Zentralregierung als dauernde Einrichtung hinzunehmen. Zweierlei bewahrte die junge Nation vor dem Schicksal einer Totgeburt, einerseits die unschätzbare Hilfe Frankreichs und andererseits die Persönlichkeit George

Washingtons. Dieser große Führer, einer der edelsten, die je „im Strom der Zeit gelebt haben", war völlig des hohen Lobes würdig, das ihm der größte der „Victorian"-Novellisten in seinen „Virginiern"*) spendete:

> „Welche Beharrlichkeit, welche Großmut, welch überraschende Ausdauer dem Schicksal gegenüber . . . Washington, das Haupt einer Nation in Waffen, im Kampf mit zerrütteten Parteien, ruhig mitten in der Verschwörung, heiter den offenen Feind vor sich und den dunkleren Gegner im Rücken. Washington, der den Ordnungssinn und die Begeisterung hungrigen und zerlumpten Truppen einflößte, im Schmerz über Undank aber keinen Zorn verriet und immer bereit war, zu vergeben; er, der unüberwindlich in der Niederlage, edelmütig als Sieger und niemals so erhaben war wie an dem Tag, an dem er sein siegreiches Schwert niederlegte und seine edle Zurückgezogenheit erwählte — hier ist in der Tat ein Charakter zu bewundern und zu verehren, ein Leben ohne Makel, ein Ruhm ohne Flecken."

Ein Jahr nach der Annahme der „Articles of Confederation" wurde der Krieg durch einen Präliminarfriedensvertrag vom 30. November 1782 beendet.

---

*) Anmerkung des Übersetzers: William Makepeace Thackeray (1811 bis 1863), veröffentlichte „The Virginians" im Jahre 1857.

2. Kapitel

# DIE LETZTEN TAGE DER KONFÖDERATION

*„Volk ohne Weihe vergeht."*
—Sprüche Sal. 29, 18.

Es folgt nun das am wenigsten bekannte Kapitel der amerikanischen Geschichte. Es war eine Periode der Mühseligkeiten, aus der die Verfassung der Vereinigten Staaten und die amerikanische Nation in ihrer jetzigen Gestaltung hervorging.

Die Regierung konnte allmählich aus eigener Schwäche ihr unvermeidliches Ende nicht mehr verhindern. Es waren nur Flicken und Abfälle einer Autorität übrig, die man aufgab. Nach und nach fiel die Einheit. Nur 15 Mitglieder des Kontinentalen Kongresses, die Vertreter von sieben Kolonien, waren noch vorhanden, um die Geschäfte der neuen Nation zu führen. Die Armee, die vor dem Ende des Krieges von den Kreisen aufgelöst worden war, hatte jetzt keinen Sold und befand sich in dem Zustand der Meuterei. Alle möglichen Maßnahmen wurden im Kongreß vorgeschlagen, um Geld für die Bezahlung der rückständigen Zinsen auf die herausgegebenen Schuldverschreibungen und zur Anlage von Fonds für die nötigsten Ausgaben aufzubringen; diese Vorschläge gingen aber im Kongreß nicht durch, weil die erforderlichen neun Stimmen fehlten. Gelang es aber wirklich, ihnen Gesetzeskraft zu verleihen, dann behandelten die Staaten die Anforderungen von Geldern mit Gleichgültigkeit. Die Währungseinheit der Vereinigten Staaten war fast so tief gesunken wie später die deutsche Mark, und die Leute beklebten spottweise die Wände ihrer Häuser mit dem wertlosen Papiergeld des Kontinentalkongresses. Die Autorität reichte nicht länger aus, um die Verträge mit England und Frankreich auszuführen, und diese wurden annulliert, weil die junge Nation es versäumte, ihren eigenen Verpflichtungen nachzukommen, und infolgedessen auch die anderen Vertragsparteien die Erfüllung ihrer Verpflichtungen ablehnten. Die Regierung forderte die Staaten auf, 8 Millionen Dollar für die allerdringendsten Bedürfnisse zu erheben; aber es gingen in Wirklichkeit nur 400 000 Dollar ein. Dann ersuchte der Kongreß die Staaten um die Vollmacht, für eine begrenzte Zeit einen Einfuhrzoll von fünf Prozent erheben zu dürfen; aber nachdem man zwei Jahre auf die Zustimmung der Staaten gewartet hatte, waren nur weniger als neun damit einverstanden. Man forderte hierauf die Staaten auf, ihre eigenen inneren Einnahmen für die Dauer von 25 Jahren zu verpfänden, um den nationalen Schuldverpflichtungen nachkommen zu können. Das konnte jedoch nur mit einhelligem Einverständnis geschehen, und während nun zwölf Staaten zustimmten, widersprach Rhode Island — das „enfant terrible" der Kolonien —, und so wurde auch dies vereitelt. Die Unfähigkeit der Konföderation kann man an der Tatsache ermessen, daß ihre Einnahmen in den letzten 14 Monaten ihres Bestehens weniger als 400 000 Dollar betrugen, während die Zinsen auf die auswärtige Schuld allein über 2 400 000 Dollar ausmachten und die der inneren Schuld noch fünfmal höher waren. Es war abermals die ungeheure Torheit des „liberum veto", welches auch Polen vor der großen Teilung zu dauernder Anarchie verurteilt hatte.

Am 9. Juni 1783 traf die Nachricht ein, daß einige hundert Infanteristen, weil sie so lange ohne Sold geblieben waren, meuterten und auf dem Wege nach Philadelphia seien, um dort Unterstützung zu fordern. Hierzu waren sie zweifellos durch die Tatsache veranlaßt, daß auf ein dringendes Ansuchen Washingtons der Kongreß bereits eine Aktion zur Unterstützung der Offiziere des Heeres zugestanden hatte. Sie pflanzten ihre Gewehre vor dem State House auf, in dem der Kongreß gerade tagte, warfen Steine gegen das Gebäude und weigerten sich auseinanderzugehen, als sie Colonel Alexander Hamilton als Vertreter des Kongresses dazu aufforderte. Colonel Hamilton wurde durch die drohende Haltung der Meuterer erschreckt, ging zum Kongreß zurück und meinte erbost, die Abgeordneten sollten an die „Ewigkeit“ denken, denn er glaube nicht, daß sie noch länger „als eine Stunde zu leben hätten“*). Als sich der Kongreß nunmehr an die Regierung von Pennsylvania um Schutz wandte, teilte man ihm mit, daß sich das pennsylvanische Militär ebenfalls im Aufruhr befinde. Die Kongreßmitglieder entflohen daraufhin in der Nacht in aller Eile, und der Kongreß blieb dann ohne festen Sitz. Seine Sitzungen hielt er zunächst in Princeton und später in New York ab, wo er auch während des konstitutionellen Konvents tagte.

Bei dem Fehlen jeder Regierung und in der Zeit allgemeiner Erschöpfung war es nur zu natürlich, daß der Geist des Bolschewismus mit beunruhigender Schnelligkeit wuchs. Er verseuchte sogar die Offiziere der Armee. Hamilton schrieb damals an seinen früheren Oberkommandierenden:

> „Es scheint unter den Angehörigen der Armee die Meinung zu herrschen, daß die Neigung, sie für ihre Dienste zu entlohnen, aufhört, sobald man sie nicht mehr braucht, und daß sie, wenn sie erst ihre Waffen niederlegen, sich von den Mitteln, ihr Recht zu erhalten, trennen. Die Ansprüche der Armee, die zwar mit Mäßigung, aber auch mit Festigkeit vorgebracht worden sind, werden wohl auf jene schwachen Gemüter wirken, die sich mehr von ihrer Besorgnis als von der Einsicht leiten lassen, bei den Maßnahmen mitwirken zu müssen, welche die Zeitverhältnisse erfordern.“

Er fügte noch hinzu, daß es wohl schwer halten werde, „eine unter Entbehrungen und Not leidende Armee in den Grenzen der Mäßigung zu halten.“ Im März 1783 wurde ein anonymes Schreiben an die Offiziere Washingtons gesandt, das sie aufforderte, im Geheimen zu einer Beratung zusammenzukommen, um irgendeine Aktion zu unternehmen, vielleicht sogar die Regierung zu stürzen. Es erinnerte die Offiziere an die Mißachtung, mit der sie behandelt worden waren, und drang in sie, Abhilfe zu fordern. Wirkungsvoll wurde darin gesagt:

---

*) Vergl. Watson's Annals.

„Sieben lange Jahre hat Euer ausdauernder Mut die Vereinigten Staaten von Amerika durch einen ungewissen und blutigen Krieg hindurchgeführt. Und nun nahen die Früchte des Friedens, aber — für wen? Für ein Land vielleicht, das gewillt ist, das Euch angetane Unrecht wieder gutzumachen, Euern Wert zu würdigen und Euch für Eure Dienste zu entlohnen? Oder ist es nicht vielmehr ein Land, das auf Euren Rechten herumtritt, Eure Notschreie verachtet und Euch in Eurem Elend beschimpft? Wenn das Eure Behandlung ist, während Eure Schwerter, die Ihr tragt, noch zur Verteidigung Amerikas nötig sind, was habt Ihr dann erst zu erwarten, wenn diese wahrhaften Schwerter, die Werkzeuge und Gefährten Eures Ruhmes, von Eurer Seite genommen sind, wenn Euch kein Zeichen militärischer Auszeichnung außer Eurem Mangel, Euren Gebrechen und Narben gelassen wird? Wenn Ihr noch genug Verstand habt, die Tyrannei zu entdecken, und noch genug Mut, ihr entgegenzutreten, welches Gewand sie sich auch anmaßen mag, dann wacht auf und erkennt Eure Lage. Wenn der jetzige Augenblick ungenutzt bleibt, dann werden Eure Drohungen später ebenso vergebens sein wie Eure jetzigen Bitten. Wendet Euch von der Gerechtigkeit an die Furcht der Regierung und mißtraut dem, der Euch weiter Geduld predigen will."

Eine Abschrift dieses Schreibens fiel noch zur rechten Zeit in Washingtons Hände; er verbot die anonym einberufene Versammlung der Offiziere und ordnete selbst an, daß sich die Offiziere zu einem späteren Zeitpunkt versammeln sollten. Wider Erwarten erschien er dann bei der Zusammenkunft und hatte sich, da er kein guter Redner war, einen Aufruf schriftlich aufgesetzt. Als er seine Brille zurechtrückte, um ihn zu verlesen, sagte er rührend: „Ich bin grau geworden in eurem Dienst, und nun bemerke ich, daß ich auch noch blind werde."

Er richtete dann einen beweglichen Appell an sie, den sich ausbreitenden Geist des Aufruhrs durch ihr Beispiel nicht noch zu vermehren. Der bloße Anblick ihres alten Führers, der jedwede Bezahlung für alle seine Dienste während des ganzen Krieges abgelehnt hatte, rührte die

Herzen der revoltierenden Elemente, und die Offiziere blieben ihrem ehrwürdigen Führer treu. Washington — das mag hier eingefügt werden — ließ seinem Aufruf an die Offiziere einen dringenden Brief an den Kongreß folgen, und trotz der großen Schwierigkeiten, mit welchen der Kongreß damals zu kämpfen hatte, setzte Washington bei ihm einige Unterstützungsmaßnahmen durch.

Wie sich so der Geist der Unzufriedenheit schon bei hohen Stellen zeigte, überwog er natürlich noch mehr unter den Massen, die durch ihre Leiden zur Verzweiflung getrieben wurden. Dies gipfelte in einer Revolte zu Massachusetts unter der Führung eines alten Soldaten namens Shays. Diese Revolte breitete sich mit großer Schnelligkeit aus; ein Fünftel der Bevölkerung schloß sich zu dem Versuch zusammen, auch noch den Überrest der in Massachusetts eingesetzten Gewalten zu stürzen, und rasch griff die Bewegung auf andere Staaten über. Man besetzte die Regierungsämter und Gerichtsgebäude, öffnete die Gefängnisse und ließ die Gefangenen frei. Ferner verbot man die Eintreibung von Schulden und verwandte das Privateigentum gewaltsam dazu, gemeinsame Bedürfnisse zu befriedigen. Als dieser Aufruhr endlich unterdrückt worden war, trug als einzige Person der Gouverneur, welcher die Gesetze aller Gegnerschaft zum Trotz zur Geltung gebracht hatte, eine Strafe davon; die Wähler von Massachusetts lehnten nämlich seine Wiederwahl ab.

Wieder war man beim Chaos angelangt. Es erfüllte Washingtons Herz mit Widerwillen und Verzweiflung. Nachdem er sein Amt dem kläglichen Rest der Regierung zurückgegeben hatte, zog er sich nach Mount Vernon zurück und lehnte es lange Zeit ab, weiterhin den Führer seines Volkes zu spielen. So schrieb er im Oktober 1785 an James Warren aus Massachusetts:

> „Der Krieg ist, wie Sie ganz richtig bemerkt haben, überaus vorteilhaft für Amerika zu Ende gegangen, und unseren Blicken bietet sich nun ein schönes Feld. Aber ich gestehe es Ihnen, sehr geehrter Herr, freimütig, daß ich nicht an genug Klugheit oder Gerechtig-

keit bei uns glaube, um dieses Feld gut zu bebauen. Engherzigkeit, Argwohn und Lokalpolitik mischen sich in einem für eine gute Leitung der Union zu hohem Maße in alle unsere öffentlichen Versammlungen. Mit einem Wort, die Konföderation scheint mir wenig mehr als ein Schatten ohne Körper und der Kongreß eine kindische Körperschaft zu sein, deren Erlasse wenig Be achtung finden ... Durch eine derartige Politik werden die Räder der Regierung gehemmt, unsere glänzendsten Pläne kommen ins Stocken, und aus den hohen Erwartungen, welche die sich wundernde Welt von uns hegte, ergibt sich ein Erstaunen. So steigen wir von dem hohen Boden, auf dem wir standen, hinab in das Tal der Verwirrung und Dunkelheit."

Weiter schrieb er an George Mason:

„Nicht einen Augenblick habe ich die Stunden mit Verzweiflung betrachtet, die Amerika seine dunklen nennt, aber seit Eröffnung der Feindseligkeiten habe ich keinen Tag erlebt, an dem ich unsere Freiheit für so außerordentlich gefährdet hielt wie eben jetzt. Wir gehen in der Tat so rasch der Auflösung entgegen, daß ich jenes Gefühl spüre, das mir bis zu den letzten drei Monaten fremd gewesen ist."

Ferner schrieb er 1786:

„Ich denke oft über unsere Lage nach und betrachte sie mit Unruhe. Von dem hohen Boden, auf dem wir standen, dem ebenen Pfad, der uns zur Beschreitung einlud, so gefallen, so abgeirrt zu sein, ist demütigend. Aber jede Spur von Tugend hat von unserem Land bis zu einem gewissen Grad Abschied genommen ... Was, gütiger Gott, ist der Mensch, daß es solche Unbeständigkeit und Treulosigkeit in seinem Lebenswandel gibt! Es sind doch erst ein paar Tage her, daß wir unser Blut vergossen haben, um die Verfassung zu erlangen, unter der wir jetzt leben, und nun sind wir im Begriff unser Schwert zu ziehen, um sie wieder umzustürzen. Die Sache ist so unverantwortlich, daß ich kaum weiß, wie ich sie fassen oder wie ich mich davon überzeugen soll, daß ich nicht unter der Einbildung eines Traumes stehe."

So verzweifelt waren die Zeitläufte, daß damals, wie immer in einer Krise, beständig der Ruf nach einem Diktator laut wurde. Über diese Denkungsart äußerte sich Washington in einem Brief, welchen er im August 1786 an John Jay schrieb:

> „Welch erstaunlichen Veränderungen können doch ein paar Jahre hervorbringen! Man erzählte mir, daß sogar hervorragende Persönlichkeiten ohne Abscheu von einer monarchischen Staatsform sprechen. Aus dem Denken ergibt sich das Sprechen; von da zum Handeln ist oft nur ein einziger Schritt. Ein Schritt, von dem es kein Zurück gibt, ein Schritt, der in das Grauen führt! Welcher Triumph für unsere Feinde, daß sich so ihre Voraussagungen erfüllen! Welcher Triumph für die Verteidiger des Despotismus, feststellen zu können, daß wir nicht in der Lage sind, uns selbst zu regieren, und daß auf der Grundlage gleicher Freiheit gegründete Systeme nur trügerische Phantastereien sind! Wollte Gott, daß beizeiten vernünftige Maßnahmen getroffen werden, um die Folgen abzuwenden, die zu fürchten wir nur allzusehr Grund haben!"

Im Herbst des gleichen Jahres schrieb General Knox an Washington über die Gefahr der Meuterei und gab folgende anschauliche Schilderung über die schnelle Ausbreitung jenes verderblichen Geistes, den wir in der Gegenwart „Bolschewismus" nennen:

> „Die Leute, aus denen sich die Aufständischen (die Shaysiten) zusammensetzen, haben niemals irgendwelche oder höchstens ganz geringe Steuern bezahlt, — aber sie sehen die Schwäche der Regierung. Sie fühlen auf einmal ihre eigene Armut im Vergleich mit den Wohlhabenden und ihre eigene Kraft und sind entschlossen, die letztere dazu zu gebrauchen, um der ersteren abzuhelfen. Ihr Glaubensbekenntnis ist, ‚daß der Besitz der Vereinigten Staaten durch die gemeinsamen Anstrengungen Aller vor der Beschlagnahme durch Britannien bewahrt geblieben ist und *daß er deshalb gemeinschaftlicher Besitz Aller sein soll*. Wer sich diesem Glaubensbekenntnis zu widersetzen versucht, ist ein Feind von

Gleichheit und Gerechtigkeit und soll vom Angesicht der Erde hinweggefegt werden.' Mit einem Wort, sie sind entschlossen, alle öffentlichen und privaten Schulden zu annullieren und Agrargesetze einzuführen, die mittels ungedeckten Papiergeldes, das allgemeines Zahlungsmittel sein solle, leicht in die Wirklichkeit umgesetzt werden könnten.

Die Anzahl dieser Leute mag sich in Massachusetts auf ungefähr ein Fünftel mehrerer volkreicher Kreise belaufen, und es mögen sich zu ihnen noch Leute ähnlicher Gesinnung aus den Staaten Rhode Island, Connecticut und New Hampshire gefunden haben, so daß sie zusammen eine Schar von zwölf- bis fünfzehntausend verwegener und grundsatzloser Leute bilden mögen. Sie bestehen hauptsächlich aus dem jungen und aktiven Teil des Staates und mögen leichter zusammenzubringen als vielleicht später zusammenzuhalten sein. — Aber sie werden wahrscheinlich landesverräterische Handlungen begehen, die sie dann dazu bringen werden, sich ihrer eigenen Sicherheit wegen zusammenzuschließen — und einmal zusammengeschlossen, werden sie sich gezwungenermaßen aus dem gleichen Grunde einer Disziplin unterwerfen. Sind sie einmal so weit gegangen, wozu sie jetzt reif sind, *dann werden wir einen furchtbaren Aufruhr gegen die Vernunft, die Grundlage jeder Regierung und gegen den wahren Begriff der Freiheit erleben.* Diese schreckliche Lage hat jeden Mann von Grundsätzen und Besitz in Neu-England alarmiert. Man fährt auf wie aus einem Traum und fragt sich, was die Ursache unserer Verblendung gewesen ist und was uns gegen die Gewalt gesetzloser Menschen Sicherheit gewähren kann. Unsere Regierung muß aufgefrischt, gewechselt oder geändert werden, um unser Leben und Eigentum zu schützen. Wir bildeten uns ein, daß die Milde unserer Regierung und die Tugend des Volkes miteinander so zusammenhingen, daß wir nicht wie andere Völker brutale Gewalt nötig hätten, um die Achtung vor den Gesetzen zu erzielen, — aber wir sehen nun, daß wir Menschen sind, wirkliche Menschen mit all den unruhigen Leidenschaften, welche diesen Lebewesen anhaften, und daß wir eine Regierung brauchen, die für sie passend und angemessen ist. Die

Bevölkerung von Massachusetts ist zum Beispiel in dieser Anschauung weit fortgeschritten, und Männer von Überlegung und Grundsatz sind dort entschlossen, sich um die Errichtung einer Regierung zu bemühen, welche die Macht haben soll, sie in ihren gesetzmäßigen Bestrebungen zu schützen, und die in allen Fällen innerer Revolten oder fremder Einfälle zu wirksamem Handeln fähig sein soll. Sie sind der Ansicht, daß Freiheit ihre Grundlage bilden soll, aber eine Freiheit, die sich aus der gleichmäßigen und kräftigen Anwendung der Gesetze ergibt. Sie sehnen sich nach einer allgemeinen Einheitsregierung, da sie sehen, daß die lokalen Parlamente natürlicher- und notwendigerweise dazu neigen, jede allgemeine Regierung zu verzögern und zu vereiteln."

Anfangs des folgenden Jahres schrieb Madison, der sich damals in New York aufhielt, über die dringende Notwendigkeit einer kräftigeren Regierung an Edward Pendleton:

„Im allgemeinen finde ich Leute von Überlegung viel weniger zuversichtlich betreffs eines neuen als verzagt hinsichtlich des gegenwärtigen Systems. Tatsächlich hat das jetzige System keine Verteidiger, noch verdient es solche, und wenn ihm nicht einige wirklich starke Stützen angelegt werden, dann wird es rasch zu Boden stürzen... Wenn sich der kommende Konvent nicht auf irgendein Heilmittel einigen wird, dann bin ich überzeugt, daß irgendein ganz anderes Arrangement folgen wird. Die letzten unruhigen Szenen in Massachusetts und die schändlichen Vorfälle in Rhode Island haben dem Ruf der Republik in diesem Teil der Vereinigten Staaten unaussprechlichen Schaden getan, und man sagt, daß sich daraus eine Neigung zur Monarchie bei einigen führenden Geistern entwickelt hat. Der Hauptteil des Volkes wird sicher das geringere Übel einer Teilung der Union in drei oder mehr brauchbare und kraftvolle Staaten vorziehen. Dieser letztere Gedanke fängt nun auch an, wie ich finde, sich in den Zeitungen zu zeigen, nachdem er sich lange nur in Erwägungen Einzelner und in privaten Kreisen gefunden hatte."

Ein anderer Briefschreiber berichtete im März 1787 an Washington:

„Das beunruhigende Feuer in Massachusetts scheint nun fast ausgelöscht zu sein; aber wenn die darauffolgenden Maßnahmen dieses Staates gegen die Aufständigen streng sein werden und vielleicht in Todesstrafe, Konfiskation oder Entziehung des Bürgerrechts bestehen, dann mag dies schlechte Folgen haben, die vielleicht dazu führen, das Feuer wieder zu entfachen. Wenn ich Ihnen das im Vertrauen mitteilen darf, so habe ich jetzt zweimal gehört, und zwar von keiner geringen Autorität, einige einflußreiche Männer dieses Staates begönnen von dem Wunsch nach einem allgemeinen Haupt für die Union anstelle des Kongresses zu sprechen."

Sicherlich lag die Schwierigkeit, wie es Washington ausgedrückt hatte, darin, „zwischen Scylla und Charybdis" hindurchzusteuern, zwischen der Forderung nach einem Diktator einerseits und der Bewegung andererseits, welche auf Auflösung in drei oder mehrere Nationen gerichtet war.

Wie dem auch sein mag, es war das die dunkelste Stunde vor der Dämmerung. Washington war stark an der Entwicklung der Länder im Westen interessiert und deshalb bemüht, eine gesteigerte Transportfreiheit auf dem Potomac River zu sichern. Unter seiner Führung wurden die Staaten Virginia und Maryland veranlaßt, Bevollmächtigte zu ernennen. Diese trafen 1785 in Mount Vernon zusammen, entwarfen ein Übereinkommen zwischen den beiden Staaten über den Handel längs dieses gemeinsamen Wasserwegs und ersuchten vereint den Staat Pennsylvania, die freie Schiffahrt auf den Nebenflüssen des Ohio zu gestatten, damit Transport und Handel nicht am Endpunkt des schiffbaren Abschnitts des Potomac-Stromes lahmgelegt würden, sondern sich über den Ohio-Fluß und seine Nebenflüsse bis in das Nordwestgebiet ausdehnen könnten. Die Bevollmächtigten empfahlen ihren beteiligten Staaten, durch Übereinkommen eine einheitliche Gesetzgebung über Regelung des Handels, der Währung und der Einfuhrzölle anzunehmen. Die gesetzgebenden Körperschaften dieser Staaten gingen dann aber noch weiter, und auf Empfehlung des Parlaments von Virginia lud der Gouverneur dieses Staates die sämtlichen 13 Staaten ein, Vertreter zu einer Versammlung, die zu Annapolis, Maryland, im September 1786 stattfinden sollte, zu entsenden, um zu beraten, wieweit die Staaten selbst über eine gemeinsame Regelung des Handels einig werden könnten.

Zur verabredeten Zeit versammelten sich die Delegierten von Virginia, Pennsylvania, Delaware, New York und New Jersey. Da sie aber selbst der Anschauung waren, daß sie zur Erreichung ihres großen Zieles zu wenig zahlreich seien, begnügte sich die Konferenz mit einem zweiten — wahrscheinlich von dem damals erst im dreißigsten Lebensjahr stehenden Alexander Hamilton entworfenen — Aufruf an alle Staaten, Delegierte zu einer in Philadelphia am zweiten Montag im Mai 1787 abzuhaltenden Versammlung zu entsenden, um „die Lage der Vereinigten Staaten in Erwägung zu ziehen und solche weiteren Feststellungen zu treffen, die notwendig erschienen, um die Verfassung der Bundesregierung den Erfordernissen der Union anzupassen."

Der sterbende Kongreß stimmte diesem Vorschlag nur zögernd zu, nahm aber endlich am 21. Januar 1787 widerwillig einen Entschluß folgenden Inhalts an:

> „Es ist ratsam, daß am zweiten Montag im kommenden Mai zu Philadelphia ein Konvent von Delegierten, die von den Einzelstaaten zu ernennen sind, abgehalten wird, zu dem *einzigen und ausdrücklichen Zweck, die ‚Articles of Confederation' zu revidieren* und an den Kongreß und die einzelnen Parlamente über Abänderungen und Bestimmungen zu berichten, die nach *erfolgter Zustimmung des Kongresses und Billigung der Staaten* die Bundesverfassung gemäß dem Bedürfnis der Regierung und der Erhaltung der Union bilden sollen."

Die hervorgehobenen Stellen der Resolution zeigen an, daß diese unfähige Körperschaft auf solche Weise vergebens versuchte, sich an den kläglichen Schatten ihrer Autorität anzuklammern, indem sie erklärte, daß die vorgeschlagene Versammlung die wertlosen „Articles of Confederation" nur revidieren solle und daß solche Abänderungen erst Gültigkeit haben sollten, wenn sie sowohl vom Kongreß wie von der Bevölkerung der Einzelstaaten angenommen seien. Glücklicherweise wurde dieser Erlaß nicht beachtet; der Konvent wurde gebildet und führte dazu, eine neue Regierung mit einer neuen Verfassung zu schaffen.

## 3. Kapitel

## DER GROSSE KONVENT

*„Es ist etwas Neues in der Geschichte der Gesellschaft, daß man einen ruhigen und forschenden Blick auf sich selbst gerichtet sieht, während die Legislatur zu erkennen gibt, daß die Räder der Regierung zum Stillstand gebracht sind; daß man ihn sorgsam die Weite des Gesichtsfeldes prüfen und dann geduldig zwei Jahre ruhen sieht, bis ein Mittel gefunden wurde, das man freiwillig annahm, ohne daß die Menschheit je eine Träne oder einen Tropfen Blut vergossen hatte."*

—De Tocqueville*).

ES folgt nun eine bemerkenswerte, aber noch wenig bekannte Szene im Drama der Geschichte. Sie zeigt ein Volk, das, ohne einen Tropfen Blut zu vergießen, ruhig und mit Überlegung eine alte Regierung abschafft, eine andere an ihre Stelle setzt und diese auf Grundlagen stellt, die sich seither bis heute als dauerhaft erwiesen haben. Sogar der auf diesen Fundamenten langsam errichtete Oberbau hat in dieser wechselreichsten Periode der Weltgeschichte nur wenig Änderungen erfahren. Nur wenig wurde hinzugefügt, und mit Ausnahme der Amendments, die unmittelbar dem Bürgerkrieg folgten, haben nur die neuesten Zusätze zur Verfassung sichtbare Änderungen an den Plänen der ursprünglichen Architekten bewirkt. Die Verfassung ist heutzutage nicht ein zerstörtes Parthenon, sondern gleicht eher einem jener gotischen Meisterbauten, gegen welche die Stürme leidenschaftlichen Streites vergebens getobt haben.

*) Anmerkung des Übersetzers: De Tocqueville wird als einer der größten politischen Denker Frankreichs bezeichnet. Von seinen Werken sind insbesondere bekannt: „L'ancien régime et la révolution", sowie das gedankenreiche Werk „De la démocratie en Amérique".

Die Fundamente zur Verfassung wurden gelegt in einer Zeit, als Unordnung überhand nahm und weit und breit Anarchie herrschte.

Wie bereits im ersten Kapitel gezeigt, war das Vertrauen verschwunden, das Geschäftsleben zerrüttet, und Gesetzlosigkeit herrschte. Nicht nur zwischen Klasse und Klasse, auch zwischen Staat und Staat gab es heftige Streitigkeiten und beunruhigende Differenzen in der Gesinnung. Dreizehn aufeinander eifersüchtige und uneinige Staaten, die noch dazu durch einen erschöpfenden Krieg demoralisiert waren, gegen ihren Willen zu einer geeinigten und lebenskräftigen Nation zusammenzuschweißen, war eine scheinbar unmögliche Aufgabe. Friedrich, den man den Großen nennt, hatte erklärt, daß eine föderative Vereinigung weit zerstreuter Gemeinwesen unmöglich sei. Alexander Hamilton drückte in seiner ersten Rede im Konvent den gleichen Zweifel mit noch größerem Nachdruck aus. Alle Delegierten waren hinsichtlich eines erfolgreichen Abschlusses ihres großen Werkes gleich skeptisch. Der Umstand, daß die Aufgabe doch schließlich glücklich gelöst wurde, hat die Welt die wesentlichen Schwierigkeiten des Problems nicht erkennen lassen.

Der Zeitpunkt der Konventseröffnung war der 25. Mai 1787; der Schauplatz befand sich im State House zu Philadelphia, einer kleinen Stadt von nicht mehr als 30 000 Einwohnern, die damals, wenn man die Verbindungsmöglichkeiten in Betracht zieht, von den Mittelpunkten der Zivilisation ebensoweit entfernt war wie heute Wladiwostock.

Der Konvent trat in einer Halle von ungefähr 50 Quadratfuß zusammen, deren Mauern geheiligte Erinnerungen wachriefen. Hier hatte der zweite Kontinentale Kongreß getagt, und hier war auch die Unabhängigkeitserklärung unterzeichnet worden. Von Zeit zu Zeit konnten die Delegierten den feierlichen Ton der alten Glocke hören, die von ihrem Turm herab „Freiheit durch das ganze Land für all seine Einwohner verkündet hatte". Die Halle reichte kaum für die übergroße Zahl der Anwesenden aus.

Die „dramatis personae" in diesem Drama waren jedoch trotz ihrer geringen Anzahl ihrer Aufgabe würdig.

72 in den Kolonien führenden Männern waren ursprünglich Beglaubigungsschreiben angeboten oder erteilt worden. Denn es war jedem Staat gestattet, so viele Delegierte zu schicken, wie es ihm beliebte, da die Staaten im Konvent nur als solche ihre Stimme abzugeben hatten. Die Delegierten waren von jedem der 13 Staaten, mit Ausnahme von Rhode Island, das nicht vertreten war und die Verfassung auch bis 1790 nicht ratifizierte, durch die gesetzgebenden Körperschaften der Einzelstaaten gewählt worden. Rhode Islands Widerspenstigkeit überraschte niemanden. Es war in der Hand gewissenloser Demagogen. Washington ärgerte sich jedoch darüber und nannte die Untreue dieses Landes „skandalös". Die Höchstzahl der aus den zwölf Kolonien tatsächlich anwesenden Delegierten betrug 55, und gegen Ende des Konvents blieb nur ein spärlicher Rest von 39 zurück, um ein Werk zu vollenden, das seine Mitarbeiter unsterblich machen sollte.

Nur wenige Kaufleute, Finanziers, Farmer, Gelehrte, Lehrer und Soldaten enthielt dieses bemerkenswerte Gremium, dagegen waren von den Vertretern mindestens 31 Juristen; unter ihnen viele bereits Richter an den lokalen Gerichten oder Exekutivbeamte der Freistaaten. Vier davon hatten im Inner Temple, mindestens fünf im Middle Temple, einer zu Oxford unter der Leitung Blackstones und zwei auf schottischen Universitäten studiert. Wenige von ihnen waren in öffentlichen Angelegenheiten unerfahren; denn von den ursprünglich 55 Mitgliedern waren 39 Abgeordnete des ersten und zweiten Kontinentalen Kongresses gewesen, und 8 hatten bereits bei der Errichtung der Verfassungen ihrer Heimatstaaten mitgearbeitet. Wenigstens 24 hatten akademische Würden erlangt, davon 9 zu Princeton, 3 zu Yale, 2 zu Harvard und 2 an dem College von Philadelphia (jetzt Universität von Pennsylvania); 4 waren von William and Mary graduiert, und je einer von den Universitäten zu Oxford, Columbia, Glasgow und Edinburgh. Mindestens 3 waren Professoren der Rechte an Universitäten, und einer war der Präsident des Columbia College. Einige erfreuten sich bereits eines Weltrufs; so besonders Dr. Franklin, vielleicht das vielseitigste Genie des 18. Jahrhunderts und allgemein bekannt und geehrt als Naturwissenschaftler, Philosoph und Diplomat, sowie George Washington, dessen Ruf als treuen und selbstlosen Führers der Menschheit schon damals die Welt mit Bewunderung erfüllt hatte.

Es war eine Versammlung verhältnismäßig junger Leute; ihr Durchschnittsalter betrug wenig mehr als 40 Jahre. Franklin, das älteste Mitglied, war 81 Jahre alt. 33 Jahre vor dieser Versammlung hatte er den auf dem Konvent von Albany vorgelegten Plan zum Zusammenschluß entworfen; 21 Jahre später jenen Plan, auf dem sich die „Articles of Confederation" aufbauten. Nunmehr gab er das Beste der ihm verbliebenen Kraft, um zur Bildung einer „vollkommeneren Union" beizutragen. Er schreckte nicht vor der Aufgabe zurück, obwohl er an einer schmerzhaften Krankheit litt, die es ihm schwer machte, sich auf den Füßen zu halten und vor dem Konvent zu sprechen. Aber seine machtvolle Feder ließ ihn nicht im Stich, und sein Einfluß erwies sich als von unschätzbarem Wert. Mit Ausnahme von Franklin und Washington waren die meisten hervorragenden Persönlichkeiten im Konvent unter 40 Jahren. So war Dayton aus New Jersey, das jüngste Mitglied des Konvents, erst 27 Jahre alt. James Madison war 36 Jahre alt, er, der einen so tätigen Anteil an dem Zustandekommen der Konferenz zwischen Virginia und Maryland und dem sich hieraus ergebenden Übereinkommen von Annapolis genommen hatte und der soviel zu dem Entwurf beitrug, daß man ihn zeitweise den „Vater der Verfassung' nannte. Edmund Randolph, der mit der Vorlegung des Virginia-Entwurfes die Diskussion eröffnete, zählte erst 34 Jahre. Charles Pinkney, der den ersten konkreten Entwurf zur Verfassung ohne jede Unterstützung vorlegte, war nur 29 Jahre alt, und Alexander Hamilton, der infolge seiner mächtigen Rednergabe und seiner überaus geschickten Berichte in der Zeitung „The Federalist" eine führende Rolle bei der Durchsetzung ihrer Ratifikation spielen sollte, war im Alter von erst 30 Jahren.

Vor allem aber war es eine Gruppe von Gentlemen, die inneren Halt und tiefes Ehrempfinden besaßen. Sie konnten vier Monate lang in einem drückend heißen Sommer debattieren, ohne ihre Haltung zu verlieren, es sei denn für einen kurzen Augenblick — und das trotz lebenswichtiger Gegensätze —; sie bewiesen widerstreitenden Ansichten gegenüber jenen Geist gegenseitiger Duldsamkeit und Versöhnung, der einer gemeinsamen Hingabe an ein großes Ziel entsprang und der das höchste Kennzeichen staatsmännischer Kunst ist. Diese von den gesetzgebenden Körperschaften der Einzelstaaten erwählten Männer vertraten den Geist einer repräsentativen Regierung am besten, indem sie die Feigheit von Heuchlern und die niedrigen Kniffe von Demagogen verschmähten. Sämtlich waren sie offenbar von einem schönen Geist der Selbstbeherrschung belebt. Selbstsüchtiger Ehrgeiz hatte unter ihnen offensichtlich keine Stätte. Sie stritten sich zeitweise heftig, aber stets als Männer von lauterer Gesinnung und von Ehre. Die tatsächliche Geheimhaltung ihrer Beratungen, von der ich gleich sprechen werde, ist ein glänzender Beweis dafür, wie gleichgültig sie dem Beifall der Menge und dem civium ardor prava jubentium gegenüber waren. (Vergl. Anhang VI, Bemerkung 2.)

Die Männer, die in der Konventhalle jene heißen Sommermonate hindurch tagten, waren nicht nur Theoretiker. Sie traten zusammen, um Heilmittel für die Übel, welche das Land bereits erlitten hatte, zu schaffen und um ein brauchbares Regierungssystem zu organisieren. Madison sagte später in „The Federalist": „Die großen Grundsätze der vom Konvent vorgeschlagenen Verfassung müssen weniger als absolut neu, sondern vielmehr als Erweiterung der schon in den ‚Articles of Confederation' enthaltenen Prinzipien angesehen werden"; und viele Jahre später zählte er in einer offenbar als Einführung zu seinen „Debates of the Convention" geschriebenen Schrift die Übel auf, durch die das Land hatte leiden müssen, und führte aus:

> „Das waren also die Mängel, die Gebrechen, die Krankheiten und verhängnisvollen Aussichten, für die der Konvent ein Heilmittel schaffen sollte und die bei der Erklärung und Würdigung der Verfassungsurkunde, des verordneten Heilmittels, niemals übersehen werden sollten."

Die unmittelbar vorhergehende Veranlassung zum verfassunggebenden Konvent war zweifellos die Notwendigkeit, im Interesse des Handels jenen zwischen den Staaten bestehenden Zustand des Handelskrieges zu beenden, der sich aus ihren widerstreitenden Regelungen bezüglich des Handels ergeben hatte. Das Geschäftsleben der jungen Nation war durch diese Momente in eine vernichtungsvolle Verwirrung gebracht worden. Es ist deshalb richtig, daß die Verfassung in wirtschaftlichen Wehen zur Welt kam und daß ihre Gestaltung weitgehend durch die wirtschaftlichen Notwendigkeiten des amerikanischen Volkes bestimmt wurde. Sie war zum großen Teil das Werk von Geschäftsleuten. Die meisten Mitglieder des Konvents waren nämlich einflußreiche und für jene Zeit wohlhabende Angehörige freier Berufe und Geschäftsleute. Sie fühlten, daß, wenn ihre eigenen Interessen geschützt werden und nach der Panik von 1785 Wohlfahrt wiederkehren sollte, nicht nur zwischen den Staaten ein freier Handelsverkehr herrschen müsse, sondern auch die Eigentumsrechte stärker gesichert werden müßten gegenüber den zersetzenden sozialen Tendenzen, die durch das Elend unter den Massen hervorgerufen waren, das damals wie heute unweigerlich einer entwerteten Währung folgt.

Noch unmittelbarer als dieser Zwang, den scharfen Handelskrieg zwischen den Einzelstaaten zu beenden, wirkte auf die, welche Eigentumsinteressen hatten, die Notwendigkeit, sich gegen jenen Geist sozialer Revolution zu schützen, welchen wir heute „Bolschewismus" nennen.

Der Gedanke, daß die Entstehung der Verfassung wirtschaftlichen Gründen zuzuschreiben ist, wird von James Madison in der 10. Nummer des „Federalist" in folgenden Zeilen treffend zum Ausdruck gebracht:

> „Die Verschiedenheit menschlicher Fähigkeiten, aus der die Eigentumsrechte entstehen, ist ein ebenso unüberwindliches Hindernis für eine Vereinheitlichung der Interessen. Der Schutz dieser Fähigkeiten ist der erste Zweck der Staatstätigkeit. Aus dem Schutz verschiedener und ungleicher Fähigkeiten, sich Eigentum zu erwerben, ergibt sich unmittelbar der Besitz verschiedener Grade und Arten von Eigentum. Aus deren

Einfluß auf die Gefühlsregungen und Anschauungen der betreffenden Eigentümer ergibt sich dann eine Teilung der Gesellschaft in verschiedene Interessengruppen und Parteien . . . Die gewöhnlichste und dauerhafteste Quelle der Parteibildung ist die verschiedenartige und ungleiche Eigentumsverteilung gewesen. Diejenigen, die Eigentum besitzen, und die, welche ohne solches sind, haben in der Gesellschaft immer verschiedene Interessengruppen gebildet. Gläubiger und Schuldner sind in gleicher Weise unterschieden. Interessen des Grundbesitzes, der Industrie, des Handels, der Finanz und viele andere von geringerer Bedeutung entstehen mit Notwendigkeit unter zivilisierten Nationen und teilen sie in verschiedene Klassen, die von verschiedenen Gefühlen und Anschauungen beherrscht werden. Die Regelung dieser mannigfaltigen und widerstreitenden Interessen bildet die Hauptaufgabe moderner Gesetzgebung und verbindet den Parteien- und Gruppengeist mit der notwendigen und gewöhnlichen Tätigkeit der Regierung."

General Washington kam pünktlich wie immer zu der für den Zusammentritt des Konvents bestimmten Zeit an, obgleich das Wetter so schlecht und die Straßen so mangelhaft waren, daß andere Delegierte Philadelphia nicht zur rechten Zeit erreichen konnten. Er hatte Mt. Vernon am 9. Mai verlassen und erreichte am Abend des 13. Mai, an einem Sonntag, Philadelphia. Wahrscheinlich war er bei dem Ritt auf den schlechten Straßen und durch die spärlich gelichteten Wälder von trüben Gedanken erfüllt. Seine Briefe, von denen ich einige bereits anführte, zeigen, daß er nach dem Sieg von Yorktown im steigenden Maße kleinmütig geworden war. Es war für ihn eine Zeit der Enttäuschung. Er hatte sein Eigentum, seinen guten Namen und sogar sein Leben für die Sache der Kolonien aufs Spiel gesetzt und hatte es abgelehnt, irgendeine Vergütung für seine unschätzbaren Dienste anzunehmen. Der Lohn schien für ihn darin zu bestehen, erkennen zu müssen, wie unfähig, sich selbst zu regieren, das Land war. Seinem Ordnungssinn war Gesetzlosigkeit zuwider, und der Anblick einer unfähigen Regierung erfüllte ihn mit Verzweiflung. Er und andere mögen wohl während der dunklen Stunden dieser kritischen Periode gedacht haben, daß es besser gewesen wäre, die „Tuppenny"-Stempelsteuer auf Tee selbst unter Opferung eines Verfassungsgrundsatzes zu zahlen, als einen ermüdenden Kampf zu führen, der nur in Anarchie zu enden bestimmt zu sein schien.

Als man ihn zum verfassunggebenden Konvent einlud, lehnte er zunächst ab und führte zu seiner Entschuldigung an, daß er bereits die Einladung seiner eigenen Waffengefährten, der „Society of the Cincinnati", zur Übernahme ihrer Präsidentschaft nach Philadelphia zu kommen, abgelehnt habe. Erst die ernsten Bitten von Randolph und Madison und jenes gebieterische Pflichtgefühl, das ihn immer eignete, veranlaßten ihn endlich zur Reise. Da er, wie seine Briefe zeigen, nur wenig Hoffnung auf ein gutes Ergebnis hatte, konnte seine Reise nach Philadelphia zunächst nicht angenehm sein.

Washingtons Abneigung gegen eine Teilnahme am Konvent zu Philadelphia hatte noch andere Gründe. Die Berufung dieses Konvents war nur durch einzelne Leute auf deren eigene Verantwortung erfolgt und hatte noch nicht die Billigung durch den Kongreß gefunden. Einige seiner Freunde drängten ihn zur Teilnahme am Konvent. Andere hielten ihm aber vor, daß er sich als früherer Höchstkommandierender der Armee durch eine Teilnahme an einem Konvent zu Philadelphia, der von der alten rechtmäßigen Regierung nicht einberufen sei, dem Vorwurf aussetze, an einem aufrührerischen Versuch zum Sturz der bestehenden Regierung mitzuwirken. Diese Erwägung fiel bei Washington schwer ins Gewicht; seine Bedenken schwanden erst, als der Kongreß schließlich die Versammlung in Philadelphia guthieß.

Auch körperliche Beschwerden kamen hinzu. In einem vom 27. April 1787 datierten Brief schreibt Washington an Henry Knox, er sei im letzten halben Jahr so stark vom Rheumatismus gequält worden, daß er seinen Arm bereits seit 10 Tagen in einer Binde tragen müsse, und außerdem habe man ihn eben an das Sterbebett seiner Schwester gerufen. Doch nicht genug mit diesen Sorgen: er litt außerdem noch unter dem Mangel an Bargeld; seine flüssigen Geldmittel waren, obwohl er wahrscheinlich der reichste Grundbesitzer in Amerika war, nicht gerade groß. So schrieb er am Vorabend des Konvents, am 7. Mai, einem Verwandten:

> „Ich brauche Dir nicht erst zu erzählen, weil eine kurze Erinnerung an Deine eigenen Berichte Dir die Tatsache bestätigen wird, daß es keine Quelle gibt, aus der ich mehr als das unbedingt Notwendige für die täglichen Bedürfnisse meiner Familie schöpfen könnte, ausgenommen das, was aus der Eintreibung alter Schulden — weiß Gott spärlich und unsicher genug — fließt. Meine Vermögenslage war in den letzten elf Jahren nicht so, daß ich hätte auskommen können. Ich bin jetzt mit dem Defizit belastet. Ich erwähne das nur, um zu zeigen, daß ich trotz besten Willens nicht imstande bin, Schulden zu bezahlen, es sei denn, ich könnte Land verkaufen. Das habe ich aber schon öffentlich angeboten, ohne Liebhaber zu finden."

Trotz all dieser Schwierigkeiten zögerte Washington nicht, die Reise nach Philadelphia zu machen; daß er sich diese Reise nicht bequem machte, kann man seinem Reisetagebuch entnehmen. Am 9. Mai verließ er Mt. Vernon und kam am Abend mit heftigen Kopfschmerzen nach Bladensburg. Am nächsten Tag um 1 Uhr war er in Baltimore. Am folgenden Tage erreichte er Havre de Grace, konnte aber den Fluß nicht überschreiten, „weil ein heftiger und böiger Sturm herrschte." Am nächsten Tag überschritt er den Susquehanna und nahm seine Mahlzeit am Abend zu Wilmington ein. Am Tag darauf, dem vierten seit seiner Abreise, erreichte er Chester und wurde von dort nach Philadelphia eskortiert.

Als er in die bewohnteren Teile von Pennsylvanien kam, wurde sein Herz durch den begeisterten Empfang, den man ihm von Stadt zu Stadt bereitete, getröstet. Als er Chester erreichte, wurde er von den vornehmsten Bürgern begrüßt, die ihn bis Grays Ferry geleiteten; dort trafen ihn einige Reiter aus Philadelphia und brachten ihn beim Einbruch der Abenddämmerung in diese Stadt. Bei seiner Ankunft ritt er durch eine Gruppe seiner ehemaligen Artillerieoffiziere, die ihn respektvoll erwarteten. Als die Einwohnerschaft von der Ankunft George Washingtons hörte, läutete man die Kirchenglocken, und seine Verehrer strömten auf die Straße hinaus und jubelten ihm zu, als seine Kavalkade die Hauptstraße herabtrabte. Daß diese begeisterte Begrüßung Washington tief rührte, zeigt sein Tagebuch. Gewöhnlich nüchtern gehalten, scheu alle Gefühlsregungen verbergend, weist es doch am 13. Mai 1787 die Eintragung auf: „Bei meiner Ankunft läutete man die Glocken."

Man empfing ihn „unter lautem Beifall der Menge wie auch mit dem ernsteren Ausdruck der Liebe und Verehrung, wie man sie stets seiner Person entgegenbrachte"*).

Die dunkelsten Stunden waren für ihn vorüber. Mt. Vernon war für ihn in den letzten Jahren ein Gethsemane gewesen, wo er fühlen mußte, was es heißt, „gleichsam große Blutstropfen zu schwitzen". Aber bei diesen Kundgebungen der Liebe des Volkes muß er gefühlt haben, daß er abermals als Retter gekommen war, genau so, wie er in den dunkelsten Stunden der Schlacht von Monmouth den Freeholdweg heruntergaloppiert war, um die fliehenden Schwadronen der Kontinentalen wieder zu versammeln.

Als Washington bei seiner Ankunft bemerkte, daß erst wenige Delegierte von anderen Staaten eingetroffen waren, drückte er seinen Unwillen darüber aus, daß bisher nur Virginia und Pennsylvania durch Delegierte vertreten waren, und fügte hinzu:

> „Diese Verzögerungen behindern öffentliche Maßnahmen in starkem Maße und dienen nur dazu, die Stimmung der pünktlichen Mitglieder zu verbittern, die ihre Zeit nicht zu vertändeln gewohnt sind."

Wahrscheinlich sprach Washington, der zeitweise reizbar war, für sich selbst und drückte seinen Verdruß angesichts der Tatsache aus, daß er trotz starker rheumatischer Schmerzen die weite Entfernung von Mt. Vernon nach Philadelphia bei fast ungangbaren Wegen zurücklegen und zur rechten Zeit ankommen konnte, während die Delegierten der näher

*) Brief Madisons an Jefferson vom 15. Mai 1787.

liegenden Staaten, wie z. B. New York und New Jersey, nicht eine gleiche Achtung dem Konvent hatten bezeugen können.

Immer zeremoniell, begab sich Washington sofort zu Doktor Franklin, um ihm seine Aufwartung zu machen. Es ist bedauerlich, daß hierbei kein Boswell zugegen war, um ihre Unterhaltung aufzuzeichnen. Denn es ist leicht möglich, daß diese beiden ebenso bedeutenden wie äußerst praktischen Männer damals den Plan entwarfen, durch den sie in die uneinigen Elemente, die im Begriff waren, zur Versammlung zu kommen, ein einigermaßen harmonisches Verhältnis bringen wollten.

4. Kapitel

## EIN DINER BEI FRANKLIN

*„Poor Richard sagt: ‚Das Auge eines Meisters kann besser wirken als seine beiden Hände.“*

—Franklin.

ALS utilitaristischer Philosoph, der er immer war, erkannte Franklin, daß der Strom guten Gefühls häufig mit dem Fluß der Magensäfte zusammenhängt, und lud deshalb alle Delegierten, die Philadelphia bis zum 16. Mai 1787 erreicht hatten, ein, mit ihm zu speisen. Er hatte gerade ein Faß Porter erhalten, und mit dessen Hilfe konnte er bei dieser Gelegenheit Ehre einlegen. In einem Brief an Thomas Jordan vom 18. Mai 1787 äußert er sich:

> „Wir haben hier jetzt das, was man in Frankreich une assemblée des notables nennt, eine Versammlung, die sich aus einigen führenden Männern der einzelnen Staaten unserer Konföderation zusammensetzt. Sie erwiesen mir die Ehre vergangenen Mittwoch, als das Faß angezapft wurde, bei mir zu speisen. Sein Inhalt fand die herzlichste Aufnahme und allgemeinen Beifall. Kurzum die Gesellschaft war einstimmig der Meinung, daß es der beste Porter sei, den man jemals gekostet habe.“

Wer konnte geeigneter den Gastgeber spielen als der geniale Doktor? Abgesehen von der Tatsache, daß er damals das Haupt der Exekutive des Freistaates war, in dem man sich versammelte, sprach dafür die noch wirksamere Erwägung, daß er von seinen Zeitgenossen als der bedeutendste Amerikaner betrachtet wurde. Er war damals 81 Jahre alt und näherte sich dem Ende einer Laufbahn, zu der es, was Mannigfaltigkeit und Glanz anging, in seinem Zeitalter oder überhaupt in irgendeinem anderen Zeitalter nur wenige

Gegenstücke gab. Sechzig Jahre lang hatte er Amerikas Sache gedient und drückte sich darüber folgendermaßen aus: „Die Öffentlichkeit hat mein Fleisch aufgegessen, so wie es war, und scheint jetzt entschlossen zu sein, auch noch meine Knochen abzunagen."

Franklin war bereits der Führer der Kolonien, als Washington als junger Bursche von 16 Jahren noch das Besitztum Fairfax beaufsichtigte, als Jefferson, Hancock, Patrick Henry und Richard Henry Lee noch Babies waren, und Hamilton, Jay und Marshall noch nicht das Licht der Welt erblickt hatten. Wenn den Gästen bei Franklins Mahl Washington als Agamemnon erschien, als der „König der Männer" in ihrem Epos, so war Franklin ihr Nestor und ihr Odysseus zugleich. Er war der erste Amerikaner, der die Bewunderung der Welt auf sich zog. Als er mit seiner Pelzmütze und in seinem handgewebten Anzug nach Frankreich kam, wurde er mit einer Begeisterung empfangen, wie sie vorher niemals geherrscht hatte und später nicht größer sein konnte. Als er dann in Gegenwart des unglücklichen Königs und der Königin von Frankreich auf dem stolzen Hof von Versailles stand, war er die unbewußte Verkörperung der Demokratie und, obwohl er sich das nur wenig vergegenwärtigte, wirkte er wie eine Nemesis, deren Einfluß diesem König den Kopf und einem anderen den besseren Teil seines Reiches kosten sollte. Hätte Shakespeare — der, wie anzunehmen ist, Amerika im Sinn hatte, als er den „Sturm" schrieb — die unvergleichliche Laufbahn Franklins erlebt, dann würde er wohl den großen Philosophen als Prospero begrüßt haben. Denn wenn auch Franklin nicht wie Prospero „Zeus' Blitze" beschwören, „rebellische Winde rufen und die grüne See mit der azurnen Wölbung in lauten Kampf setzen*)" konnte, so hat er doch wenigstens die zerstörende Wut der Blitze gezügelt und ihr verwirrendes Geheimnis gelöst. Sein Ariel war sein schneller Verstand, sein Zauberstab die Wissenschaft und sein Zaubermantel seine Einbildungskraft. Für Amerika hat er sich wirklich als ein Wundertäter wie

*) Anmerkung des Übersetzers: Vergl. Shakespeares „Sturm", V. Aufzug, 1. Szene.

Prospero erwiesen. Er ist einer der wenigen „myriad-minded" Leute aller Zeiten geworden. Als Diplomat war er ein Talleyrand, als Menschenfreund ein Wilberforce, in der Naturwissenschaft ein Newton, in der Philosophie ein Erasmus, in der Satire ein Swift, seiner Ausdrucksweise nach ein Addison und in der Kraft seiner Erzählung ein Defoe. In allen Angelegenheiten war er ein Mann, wie wir, „nehmt alles nur in allem, nimmer seinesgleichen sehen werden". Unvergleichlicher Ben Franklin!

Zu allen diesen außerordentlichen Kenntnissen kam dann noch eine liebenswürdige Höflichkeit, ein Geist gütigster Duldsamkeit und jene lebendige Kraft gesunden Menschenverstandes, die in instinktiver Einschätzung des richtigen Verhältnisses von Menschen und Dingen zueinander besteht.

Dieser Mann wußte, daß ein gutes „Dinner" ein mächtiger Vermittler ist; deshalb lud er die in Philadelphia angekommenen Delegierten ein, mit ihm am Vorabend des Konvents in seinem kleinen Hause an der Market Street zu speisen.

Das Haus des guten Doktors blickte mit seiner Front auf einen Hof in einiger Entfernung von der Market Street, der damaligen Hauptstraße von Philadelphia. Rings um das Haus war ein freier Rasenplatz, auf dem ein sehr großer Maulbeerbaum wuchs. An das Hauptgebäude hatte er noch einen Anbau herstellen lassen, um die Bibliothek und die wissenschaftlichen Apparate unterzubringen, die damals die umfangreichsten in den Kolonien waren. In seinem Tagebuch gibt uns ein Zeitgenosse, der Reverend Manasseh Cutler, der Franklin damals besuchte, eine Beschreibung davon. Er berichtet uns, daß „des Doktors Bibliotheks- und Studierzimmer ein sehr großer und bis oben angefüllter Raum war, daß an den Wänden mit Büchern gefüllte Büchergestelle standen und außerdem noch vier Nebengelasse vorhanden waren, die eine Größe von zwei Drittel der Zimmerlänge aufwiesen und in gleicher Weise gefüllt waren". Das Studierzimmer des Doktors mit den wissenschaftlichen Geräten war gleichzeitig Bibliothek und Laboratorium. Der Doktor zeigte Cutler eine seiner vielen Erfindungen, „einen langen künstlichen Arm mit einer Hand, um aus hohen, außerhalb der Reichweite liegenden Regalen Bücher herunterzunehmen und wieder hinaufzustellen, und ferner seinen großen Armstuhl mit einer Schaukelvorrichtung und einem großen Wedel darüber, den er selbst lediglich durch eine kleine Fußbewegung in Tätigkeit setzen konnte, um die Fliegen zu verscheuchen, wenn er beim Lesen saß". Über der Bibliothek war „eine erstaunliche Anzahl von Medaillen, Büsten und Wachs- oder Gipsmodellen verteilt, welche die bekanntesten Persönlichkeiten Europas darstellten".

Dr. Cutlers Beschreibung des Gelehrten und seiner Wohnung gibt uns auch eine Vorstellung von dem Gespräch, mit dem er seine Gäste bei dem Diner, das er den eingeladenen Delegierten gab, unterhielt; Cutlers Tagebuch bemerkt hierüber:

> „Er schien im Verlauf meines Besuches außerordentlich darauf versessen zu sein, bei philosophischen Gegenständen, namentlich solchen der Naturgeschichte, zu verweilen, während die anderen Herren ganz von der Politik in Anspruch genommen waren . . . Ich war hoch erfreut über die umfassende Kenntnis, die er über jeden Gegenstand zeigte, über die Stärke seines Gedächtnisses und über die Klarheit und Lebhaftigkeit all seiner geistigen Fähigkeiten, die er trotz seines Alters noch hatte. Sein Benehmen ist vollkommen ungezwungen, und alles um ihn herum scheint eine unbeschränkte Freiheit und Heiterkeit zu verbreiten. Er besitzt eine unversiegliche humoristische Ader im Verein mit einer ungewöhnlichen Lebhaftigkeit, die ebenso natürlich und ungewollt zu sein scheint wie sein Atmen."

Und doch war Franklin damals bereits ein schwerkranker Mann. Er litt nicht nur stark an einem großen Blasenstein, sondern auch an der Gicht in beiden Beinen, so daß es ihm schwer fiel, sich auf seinen Füßen aufrecht zu halten. Als er zum verfassunggebenden Konvent gewählt wurde, gab er dem Zweifel Ausdruck, ob er infolge seiner Erkrankung, außer in ganz seltenen Fällen, daran teilnehmen könne; dennoch berichtete er am Ende des Konvents, daß er ihm beigewohnt habe, ohne auch nur ein einziges Mal zu fehlen*).

Um ihn schwebte Greisenalter, „grau, aber freundlich".

Am 6. Mai 1786 schrieb er:

„Die Gefährten meiner Jugend sind wirklich fast sämtlich tot, aber an ihren Kindern und Enkeln finde ich eine angenehme Gesellschaft. Ich habe genug Staatsgeschäfte, um mich vor ennui zu bewahren, und daneben noch privates Vergnügen in der Unterhaltung, in Büchern, meinem Garten und im Kartenspiel. Da ich unseren wohlversehenen, ergiebigen Markt für den besten aller Gärten halte, verwandle ich den meinigen, in dessen Mitte mein Haus liegt, in Rasenflächen und Sandwege mit Bäumen und blühenden Büschen. An langen Winterabenden spielen wir manchmal Karten, doch wie man Schach spielt, nicht für Geld, sondern um die Ehre oder wegen des Vergnügens, den Anderen zu schlagen. Das wird Ihnen ja gerade keine Neuigkeit sein, weil Sie sich erinnern dürften, daß wir während des Winters zu Passy in gleicher Weise zusammen spielten. Damals wie jetzt kommt manchmal eine kleine Zerknirschung über mich, wenn ich daran denke, auf welch unnütze Weise ich die Zeit verbringe. Ein anderer Gedanke kommt mir dann jedoch, und mich beruhigend, flüstert er mir zu: ‚Du weißt doch, daß die Seele unsterblich ist; warum sollst du daher so ein Knicker mit ein bißchen Zeit sein, wo du doch noch eine ganze Ewigkeit vor dir hast?' Ich bin dann leicht überzeugt und, wie andere vernünftige Wesen, durch eine kleine Überlegung zufrieden, wenn sie zugunsten dessen ausfällt, was ich zu tun vorhabe, ich mische die Karten wieder und beginne ein neues Spiel."

So hatte er sein ganzes Leben hindurch tatsächlich mit unermüdlicher Energie und unerschrockenem Geist die

*) „Der Konvent ging am 17. d. M. zu Ende. Ich wohnte seinen Arbeiten seit seinem Beginn, der etwas mehr als vier Monate zurückliegt, täglich fünf Stunden bei. Sie können daraus entnehmen, daß meine Gesundheit dauernd gut ist. Man erzählt mir, ich sehe besser aus, und glaubt, daß die tägliche Bewegung auf dem Wege zum und vom State House mir gut getan hat." (Brief vom 20. September 1787 aus Philadelphia an Frau Jane Mecom.)

Karten des Lebens gemischt und immer wieder ein neues Spiel begonnen.

Seine Gäste bei dem Mahl des Prae-Konvents waren hauptsächlich die Delegierten von Virginia und Pennsylvania. Von den anderen waren nur wenige schon angekommen; Franklins Speisezimmer konnte zudem nicht mehr als 20 Gäste fassen. Da die Vertreter dieser beiden führenden Staaten im wesentlichen auch die Eigenschaften der anderen Delegierten aufwiesen, kann man eine leidliche Vorstellung vom Charakter des ganzen Konvents gewinnen, wenn man im Geist Franklins Tafel überschaut und sieht, wer seine Gäste bei dieser Gelegenheit waren.

Zu seiner Rechten saß der beliebteste von allen Amerikanern, George Washington. Er stand damals im Alter von 55 Jahren. Die Beschwerden eines unter freiem Himmel in Abenteuer und Gefahr verbrachten Lebens hatten auf ihn ihre Wirkung ausgeübt. Aber noch stand er 6 Fuß 2 Zoll hoch in seinem für die Eleganz seiner Zeit charakteristischen schwarzen Samtrock, den Degen an der Seite, die grauen Haare mit einer gepuderten Perücke bedeckt, und mit jenem gütigen Gesichtsausdruck, den alle seine Bildnisse zeigen; er war in Wahrheit ein König der Männer. Es ist leichter, die Tatsache seiner Überlegenheit festzustellen, als ihre Ursachen anzugeben. Als der unerschrockene Kent zu König Lear sagte: „Ihr habt etwas in Eurem Wesen, das ich gern Hoheit nennen möchte*)", gab er damit teilweise auch eine Erklärung für Washingtons Führerschaft in seiner Zeit und seiner Generation. Man kann von ihm sagen, was der größte griechische Dramatiker von Herkules sagte:

> „O Iole, wie konntest du wissen, daß Herkules ein Gott sei?" — „Weil", antwortete Iole, „ich in dem Augenblick glücklich war, als meine Augen auf ihn fielen. Beim Anblick des Theseus wünschte ich ihn bereit zum Angebot der Schlacht zu sehen oder wenigstens bereit, seine Pferde im Wagenwettkampf zu lenken, aber Herkules wartete nicht auf einen

*) Anmerkung des Übersetzers: Vergl. Shakespeares König Lear, I. Aufzug, 4. Szene.

Kampf; er war der Eroberer, ob er stand, ob er ging, ob er saß, oder ob er sonst irgend etwas tat."

Unter den übrigen Gästen, die sich um Franklins Tisch versammelt hatten, befand sich John Blair aus Virginia, Führer der dortigen Advokatenschaft und Richter daselbst. Er war ein Mann von Bedeutung und gesellschaftlichem Rang und wie Washington ein Vertreter der Aristokratie des Pflanzertyps.

George Clymer aus Pennsylvania war Kaufmann und Bankier zu Philadelphia und hatte einen für die damaligen Zeiten ausgedehnten Geschäftskreis. Seine Geistesrichtung zeigt sich darin, daß er der Meinung war, „ein Volksvertreter sei dazu da, um für seine und nicht mit seinen Wählern zu denken".

In Franklins Nähe saß ein anderer hervorragender Finanzmann aus Philadelphia, Thomas Fitzsimmons, Leiter von Banken und Versicherungsgesellschaften und Teilhaber an den Finanzgeschäften von Robert Morris. Er war ein Mann der Tat und nicht der Worte, sprach nur selten im Sitzungssaal des Konvents und teilte mit Clymer, der gleichfalls Kaufmann war, einen festen Glauben an eine repräsentative, aber nicht direkte Demokratie.

Unter der Zahl der Gäste befand sich ferner Jared Ingersoll. Von der Yale-Universität graduiert, war er zur Vollendung seiner Studien in den Middle Temple eingetreten und war jetzt, abgesehen vielleicht von James Wilson, der Führer der Advokatenschaft von Philadelphia geworden. An den Maßstäben seiner Zeit gemessen, war er ein Mann von beträchtlichem Reichtum. Konservativ seiner Natur nach, teilte er die Bedenken seiner Mitdelegierten (mit Ausnahme von Franklin) gegen die Vorzüge einer unbeschränkten Demokratie.

Nicht der untüchtigste unter Franklins Gästen war ein verhältnismäßig junger Mann, James Madison aus Virginia, der damals erst in einem Alter von 36 Jahren stand. Zu Princeton graduiert, war er zur Advokatur berufen worden, fand aber an der Arbeit eines ausübenden Praktikers so wenig Gefallen, daß er als Angehöriger einer altbegüterten

Familie aus Virginia mit zahlreichen Pflanzungen und Sklaven es vorzog, seine Mußestunden der Geschichtslektüre und den Staatswissenschaften zu widmen. Abgesehen von Franklin und James Wilson war Madison sicher der gelehrteste Delegierte auf dem Konvent. In den Staatswissenschaften war er ein wirklicher Gelehrter. Der Konvent hatte kein nützlicheres und fleißigeres Mitglied als Madison; die Nachwelt wäre ihm schon dann zu ewiger Dankesschuld verpflichtet, wenn er nicht mehr getan hätte, als die mühsame und anstrengende tägliche Niederschrift der Debatten im Konvent zu übernehmen. Einer seiner Gefährten behauptete, daß Madison, wenn Beredsamkeit in der Überzeugungskunst bestünde, das beredtste Mitglied des Konvents wäre.

Ein anderer reicher Pflanzer aus Virginia, der dem Essen beiwohnte, war George Mason, der damals 62 Jahre zählte. Außer seinen reichen Besitzungen an Land und Sklaven in Virginia besaß er, wie Washington, ausgedehnte Ländereien von großem Zukunftswert in den noch unbekannten westlichen Gegenden jenseits der Grenzen der Staaten. Er war ein Mann von beachtlichen Fähigkeiten und sah mit großer Klarheit die Möglichkeiten, die in der Verfassung, wie sie endlich entworfen wurde, lagen. Er wurde später ein scharfer Gegner der Ratifikation. Seine Gegnerschaft wurde noch durch seine eigenen Besitzinteressen verstärkt, die er durch die in der Verfassung enthaltene Ermächtigung zu Vertragsabschlüssen und die neuen Befugnisse für gefährdet hielt, welche der Bundesgerichtspflege gegeben wurden.

Irgendwo zerstreut unter den Gästen Franklins befanden sich die beiden Morris aus Pennsylvania, Robert und Gouverneur Morris. Robert Morris war der Handelsfürst und führende Bankier seiner Zeit und, wenn nicht sein Reichtum von dem Washingtons übertroffen wurde, der reichste Mann in den Kolonien. Seine Dienste für die vaterländische Sache sind unschätzbar gewesen. Er teilte sich mit Franklin in das unsterbliche Verdienst, es Washington ermöglicht zu haben, seine Armee im Felde zu unterhalten. Denn während Franklin vom Hof in Versailles die in ihrer Bedeutung unschätzbare französische Anleihe erhielt, ging

Morris in Philadelphia von Haus zu Haus, erbettelte die notwendigen Mittel, um Washingtons erschöpfte Armee zu versorgen, und machte so den entscheidenden Sieg von Yorktown möglich. Er war ein kühner Spekulant und mochte wohl, als er bei Franklins Festmahl saß, kaum ahnen, daß mal die Zeit kommen könnte, in der sein Reichtum wegschmelzen würde wie ein Schneegestöber im Frühling, und daß er seine späteren Tage in Schuldhaft verbringen würde. Er war vielleicht der engste Freund von Washington während der Konventtage, und dieser war länger als vier Monate Gast seines Hauses. Als Morris im Alter im Schuldgefängnis lag, besuchte ihn Washington; Morris' Frau, genoß Washingtons Gastfreundschaft in Mt. Vernon.

Der andere Morris war damals ein junger Mann von 35 Jahren. Er war kein geborener Pennsylvanier, sondern war ein Sprößling der mächtigen Landaristokratie von New York. Von Kings College (jetzt Columbia) graduiert, war er zur Advokatur berufen worden und hatte sich dann in Philadelphia niedergelassen, um seinen Beruf auszuüben. Wie es auch immer mit seiner Praxis bestellt gewesen sein mag, er hatte sich mit Robert Morris zu vielen kaufmännischen Spekulationen verbunden und war ein für die damalige Zeit reicher Mann geworden. Nach Natur und Anlage war er ein Aristokrat, und seine beste Eigenschaft war eine einzigartige Gabe des Ausdrucks, ein glänzender Stil, dem wir hauptsächlich die unvergleichliche Klarheit der Verfassung verdanken. Seiner klaren Ausdrucksweise entsprach jedoch nicht eine gleiche Klarheit des Urteils, denn er erwies sich nicht immer als ein nützliches Mitglied des Konvents. Obwohl noch ein verhältnismäßig junger Mann, sprach er doch häufiger als jedes andere Konventsmitglied, und was er sagte, war oft reicher an Worten denn an Werten. Tatsächlich wurde er später im Konvent von George Mason wegen seiner „Dampfwalzen-"Methoden angegriffen. Morris war Herz und Seele für eine kraftvolle Zentralregierung. Mason berichtet, daß eines Tages, bevor eine große Anzahl von Mitgliedern des Konvents versammelt war, Morris einen Antrag stellte, der den Bundestsaaten das Recht nehmen sollte, Zusätze zur Verfassung vorzuschlagen. Die Bedeutung dieses Antrages wurde nicht gewürdigt, und die kleine Zahl von Delegierten nahm ihn an*).

Von ganz anderer Art war James Mc Clurg aus Virginia, ein ausgezeichneter Arzt in diesem Staate und ein Mann der Wissenschaft, der damals 40 Jahre alt war. Er war graduiert vom William und Mary College und hatte seine Berufsausbildung als Arzt auf der Universität Edinburgh abgeschlossen.

Noch ein Vertreter der Kaufmannschaft war Thomas Mifflin aus Pennsylvania, damals in einem Alter von 43 Jahren. Graduierter der Universität von Pennsylvania (dem damaligen College of Philadelphia) hatte er einen bemerkenswerten Sinn für die freien Künste gezeigt, und dies hatte ihn im frühen Mannesalter zu einem Besuch Europas veranlaßt. In jener Zeit gab es in den Vereinigten Staaten nur wenige Fabriken, und Mifflin, der es im Revolutionskrieg bis zum General gebracht hatte, war ein Pionier in der Entwicklung industrieller Anlagen, also jenes Arbeitsgebietes, auf dem die Vereinigten Staaten später die größte Nation der Welt wurden.

---

*) George Mason erstattete über den Vorfall einen Bericht an Jefferson, der ihn folgendermaßen darstellt:

„Eines Morgens legte Gouverneur Morris einen Antrag bezüglich verschiedener Änderungen vor (es war noch nicht die Hälfte der Mitglieder erschienen). Man nahm ihn in aller Eile und, ohne ihn verstanden zu haben, an. Dann berichtete das (Redaktions-) Comité, daß der Kongreß die ausschließliche Vollmacht haben solle, Zusätze vorzuschlagen. George Mason bemerkte das bei dem Bericht und legte Widerspruch ein. King stellte diesen Sinn in Abrede. Mason legte ihn dar und fragte das Comité, mit wessen Ermächtigung es einen angenommenen Beschluß abgeändert habe. Da erhob sich Gouverneur Morris unklugerweise und sagte: ‚Mit Ermächtigung des Konvents', und brachte die oben erwähnte geheime Vorschrift vor, die der Hälfte des Hauses unbekannt geblieben und von der anderen bis dahin nicht verstanden worden war. Man stellte dann die ursprüngliche Fassung wieder her." Rowland, „Das Leben George Masons." II. 178, 179.

Morris war ein gewandter Politiker von der Art, die „selbst Gott überlisten würde". Im Juni 1775 schrieb er an Jay über seine Tätigkeit in New York:

„Ich entwarf für unsere Kommission einen langen Bericht, gegen den sich keine Einwände machen ließen, es sei denn der, daß ihn niemand verstehen konnte."

Drei andere distinguierte Gäste bei diesem Gastmahl sind noch zu erwähnen. Der erste war „Seine Exzellenz der Gouverneur von Virginia", Edmund Randolph. Er konnte eine aristokratische Abstammung für sich in Anspruch nehmen und war, wie so viele Angehörige seiner Klasse in Virginia, Besitzer mehrerer Pflanzungen. Diese umfaßten 7000 acres Land, die von mehr als 200 Negersklaven bebaut wurden. Obwohl er, wie Washington gelegentlich von sich selbst meinte, landarm war, betrachtete er sich doch, wie es das mit Hypothekenschulden belastete Landeigentümer im allgemeinen tun, als einen Mann von beträchtlichen Mitteln. Als das nominelle Haupt der Delegation von Virginia, dessen oberster Beamter er war, mußte er eine hervorragende Rolle im Konvent spielen und sollte später der erste Attorney-General der Vereinigten Staaten werden. Er nahm kein rühmliches Ende.

Wahrscheinlich fand er an diesem Abend eine ebenbürtige Gesellschaft in seinem Rechtsanwaltskollegen James Wilson aus Philadelphia. Wilson war in Schottland vor 45 Jahren geboren und teilte mit Jared Ingersoll den Vorzug, ein Führer der bereits berühmten Advokatenschaft von Philadelphia zu sein. Obwohl der Konvent zahlreiche Juristen aufwies, ist doch James Wilson wahrscheinlich der gelehrteste von ihnen gewesen. Er zählte zu den wenigen Delegierten, die in ihrer Bibliothek eine reichhaltige und mannigfaltige Sammlung staatswissenschaftlicher Werke besaßen. Er war Professor der Rechtswissenschaft an der Universität von Pennsylvania, und kein Konventsmitglied erkannte klarer als er die Möglichkeiten und Vorzüge der dualistischen Regierungsform. Sie wurde auch hauptsächlich durch sein Verdienst angenommen. Kein Redner sprach überlegter oder erörterte die Angelegenheiten präziser als dieser kurz angebundene Schotte.

Der älteste Teilnehmer an dem Mahl war nach Franklin Georg Wythe aus Virginia. Er war damals 65 Jahre alt und wurde für den großen Lehrer der Bar of Virginia gehalten. Die Verehrung, welche ihm seine zahlreichen ausgezeichneten Schüler, wie Jefferson, Madison, Marshall u. a., wegen seiner Fachkenntnisse zollten, zeigt deutlich, daß Wythe ein tiefgelehrter Jurist war und ebenso wie James Wilson den Ruf eines Rechtsgelehrten genoß, dessen Kenntnisse auch in den Inns of Court oder an der Sorbonne allgemeine Hochachtung eingeflößt hätten.

Die Männer, die ich genannt und kurz beschrieben habe, waren wahrscheinlich sämtlich bei Franklins Essen zugegen, und nur wenig Stühle blieben für andere Gäste frei. Die Annahme liegt natürlich nahe, daß auch Colonel Hamilton von New York herübergekommen sei, um sich mit seinem glänzenden Verstand zu einer bemerkenswerten Versammlung von Männern zu gesellen. Wenn das der Fall war, dann muß daran erinnert werden, daß die dort versammelten Männer mit anderen Augen auf Hamilton blickten als spätere Generationen. Hamilton war damals erst 30 Jahre alt, und obwohl er als aufgehender Stern am Himmel der New Yorker Advokatur galt und sich als Washingtons militärischer Sekretär ausgezeichnet hatte, war er doch im Vergleich zu seinen älteren Kollegen ein noch unbekannter und unerprobter Mann. Die von späteren Historikern aufgestellte Vermutung, er sei die beherrschende und überragende Persönlichkeit auf dem Konvent gewesen, hat nicht die geringste Stütze.

Diese eingehende Schilderung der Gäste bei Franklins Mahl wurde gegeben, weil sie auch für den Charakter der Delegierten anderer Staaten ganz typisch ist. Es steht zwar fest, daß die Abgeordneten von Virginia und Pennsylvania die befähigsten aus allen Kolonien waren, aber sie unterschieden sich nur dem Grad, nicht der Art nach von ihren Genossen. Die anderen Delegierten entstammten der gleichen Klasse und waren größtenteils Männer von Vermögen, Charakter und anerkanntem sozialen Rang. Es war eine im besten Sinne des Wortes aristokratische Versammlung. Jede Kolonie hatte ihre tüchtigsten Männer gesandt, ihre führenden Juristen und Geschäftsleute; und schwerlich hat vorher oder nachher in der Geschichte irgendeines Landes ein nach demokratischen Methoden ausgewählter Kongreß eine gleich hohe Stufe der Vollkommenheit erreicht. Es war eine repräsentative Regierung in bester Art.

Der Verfasser kann nur wünschen, er und seine Leser könnten Wells „Zeitmaschine“ nehmen und die 137 Jahre, die seit Dr. Franklins Essen verflossen sind, zurückdrehen, um dann in den kleinen Speisesaal einzutreten und sich im Geist mit ihm und seinen Gästen niederzusetzen. Ich zweifle nicht daran, daß es beim Mahl noch mehr gab als nur das Faß Porter.

Die Männer jener Zeit waren starke Trinker, und wenn die Gäste des genialen Doktors bei dieser Gelegenheit, oder wenn später der konstitutionelle Konvent die Möglichkeit des 18. Amendments*) vermutet hätte, so hätte der Konvent sich wahrscheinlich s i n e d i e vertagt**).

Man kann wohl annehmen, daß bei Walnüssen und bei Wein und bei der Reichung des Madeira (in dem Franklin später einbalsamiert zu werden wünschte) der alte Doktor seine Gesellschaft mit mancher Anekdote unterhielt, die den Erfahrungen seines letzten Pariser Aufenthaltes während seiner erlebnisreichen Jahre zu Passy entstammten. Das Mahl hatte aber doch auch einen ernsten Zweck, und es ist ganz unwahrscheinlich, daß man nur für Witz Gedanken gehabt haben sollte.

Eine bei einem Mahl des 18. Jahrhunderts ständig geübte Zeremonie fehlte bei dieser Gelegenheit sicherlich nicht. Denn in jener Zeit graziöser Formalitäten wäre ein Mahl, besonders aber ein Mahl öffentlichen Charakters, wie es das von Franklin gegebene ja war, ganz unvollständig gewesen, wenn nicht ein Toast auf die Gesundheit der verschiedenen Gäste oder doch wenigstens der Hauptgäste ausgebracht und mit feurigem Wein begossen worden wäre. Dies zu unterlassen wäre damals ebenso-

---

*) Vergl. Anhang III., S. 411.

**) Was Menge und Auswahl an Getränken jener Zeit angeht, so illustriert dies eine Rechnung, welche von den Besitzern der Fraunce's Tavern in der Stadt New York für ein vom Gouverneur von New York dem General Washington und dem französischen Botschafter im September 1783 in der Taverne gegebenes Essen der Stadtverwaltung eingereicht wurde. Die Rechnung zählt 120 Anwesende auf und zeigt, daß diese 136 Flaschen Madeira, 36 Flaschen Portwein, 60 Flaschen Englisches Bier, 30 Punschbowlen zu sich nahmen und außerdem mit 60 zerschlagenen Gläsern und 8 zerbrochenen Karaffen belastet wurden.

wenig üblich gewesen, wie es heutzutage ungewöhnlich wäre, wenn man sich am Ende irgendeiner gesellschaftlichen Veranstaltung nicht verabschiedete.

Man kann leicht erraten, wer die Gefeierten bei dieser Gelegenheit waren. Der Gastgeber des Mahles war der oberste Beamte von Pennsylvania (damals Präsident genannt), und der Gast, der am berufensten war, seine Gesundheit auszubringen, war General Washington. Es wäre auch ungewöhnlich gewesen, wenn zur Erwiderung nicht Dr. Franklin auf die Gesundheit des beliebtesten Amerikaners, des früheren Oberkommandierenden, getrunken hätte.

Wie sie ihre Zuneigung zueinander in Worte kleideten, wissen wir jetzt nicht mehr, aber die ihnen zugrundeliegende Gesinnung kann man leicht den Gedanken entnehmen, welche diese beiden bedeutenden Männer und lebenslänglichen Freunde austauschten, als ein paar Jahre später Franklin auf seinem Sterbebette lag. Franklin schrieb damals noch an Washington:

> „Ich stehe nun am Ende meines 84. Lebensjahres und damit wahrscheinlich auch meiner Lebensbahn. Aber in welches Reich des Seins ich darnach auch versetzt werden mag, ich werde, wenn ich nur einige Erinnerungen an das hienieden Geschehene behalte, damit auch die Achtung, Ehrerbietung und Zuneigung nicht vergessen, mit der ich, teurer Freund, so lange aufrichtig der Ihre gewesen bin."

Und Washington antwortete auf dieses rührende Lebewohl eines alten Freundes:

> „Wenn es das menschliche Herz erfreuen kann, um der Güte willen verehrt, um des Talentes willen bewundert, um der Vaterlandsliebe willen geschätzt, um der Menschenliebe willen geliebt zu werden, dann haben Sie den angenehmen Trost, zu wissen, daß Sie nicht vergebens gelebt haben. Und ich schmeichle mir, daß es nicht unter die am wenigsten angenehmen Vorfälle Ihres Lebens gerechnet werden wird, wenn ich Ihnen versichere, daß Sie immer, solange ich mein Gedächtnis

behalte, mit Hochachtung, Verehrung und Zuneigung in der Erinnerung Ihres ergebenen Freundes leben werden."

„In jenen Tagen gab es Riesen", und diese beiden so überragend großen Männer waren groß auch in der edelmütigen Wertschätzung, die jeder seinem Rivalen im Ruhme gegenüber bezeugte.

5. Kapitel

## DIE VORVERHANDLUNGEN

*„Dimidium facti, qui coepit, habet."*

— Horaz.

In allen öffentlichen Körperschaften gibt es zwei Arten von Menschen: die einen erledigen die Reden, die anderen die Arbeit. Beide Leistungen haben ihren Wert; denn es gilt für öffentliche Körperschaften wie für einzelne Men schen, — um Lord Bacons bekanntes Epigramm anzuwenden — daß „Lesen einen Menschen reif, Schreiben ihn exakt und Verhandeln ihn gewandt macht". Und deshalb sind diejenigen nützlich, welche die Weisheit der Vergangenheit studieren und sie in geschriebener Form wiedergeben. Und auch die sind nützlich, welche im Redekampf zwischen Geist und Geist die Gedanken dadurch klären, daß sie das Streitfähige vom Unbestreitbaren trennen.

Der bemerkenswerteste Vertreter der ersteren Klasse war der junge James Madison aus Virginia. Wie bereits erwähnt, war er erst 36 Jahre alt, aber von seiner frühen Knabenzeit ab hatte er sich tiefschürfend, mit heißem Bemühen dem Studium der Staatswissenschaften hingegeben; keiner im Konvent, ausgenommen vielleicht James Wilson, konnte diesen Gegenstand mit der gleichen Gelehrsamkeit behandeln. Er war der Edmund Burke Amerikas, und es ist merkwürdig, daß dieses Land ihn niemals in gleicher Weise wie England Edmund Burke geehrt hat.

Bevor noch die Delegation von Virginia, der Madison angehörte, Philadelphia erreicht hatte, arbeitete der junge Virginier bereits an einem konkreten Plan für die neue Regierung. Die Virginischen Anträge, die später am ersten Sitzungstage von Randolph als dem Gouverneur von Virginia eingebracht wurden, waren den vorhergehenden Vorschlägen, die Madison in seinen Briefen an seine Mitdelegierten niedergelegt hatte, so ähnlich, daß man wohl mit gutem Grund in Madison den tatsächlichen Verfasser der „Virginia Resolutions" vermuten kann.

Am 18. April 1787 schrieb er an Gouverneur Randolph über „das Arbeitspensum des kommenden Mai", und in der Annahme, daß wenigstens „einige Hauptvorschläge von Virginia erwartet würden", machte er sich daran, seine eigenen Ansichten in einem sehr bemerkenswerten Brief zu skizzieren. Dieser Brief rechtfertigt den seinem Verfasser beigelegten Titel „Vater der Verfassung" in hohem Grade. Unter anderem heißt es hier:

> „Ich halte es für einen Punkt von grundlegender Bedeutung, daß eine individuelle Unabhängigkeit der Staaten mit der Vorstellung einer Gesamtsouveränität durchaus unvereinbar ist. Gleichzeitig glaube ich aber, daß ein Zusammenschluß der Staaten zu einer einzigen Republik ebenso unerreichbar wie unzweckmäßig sein würde. Man sollte deshalb versuchen, ob sich nicht irgendeine mittlere Stellung einnehmen ließe, die zugleich die nötige Suprematie der nationalen Autorität stützen, die Macht der lokalen Autoritäten soweit aber unberührt lassen würde, wie sie als subordinierte Gewalten von Nutzen sein könnten."

Dann wird in dem Brief der eigentliche Inhalt der „Virginia Resolutions" vorweggenommen. Es wird der Standpunkt verteidigt, daß man eher die besten aus den „Articles of Confederation" einer neuen Verfassung einverleiben, als die neue Verfassung der alten aufpfropfen solle. Es folgt deshalb der Vorschlag, eine neue Regierung zu schaffen mit unbeschränkter Gewalt „in allen Fällen, in denen einheitliche Maßnahmen notwendig seien", mit einem Richterstand, welcher der höchste der Nation sein sollte, ferner eine in zwei Kammern geteilte gesetzgebende Körperschaft (an Stelle des alten Kongresses, der nur eine einzige Kammer hatte) mit einer Exekutive, die jeden Staat gegen innere und äußere Gefahren schützen solle. Klugerweise wird zum Schluß eine friedliche, deswegen aber nicht weniger aktive

Revolution vorgeschlagen und erklärt, „um dem neuen System eigene Kraft zu verleihen, sei es wünschenswert, daß es auch durch die Autorität des Volkes und nicht nur durch die Autorität der gesetzgebenden Körperschaften ratifiziert werde". Der Plan zielte also auf eine Abschaffung der bestehenden föderativen Regierung und auf eine Ignorierung der bestehenden bundesstaatlichen Regierungen. Das sollte soweit gehen, daß als die letzte Quelle der Macht das amerikanische Volk selbst zu gelten hatte.

Später drückt Madison im „Federalist", einer Zeitung, an welcher er mit Alexander Hamilton und John Jay zusammen zu arbeiten hatte, den gleichen Gedanken aus:

„Der Geist republikanischer Freiheit scheint zu postulieren, daß alle Gewalt vom Volk abgeleitet werden muß."

Trotzdem bestand für ihn „das Volk" nicht aus den verschiedenen Völkern der verschiedenen Staaten, sondern war ein ganz neues Sammelbecken der Gewalt, nämlich das amerikanische Volk als Gesamtheit.

Es ist für eine spätere Zeit schwer, die Tatsache richtig zu würdigen, daß Madisons Vorschlag, der wahrscheinlich bei Franklins Essen eingehend besprochen worden ist und sicherlich den Gegenstand der späteren Konferenzen zwischen den Delegierten Virginias und Pennsylvanias bildete, seinem Wesen nach revolutionär war, wiewohl er auf die Festsetzung eines Quorums hinzielte; beabsichtige er doch, die bestehende Regierung zu ignorieren und eine neue an ihrer Stelle zu schaffen.

Eine gewaltsame Durchsetzung dieses Planes hätte nicht minder einen „coup d'Etat" bedeutet als die Ergreifung der Regierungszügel durch Napoleon am XVIII. Brumaire. Aber Virginia und Pennsylvania wollten planmäßig, durch friedliche Methoden, durch die Macht der Überzeugung und in Übereinstimmung mit dem Volk die eine Regierung beseitigen und eine andere aufrichten.

Das durchzuführen war keine leichte Aufgabe. Ihre erfolgreiche Vollendung ist eine der großen Taten in der Geschichte freiheitlicher Regierungen. Es war für diese Minderheit weitsichtiger Männer notwendig, eine große Mehrheit tüchtiger Männer davon zu überzeugen, daß der Konvent nicht nur eine neue Regierung schaffen, sondern ihr auch solche Machtbefugnisse („powers") geben müsse, wie sie bisher niemand in den Kolonien vorzuschlagen gewagt hatte. Was diese Machtbefugnis anbetrifft, so machte Franklin später hierzu den weisen Vorschlag, dessen Richtigkeit die Entwicklung dargetan hat, als er erklärte: „Obgleich allgemein die Furcht davor herrscht, es möchte unseren R e g i e r e n d e n zu viel Macht erteilt werden, glaube ich doch, daß wir uns eher vor der Gefahr des Ungehorsams der R e g i e r t e n fürchten müssen"*).

Es war ein Glück, daß die anderen Delegierten nur langsam eintrafen und der Konvent deshalb erst etwa 14 Tage nach dem Zeitpunkt, der für den Beginn der Sitzungen angesetzt war, zusammentreten konnte. Dies gab den Delegierten von Virginia und Pennsylvania Gelegenheit, Vorverhandlungen abzuhalten, um ihre Pläne für eine neue Abweichung in der amerikanischen Politik in eine konkrete Form zu bringen und zu vervollkommnen. Sie waren damals die beiden größten Gemeinwesen, und es bleibt ihr unsterbliches Verdienst, diesen Weg klar gewiesen zu haben.

George Mason aus Virginia schrieb am 20. Mai 1787 an seinen Sohn:

> „Die Deputierten aus Virginia (die alle hier anwesend sind) treffen sich täglich und beraten zusammen zwei oder drei Stunden, um ihre Ansicht in besondere Übereinstimmung zu bringen. Um aus Höflichkeitsgründen zu sehen, was für neue Deputierte angekommen sind, und um miteinander bekannt zu werden, treffen wir uns täglich um 3 Uhr. Durch diese und einige zufällige Unterredungen mit den Deputierten verschiedener Staaten und einigen der Oberoffiziere der früheren Armee (die sich hier auf einer allgemeinen Versammlung der Cincinnati**) befinden) hatte ich bisher allein Gelegenheit, über den großen Gegenstand unserer Mission mir eine Meinung zu bilden, die infolgedessen

*) Brief an M. Le Veillard vom 17. Februar 1788, geschrieben zu Philadelphia.

**) Anmerkung des Übersetzers: Am Ende des Freiheitskrieges wurde von Offizieren der Orden der „Cincinnati" gegründet. Die 1788 gegründete Stadt Cincinnati wurde nach diesem Orden benannt.

nur unvollkommen und nicht endgültig sein kann. Jedoch habe ich begründete Hoffnung, daß man wenigstens über die großen Prinzipien zu einer größeren Übereinstimmung gelangt und weniger Opposition sich einstellt, als man befürchtete. Von den kleinen Staaten muß man hierbei absehen. Die in den Hauptstaaten vorherrschende Idee scheint die einer gänzlichen Umänderung des gegenwärtigen Bundessystems und seiner Ersetzung durch einen großen Nationalrat oder ein Parlament mit zwei gesetzgebenden Kammern zu sein, die sich auf die Grundsätze gleicher proportionaler Vertretung gründen und volle gesetzgebende Gewalt in allen Angelegenheiten der Union haben sollen; ferner sollen eine Exekutive errichtet und die gesetzgebenden Körperschaften der Einzelstaaten dem nationalen Parlament dadurch untergeordnet werden, daß man dieses ermächtigt, alle Gesetze, die es als im Gegensatz zum Interesse der Bundesunion stehend erachtet, zu verhindern. Es ist leicht vorauszusehen, daß es sehr schwierig sein wird, eine Regierung auf dieser hohen Stufe zu organisieren und doch gleichzeitig den einzelstaatlichen Parlamenten einen genügenden Anteil an der Staatsgewalt zu erhalten, um gedeihen und die Wohlfahrt ihrer Bürger befördern und schützen zu können. Jedoch zweifle ich nicht, daß es sich mit einem bestimmten Maß von Kaltblütigkeit, Liberalität und Rechtlichkeit (nebenbei gesagt — seltene Tugenden!) wird erreichen lassen. Es gibt unter anderm einige sehr exzentrische Ansichten über diese bedeutungsvolle Angelegenheit, und was eine ganz außergewöhnliche Erscheinung ist, wir sind geneigt anzunehmen, daß die Republikaner bei dieser Gelegenheit aus den südlichen und mittleren Staaten und die Antirepublikaner aus den östlichen hervorgehen. Obwohl das auf den ersten Blick außergewöhnlich zu sein scheint, so mag es doch nur einem ganz gewöhnlichen und natürlichen Trieb des menschlichen Gemüts zuzuschreiben sein. Menschen, die in ihren zu rasch und zu zuversichtlich gebildeten Erwartungen enttäuscht, ermüdet und von den unerwarteten Unglücksfällen, die sie erfahren haben, angeekelt werden, sind dann eifrig bemüht, solche soweit als möglich fernzuhalten, und neigen dazu, in das entgegengesetzte Extrem zu fallen. Die Bevölkerung der östlichen Staaten hatte die republikanischen Grundsätze mehr herausgekehrt als wir und ist deshalb davon mehr enttäuscht worden als wir."

Washington war bei Robert Morris zu Gast. Ein Brief von Frau Morris gibt uns ein vorzügliches Augenblicksbild davon, wie der schweigsame Soldat mit seinen Kollegen arbeitete. Sie erzählt uns, wie Washington so ruhig in das Haus zu kommen pflegte, daß man von seiner Anwesenheit nichts ahnte, bis man ihn dann durch einen Zufall entdeckte. Er ging in sein Zimmer und hielt sich dort stundenlang auf. Da saß er dann ganz in seinen Papieren vergraben oder in stilles Nachdenken vertieft. Vor seiner Ankunft hatte er eine Übersicht über die Bundesstaaten alter und neuer Zeit entworfen und hatte über die Form der neuen Regierung viel nachgedacht. Die Anschauung einiger neuerer Geschichtsschreiber, er habe nur eine geringe Kenntnis von dem Hauptgegenstand des Konvents gehabt, entbehrt jeder Begründung*).

Washington war ein schweigsamer Mann und gab so selten einer Meinung Ausdruck, daß Historiker, die Ideale gern zerstören, angenommen haben, sein Verstand habe sehr

*) Washingtons Tagebuch enthält keinen Bericht über die Verhandlungen auf dem Konvent, wohl aber gibt es eine gute Vorstellung von Washingtons gesellschaftlicher Tätigkeit während der 4 Monate und 4 Tage, die er in Philadelphia blieb. Es ist eine lange Aufzählung von Tees und Diners, bei denen der große General der Ehrengast war. Einmal sehen wir ihn einer „Dissertation on Eloquence" betitelten Vorlesung beiwohnen. Ein andermal speist er mit Jared Ingersoll. Ein anderesmal reitet er nach Peters Gutshaus zu Belmont. Dann wohnt er wieder der Hochzeit von Peggy Chew bei. Einen Sonntag finden wir ihn, wie er den römisch-katholischen Gottesdienst besucht, einen zweiten Sonntag eine bischöfliche Kirche und an einem dritten Sonntag einen Calvinisten-Gottesdienst. Offenbar kannte er in der Religion ebensowenig wie in anderen Angelegenheiten besondere Vorlieben. Förmliche Unterhaltungen fehlten ihm nicht; denn einige Mitglieder des Konvents hatten sich zu einem „diningclub" zusammengeschlossen; mit ihnen speiste er am 7. Juni in der „Indian Queen" und am Sonnabend, den 9., in der „City Tavern" und später noch bei zahlreichen Gelegenheiten. Am 10. Juni besuchte er Bartrams Gärten. Am 18. Juni war er Gast der „Sons of St. Patrick", und am 30. Juni erzählt er uns, daß er mit einem Klub zu Springsbury speiste, der aus einigen Herren aus Philadelphia bestand, die von den weiblichen Mitgliedern ihrer Familien begleitet waren, und er fügt hinzu, es sei ein „ladies day" gewesen. Am 2. Juli speiste er mit Mitgliedern des

langsam gearbeitet. Seine Zeitgenossen hatten jedoch keineswegs diesen Eindruck. Patrick Henry gab dem allgemeinen Urteil Ausdruck, als er, der beredte Virginier, in seiner Rede auf dem zweiten Kontinentalen Kongreß sagte: „Wenn Sie von gediegener Ansicht und gesundem Urteil sprechen, dann ist Colonel Washington zweifellos der bedeutendste Mann in diesem Sitzungssaal."

Überdies besaß er noch jenes unbestimmbare Etwas, das wir Autorität nennen. Wie schon erwähnt, war die Haltung aller seiner Gefährten ihm gegenüber die Kents zu Lear, als der erstere sagte: „Ihr habt in Euerm Wesen etwas, das ich gern Hoheit nennen möchte."

Seine Zurückhaltung steigerte sich zur Strenge; denn in einem edleren Sinn „war er immer Cäsar". Noch Jahre später erzählte Van Buren eine Anekdote, die er von jemand gehört, der sie wieder von Alexander Hamilton hatte, nämlich, daß Gouverneur Morris bei irgendeiner Gelegenheit Washingtons verschlossene Nüchternheit anzweifelte und einmal damit prahlte, es sei ihm ein leichtes, mit Washington familiär zu werden. Hamilton meinte darauf: „Wenn Sie ihm beim nächsten Empfangsabend freundlich auf die

---

Konvents in der „Indian Queen" und ging danach im Hof des State House spazieren.

Am 3. Juli unterbrach er seine Anwesenheit im Konvent, um Peale zu einem Porträt zu sitzen, und wohnte dann am Abend einem Essen der „Agricultural Society" in Carpenters Hall bei. Am 4. Juli besichtigte er Dr. Shovats „Anatomical Figures", und nachdem er einem Calvinisten-Gottesdienst beigewohnt hatte, nahm er am Jahrestag der Unabhängigkeitserklärung teil und hörte eine Festrede mit an. Diesen Abend speiste er mit der „State Society of the Cincinnati". Dann sehen wir ihn wieder am 14. Juli mit dem Klub zu Springsbury speisen, nachdem er vorher am Nachmittag einer Vorstellung von „The Tempest" im dortigen Theater beigewohnt hatte. Am 21. speiste er zu Springsbury mit dem Gesellschaftsklub „of Gentlemen and Ladies" und ging dann wieder ins Theater, um das Stück „The generous Sultan" zu sehen. Am 30. Juli ritt er nach Valley Forge und besichtigte mit großem Interesse die alten verfallenden Lager der Armee. Später, am 3. August, ging er dann nach Trenton zu einem Fischzug, um wahrscheinlich den Platz wieder zu besuchen, wo er an jenem winterlichen Weihnachtsabend den Lauf des Unglücks wendete, indem er den Delaware überschritt und die „Hessians" überraschte. Am 19. August ritt er nach White Marsh, um die alten Feldlager seiner Armee zu besuchen, und speiste dann bei seiner Rückkehr in Germantown.

Schulter schlagen und sagen: ‚Lieber General, wie freue ich mich, daß Sie so gut aussehen', dann wird für Sie und ein Dutzend Ihrer Freunde ein Souper mit Wein bereitstehen." Die Herausforderung wurde angenommen. An dem verabredeten Abend war eine große Zahl von Männern anwesend; ziemlich frühzeitig erschien Gouverneur Morris, verbeugte sich, schüttelte Washington die Hand und legte die linke Hand auf Washingtons Schulter, indem er sagte: „Lieber General, ich freue mich wirklich, daß Sie so gut aussehen." Washington entzog ihm seine Hand, trat plötzlich zurück und heftete mit einem zornigen Stirnrunzeln seine Augen einige Minuten auf Morris, bis sich dieser verlegen zurückzog und in der Menge zu verschwinden suchte. Die Gesellschaft sah schweigend zu. Beim Souper, das dann von Hamilton bereitgestellt wurde, erklärte jedoch Morris: „Die Wette habe ich zwar gewonnen, aber ich habe sie teuer bezahlt, und nichts würde mich dazu bringen, sie noch einmal einzugehen."

Madisons Idee von einer dualistischen Regierungsform stammte ursprünglich nicht von ihm. Sechs Jahre vorher hatte ein Kaufmann aus Philadelphia, ein gewisser Peletiah Webster, eine Broschüre veröffentlicht, in der er den Plan einer dualistisch aufgebauten Souveränität vorlegte, unter der die Bürger eine doppelte Untertanenpflicht haben sollten, einmal gegenüber den konstituierenden Staaten im Bereich der ihnen vorbehaltenen Gewalt („powers") und zweitens gegenüber einer Bundesregierung im Bereich der ihr übertragenen Gewalt („powers"). Staatenbünde hatten vorher schon oft bestanden. Aber ein Bund, der innerhalb eines vorgeschriebenen Bereichs unmittelbare Herrschaft über die Bürger der konstituierenden Staaten haben sollte, ohne jedoch die Autorität dieser Staaten innerhab des ihnen vorbehaltenen Machtbereichs aufzuheben, stellte eine neue Theorie dar. Merkwürdigerweise hatte ein anderer Webster, der bekannte Verfasser des Wörterbuchs — Noah Webster — in Flugschriften und öffentlichen Eingaben den gleichen neuen Gedanken vertreten. Ob das „Virginia-Projekt" durch einen dieser Vorschläge beeinflußt worden ist, steht nicht fest. Es findet sich in den Debatten des verfassunggebenden

Konvents kein Anhaltspunkt über eine Beziehung zu einem von ihnen, obwohl Madison in einer Schrift, die er lange nach dem Konvent verfaßt hatte und die als Einleitung zu seinem „Journal" gedruckt wurde, sich auf Peletiah Websters Broschüre bezieht. Aus was für einer Quelle jedoch der Entwurf stammen mochte, sicher ist eins: Vor dem Zusammentritt des Konvents hatten sich Pennsylvania und Virginia, zwei der einflußreichsten Staaten, auf den neuartigen Plan festgelegt. Der Gedanke lag in der Luft, und das war ganz natürlich; denn alle Nachteile der Konföderation gingen auf den Kongreß — die tatsächliche Zentralregierung — zurück und waren dem Umstande zuzuschreiben, daß der Kongreß als Zentralregierung, die er nun einmal war, nicht vermocht hatte, eine unmittelbare Autorität über das amerikanische Volk auszuüben. Wie dem auch sei, bisher hatte man nur erwogen, die einzelstaatlichen Regierungen insgesamt aufzuheben — und diese Lösung war für alle, ganz wenige nur ausgenommen, unannehmbar. Die zwiefache Untertanenschaft war der neue Gedanke. In der Geschichte gab es kein Vorbild dafür.

Der Vorschlag war radikal; denn die Staaten waren mit nur wenigen Ausnahmen vor allem auf die Erhaltung ihrer Souveränität bedacht. Sie waren zwar gewillt, die „Articles of Confederation" durch Erteilung einer größeren Gewalt an die bestehende Zentralregierung zu verbessern. Der Plan, die Staaten einer neuen souveränen Gewalt, deren Autorität innerhalb umschriebener Grenzen die höchste sein sollte, unterzuordnen, war jedoch allen ihren Vereinbarungen und Überlieferungen zuwider. Immerhin hatte Washington die Errichtung einer starken Zentralregierung warm begrüßt, und seine Briefe an die führenden Männer der Kolonien zeigten schon seit Jahren eine Fülle von Argumenten, welche dartun sollten, daß ein reiner Staatenbund nicht genügen könnte, um dauernd das Bestehen der Nation zu sichern.

Dem Soldaten und Staatsmann Washington ist vor allen anderen Männern der Gedanke eines föderativen Unionstaates zuzuschreiben; denn ohne den Einfluß dieses vertrauenswürdigen und selbstlosen Führers wäre das große Ergebnis wahrscheinlich nie gesichert worden. Während man noch auf den Zusammentritt des Konvents wartete und erörterte, was nach dem Zusammentritt ratsam und tunlich sein könne, sagte Washington eines Tages zu einer Gruppe Delegierter, die sich über die akute Natur der Krise unterhielten:

> „Es ist nur zu wahrscheinlich, daß keiner der von uns vorgeschlagenen Entwürfe angenommen werden wird. Vielleicht muß noch ein zweiter furchtbarer Kampf ausgehalten werden. Wenn wir aber, nur um das Wohlgefallen des Volkes zu finden, etwas vorlegen, was wir selbst mißbilligen, wie können wir dann später unser Werk verteidigen? Laßt uns ein Banner aufpflanzen, unter dessen Schutz sich die vernünftigen und braven Männer sammeln mögen. Was dann wird, liegt in Gottes Hand"*).

Edle Worte, Worte, die zu allen Zeiten und von allen Völkern gehört werden müßten. Und in ihrem Geist trat dann schließlich der Konvent am 25. Mai 1787 zusammen.

*) Der Autor dieses Berichts ist Gouverneur Morris (Vergl. Anhang V.).

6. Kapitel

## DIE ERÖFFNUNG DES KONVENTS

*„Die Toren murren, doch die Weisen schweigen."*
—Walter Raleigh*).

Nachdem sich die Delegierten von neun Staaten versammelt hatten, wurde Washington einstimmig zum Vorsitzenden des Konvents gewählt. Die Versammlung wurde mit der Annahme einer Geschäftsordnung eröffnet. Das bezeichnendste Merkmal dieser Geschäftsordnung war ein Gebot zur Verschwiegenheit. Ohne Erlaubnis des Konvents sollte von keiner Protokolleintragung eine Abschrift gegeben und auch nicht seine Einsicht gestattet werden. „Nichts, was im Hause gesprochen würde, sollte ohne Erlaubnis gedruckt oder sonstwie veröffentlicht oder mitgeteilt werden." Die Abstimmungsvoten, das „Ja" oder „Nein", durften nicht vermerkt werden. Die Vorschrift der Geheimhaltung wurde erweitert durch eine ungeschriebene Übereinkunft, daß auch nach der Vertagung des Konvents während der Lebenszeit seiner Mitglieder über die Verhandlungen im Konvent keine Mitteilungen gemacht werden dürften. Offenbar verstanden Luther Martin aus Maryland und George Mason aus Virginia das Schweigegebot dahin, daß es mit der Auflösung des Konvents enden solle. Sie waren nämlich die ersten, welche seinen Schleier lüfteten. Das bezeichnende Schweigen der anderen Delegierten während ihrer ganzen Lebenszeit beweist aber das Gegenteil. Für die meisten von ihnen

*) Anmerkung des Übersetzers: Sir Walter Raleigh (1552—1618) war ein berühmter britischer Seefahrer, Staatsmann und Schriftsteller, der im Jahre 1618 auf dem Schafott endete. Sein bekanntestes historisches Werk ist die „History of the world". Seine kleineren Schriften historischen, politischen und poetischen Inhalts erschienen unter dem Titel „Miscellaneous works". Eine neue Ausgabe seiner „Complete works" erschien 1857 in 8 Bänden. Seine „Poems" erschienen 1875.

war dieser Konvent das große Ereignis ihres Lebens; aber mit nur ganz wenigen Ausnahmen starben sie alle, ohne über die geheimen Verhandlungen des Konvents etwas mitgeteilt zu haben. An seinem Ende verbrannte der Schriftführer auf Washingtons Befehl und auf Veranlassung des Konvents sorgfältig alle Berichte, ausgenommen die Protokolle, die man der Obhut Washingtons anvertraute.

Als nach etwa vier Monaten der Konvent schloß, wurde die Verschwiegenheit weiter gewahrt. Niemand kannte von dem konkreten Ergebnis seiner Beratungen etwas anderes wie die Verfassung selbst, die allein dem Volke zur Billigung vorgelegt wurde. Die Hauptstraße, an der das State House lag, wurde mit Erde bedeckt, um den Lärm des Verkehrs zu dämpfen; Posten wurden, um die Sitzungen im Hause vor jeder Störung zu bewahren, überall da aufgestellt, wo man das Haus betreten oder verlassen konnte. Tägliche Photographien der Mitglieder für die illustrierten Blätter gab es nicht, noch wurde ihr Eintreten in die einfache koloniale Halle, in der sie sich versammelten, durch den Film festgehalten. Und obwohl so wenig Aufhebens von ihnen gemacht wurde, — wo könnte heutzutage eine Konferenz oder Versammlung sich an ihre Arbeit begeben, ehe nicht ihre Mitglieder der Neugierde des Publikums zuliebe photographiert wären? — vermochten diese schlichten Herren, die weniger auf ihre Erscheinung als auf ihre Aufgabe bedacht waren, ein Werk von bleibender Bedeutung zu vollenden.

Das Schweigegebot wurde nicht ohne Widerspruch angenommen. Während es seinen unschätzbaren Zweck dadurch erfüllte, daß es die Versammlung während der Periode von Sturm und Drang zusammenhielt, wurde es später, als die Verfassung dem Volke zur Annahme vorgelegt wurde, eines der stärksten Argumente derjenigen, welche ihrer Ratifizierung widersprachen.

Ihren schärfsten Opponenten fand die Verfassung in Luther Martin aus Maryland, der vielleicht der größte Rechtsanwalt seiner Zeit war. Martin nahm seinen Sitz im Konvent erst am 9. Juni ein. und die Politik der Geheimhaltung, zu der man sich bereits entschlossen hatte, verschärfte noch seine Gegnerschaft.

In seinem Bericht an die gesetzgebende Körperschaft von Maryland, den er kurz nach der Vertagung des Konvents vorlegte, führte er aus:

> „Vor meiner Ankunft war eine Anzahl von Vorschriften zur Ordnung des Konvents angenommen worden. Durch eine derselben waren bereits sieben Staaten zur Erledigung der Angelegenheiten ermächtigt und infolgedessen nur vier Staaten, die Mehrheit dieser Anzahl, in der Lage, sich auf ein System zu einigen, das für die ganze Nation bestimmend sein sollte. Eine andere Regelung sah vor, daß die Türen verschlossen und die sämtlichen Verhandlungen im Geheimen abgehalten wurden. Diese Vorschrift verstärkte sich soweit, daß wir durch sie verhindert wurden, mit Herren in den verschiedenen Staaten über die zu unserer Erörterung stehenden Gegenstände zu korrespondieren, ein Umstand, den ich, wie ich gestehe, außerordentlich bedauere. Ich hatte nicht die Vorstellung, daß alle Weisheit, Redlichkeit und Tüchtigkeit dieses Staates und der anderen Staaten im Konvent vereinigt seien. Ich hätte gewünscht, vertraulich, ohne Zurückhaltung mit bedeutenden politischen Persönlichkeiten in meinem eigenen und den anderen Staaten korrespondiert zu haben, nicht, um mir unbedingt deren Ansichten aufdrängen zu lassen, sondern um ihnen entsprechendes Gewicht und Würdigung zu schenken. Man war so außerordentlich besorgt darum, über die Verhandlungen nichts verlauten zu lassen, daß man den Mitgliedern sogar verbot, Abschriften von Beschlüssen, über die der Konvent beriet, oder Auszüge irgendwelcher Art aus den Protokollen anzufertigen, wenn sie nicht zu diesem Zweck zuvor einen Antrag gestellt und durch eine Abstimmung des Konvents die Erlaubnis dazu erhalten hatten."

Später, nachdem die allgemeinen Grundsätze, auf welchen die neue Regierung aufgebaut werden sollte, in der Form abstrakter Vorschläge im „Plenum als Ausschuß" („Comittee of the Whole") bereits angenommen waren, wurde in den späteren Sitzungen des Konvents eine „Kommission für Einzelnes" — „Comittee on Detail" — eingesetzt, die diese

Einzelheiten in der Form einer Verfassung praktisch verwertbar machen sollte. Damals reichte Luther Martin einen Antrag ein, der zu diesem späten Zeitpunkt durchaus vernünftig schien; die Ablehnung dieses Antrages zeigt aber die Zähigkeit, mit welcher der Konvent an seiner Politik der Geheimhaltung festhielt. In seinem Bericht an die gesetzgebende Körperschaft von Maryland führt Luther Martin darüber aus:

> „Vor der Vertagung beantragte ich, es solle den verschiedenen Mitgliedern die Erlaubnis erteilt werden, richtige Abschriften von den Vorschlägen, auf die sich der Konvent damals geeinigt hatte, zu nehmen, damit wir während der Konventsferien die Möglichkeit haben könnten, sie zu überdenken, und damit wir, wenn dann einige Abänderungen und Zusätze für nötig gehalten werden sollten, bis zum Wiederzusammentritt des Konvents vorbereitet seien, sie in der Diskussion vorzubringen. Aber, der gleiche Geist, der unsere Türen verschließen, unsere Verhandlungen zu Geheimsitzungen machen, unsere Protokolle einschließen ließ und, soweit als möglich, der Presse für die Information der Öffentlichkeit jeden Zutritt verwehren ließ, hatte auch in diesem Fall die Oberhand. Der ebenso vernünftige wie notwendige Antrag wurde von der Mehrheit des Konvents abgelehnt. Damit beraubten sich die Mitglieder selbst der Mittel, die zur Information und Überlegung über die wichtige Angelegenheit, mit der sie sich beschäftigten, nötig waren."

Die außerordentliche Sorgfalt, die man darauf verwandte, unverbrüchliche Verschwiegenheit zu wahren, sowie ihr Zweck zeigten sich bei einem Zwischenfall, der von der Überlieferung berichtet wird. Ein Mitglied ließ eine Abschrift eines Antrages vor dem Beginn einer Sitzung des Konvents fallen; sie wurde von einem anderen Delegierten gefunden und dem General Washington überreicht. Am Schluß der Sitzung erhob sich Washington und verwies dem betreffenden Mitglied seine Sorglosigkeit mit den Worten:

> „Ich muß die Herren dringend ersuchen, achtsamer zu sein, damit nicht unsere Unterhaltungen in die Zeitungen kommen und die öffentliche Ruhe durch vor-

zeitige Erörterungen gestört wird. Ich weiß nicht, wem das Blatt gehört, aber hier ist es (dabei warf er es auf den Tisch). Mag es der, dem es gehört, wiedernehmen."

Dann verbeugte er sich, setzte seinen Hut auf und verließ den Saal mit so augenscheinlichen Zeichen des Mißvergnügens, daß, wie unter Schulkindern, keiner der Delegierten sich als Eigentümer des Blattes zu bekennen wagte.

Washington war in seiner Politik der Verschwiegenheit so überaus peinlich, daß er sogar, als er an Lafayette*) (der sich damals in Frankreich aufhielt) schrieb, nur seinem Bedauern Ausdruck gab, seinem Waffengefährten und nächsten Vertrauten nicht Einzelheiten aus der damaligen Tagung des Konvents mitteilen zu können. Und doch war es ganz unwahrscheinlich, wenn nicht gar unmöglich, daß solche Mitteilungen an jemanden, der in Frankreich wohnte, der Geheimhaltung des Konvents vor Beendigung seiner Arbeiten Abbruch tun konnten. Washington erzählt uns in seinem Tagebuch, daß er aus dem gleichen Beweggrund davon Abstand nahm, in seinen privaten täglichen Aufzeichnungen auch nur irgendeine Einzelheit aus dem Konvent zu erwähnen, aus Furcht, es könnte einmal etwas ans Tageslicht kommen.

Einem Auszug aus dem Tagebuch des Herrn Manasseh Cutler entnehmen wir, daß Dr. Franklin — vielleicht in der Schwatzhaftigkeit des Alters — beinahe das ausdrückliche Schweigegebot verletzt hätte:

Er saß in seinem Garten in der Nähe der Market Street unter dem bekannten Maulbeerbaum und unterhielt sich mit einigen Freunden. Der Doktor hatte von einer zweiköpfigen

*) Anmerkung des Übersetzers. Der bekannte französische General und Staatsmann Marquis de Lafayette (1757—1834) war im Jahre 1776 auf einem von ihm ausgerüsteten Schiffe nach Amerika gefahren und hatte als Freiwilliger am Unabhängigkeitskampf der Kolonien teilgenommen. Er hatte bald Washingtons Freundschaft gewonnen und vom Kongreß den Generalmajorsrang erhalten. 1779 reiste er nach Paris und bewog Frankreich zur Unterstützung des jungen Freistaates mit einem Geschwader und einem Hilfskorps; 1781 kehrte er nach Europa zurück, wo er dann, abgesehen von einem Besuch in Amerika im Jahre 1784, verblieb.

Schlange gehört, die seine wissenschaftliche Neugierde erregte, und meinte dazu, beim Vorwärtsbewegen würde der eine Kopf versuchen, nach der einen Seite von einem Busch, und der zweite nach der anderen zu gehen, und es würde dann wohl keiner der beiden Köpfe geneigt sein, eine gemeinsame Richtung einzuschlagen. Der Tagebuchschreiber fährt dann fort:

> „Er ging dann dazu über, einen humoristischen Vorfall zu berichten, der sich an jenem Tag im Konvent ereignet hatte, da er dort die Schlange mit Amerika verglichen habe. Er schien nämlich zu vergessen, daß alles im Konvent als tiefes Geheimnis bewahrt werden sollte. Aber man machte ihn auf die Geheimhaltung der Konventsangelegenheiten aufmerksam. Das brachte ihn zum Schweigen und mich um die Geschichte, die er eben erzählen wollte."

Die Nutzanwendung der Erzählung von der Schlange auf den Konvent kann man sich leicht vorstellen. Der Vorfall zeigt, wie ängstlich die Delegierten darauf bedacht waren, das Gelübde zur Verschwiegenheit zu wahren, auch wenn es sich um ganz Unwichtiges handelte.

Wie ganz anders wäre doch das Ergebnis der jüngsten internationalen Konferenzen und besonders der Weltkonferenz zu Versailles im Jahre 1919 gewesen, hätte man hier die gleichen vernünftigen Vorkehrungen für Besprechungen und Betätigungen getroffen; diese wären dann durch voreilige Bemerkungen der Tagespresse nicht beeinträchtigt worden! In unseren Tagen, in denen die repräsentative Regierung zur Regierung der schnell veränderlichen öffentlichen Meinung entartet ist, wird eine solche Regierung, die durch, für und von der Presse ausgeübt wird, teuer bezahlt; ihr Preis besteht nur allzu oft in dem Unvermögen der Volksvertreter, das zu tun, was sie für klug und richtig halten.

Bei Beendigung des Konvents wurden von allen geschriebenen Berichten des Konvents, wie bereits oben erwähnt, allein die Protokolle Washington zur Verwahrung anvertraut, mit dem Auftrag, „das Journal und die anderen Aufzeichnungen aufzubewahren, bis der Kongreß, sobald ein solcher auf verfassungsmäßigem Wege zustandegekommen sei, darüber verfüge".

Auch das Journal bestand nur aus wenig mehr als aus kurzen täglichen Notizen, aus denen die Protokolle hätten gemacht werden sollen, aber niemals gemacht wurden. Aber auch diese bruchstückartigen Aufzeichnungen über die Verhandlungen einer Versammlung, die fast vier Monate lang ununterbrochen tagte, wurden erst im Jahre 1819 veröffentlicht, d. h. 32 Jahre nach Abschluß des Konvents. So kam es, daß das amerikanische Volk erst in der nächsten Generation etwas von seinem größten Konvent erfuhr, und auch dann zeigte man den neugierigen Blicken nur einige Knochenreste von diesem „Mastodon".

Die Mitglieder des Konvents wahrten seine Geheimnisse während vieler Jahre unverbrüchlich. Fast ausnahmslos sanken die großen Geheimnisse des Konvents mit seinen Mitgliedern ins Grab. Nur ein einziger, James Madison, hinterließ eine ausführliche Darstellung der durch besondere Förmlichkeit ausgezeichneten Verhandlungen. Hiervon abgesehen, entgingen lediglich einige Anekdoten, die der Nachwelt überliefert wurden, der Vergessenheit. Der erste der Delegierten, der das Verschwiegenheitsgelübde verletzte, war Luther Martin aus Maryland. Er war der Führer der Kleinstaatenpartei gewesen. Von der Zeit an, da er seinen Sitz eingenommen hatte, — es war der 9. Juni — bis kurz vor der Vertagung des Konvents hatte er den Vorschlag, eine nationale Regierung zu schaffen, scharf bekämpft. Außer Patrick Henry war er der beredtste und entschiedenste Gegner der neuen Verfassung; er verließ den Konvent kurz vor seiner Vertagung, um den Kampf gegen ihre Ratifikation in seinem Heimatstaat zu betreiben.

Am 29. November 1787 erschien er vor der gesetzgebenden Körperschaft von Maryland. Dort hielt er eine lange Rede gegen die Verfassung, in der er einige Einzelheiten aus dem Konvent mitteilte, darunter solche, über die ich bereits berichtet habe. Er führte aus, die neue Verfassung, auf die das amerikanische Volk noch nicht vorbereitet sei, werde ihre größte Stärke aus der Tatsache ziehen, daß sie von General Washington und Dr. Franklin gebilligt sei, und das Ansehen dieser beiden großen und selbstlosen Führer, denen das amerikanische Volk so fest vertraue, werde ihre Annahme — wie das Ergebnis schließlich auch zeigte — sichern.

Bei seinem Bericht über die Zeit, in welcher der Konvent als „Comittee of the Whole" mit Gorham aus Massachusetts als Vorsitzendem und Washington als gewöhnlichem Delegierten tagte, sagte er:

> „Wer damals im Saal war, der ehrenwerte Washington ebenso wie die übrigen Konventsmitglieder, war in der Lage, ungehindert jedes System, das er für ungerecht hielt, zu bekämpfen oder irgendwelche Änderungen und Zusätze, die er für nützlich ansah, vorzuschlagen. Diesen von der „Kommission" vorgetragenen Entwürfen gegenüber wurde weder von dem großen Mann noch vom Präsidenten des Staates Pennsylvania Opposition gemacht. Beide schienen sie von Herzen gutzuheißen und ihnen ihre aufrichtige Zustimmung zu erteilen. Und doch bin ich, Herr Vorsitzender, davon überzeugt, daß es kein Mitglied in diesem Hause gibt, das dieses System verteidigen oder auch nur einen Augenblick zögern würde, zu sagen, daß es zurückgewiesen werden muß. Ich erwähne diesen Umstand gemäß der Pflicht, die ich dieser ehrenwerten Körperschaft gegenüber habe, nicht in der Absicht, jene hohen Persönlichkeiten zu verkleinern, sondern um zu zeigen, wie sehr sich auch die größten und besten Männer infolge eines Irrtums im Urteil, infolge staatlichen Einflusses oder aus anderen Gründen dazu verleiten lassen, ungeeignete Maßnahmen anzunehmen. Unsere Pflicht verbietet uns, unsere Augen durch den Glanz von Namen so sehr blenden zu lassen, daß wir blindlings in das rennen, was unser Verderben sein wird.
>
> Herr Vorsitzender, ich verehre jene hohen Persönlichkeiten so sehr, wie nur irgendeiner hier. Niemand hat mehr Sinn für die wichtigen Dienste, die sie unserem Lande geleistet haben. Kein Mitglied des Konvents war so sehr gewillt, ihren Ansichten Ehrerbietung zu zollen. Aber ich hätte mir das Vertrauen, das dieser Staat in mich setzte, wenig verdient, wenn ich seine teuersten

Interessen geopfert hätte, nur um ihren Ansichten mich willfährig zu zeigen."

Weiter sagte er:

„Herr Vorsitzender, ich halte es für meine Pflicht, zu bemerken, daß während des Kampfes, der verhüten sollte, daß die großen Staaten alle Macht in ihre Hand bekämen, und der fast mit einer Auflösung des Konvents geendigt hätte, es mir nicht so scheinen wollte, als ob eine jener hohen Persönlichkeiten, der ehrenwerte Washington oder der Präsident des Staates Pennsylvania, geneigt war, die Ansprüche der kleineren Staaten gegenüber unangemessener Überlegenheit zu unterstützen, die von den großen Staaten erstrebt wurde. Im Gegenteil, der ehrenwerte Präsident von Pennsylvania war Mitglied der ‚Kompromiß-Kommission' und verteidigte dort das Recht der großen Staaten auf eine ungleiche Beteiligung an beiden Kammern. Erst am Schluß sah er von diesem Recht für die zweite Kammer gemäß dem Grundsatz des Ausgleichs ab, als sich herausstellte, daß andere Bedingungen nicht angenommen würden. Ich halte es für meine Pflicht, dies zur Erwägung für diejenigen zu erwähnen, die geneigt sind, ein gefährliches und mangelhaftes System der großen Namen wegen zu unterstützen."

Kurz nach seinem Erscheinen in der gesetzgebenden Körperschaft von Maryland wurde Luther Martin in einen scharfen Briefwechsel mit Oliver Ellsworth aus Connecticut verwickelt. In den Briefen, in denen sie sich gegenseitig Vorwürfe machten, wurde abermals zum Teil der Schleier über einzelne Vorgänge aus dem Konvent gelüftet. Obwohl Martins wirkungsvolle Ansprache an die gesetzgebende Körperschaft von Maryland von dem Geist heftiger Gegnerschaft gegen das Ergebnis des Konvents inspiriert war und alle Kennzeichen erregter Parteinahme trägt, gibt sie doch eine ausreichend klare Vorstellung von jenem, von Anfang bis zum Ende dauernden harten Kampf zwischen den großen und den kleinen Staaten auf dem Konvent. Ohne Martins Bericht und die ihm folgenden Enthüllungen, über die gleich weiteres gesagt werden soll, wäre die Welt für immer in Unkenntnis über jede Einzelheit einer der größten, wenn nicht gar der größten, politischen Versammlungen in der Geschichte der Menschheit geblieben.

Nachdem Robert Yates, Oberrichter von New York, im Jahre 1801 gestorben war, wurden seine unvollständigen Aufzeichnungen im Jahre 1821 veröffentlicht. Da er aber den Konvent bereits einige Monate nach Beginn verlassen hatte, hörten seine Aufzeichnungen mit dem 5. Juli 1787 auf und waren bestenfalls nur sehr fragmentarisch.

Der Vorhang wurde niemals ganz aufgezogen, bis endlich mehr als ein halbes Jahrhundert später Madisons „Debates" zum erstenmal veröffentlicht wurden. Als einer der fähigsten Delegierten wohnte dieser wahrhaft bedeutende, überaus brauchbare Abgeordnete den Sitzungen regelmäßig bei und machte von einem Tag zum anderen Aufzeichnungen über die Debatten.

Die Verhältnisse waren nach seinen eigenen Worten folgende:

> „Die Wißbegierde, die ich während meiner Forschungen in der Geschichte der hervorragendsten Staatenbünde, besonders derjenigen der alten Geschichte, gefühlt hatte, und die Unzulänglichkeit, die ich in den Mitteln, sie zu befriedigen, fand, ganz besonders in dem, was sich auf das Verfahren, die Grundsätze, Ursachen und Erwartungen bezog, die bei ihrer Entstehung herrschten, bestimmten mich, soweit ich es vermochte, eine genaue Darstellung dessen, was sich auf dem Konvent bei der Erledigung der ihm anvertrauten Aufgabe ereignete, zu geben. Ich war ebenso stark durchdrungen von der Bedeutung dieser Aufgabe wie von der Befriedigung, die der künftigen Wißbegierde durch eine authentische Darstellung der Gegenstände, Ansichten und Urteile, durch die das Regierungssystem seine besondere Struktur und Organisation erhalten sollte, in Aussicht gestellt war. Ich war auch nicht in Unkenntnis über den Wert eines solchen Beitrags zu dem Materialbestand für die Geschichte der Verfassung, auf der das Glück eines schon in seiner Kindheit großen Volkes und vielleicht die Sache der Freiheit in der ganzen Welt beruhen sollte.
>
> Für diese Aufgabe wählte ich einen Sitz gegenüber dem Vorsitzenden und hatte die anderen Mitglieder zu

meiner Rechten und Linken. In dieser Stellung, die zum Hören alles dessen, was vorging, so günstig war, schrieb ich in lesbaren Worten sowie in Abkürzungen und nur mir verständlichen Zeichen nieder, was vom Präsidentenstuhl aus verlesen oder von den Mitgliedern gesprochen wurde. Da ich zwischen Vertagung und Wiederzusammentritt des Konvents nicht einen Augenblick ungenützt verstreichen ließ, war ich in der Lage, meine täglichen Aufzeichnungen noch während der Sitzungszeit oder doch innerhalb einiger Tage nach ihrem Abschluß niederzuschreiben in der Ausdehnung und Form, die ich eigenhändig in meinen Akten angewendet hatte.

Bei der Arbeit und ihrer Berichtigung wurde ich nicht wenig durch Übung und Vertrautheit mit dem Stil und der Art der Beobachtung und Beweisführung, welche die Hauptredner kennzeichnete, unterstützt. Es traf sich, daß ich nicht einen einzigen Tag und nicht mehr als den zufälligen Bruchteil einer Stunde an irgendeinem Tage abwesend war, so daß ich nicht eine einzige Rede, es sei denn eine ganz kurze, versäumt habe.

Der Genauigkeit wegen muß noch bemerkt werden, daß mir mit ganz wenigen Ausnahmen die Reden weder von den Rednern zur Verfügung gestellt noch von ihnen durchgesehen oder gebilligt worden sind, sondern nur aus meinen Notizen, denen die Frische meiner Erinnerungen zu Hilfe kam, niedergeschrieben wurden. Eine weitere Bemerkung mag hierher gehören, daß nämlich in den Reden und Verhandlungen bei gegenseitigen Zugeständnissen Ansichten über den Verhandlungsgegenstand zufällig vorgetragen wurden, die bereits eine verborgene Beziehung zu einem Kompromiß auf irgendeiner mittleren Linie zeigten. Die oben angedeuteten Ausnahmen sind: erstens die mir von Randolph zur Verfügung gestellte Skizze seiner Rede zur Einführung seiner Vorschläge am 29. Mai; zweitens die Rede Hamiltons, der mich zufällig besuchte, als ich die letzte Hand an sie legte, und der ihre genaue Wiedergabe anerkannte, ohne mehr als einige ganz wenige Änderungen im Ausdruck, die vorgenommen wurden, zu erwähnen; drittens die Rede von Gouverneur Morris am 2. Mai (2. Juli ?), die ihm bei einer ähnlichen Gelegenheit mitgeteilt wurde und die er ebenfalls nach einigen Änderungen im Ausdruck billigte. Die Korrektheit seiner Ausdrucksweise und die Deutlichkeit seiner Aussprache waren einem Berichterstatter besonders günstig. Die Reden Dr. Franklins waren mit Ausnahmen einiger kurzer Ansprachen Abschriften der von ihm niedergeschriebenen und im Konvent von seinem Kollegen Wilson verlesenen Abhandlungen, da der Doktor nicht in der Lage war, sich lange auf seinen Füßen zu halten."

Obwohl Madison kein Stenograph war, besaß er doch die Gabe, eine Rede zusammenzudrängen und ihren Inhalt gut wiederzugeben. Er bewachte seinen Bericht über den Konvent bis zu seinem Tode aufs peinlichste; die wenigsten wußten überhaupt etwas von der Existenz dieses Buches. Madison starb im Jahre 1836, und vier Jahre später erwarb die Regierung das Manuskript von Madisons Witwe. Damals wurde zum erstenmal der Vorhang vor diesen Verhandlungen, die eine der größten Nationen der Welt geschaffen hatten, ein wenig gehoben.

53 Jahre nach Beendigung des Konvents, zu einem Zeitpunkt also, als fast alle seine Teilnehmer bereits gestorben waren, wurde Madisons Geschichte erst veröffentlicht und damit zum erstenmal der Schleier über dem gesamten großen Drama gelüftet.

Wann wurde je ein großes Geheimnis besser gewahrt? So dankbar auch die Nachkommenschaft für diese unschätzbare Schenkung eines großen menschlichen Werkes sein muß, so erfüllt uns doch Madisons sorgsam bearbeitete Geschichte mit dem tiefsten Bedauern: diese wundervollen Debatten, die fast vier Monate lang zwischen Männern von außerordentlichen Fähigkeiten geführt wurden, konnten der Welt nicht in ihrer ganzen Ausführlichkeit erhalten bleiben!

Nach der Mitteilung in Madisons Einleitung sind drei Reden, die Madison in seinen „Debatten" mitteilt, vollständig. Dr. Franklin legte nämlich, wenn er sprach, seine Ausführungen schriftlich nieder und gab eine Abschrift an Madison. Von den anderen Reden jedoch sind nur Bruchstücke erhalten. So richtete der „bewunderswürdige Crichton*)" — das war hier Alexander Hamilton — an den Konvent eine fünfstündige Ansprache, in der er seine Staatsphilosophie darlegte. Von ihr ist aber nur eine kurze Zusammenfassung, möglicherweise nicht einmal ein ganz genaues Fragment, erhalten. Luther Martin sprach einmal zum großen Mißvergnügen des Konvents zwei Tage lang. Er war ein bedeutender, wenn auch übertrieben beweglicher Redner. Der Welt entging eine große Rede dadurch, daß Madison nur einen Bruchteil von ihr wiedergibt.

Ohne dieses außergewöhnliche Schweigegebot, das mit modernen demokratischen Versammlungen so wenig im Einklang steht und mit dem bekannten Punkt „öffentliche Verträge, die öffentlich zustande gekommen sind", so wenig übereinstimmt, hätte der Konvent sein großes Werk nicht vollbracht. Seine klugen Männer waren sich klar darüber, daß ein Staatsmann mit dem Blick auf die Galerie und besonders, wenn ihn diese unter dem Druck der öffentlichen Meinung nötigt, nach ihren Direktiven zu verfahren, im allgemeinen nicht vernünftig handeln kann. Ich erkenne zwar an, daß die öffentliche Meinung — öfters vorübergehend nicht unterrichtet, aber am Schluß im allgemeinen im Recht — die Demokratien der Welt vor den selbstischen Absichten einer selbstsüchtigen und mißgeleiteten Führerschaft bewahrt. Aber würdige und kluge Volksvertreter wirken am besten, wenn sie von den flüchtigen Leidenschaften der Stunde möglichst wenig beeinflußt werden.

Es ist klar, daß auch die Schöpfer der Verfassung, wenn sie so zusammengekommen wären, wie man im Verlauf der letzten Jahre in Versailles und Genua zu ähnlichen Versammlungen zusammentrat, nämlich mit der ganzen Welt als Galerie und mit den Pressevertretern als einem wesentlichen Bestandteil der Konferenz, nichts zustande gebracht

*) Anmerkung des Übersetzers: James Crichton (1560—1583) war ein schottischer Gelehrter und wurde der „Bewundernswürdige" genannt, da er schon in seinem zwanzigsten Lebensjahr 20 Sprachen sprach und schrieb, mehrere musikalische Instrumente spielte und sich daneben in allen ritterlichen Künsten auszeichnete. In Paris forderte er zu Disputationen über beliebige Wissenschaften und in beliebigen Sprachen auf und blieb in den verschiedensten Städten darin Sieger.

hätten. Der Konvent hätte wahrscheinlich nicht einen Monat gedauert, wenn sein unmittelbarer Zweck nur der gewesen wäre, die öffentliche Meinung zu besänftigen. Man kann bezweifeln, ob eine solche Versammlung, wenn sie heutzutage berufen würde, in Amerika oder sonstwo gleiche Ergebnisse zeitigen könnte; denn in unserer Zeit mit ihrer unbegrenzten Öffentlichkeit, in der Menschen nicht als Individuen abstimmen, sondern in mächtigen organisierten Gruppen, würde sich eine verfassunggebende Versammlung bald als ein Hexenkessel von Klassengesetzgebung und Demagogie erweisen. Die Verfassung sieht vor, daß auf Verlangen der Staaten ein neuer Konvent die Ergänzung oder Nachprüfung der ganzen Verfassung vornehmen dürfe. Aber welche Partei, Klasse oder Fraktion würde gerade in unserer hysterischen Zeit ernstlich einen solchen neuen Konvent befürworten? Das Ergebnis würde sicherlich von einer jede Brauchbarkeit ausschließenden Kompliziertheit sein. Das zeigen die neuen Versuche von New York und Illinois, dort neue Verfassungen zu errichten: beide wurden vom Volke abgelehnt. Ist es nicht richtig, zu sagen, daß die moderne Demokratie in Gefahr ist, durch ihre eigenen heutigen Methoden und Ideale erwürgt zu werden? Wieder drängen sich die Worte Washingtons auf: „Wenn wir dem Volk zuliebe etwas vorlegen, was wir selbst mißbilligen, wie können wir dann später unser eigenes Werk verteidigen? Laßt uns ein Banner aufpflanzen, unter dessen Schutz sich die vernünftigen und braven Männer sammeln mögen."

Mit bitterer Aufrichtigkeit und mit Zweifeln im Herzen arbeitete diese kleine Schar von Männern und schuf ein Werk von bleibender Bedeutung. Wenn sie auch nicht den unmittelbaren Beifall ihrer Generation ernteten, so können sich doch wenigstens ihre Schatten in dem Gedanken trösten, daß die Nachwelt ihrem Werk Beifall gezollt und es als eins der größten politischen und, an dem Prüfstein der Erfahrung gemessen, sicherlich erfolgreichsten Werke der Menschheit gepriesen hat.

Die Geheimhaltung der Konventsdebatten bewahrte seine Mitglieder vor einem unangebrachten Druck von außen.

Darüber hinaus hatte sie noch andere Vorzüge. Unter ihrem Schutz brachten die Mitglieder ihre Ansichten frei zum Ausdruck. Sie unterlagen nicht der Versuchung, die Arbeit des Konvents dadurch zu hemmen, daß sie ausgearbeitete Reden für die Öffentlichkeit hielten. Sie machte es den Mitgliedern leicht, jene Kompromisse zu erzielen, ohne die keine Verfassung von allen Staaten angenommen worden wäre. Sie fanden es leichter, von extremen Standpunkten zurückzugehen und sich auf mittleren Linien zu einigen, die zwar niemand völlig befriedigten, aber doch schließlich von allen angenommen werden konnten. Das Gebot zur Verschwiegenheit vereinfachte auch das den einzelstaatlichen Parlamenten vorgelegte Ergebnis. Die Staaten hatten sich darüber schlüssig zu machen, die Verfassung als Ganzes anzunehmen oder zu verwerfen; sie wurden davor bewahrt, alle möglichen Lösungen in Erwägung ziehen zu müssen.

Der Konvent tagte in dieser Weise vier Monate lang. Hätte man aber die Reden seiner Mitglieder der Öffentlichkeit zugänglich gemacht, so wären bedeutend mehr Monate erforderlich gewesen, um die Verfassung zu schaffen. Dies zeigen die unfreundlichen Bemerkungen Oliver Ellworths zu einer der Reden Luther Martins, die uns in folgendem erhalten geblieben sind:

> „Der Tag, an dem Sie Ihren Sitz einnahmen, muß denen, die anwesend waren, lange in Erinnerung bleiben. Es wird auch Ihnen nicht möglich sein, das Erstaunen zu vergessen, das Ihr Benehmen fast augenblicklich hervorrief. Sie hatten kaum Zeit, die Anträge, denen man nach vollständigster Untersuchung zugestimmt hatte, zu lesen, als Sie schon, ohne nur Aufklärung zu erbitten oder die Gründe erkennen zu lassen, aus denen Sie nicht zustimmen konnten, eine Rede dagegen hielten, die zwei Tage dauerte und sicher zwei Monate gedauert hätte, wenn Sie nicht jene Anzeichen der Ermüdung und des Widerwillens auf jeder Seite des Hauses bemerkt hätten, wohin Sie auch Ihre verärgerten Augen wandten ... Aber das lehrte Sie nicht, Ihre künftigen Reden in den Grenzen der Mäßigung zu halten; denn schon am nächsten Tag legten Sie ohne

Schamröte eine weitere Probe Ihrer unsterblichen Zungenfertigkeit ab."

Martin befand sich nicht in Übereinstimmung mit dem Geist des Konvents; zu guter Letzt lehnte er die Unterzeichnung der Verfassung für seinen Staat ab. Deshalb wohl das harte Urteil Ellworths über ihn. Aber ob richtig oder falsch, die Tatsache bleibt bestehen, daß der Konvent klug daran tat, seinen Mitgliedern den Ansporn zur Ausschmückung oder Verlängerung der Reden zu nehmen, wozu der Beifall des Volkes unvermeidlich Veranlassung gibt.

Überdies waren Kompromisse notwendig, und deshalb mußte der leidenschaftliche Streit in der Debatte auf das geringste Maß beschränkt werden. Es ist richtig, daß sich in der Führung des Konvents nicht die damals wichtigste Spaltung im amerikanischen Volk widerspiegelte. Es war dies die Spaltung nach wirtschaftlichen Gesichtspunkten. Auf der einen Seite standen Gläubiger, Kaufleute, Juristen, Grundbesitzer und Spekulanten, auf der anderen die Schuldner, Kleinbauern und Handarbeiter. Diese Spaltung hatte die Haltung des Volks gegen die staatliche Gesetzgebung beeinflußt und war später der wichtigste Faktor, der die Stellung des Volkes gegen die Ratifikation der neuen Verfassung bestimmte. Solche Parteigruppen gab es im Konvent nicht. Beträchtliche Meinungsverschiedenheiten gab es jedoch zwischen den großen und den kleinen Staaten, und es erwies sich als nötig, praktisch verwertbare Kompromisse zwischen ihnen zu formulieren. Solche Kompromisse wurden aber am besten dadurch herbeigeführt, daß man das Halten von langen Reden möglichst beschränkte.

An Redeübungen mangelte es gleichwohl nicht, obwohl ihr Wohlgeschmack in der einsamen Atmosphäre einer geschlossenen Versammlung kaum reizte. Gouverneur Morris sprach 173 mal, Wilson 168, Madison 161, Sherman 138, Mason 136, Gerry 119 mal und George Washington nur bei e i n e r e i n z i g e n Gelegenheit. Als die Aussicht auf eine Versöhnung der widerstreitenden Interessen am schwächsten schien, gab tatsächlich Franklin einen seiner wichtigsten Beiträge zur Errichtung der Verfassung, indem er beantragte, der Konvent solle sich um zwei Tage vertagen, während welcher Zeit die Mitglieder beraten sollten, mehr mit jenen, mit denen sie verschiedener Meinung seien, als mit jenen, welche ihre Ansicht teilten. Besprechungen von Mann zu Mann, und nicht weitschweifende Reden waren es, welche das Einvernehmen wiederherstellten.

Letzten Endes hatte ja die Geheimhaltung der Versammlungen des Konvents nur den Zweck, die Aufmerksamkeit der Öffentlichkeit auf die fertige Urkunde und nicht auf zeitweilige Meinungsverschiedenheiten und auf die Tatsache, daß Kompromisse geschlossen werden mußten, zu lenken. Der eifrigste Anhänger einer Volksregierung wird wohl zugestehen, daß Gesetze in Ausschüssen zwar formuliert, aber doch nur in öffentlichen Sitzungen der gesetzgebenden Körperschaft angenommen werden sollten. Er mag an die Bedeutsamkeit des Referendums glauben, und doch wird er zugeben, daß solche Maßnahmen nur mit reiflicher Überlegung, nicht aber durch die lauten Abstimmungsmethoden einer Volksversammlung formuliert werden können. Er wird dann wohl auch zugeben, daß der Konvent den konkreten Plan, der dann den Konventen der Einzelstaaten zur Erwägung unterbreitet wurde, mit Recht im Geheimen formulierte.

Aber nicht nur die Sitzungen des Konvents waren geheim, sondern die fertiggestellte Verfassung schwieg auch über viele Angelegenheiten, die im Konvent besprochen worden waren. Ihre Schöpfer dachten vernünftigerweise, daß einige Probleme ungelöst der Zukunft übermacht werden müßten. Auch deshalb war es vorzuziehen, daß die Aufmerksamkeit nicht von der Verfassung auf nur halb beendigte Diskussionen im Konvent abgelenkt würde*).

---

*) Es ist interessant, daß auf der Konferenz von Versailles im Jahre 1919, während man viel von „öffentlichen Verträgen, die öffentlich zustandekommen sollten", geredet hatte, die „großen Vier" bald der Weisheit der Männer von 1787 folgten.

Aus den offiziellen Protokollen der Versailler Friedenskonferenz ersieht man, daß folgende Diskussion stattfand:

W i l s o n: Ich möchte die Frage aufwerfen, ob wegen der Wahrscheinlichkeit des Durchsickerns Bedenken dagegen bestehen, die

Pressevertreter zur Friedenskonferenz zuzulassen; denn tatsächlich wird in diesen ausgedehnten Sitzungen nichts erörtert werden, worüber man wenig mehr als einen öffentlichen Bericht über dasjenige bringen kann, was vorläufig entschieden ist. Ich meinerseits würde volle Öffentlichkeit einer Öffentlichkeit, die sich durch ein Durchsickern ergibt, vorziehen.

Balfour: Die Anregung, die Presse solle bei der Konferenz zugegen sein, hat prima facie den Einwand gegen sich, daß die Beratungen, wenn man das zuläßt, rein formellen Charakter bekommen werden. Überdies wird man, wenn die Presse zu den Vollkonferenzen zugelassen sein sollte, notwendigerweise die anderen Mächte, wie die Tschechoslowakei, zu den engeren Konferenzen hinzuziehen müssen.

Wilson: Ich nehme an, daß es kaum möglich sein wird, Fälle wie diesen in den Vollkonferenzen zu erörtern. Überdies könnten die Tschechoslowaken kaum mehr tun, als auf der Vollkonferenz das wiederholen, was sie bereits vor aller Welt geäußert haben. Die Entscheidung darüber, was von den Großmächten auf der weiteren Konferenz vorgeschlagen werden soll, wird zum Voraus von den Großmächen getroffen.

Pichon: Ich bemerke, daß im Falle einer Zulassung der Presse zur Friedenskonferenz des Redens kein Ende sein wird.

Lloyd George: Ich wage der Hoffnung Ausdruck zu geben, daß Präsident Wilson auf seiner Anregung nicht bestehen wird. Ich befürchte, die Konferenz wird kein Ende finden, wenn Berichterstatter anwesend sind. Kleine Nationen werden beanspruchen, in aller Ausführlichkeit zu sprechen. Überdies könnte das, wie Balfour zeigte, zu sehr unliebsamen Zwischenfällen, z. B. zwischen Serbien und Montenegro, führen.

Pichon: Man muß auch bedenken, daß es bei der Untersuchung der Friedenspräliminarien gefährlich sein kann, dem Feinde zu viel Informationen über die Punkte zu geben, über die sich zwischen den Großmächten Schwierigkeiten oder besondere Erörterungen ergeben.

Clemenceau: Ich fühle, wir müssen in unserem Vorgehen einig sein. Ich will viel hinnehmen, um unsere Einmütigkeit aufrechtzuerhalten. Ich will Opfer bringen. Ich will nichts sagen, was dazu beitragen könnte, die Konferenz zu spalten. Wenn aber eine kleine Macht, die in unseren Beratungen noch nicht gehört worden ist, fragt, wie Frankreich dazu gekommen sei, eine bestimmte Verfügung zu akzeptieren, dann will ich darauf zu antworten haben und bin mir bewußt, daß diese Antwort dann vor der Öffentlichkeit erfolgen wird.

Wilson: Ich habe den Punkt zur Diskussion gebracht, aber ich will nicht darauf bestehen.

Kein Merkmal des Konvents hat den Verfasser mehr interessiert als die Geheimhaltung seiner Verhandlungen. Es wirft ein seltsames Licht auf die veränderlichen Normen öffentlichen Verhaltens, daß es zweifelhaft ist, ob heute eine Versammlung von ähnlicher Bedeutung im gleichen Grade den vertraulichen Charakter ihres Verfahrens wahren könnte. Der Senat der Vereinigten Staaten tritt oft in Exekutivsitzungen ein, und zu Anfang der Republik war sein Verfahren stets geheim. Trozdem geht wenig von öffentlichem Interesse in diesen Exekutivsitzungen vor sich, das nicht schnell seinen Weg zur Presse findet. Präsident Wilson erkannte die Unmöglichkeit vollständiger Geheimhaltung in diesem Zeitalter der Öffentlichkeit wohl, als er zugab, daß auf der größten, jemals abgehaltenen Weltkonferenz „Öffentlichkeit infolge Durchsickerung“ nicht vermieden werden könne.

Der Verfasser verweist die Leser auf einige weitere Bemerkungen über die Verschwiegenheit des Konstitutionellen Konvents, die sich im Anhang VI, Bemerkung 2, finden. Ich verdanke diese Hinweise dem neuen Buch „The Supreme Court and Sovereign States“ von Charles Warren. Dieser bewunderungswürdige Schriftsteller, dessen Darstellung des Obersten Gerichtshofes ein imposanter Beitrag zur Geschichte ist, hat sich auch durch die Sorgfalt, mit der er weitere zeitgenössische Angaben gesammelt hat, jeden, der die Geschichte unserer Regierung studieren will, zu Dank verpflichtet.

7. Kapitel

## DIE ERÖFFNUNG DES KAMPFES

*„Freiheit, der man sich erfreuen will, muß durch Gesetz beschränkt sein, denn das Gesetz endet, wo Tyrannei beginnt; und die Tyrannei ist die gleiche, mag es Monarchentyrannei oder Massentyrannei sein, — und doch dürfte die Tyrannei der Masse die größere sein, sintemal sie vervielfältigte Tyrannei ist."*

—Burke*)

Nachdem so die Geschäftsordnung und die Art der Verhandlungen festgelegt waren, wurde der Konvent durch eine Ansprache Randolphs aus Virginia eröffnet. Randolph legte in der Form von 15 Punkten — der Zahl nach fast den verhängnisvollen 14 Punkten vergleichbar — die Umrisse für eine neue Regierung vor. Er selbst faßte die Vorschläge in seiner Eröffnungsrede in dem offenen Geständnis zusammen, „daß durch sie nicht eine föderative Regierung angestrebt werden solle" (worunter ein reiner Staatenbund gemeint war), sondern „eine stark verdichtete Union". Über diesen radikalen Wandel sollte der Konvent noch ernste und manchmal scharfe Debatten führen. Der Entwurf sah eine Nationale Legislatur vor, deren zweite Kammer vom Volk, und deren erste Kammer von der zweiten auf Grund der Vorschläge der einzelstaatlichen Parlamente gewählt werden sollte. Diese gesetzgebende Körperschaft sollte alle der Föderation verliehenen Rechte

*) Anmerkung des Übersetzers: Edmund Burke (1730—1797), berühmter englischer Schriftsteller, Redner und Staatsmann, spielte im englischen Parlament durch seine ungemein rednerische Begabung eine hervorragende Rolle. Er bekämpfte in seinen Reden und Werken insbesondere auch die französische Revolution; vergl. sein Werk „Reflections on the revolution in France". (London 1790.)

zur Gesetzgebung genießen. Daraus ergab sich der „sweeping grant", jene umfassende Ermächtigung, daß „die Gesetzgebung der Union in allen Fällen zustehen solle, in denen die Bundesstaaten nicht zuständig seien oder in denen die Eintracht der Vereinigten Staaten durch die Ausübung individueller Gesetzgebung gestört werden könne. Die Gesetzgebung sollte ferner die Macht haben, alle durch die Einzelstaaten angenommenen Gesetze für nichtig zu erklären, die nach der Meinung der Nationalen Legislatur im Widerspruch zu den Artikeln der Union stünden."

Weiter wurde eine nationale „Exekutive" im Zusammenhang mit einer nationalen „Rechtspflege" vorgeschlagen. Ihnen beiden sollte die Ermächtigung erteilt werden, „jeden Akt der nationalen Gesetzgebung, bevor er Anwendung finden, und jeden Akt der Einzelgesetzgebung, bevor er endgültig für nichtig erklärt werden sollte, zu überprüfen". Das bedeutete eine positive Abänderung der „Articles of Confederation", die keinerlei nationale Exekutive oder Rechtspflege vorsahen, nach denen die Gesetzgebung keine unmittelbare Gewalt über die Bürger der Einzelstaaten besaß und Verpflichtungen nur den Staaten selbst, und zwar nur nach Zustimmung von 9 der 13 Staaten, auferlegen konnte. Darin lag nicht nur eine Auflehnung gegen bestehende Mißbräuche, sondern auch eine friedliche Revolution gegen eine unfähige Regierung. Der Plan mußte wohl die Wirkung haben, daß vielen der Mitglieder vor Erstaunen der Atem ausging*).

Kaum hatte Randolph den sogenannten Virginia-Entwurf vorgelegt, als Charles Pinckney aus Süd-Carolina, ein junger Mann von 29 Jahren, mit dem Mut der Jugend dem Haus ebenfalls einen Entwurf für die zukünftige Bundesregierung vorlegte. Merkwürdigerweise unterschied er sich nicht grundsätzlich vom Virginia-Entwurf, sondern war nur bestimmter und korrekter in der Aufstellung der Machtbefugnisse, welche die Bundesregierung ausüben sollte. Viele seiner Vorschläge wurden dem endgültigen Entwurf einverleibt. Tatsächlich stellte Pinckneys Plan die zu-

*) Der Virginia-Entwurf ist im Anhang vollständig wiedergegeben. (Seite 387.)

künftige Verfassung der Vereinigten Staaten in ihrem Urzustand dar. Wenn man ihn liest und mit dem endgültigen Dokument vergleicht, das sich mit Recht überall in der Welt Beifall erworben hat, so ist man erstaunt, daß ein so junger Mann viele der neuesten Merkmale der Bundesregierung vorwegnehmen und in eine bestimmte und wirksame Form kleiden konnte. Da man das einzige Exemplar von Pinckneys Entwurf erst nach Jahren an Madison für seine „Debatten" lieferte, ist es möglich, daß ein Teil seines klugen Planes auf eine Abänderung post factum zurückzuführen ist.

Nach Eingang der beiden Entwürfe trat der Konvent am 30. Mai zu einer Vollsitzung zusammen, um die 15 Thesen des Virginia-Entwurfs der Reihe nach zu beraten. Gorham aus Massachusetts übernahm den Vorsitz, und Washington stieg vom Präsidentensitz herab, um unter den Delegierten Platz zu nehmen. Obwohl er dadurch die Möglichkeit zu sprechen hatte, blieb er doch nach wie vor bis zum letzten Tage des Konvents ein schweigendes Mitglied. Er sprach nur einmal, und dann gerade vor der endgültigen Vertagung.

Die Mitglieder beschlossen vernünftigerweise, zunächst einmal abstrakte Grundgedanken, und später erst konkrete Formen für die Verfassung festzusetzen. Offenbar schenkte man dem Entwurf Pinckneys zunächst nur wenig Aufmerksamkeit, was wohl der feindseligen Haltung der älteren Mitglieder des Konvents seiner jugendlichen Anmaßung gegenüber zuzuschreiben sein mag.

Darauf folgte eine außerordentlich beachtenswerte Debatte über die unmittelbaren Thesen selbst und über die ihnen zugrunde liegenden Regierungsprinzipien, eine Debatte, die zwei Wochen in Anspruch nahm. Am 13. Juni schlossen die Kommissionssitzungen. Auch die Bruchstücke dieser Debatte, die wohl eine der bemerkenswertesten in der Geschichte gewesen sein mag, zeugen von der Sorgfalt, mit der die Mitglieder die Regierungsformen alter und neuer Zeit studiert hatten. Man machte hier und da Hinweise auf die Regierungsformen von 22 Nationen der alten und neuen Zeit. Über 130 mal wurde auf englische Geschichte und englische Einrichtungen hingewiesen. Der Kreis der untersuchten Angelegenheiten schloß ein Studium der Einrichtungen Griechenlands, Roms, Frankreichs, der deutschen Staaten, Hollands und der Schweiz in sich.

Bisher waren die beiden großen Parteien im Konvent wie geschickte Boxer zurückhaltend in der Eröffnung des Kampfes gewesen. Die Nationalisten waren nicht gewillt, einen konkreten Plan vorzulegen, bevor sie sich die Zustimmung des Konvents zu einigen der abstrakten Grundsätze, die ihn beherrschen sollten, gesichert hätten. Der wichtigste dieser Grundsätze lag in dem zweiten Punkt des Virginia-Entwurfes, der folgendermaßen lautet:

> „Es wird beschlossen, daß das Stimmrecht in der Nationalen Legislatur im Verhältnis zu den Steuerbeiträgen oder zu der Anzahl freier Bewohner stehen soll, je nachdem die eine oder andere Regelung in verschiedenartigen Fällen für die bessere gehalten wird."

Diese Resolution stand am 30. Mai im „Comittee of the Whole" zur Diskussion und rief sofort eine Debatte hervor. Um Einwänden zu begegnen, stellte Madison einen Ersatzantrag, der lautete:

> „Es wird beschlossen, daß die von den „Articles of Confederation" aufgestellte Gleichheit des Stimmrechts in der Nationalen gesetzgebenden Körperschaft nicht herrschen und daß an ihre Stelle ein gerechtes Vertretungsverhältnis gesetzt werden soll."

Sogleich erhob sich Read aus Delaware und äußerte die erste Drohung eines Rücktritts, indem er erklärte, daß es den Vertretern von Delaware durch ihre Instruktionen verboten sei, „irgendeiner Änderung der Stimmrechtsordnung zuzustimmen, und daß sie, falls eine solche Änderung beschlossen werden solle, verpflichtet seien, sich vom Konvent zurückzuziehen." Nach einigen Bemerkungen von Gouverneur Morris und James Madison kam man überein, die Beratung des Artikels zu verschieben. Offenbar war man noch auf keiner Seite darauf vorbereitet, in den unvermeidlichen Kampf einzutreten.

Die Entscheidung konnte aber nicht lange aufgeschoben werden. Wahrscheinlich wartete die „States Rights Party“ nur die Ankunft Luther Martins von Maryland ab, der dann am 9. Juni seinen Sitz einnahm und sich als erklärter Gegner des Virginia-Entwurfs bekannte. Daraufhin beantragte Paterson aus New Jersey, daß die Kommission die Beratung dieser lebenswichtigen Frage wieder aufnehmen sollte. Zur Unterstützung des Antrags sprach Brearley aus New Jersey mit großem Gefühl. Der Virginia-Entwurf, führte er aus, würde drei große und zehn kleine Staaten zur Folge haben. Er äußerte sein Erstaunen und seine Befürchtung gegenüber dem Vorschlag, die Grundlage der Union der Kolonien zu ändern, und schloß:

> „Ist es denn — so wird man fragen — gerecht, daß Georgia die gleiche Stimme haben soll wie Virginia? Man wird das nicht bejahen können. Was gibt es denn aber für eine Abhilfe? Nur eine einzige: Man breite eine Karte der Vereinigten Staaten aus, radiere alle bestehenden Grenzen fort und nehme eine Neuverteilung des Ganzen in 13 gleiche Teile vor.“

Ihm folgte Paterson aus New Jersey mit einer feurigen Rede. Er legte dar, daß die Ermächtigungsschreiben aller Delegationen sie zur Beratung über die Abänderung der „Articles of Confederation“ binde:

> „Wir sollten uns innerhalb ihrer Grenzen halten, sonst würden wir von unseren Auftraggebern der Usurpation beschuldigt, denn das amerikanische Volk ist scharfsichtig und nicht leicht zu betrügen . . . Gibt man den großen Staaten einen ihrer Größe entsprechenden Einfluß, was wird dann die Folge sein? Ihr Ehrgeiz wird im gleichen Verhältnis wachsen, und die kleinen Staaten werden dann auf alles gefaßt sein müssen. Von Galloway*) und einigen anderen war einmal vorgeschlagen worden, Amerika solle im britischen Parlament vertreten und dann durch seine Gesetze gebunden sein. Man hätte Amerika nicht mehr als ein Drittel der Vertreter eingeräumt, die auf den

*) Anmerkung des Übersetzers: Galloway, Land im südwestlichen Schottland, das im 9. und 10. Jahrhundert von Kelten (Galli), die aus Irland einwanderten, besiedelt wurde.

Anteil Großbritanniens entfallen wären. Wären die amerikanischen Rechte und Interessen unter einer so errichteten Gewalt gewahrt worden?"

Zum Schluß spielte er auf eine Andeutung Wilsons an, auf

„. . . den Zwang, sich untereinander zu verbünden, der auf die großen Staaten durch eine Verweigerung der Zustimmung der anderen ausgeübt werden könne. Sollen sie sich verbünden, wenn sie wollen; sie sollen sich aber daran erinnern, daß sie die anderen nicht zur Vereinigung mit ihnen zwingen dürfen. New Jersey wird auf Grund des der Kommission vorliegenden Entwurfs niemals der Konföderation beitreten. Es würde einfach verschluckt werden. Ich würde mich lieber einem Monarchen, einem Despoten als einem solchen Schicksal unterwerfen. Ich werde dem Plan nicht nur hier Widerstand entgegensetzen, sondern auch nach meiner Rückkehr nach Hause alles, was in meiner Macht steht, tun, um ihn auch dort zu vereiteln."

Er hatte kaum geendet, als sich James Wilson erhob und mit aller Deutlichkeit erklärte, falls man die Konferenz auflösen wolle, werde sich eine M a j o r i t ä t — nein, eine M i n o r i t ä t von Staaten zu ihrer eigenen Sicherheit zusammenschließen. Weiter führte er dann aus:

„Wenn die kleinen Staaten nicht auf Grund dieses Planes dem Bund beitreten wollen, dann wird Pennsylvania — vielleicht auch einige andere Staaten — es auch nicht auf Grund irgendeines anderen tun. Man hat uns gesagt, da jeder Staat souverän sei, seien alle gleich. So ist jeder Mensch von Natur aus Herr über sich selbst, und alle sind deshalb von Natur aus gleich. Aber kann der Mensch seine Gleichheit bewahren, wenn er Mitglied eines bürgerlichen Staatsverbandes wird? Nein! Ebensowenig kann es auch ein souveräner Staat, wenn er Mitglied eines Bundesstaates wird. Wenn New Jersey seine Souveränität nicht teilen will, dann ist das Reden über Regierungsformen umsonst. Eine neue Teilung der Staaten ist wünschenswert, aber offenbar gänzlich undurchführbar."

Am Schluß der Debatte vergegenwärtigte sich die „States Rights Party" offenbar, daß es für sie nicht ohne Gefahr sei, auf einer Abstimmung zu bestehen, und so vertagte sich der Konvent für diesen Tag.

Am folgenden Tag nahm man die Debatte wieder auf, beschränkte aber glücklicherweise bei der Abstimmung die Frage auf die zweite Kammer der gesetzgebenden Körperschaft (den Senat). Der Antrag auf Gleichheit der Staaten wurde mit einem Stimmenverhältnis von sechs zu fünf abgelehnt. Connecticut, New York, New Jersey, Delaware und Maryland stimmten dafür, Massachusetts, Pennsylvania, Virginia, Nord-Carolina, Süd-Carolina und Georgia dagegen. Trotzdem erledigte diese Abstimmung, die ja nur in dem „Comittee of the Whole" stattgefunden hatte, die Frage nicht; denn wenn man sie auch vorübergehend zur Beratung anderer Vorschläge des Virginia-Entwurfs beiseite gelassen hatte, so mußte man sie doch noch dem Konvent selbst vorlegen. Die „States Rights Party" kam nun zu der Überzeugung, daß es für sie notwendig sei, einen konkreten alternativen Plan vorzulegen. Um das zu ermöglichen, ersuchte Paterson am 14. Juni um Vertagung des Konvents.

Die fünf größeren Staaten hatten eine Bevölkerung, die ungefähr doppelt so groß war wie die der acht anderen Staaten. So war die Bevölkerung Virginias ungefähr zehnmal so groß wie die Georgias. Die Staaten unterschieden sich überdies untereinander auch stark nach materiellem Wohlstand und Einfluß. Nichtsdestoweniger waren sie sämtlich auf dem Konvent als unabhängige souveräne Nationen erschienen, und die kleinern Staaten beanspruchten, daß die Gleichheit bei der Abstimmung und in der politischen Macht, die im Konvent herrschte (auf dem jeder Staat, groß und klein, nur eine Gesamtstimme hatte), auch in der zukünftigen Regierung erhalten werden solle und müsse. Die großen Staaten waren zunächst aber gänzlich abgeneigt, dem zuzustimmen, und als die Kommission ihre Sitzungen schloß, berichtete sie hauptsächlich über den Virginia-Entwurf und machte den Vorbehalt, daß die Vertretung in dem vorgeschlagenen Zweikammerkongreß „einem gerechten Verhältnis in der Vertretung" entsprechen solle. Das bedeutete einen Anfangssieg der großen Staaten, dem aber nur eine kurze Dauer bestimmt sein sollte.

Der Konvent hatte nun schon viele Tage Sitzungen abgehalten. Während hierbei manche unbedeutendere und wenig angefochtene Bestimmung erledigt worden war, schien doch die Lösung des Hauptproblems noch in so weiter Ferne wie nur jemals zu liegen. Der Sommer näherte sich, und sicherlich fühlten die Delegierten, daß die Sache bald zu einem, wenn auch noch so unglücklichen Ergebnis gebracht werden müsse, besonders als das Volk ungeduldig zu werden anfing und die Notwendigkeit einer wirksamen Regierung mit jedem Tag augenscheinlicher wurde. Die „States Rights Party" entschloß sich daher, die Grundfrage über Gleichheit und Ungleichheit zu einer letzten Entscheidung zu bringen. Ihr schwerstes Geschütz fuhr sie in der Person von Luther Martin aus Maryland auf, der schon damals, wie er es später auch für eine zweite Generation blieb, der erste Advokat in der amerikanischen Advokatur war. In der Sitzung vom 27. Juni sprach er länger als drei Stunden und bat dann den Konvent um die Erlaubnis, seinen Vortrag infolge Erschöpfung erst am folgenden Tage zu Ende führen zu dürfen. Am Tage darauf nahm er seine Ausführungen wieder auf und beendete seine Rede mit einer Drohung. Er führte aus, daß die „kleinen Staaten, falls eine Auflösung der Union stattfinden würde, von der Macht der großen nichts zu fürchten brauchten, denn es würden nur drei große Staaten gegen zehn kleine verbunden sein." Er brachte ferner zum Ausdruck, daß man, statt den Virginia-Entwurf anzunehmen, lieber zwei Konföderationen vorziehen solle, deren eine aus den großen, die andere aus den kleinen Staaten bestehen solle. Madison berichtet uns, daß er „mit großer Weitschweifigkeit und Heftigkeit" sprach; aber das war ein Kennzeichen aller seiner Bemühungen.

James Madison ließ dann eine Rede von außergewöhnlicher Wirkung folgen, in der er einen Überblick über die Regierungsformen und Staatenverbände alter und neuer Zeit gab. Er legte dar, daß der Virginia-Entwurf zwar für den Augenblick eine ungleiche Verteilung der Macht ergeben, daß er aber doch letzten Endes „Zusammenschlüsse der kleinen Staaten erleichtern und daß die Zeit dann schon jene Vereinheitlichung, welche die kleinen Staaten jetzt forderten, die sich aber niemals auf einmal erreichen lasse, herbeiführen werde."

Am 15. Juni legten die kleinen Staaten ihren Entwurf vor, der später als der New-Jersey-Entwurf bekannt wurde, weil ihn Paterson aus diesem Staat einbrachte. Er bezweckte nur einen Zusatz zur bestehenden Verfassung und eine Erweiterung der Vollmachten für die arbeitsunfähige Konföderation. Seine wesentlichsten Vorteile vor der bestehenden Regierungsform lagen darin, daß er eine Bundesexekutive und eine Bundesrechtspflege vorsah; im übrigen blieb aber die Staatsform ein reiner Staatenbund. Die Zentralregierung konnte im allgemeinen nur bei Zustimmung von neun Staaten handeln, und ihre Macht war zu Ende, wenn sie die Einzelstaaten ersucht hatte, ihre Verordnungen in Kraft zu setzen. Sein Hauptfortschritt gegenüber den „Articles of Confederation" war neben der Schaffung einer Exekutive die Feststellung, daß die Gesetze des Kongresses „oberstes Recht für die betreffenden Staaten sein sollten . . . daß die Rechtspflege der einzelnen Staaten an ihre Entscheidungen gebunden sein solle", und daß ferner, „wenn irgendein Staat oder irgendeine Körperschaft in einem Staat sich der Inkraftsetzung solcher Gesetze oder Verträge widersetze oder sie verhindere, die Bundesexekutive ermächtigt sein solle, die Macht der verbündeten Staaten aufzurufen, um Gehorsam gegenüber solchen Gesetzen oder Beobachtung solcher Verträge mit Gewalt zu erzwingen."

Es war dies zwar schon ein Fortschritt zu einer nationalen Regierung. Doch blieb die nationale Exekutive immer noch von den konstituierenden Staaten abhängig; denn wenn diese der oben erwähnten Aufforderung nicht nachkamen, hatte die nationale Regierung keine unmittelbare Macht über ihre Bürger. Die Staaten als solche zu zwingen, war ihr dann unmöglich.

Der New-Jersey-Entwurf rief eine Krisis hervor, und kurz hierauf und noch für viele Tage trug diese Streitfrage fortwährend dazu bei, nur die Verbitterung zu steigern*).

*) Der New-Jersey-Entwurf ist im Anhang ganz wiedergegeben. S. 390.

## 8. Kapitel

# HAMILTONS AUFTRETEN IM SITZUNGSSAAL

*„Losers must have leave to speak."*
—Colley Cibber*).

Der Konvent hatte nun schon länger als drei Wochen getagt, und während dieser Zeit hatte der junge Hamilton aus New York noch nicht gesprochen, obwohl Hamiltons klare und feste Vorstellung von einer Verschmelzung der Kolonien zu einem wahrhaft nationalen Staat den Konvent bedeutsam inspiriert hatte.

Am Montag, den 18. Juni, trat Hamilton im Sitzungssaal auf und füllte die ganze Sitzung dieses Tages mit seiner Beredsamkeit aus. Seine Rede dauerte fünf Stunden; manche sagen sogar sechs, und als er geendet hatte, vertagte sich der Konvent für diesen Tag.

Es war keine nützliche Rede. Denn abgesehen von seinen trüben Prophezeiungen trat er für extreme Maßnahmen ein, die vielleicht einige Bewunderer, aber sicher keine Anhänger hatten. Viele Historiker haben diese Rede überschwenglich gefeiert. Denn Hamilton war eines jener frühreifen Genies, eine jener Erscheinungen, deren Glanz die Nachwelt so blendet, daß den begeisterten Biographen eine gerechte Würdigung schwer wird. Diese kritiklosen Lobredner erzählen uns, die Rede habe, was die Kenntnis der Staatswissenschaften anlangt, das der menschlichen Vernunft Mögliche erschöpft; sie habe einen so tiefen Eindruck bei den Delegierten hinterlassen, daß die folgenden Beratungen durch Hamiltons Beweisführung stark beeinflußt worden seien.

*) Anmerkung des Übersetzers: Colley Cibber (1671—1757) war ein englischer Schauspieler und Lustspieldichter, von dem neben Lustspielen auch dramatische Werke verfaßt wurden.

Weder in Madisons „Debatten", die doch eine ausgezeichnete Zusammenfassung der ganzen Frage enthalten, noch anderswo findet sich für diese Behauptung ein Anhaltspunkt. Sie ist eine reine Fiktion.

Nur zweimal wurde in den unmittelbar folgenden Debatten von einigen Delegierten auf diese Rede Bezug genommen. Kurz darauf kehrte Hamilton nach New York zurück und traf erst am 13. August wieder beim Konvent ein. Offenbar wußte er nichts von dem, was nach seiner Abreise den Konvent beschäftigt hatte. In einem Briefe an Rufus King vom 28. August sehen wir ihn nämlich über die Tätigkeit des Konvents Auskunft verlangen. Er teilte mit, daß er „aus gewissen Gründen", die er im einzelnen nicht aufführte, erst „gegen Schluß" des Konvents zurückzukommen beabsichtige.

Trotz der biographischen Rhapsodien über die Rede scheint sie, in Madisons Übertragung gelesen, eine ungewöhnliche geistige Anstrengung nicht gewesen zu sein. Zum Erfolg des Konvents trug sie wenig bei; denn ihre trüben Betrachtungen waren nicht dazu angetan, die Delegierten zur Fortsetzung ihrer Arbeiten zu ermutigen. Hamiltons extreme Ansichten, die ihrem Wesen nach eine Wahlmonarchie verteidigten, betonten einfach die Gegnerschaft gegen jede wirksame nationale Regierung.

Es ist schwer für diejenigen, die in Hamilton einen Koloß sehen, zwischen dessen Beinen die anderen Delegierten als Zwerge herumkrochen, diese Tatsache zu würdigen. Man muß sich aber erinnern, daß Hamilton damals ein junger, erst dreißigjähriger Mann gewesen ist. Die Delegierten waren im Durchschnitt mehr als zehn Jahre älter, und manche von ihnen waren schon berühmt, bevor Hamilton noch geboren war. Da er außerdem mit dem Radikalismus der Jugend unmögliche und unerwünschte Vorschläge verteidigte, ist es nur zu natürlich, daß seinen Ansichten die dem Radikalismus der Jugend entsprechende Aufnahme zuteil wurde.

DieseAufnahme mag auch seine lange Abwesenheit von den späteren Sitzungen des Konvents erklären; denn wenn sich ein glänzender, aggressiver, selbstbewußter und geistig etwas anmaßender junger Mann an ältere Leute mit der unfreundlichen Mitteilung wendet, daß sie nicht wüßten, wovon sie sprächen, und wenn er dann bemerkt, daß seine Ansichten nicht einmal soweit interessierten, um überhaupt kommentiert oder erörtert zu werden, dann ist die ganz natürliche Folge bei einem solchen überheblichen Charakter die, daß er von weiteren Versuchen, sie zu überzeugen, Abstand nimmt.

Da das nicht die allgemeine Ansicht über Hamiltons Rede ist, soll eine Zusammenfassung seiner Darlegungen gegeben werden, damit sich der Leser selbst ein Urteil bilden kann.

Hamilton begann mit einer bescheidenen Erklärung über sein bisheriges Schweigen, indem er ausführte, daß es geschehen sei

> „aus Ehrerbietung gegen andere, deren überlegene Fähigkeiten, deren Alter und Erfahrung ihn abgeneigt machten, Gedanken vorzubringen, die mit den ihrigen nicht übereinstimmten, — und teilweise auch wegen seiner heiklen Lage im Hinblick auf seinen eigenen Staat, dessen Ansichten er, soweit sie von seinen Kollegen dargelegt würden, keineswegs beipflichten könne. Jedoch sei die Krise, die nunmehr die Sachlage kennzeichne, zu ernst, um noch Bedenken zu erlauben, irgend etwas über die jedem Mann auferlegte Pflicht, seine Anstrengungen dem Dienst des öffentlichen Wohls und Glücks zu widmen, zu stellen."

Darauf kündigte er seine Gegnerschaft sowohl gegen den Virginia- als gegen den New-Jersey-Entwurf an und gestand dabei, daß er „durch den ungeheuren Umfang des Landes allzusehr entmutigt sei, um das ersehnte Heil von der Errichtung einer allgemeinen Souveränität erwarten zu können."

Diese offene Andeutung, daß der Konvent zu irgendeiner wirklichen Handlung unfähig sei, konnte natürlich nicht ermutigend wirken. Er ging nun dazu über, die wahre Bedeutung einer bundesstaatlichen Regierung darzulegen. Dann beschäftigte er sich mit der Erwägung, daß die „powers" des Konvents auf eine reine Revision der „Articles of Confederation" beschränkt seien, und gab seinerseits der Meinung Ausdruck, daß der Konvent alles tun solle, was ihm nur immer für die Erfordernisse der Union wichtig erscheine. Ferner erörterte er die beiden Entwürfe, die bereits vorgelegt waren. Er führte aus, daß eine effektive Regierung sich auf folgende Erfordernisse stützen müsse: 1. auf ein tätiges und dauerndes Interesse, sie zu verteidigen, 2. auf die Liebe zur Macht, 3. auf eine traditionelle Zuneigung des Volkes, 4. auf die Zwangsgewalt, sei es auf den Zwang durch Gesetze, sei es auf den Zwang durch Waffen, 5. auf Einfluß, unter dem er, wie er erklärte, „nicht Bestechung verstehe, sondern eine Verteilung jener regelmäßigen Auszeichnungen und Vorteile, die eine Anhänglichkeit an die Regierung wachriefen".

Dann suchte er zu beweisen, daß in einer föderativen Regierung, worunter er ein Bündnis oder eine Liga von Staaten verstand, alle die einzelnen Elemente dazu neigten, die konstituierenden Staaten zu stärken und den Bund zu schwächen. Er illustrierte diese Ansicht durch einige geschichtliche Bemerkungen, die sich vom Amphiktyonenbund bis zum Bündnis der Schweizer Kantone erstreckten. Deshalb, so meinte er dann scharfsinnig, müsse der New-Jersey-Entwurf notwendigerweise ein Mißerfolg werden. Weiter erörterte er, daß die vorgeschlagene Stimmrechtsgleichheit ein zweiter destruktiver Punkt im Entwurf sei, und daß im Falle seiner Annahme die großen Staaten dem Entwurf nicht zustimmen würden (was sie später aber doch taten), oder wenn sie es täten, nicht lange dabei bleiben würden (tatsächlich sind sie 138 Jahre lang dabei geblieben).

Nachdem er so den New-Jersey-Plan heruntergerissen hatte, fuhr er fort:

> „Was ist also zu tun? Ich bin darüber sehr in Verlegenheit. Die Ausdehnung des Landes entmutigt mich. Die Ausgaben für eine allgemeine Regierung sind ebenfalls beunruhigend, falls sich nicht eine den Verhältnissen angemessene beträchtliche Verminderung der Ausgaben auf Seiten der einzelstaatlichen Regierungen ermöglichen läßt. Wenn diese Einzelstaaten beseitigt werden, dann bin ich überzeugt, daß sich durch die Errichtung einer allgemeinen Regierung

eine große Ersparung erzielen läßt. Ich will aber die öffentliche Meinung nicht durch den Vorschlag einer solchen Maßnahme erschrecken. Andererseits sehe ich keine andere Notwendigkeit, sie abzulehnen."

Eine Schwierigkeit ernster Art sah er darin, „Abgeordnete aus den entfernteren Gegenden nach dem Mittelpunkt des Gemeinwesens zu ziehen. Was kann ihnen als ausreichendes Reizmittel geboten werden? Die bescheidenen Gehälter in der ersten Kammer können nur für kleine Demagogen ein Anreiz sein." Er meinte weiter, der Senat werde wohl bald aus einem ähnlichen Grund „von gewissen Unternehmern (sic), die nach besonderen Ämtern unter der Autorität der Regierung Verlangen trügen", angefüllt sein.

Als er so kurzerhand den Virginia-Entwurf erledigt hatte, ging er, wahrscheinlich zum Erstaunen seiner Mitdelegierten, zu einer Lobrede auf die Regierungsform über, gegen die sich aus Verfassungsgrundsätzen die Kolonien gerade empört hatten. Washington und Franklin müssen wohl vor Verwunderung den Kopf geschüttelt haben, als sie hörten, daß die ideale Regierungsform einzig und allein die sei, gegen die sie einen sieben Jahre langen Krieg geführt hatten. Er führte nämlich aus:

> „Sieht man die Sache so an, so muß man verzweifelnd sagen, daß eine republikanische Regierung über ein so ausgedehntes Gebiet nicht errichtet werden kann. Ich fühle aber gleichzeitig, daß es unklug wäre, irgendeine andere Form dafür vorzuschlagen. Ich will jedoch ohne Bedenken erklären, daß meine Privatansicht dahin geht — und ich werde dabei von der Ansicht so vieler kluger und trefflicher Leute unterstützt —, daß die britische Regierungsform die beste in der Welt ist. Ich zweifle sehr, ob etwas Geringeres als diese für Amerika geeignet sei. Ich hoffe, Herren von anderer Ansicht werden hierbei Nachsicht mit mir haben, und ich bitte sie, sich an den Wechsel der Anschauung hierüber zu erinnern, der stattgefunden hat und sich noch fortsetzt. Man dachte einmal, daß die Macht des Kongresses groß genug sei, um den Zweck seiner Einrichtung zu erreichen. Jetzt wird der Irrtum allgemein eingesehen. Die Mitglieder, die am zähesten am Republikanertum

festhalten, eifern so laut wie nur irgend jemand gegen die Fehler der Demokratie. Dieser Fortschritt in der Gesinnung der Öffentlichkeit läßt mich die Zeit voraussehen, in der andere ebenso wie ich sich dem Lob anschließen werden, das Necker*) der britischen Verfassung zollte, nämlich, daß sie die einzige Regierungsform in der Welt ist, „die öffentliche Stärke mit individueller Sicherheit verbindet." In jedem Gemeinwesen, in dem der Gewerbefleiß gefördert wird, wird eine Scheidung in Wenige und Viele eintreten. Daraus werden verschiedenartige Interessen entstehen. Es wird Gläubiger und Schuldner geben. Räumt man alle Gewalt den Vielen ein, dann werden sie die Wenigen unterdrücken. Räumt man aber alle Gewalt den Wenigen ein, so werden sie die Vielen unterdrücken. Beide Teile müssen deshalb Anteil an der Macht haben, damit sie sich gegeneinander verteidigen können. Dem Bedürfnis nach einer solchen gegenseitigen Beschränkung verdanken wir unser Papiergeld, unsere Ratenzahlungsgesetze usw. Dem gleichen Ausgleich verdanken die Briten ihre ausgezeichnete Verfassung. Ihr Oberhaus ist eine überaus treffliche Einrichtung. Da seine Mitglieder durch Veränderung nichts erhoffen können und durch ihren Besitz ein ausgedehntes Interesse daran haben, dem nationalen Einfluß treu zu sein, bilden sie eine dauernde Schranke gegen jede verderbliche Neuerung, ob sie nun von der Krone oder vom Unterhaus versucht wird. Kein auf Zeit bestellter Senat wird Festigkeit genug haben, diesem Zweck zu entsprechen. Der Senat von Maryland, auf den man sich so viel zu berufen scheint, ist noch nicht genügend erprobt worden. Wäre das Volk, als der letzte Appell wegen der Papiergeldausgabe erging, einmütig und energisch gewesen, dann würde auch dieser Senat dem Strom gewichen sein. Seine Einwilligung zu einem solchen Appell ist ein Beweis dafür. Die Herren sind in ihrer Überzeugung hinsichtlich der nötigen Beschränkungen der anderen Ansicht wegen, die sie sich über die menschlichen Leidenschaften bilden, anderer Meinung; sie halten sieben Jahre für eine genügende Zeit, um dem Senat eine angemessene Festigkeit zu geben, weil sie die erstaunliche Heftigkeit

*) Anmerkung des Übersetzers: Jacques Necker (1732—1804), ein bekannter französischer Staatsmann und Finanzier.

und Unruhe des demokratischen Geistes nicht genügend beachten. Soll aber eine bedeutende Regierungsangelegenheit, die die Leidenschaften des Volkes ergreift, erledigt werden, dann verbreiten sich diese Eigenschaften wie ein Lauffeuer und werden unwiderstehlich. Ich berufe mich auf die Herren aus den Neu-England-Staaten, ob dort die Erfahrung diese Bemerkung nicht bestätigt hat. Was nun die Exekutive angeht, so scheint man zuzugeben, daß eine gute Exekutive auf republikanischen Grundsätzen nicht errichtet werden kann. Heißt das nicht, die Hauptpunkte der Frage aufgeben; kann es denn eine gute Regierung ohne eine gute Exekutive geben? Das englische Vorbild ist das einzig gute in dieser Hinsicht. Das Erb-Interesse des Königs ist so mit dem der Nation verwebt, und sein persönlicher Vorteil ist so groß, daß er der Gefahr, vom Ausland bestochen zu werden, entrückt ist. Gleichzeitig ist er sowohl genügend unabhängig und doch genügend unter Aufsicht, um dem Zweck der Einrichtung im Inland zu entsprechen. Eine der schwachen Seiten der Republiken ist, daß sie ausländischer Einflußnahme und Bestechung ausgesetzt sind. Leute von wenig Charakter, die große Macht erringen, werden leicht die Werkzeuge von Nachbarn, die sich in die Geschäfte hineinmischen. Schweden ist dafür ein schlagendes Beispiel. Die Franzosen und Engländer hatten beide während der letzten Revolution ihre Parteien, die durch den überwiegenden Einfluß der ersteren hervorgerufen wurden. Was ist die Schlußfolgerung aus allen diesen Beobachtungen? Daß wir, um die Festigkeit und Dauer zu erreichen, soweit gehen müssen, wie es die republikanischen Grundsätze nur irgendwie zulassen. Lasse man die eine der Kammern der gesetzgebenden Körperschaft ihren Sitz für Lebenszeit oder doch während der Zeit guten Verhaltens einnehmen. Richte man ebenso die Exekutive auf Lebenszeit ein. Ich berufe mich auf die Ansichten der anwesenden Mitglieder, ob eine Amtszeit von nur sieben Jahren die Opferung privater Geschäfte, die eine Annahme einer öffentlichen Vertrauensstellung erfordert, lohnen würde. Kann man sich so die Dienste der besten Bürger sichern? Nach diesem Plan würden wir im Senat einen beständigen Willen, ein gewichtiges Interesse haben, das allen wesentlichen Zwecken entspricht. Aber ist dies überhaupt noch eine republikanische Regierung? wird man fragen. Ja; wenn vom Volk alle Beamten angestellt und alle Lücken ausgefüllt werden, oder doch durch ein Wahlverfahren, das vom Volk ausgeht. Ich weiß wohl, daß eine nach meinem Vorschlage errichtete Exekutive tatsächlich nur wenig von der Gewalt und Unabhängigkeit besitzt, die notwendig sein mag. Nach dem anderen Plan, der dahin geht, den Inhaber der Exekutive für sieben Jahre zu bestellen, wird, denke ich, die Exekutive auch nur wenig Macht haben. Ihr Träger würde Ehrgeiz haben, und Gegenstand seines Ehrgeizes wäre es, durch Schaffung von abhängigen Personen die Dauer seiner Macht zu verlängern. Im Falle eines Krieges würde er dann sicherlich die Notlage benutzen, um einer Entfernung von seiner Stelle zu entgehen oder sie abzulehnen. Ein lebenslänglicher Exekutivbeamter hat nicht diese Ursache, seine Treue zu vergessen, und wird deshalb ein besserer Inhaber der Macht sein. Man wird vielleicht einwenden, daß ein solcher Exekutivbeamter ein Wahlmonarch sein und zu den Aufständen Anlaß geben wird, welche die Staatsform der Wahlmonarchie kennzeichnen. Ich werde antworten, daß Monarch ein ganz unbestimmter Ausdruck ist. Er bezeichnet weder den Umfang noch die Zeitdauer der übertragenen Macht. Wenn dieser Exekutivbeamte ein Monarch auf Lebenszeit sein würde, dann wäre der andere, in dem Bericht des „Committee of the Whole" vorgeschlagene ein Monarch für sieben Jahre. Das Moment der Wählbarkeit ist also auf alle beide anwendbar. Verständige Schriftsteller haben bemerkt, daß Wahlmonarchien am besten seien, wenn sie vor den durch Ehrgeiz und Intriguen von Mitbewerbern erregten Aufständen geschützt werden können. Ich glaube nicht, daß Aufstände ein unvermeidliches Übel sind. Ich glaube, dieses Kennzeichen von Wahlmonarchien ist eher einzelnen Fällen als allgemeinen Prinzipien entnommen. Die Wahl der römischen Kaiser geschah durch die Armee. In Polen wird die Wahl von mächtigen wetteifernden Fürsten vorgenommen, die selbständige Macht und genügend Mittel besitzen, Aufstände hervorzurufen. Im Deutschen Reich erfolgt die

Ernennung durch die Kurfürsten und Fürsten, die gleichfalls Gründe und Mittel haben, Intriguen und Parteikämpfe zu erregen. Könnte unter uns nicht ein Wahlverfahren ersonnen werden, das das Gemeinwesen gegen solche im gefährlichen Grad auftretenden Wirkungen schützt? Ich will der Kommission die Skizze eines Planes vorlesen, den ich jedem der zur Beratung stehenden Pläne vorziehen würde. Ich bin mir bewußt, daß er über die Idee der meisten Mitglieder hinausgeht. Wird nun aber ein solcher Plan außerhalb des Hauses angenommen werden? Dagegen werde ich fragen: wird denn das Volk den anderen Plan annehmen? Gegenwärtig wird es keinen von beiden annehmen. Aber ich sehe die Union in der Auflösung oder bereits aufgelöst. Ich sehe, wie in den Staaten Schäden wirksam sind, die das Volk bald von seiner Vernarrtheit in Demokratien heilen werden. Ich sehe, daß in der Gesinnung der Öffentlichkeit bereits ein bedeutender Fortschritt gemacht wurde und daß er sich noch fortsetzt. Ich glaube deshalb, daß das Volk bald von seinen Vorurteilen geheilt werden wird; und wenn sich das erst ereignet hat, dann wird es selbst nicht damit zufrieden sein, dort stehen zu bleiben, wohin es der Plan Randolphs stellen würde, sondern es wird bereit sein, mindestens so weit zu gehen, wie er vorschlägt. Ich beabsichtige nicht, die Abhandlung, die ich entworfen habe, als Antrag der Kommission zu überweisen. Ich beabsichtige nur, eine genauere Ansicht von meinen Ideen zu geben und die Zusätze zu unterbreiten, die ich vielleicht zu dem Plan Randolphs in den eigentlichen Stadien seiner zukünftigen Diskussion vorschlagen würde."

Nach dieser einleitenden Erklärung ging er dazu über, den Umriß eines Planes vorzulegen, der tatsächlich seine Ansicht verwirklichen sollte, die neue Regierung der englischen Verfassung anzunähern.

Nach diesem Plan sollte die gesetzgebende Körperschaft aus zwei Kammern bestehen, deren erste, Assembly genannt, aus Deputierten mit dreijähriger Amtszeit zusammengesetzt war. Der Senat sollte aus gewählten Männern mit unbestimmter Amtszeit bestehen, wobei die hierbei fungierenden Wahlmänner zu diesem Zweck aus dem Volke genommen werden sollten. Die höchste Exekutivgewalt sollte ein „Governor“ innehaben, der ebenfalls auf Lebenszeit im Staatsdienst stehen und auch durch Wahlmänner gewählt werden sollte. Die Exekutive sollte ein Einspruchsrecht gegen alle Gesetze haben, die etwa angenommen werden sollten, und ebenso gegen die Ausführung aller Gesetze, die bereits angenommen seien. Der Senat sollte allein ermächtigt sein, Krieg zu erklären und alle Anstellungen der Beamten, mit Ausnahme der Chefs der Departements für Finanzen, Krieg und auswärtige Angelegenheiten gutzuheißen oder abzulehnen. Die Gerichtshoheit der Nation sollte Richtern verliehen werden, die für Lebenszeit anzustellen waren. Der Kongreß sollte „für die Erledigung aller Angelegenheiten von allgemeiner Bedeutung“ in jedem Staat noch weitere Gerichtshöfe einrichten können. Artikel X setzte alle Gesetze der Einzelstaaten, die der Verfassung oder den Gesetzen der Vereinigten Staaten zuwider seien, außer Kraft, und „um der Annahme solcher Gesetze besser vorzubeugen, sollte der Gouverneur oder Präsident jedes Staates von der Bundesregierung angestellt werden und ein Einspruchsrecht gegen die Gesetze haben, welche in dem Staat, dessen Gouverneur oder Präsident er sei, angenommen würden.“

Nachdem Hamilton diesen Plan vorgetragen hatte, ging er dazu über, ihn in seinen Einzelheiten zu erklären. Hierauf vertagte sich der Konvent, dem wahrscheinlich vor Erstaunen der Atem schwer ging oder der vielleicht nur mühsam das Gähnen unterdrücken konnte.

Offenbar verstanden einige der Delegierten seine Rede, was ja auch nahe lag, dahin, daß Hamilton die tatsächliche Abschaffung der Einzelstaaten befürworten wollte. Am nächsten Tage stellte Hamilton dieses Mißverständnis richtig und sagte:

> „Unter Abschaffung der Einzelstaaten verstand ich, daß keine Grenze zwischen der nationalen und den einzelstaatlichen gesetzgebenden Körperschaften gezogen werden könne und deshalb die erstere unbegrenzte Gewalt haben müsse. Wenn sie überhaupt

beschränkt wäre, so würde die Gegnerschaft der Staaten sie nach und nach zerstören. Als Staaten, glaube ich, könnten sie abgeschafft werden; aber ich gebe die Notwendigkeit zu, ihnen subordinierte Jurisdiktionen zu belassen."

Bevor Hamilton am 29. Juni den Konvent verließ, leistete er den Delegierten einen wirklichen Dienst, indem er ihre Aufmerksamkeit auf die Folgen lenkte, die mangels Schaffung einer wirksamen Zentralregierung unvermeidlich eintreten müßten. Beim Abschluß seiner geschickten Ausführung über die zur Erörterung stehende Frage der Gleichheit sagte Hamilton mit viel Kraft und Gefühl:

„Auf einige der Folgen einer Auflösung der Union und der Errichtung von Teilbündnissen wurde schon hingewiesen. Ich will noch eine weitere Folge äußerst ernster Art erwähnen. Es werden alsbald Bündnisse mit verschiedenen gegnerischen und feindlichen Nationen in Europa eingegangen werden, die Unruhen unter uns hervorrufen und uns zu Parteien in allen ihren eigenen Streitigkeiten machen werden. Fremde Nationen, die amerikanisches Land besitzen, sind argwöhnisch auf uns und müssen das sein. Ihre Vertreter verraten die äußerste Besorgnis um unser Schicksal und um das Ergebnis dieser Versammlung, die auf unser Los einen wesentlichen Einfluß haben muß. Man hat gesagt, das Ansehen in den Augen fremder Nationen sei nicht Gegenstand unseres Strebens, sondern das eigentliche Ziel republikanischer Regierung sei Ruhe und Wohlfahrt im Lande. Das ist nur eine ideelle Unterscheidung. Keine Regierung kann uns Ruhe und Wohlfahrt im Inneren geben, die nicht genügend Festigkeit und Stärke besitzt, um uns auch draußen Achtung zu verschaffen. Jetzt ist der kritische Augenblick für die Gestaltung einer solchen Regierung da. Im Vertrauen auf spätere Verbesserungen laufen wir jede Gefahr. Bis jetzt besitzen wir noch die Bundesgewohnheiten. Wir sind schwach und sind uns unserer Schwäche bewußt. Von jetzt an werden aber die Motive schwächer und die Schwierigkeiten größer sein. Es ist ein Wunder, daß wir jetzt hier sind und unsere ruhigen und freien Beratungen darüber abhalten können. Es wäre aber Wahnsinn, auf künftige Wunder zu vertrauen. Tausende von Gründen müssen ihre Wiederholung verhindern."

Wenn nun auch Hamiltons Anteil am Konvent nicht beträchtlich war und natürlich im Verhältnis zu seinen Jahren und der öffentlichen Stellung stand, die er damals einnahm, so können doch die Dienste, die er dem Konvent später durch seine Tätigkeit zur Herbeiführung der Ratifikation nicht nur durch den Staat New York, sondern auch durch andere Staaten leistete, nicht hoch genug angeschlagen werden. Er hatte nicht nur einen ausgezeichneten Verstand, sondern auch eine große Seele, die ihn trotz seiner Enttäuschung gegenüber der neuen Verfassung veranlaßten, das Gewicht seines Einflusses für sie in die Wagschale zu werfen. Wenn auch seine Reden im Konvent ihren Gedanken nach nicht bemerkenswert sind, so kann doch nicht in Zweifel gezogen werden, daß die Zeitung „The Federalist", deren größter Teil von ihm verfaßt ist, der klassische Kommentar zur Verfassung ist und gleichzeitig eine der scharfsinnigsten staatswissenschaftlichen Untersuchungen in der Literatur aller Länder bildet. Überdies war es eben etwas anderes, eine Verfassung zu formulieren, als sie in Wirksamkeit umzusetzen, und Amerika hatte wahrscheinlich niemals einen glänzenderen Verwaltungsbeamten als Hamilton, der den Mechanismus der Bundesregierung als erster Schatzsekretär in Gang brachte.

Hamilton war ein wirklich bedeutender Mann. Seine unbestrittene Größe bedarf nicht erst der übertriebenen Lobreden seiner Biographen. Aber wer kann bestreiten, daß sein Plan über die neue Verfassung nicht mit dem demokratischen Geist Amerikas übereinstimmte? Der „Governor" nach Hamiltons Plan hätte sich nicht von Ludwig XIV. unterschieden und hätte mit ihm sagen können: „L'état c'est moi!" Sein Senat war ebenfalls auf Lebenszeit berufen und war wahrscheinlich eine Nachahmung des House of Lords. Das einzige Zugeständnis, das Hamilton der Demokratie machte, war ein gewähltes Haus von Volksvertretern. Nur wenig verhüllt zielte sein Plan auf einen Wahlkönig hin, der mit größeren Vollmachten als Georg III. ausgestattet sein sollte, ferner auf ein Oberhaus ohne das Prinzip der Erblichkeit und — für das Volk auf ein Unterhaus mit begrenzter Amtszeit.

Hamiltons Plan ist niemals ernst genommen worden und wurde auch später niemals, soweit es die Protokolle zeigen, in Erwägung gezogen. Seine Kollegen waren zu klug, um die Tatsache zu übersehen, daß in dem Titel „Governor" kein Zauber lag. Sie wußten, daß ein Diktator ein Diktator ist, auch wenn er „Lord Protektor" oder „Erster Konsul" oder „König" oder „Kaiser" genannt wird. Das Wesentliche war eben seine Macht, und Georg III. hat wohl nicht mehr Rechte gefordert, als Hamilton dem Gouverneur einräumte. Seine Bewunderer haben seiner Tätigkeit im Bundeskonvent großes Lob gespendet. Sein wirkliches Verdienst lag aber in der Tatsache, daß er den Gedanken hatte, ein National Government an Stelle eines unfähigen Staatenbundes zu befürworten und daß er, nachdem die Verfassung endlich entworfen und dem Volke vorgelegt worden war, sich weitherzig und patriotisch genug zeigte, um seine eigene Ansicht zurückzustellen und für die Annahme der Konstitution einzutreten. Dabei hielt er sie für einen „erbärmlichen Notbehelf", um seinen eigenen Ausdruck zu gebrauchen.

Wie es radikale Reden zu tun pflegen, so beunruhigte Hamiltons radikale Rede vom 18. Juni schließlich den Redner selbst. Denn in den politischen Kämpfen der ersten Jahre des 19. Jahrhunderts gingen Gerüchte gegen Hamilton, er habe im verfassunggebenden Konvent eine monarchische Regierungsform verteidigt. In einem vom 16. September 1803 datierten Brief an Timothy Pickering antwortete Hamilton darauf seinen Gegnern.

Nachdem er erklärt hatte, er habe nicht eine „unbegrenzte, sondern nur eine begrenzbare Amtszeit" verteidigt, führte er aus:

> „Und ich mag hinzufügen, daß im Verlauf der Diskussionen auf dem Konvent weder die Vorschläge, die in der Debatte vorgebracht wurden, noch solche, über die in den früheren Stadien der Beratung abgestimmt

war, als Beweise einer endgültigen Meinung der Antragsteller oder Abstimmenden betrachtet wurden. Es schien mir, als habe man sich bis zu einem gewissen Grade dahin verstanden, daß zum Zwecke einer zwanglosen Untersuchung Versuchsvorschläge vorgebracht werden könnten, die man lediglich als Vorschläge für die Beratung entgegennehme. Demgemäß ist es eine Tatsache, daß meine endgültige Ansicht zum Schluß gegen eine für die Zeit guter Führung berufene Exekutive gerichtet war, und zwar wegen der erhöhten Gefahr für die öffentliche Ruhe, die mit der Wahl eines Beamten verbunden ist, dessen Amtsdauer in dieser Weise definiert ist. In dem Verfassungsentwurf, den ich während der Zeit, in der der Konvent tagte, verfaßte, und den ich Madison gegen Ende desselben, vielleicht einen oder zwei Tage danach, mitteilte, hat das Präsidentenamt keine längere Dauer als drei Jahre."

Diese Erklärung ist nicht ganz überzeugend. Es würde Hamiltons Kollegen überrascht haben, zu erfahren, daß die von ihnen beratenen Entschlüsse, wie sie in den Debatten des Konvents zum Ausdruck kamen, nur Versuche und „ohne Präjudiz" waren. Hamilton stellte nicht in Abrede, daß er in seiner Rede vom 18. Juni einen lebenslänglichen Präsidenten mit den durchgreifenden Vollmachten eines Monarchen befürwortet hatte. Sein „Governor" unterschied sich von einem König nur dadurch, daß er wählbar war und nach Erhebung einer Anklage abgesetzt werden konnte. Wenn Hamiltons Scharfsinn auch in Zweifel gezogen werden mag, so sind doch seine Ehrlichkeit und sein Mut bewundernswert. Hamilton war nie ein Demagoge.

Hamiltons Lobredner haben die Behauptung aufgestellt, seine Untätigkeit auf dem Konvent sei dadurch begründet gewesen, daß er unter den Mitgliedern der New Yorker Delegation in der Minderheit war und deswegen nicht ungehemmt seine Ansichten als diejenigen des Staates New York vorbringen konnte. Diese Auslegung ist nicht beweiskräftig. Denn sein Meinungsstreit mit seinen Kollegen hielt Hamilton nicht davon ab, am 18. Juni jene radikale Rede zu halten und einen widersinnigen Plan für eine Regierung vorzubringen; und als seine Kollegen später den Konvent verließen und Hamilton als einzigen Vertreter von New York zurückließen, erschien er nur noch selten im Konvent und war untätiger denn je zuvor. Hamilton wünschte augenscheinlich, dem amerikanischen Volke eine der Monarchie ähnliche Regierung aufzubürden, nicht aus Liebe zu dieser Staatsform, sondern auf Grund seines starken Mißtrauens zum Volke, das er einmal „eine große Bestie" nannte. Für Jefferson war das Volk ein Erzengel und von unfehlbarer Klugheit und göttlicher Güte. Für Hamilton war das Volk ein Kaliban mit tierischen Neigungen und nur einem Schimmer von Verstand. Beide hatten unrecht.

Die Wahrscheinlichkeit spricht, wie bereits erwähnt wurde, dafür, daß Hamilton, als der Konvent seinen Vorschlag einer Wahlmonarchie unbeachtet ließ und sich sogar weigerte, ihn vor die Kommission „of Detail" zu bringen, in seinem Interesse am Konvent lau wurde; und dies erklärt auch sein oft langes Fernbleiben von den Sitzungen wie sein sporadisches Mitwirken im Konvent. Offensichtlich war der Vorschlag des „Electoral College" sein einziger Beitrag zu den Detailarbeiten des Konvents, und dieser war äußerst töricht und hat sich als größter Fehlschlag erwiesen.

## 9. Kapitel

# DAS NAHEN DER KRISE

*„Memmen zählen nicht in Schlachten."*

—Euripides.

MIT dem Fortschreiten der Debatte wurde die Krise, die durch anscheinend unüberbrückbare Meinungsverschiedenheiten zwischen den großen und den kleinen Staaten beschleunigt wurde, akuter. Die kleinen Staaten behaupteten, der Konvent überschreite seine Machtbefugnisse, und verlangten, daß die Vollmachten der einzelnen Mitglieder verlesen würden. Darin lag technische Genauigkeit, denn die Delegierten waren ernannt worden, um die „Articles of Confederation" zu revidieren, und nicht, um eine neue Verfassung anzunehmen. Trotzdem drang eine Mehrheit im Konvent auf die Fortsetzung der Beratung einer neuen Verfassung, und ihre Ansicht behielt die Oberhand. Es spricht wohl für das Ehrgefühl der Delegierten, daß keine Partei die Streitigkeiten unter das außenstehende Publikum brachte, obwohl der Streit so heftig wurde, daß man sich zeitweise zu scharfen Ausdrücken hinreißen ließ. Die kleinen Staaten hätten den Konvent leicht durch einen Appell an die damals noch nicht auf eine „Vereinigte Union" vorbereitete öffentliche Meinung beenden können, aber sie waren loyal genug, den Streit innerhalb der Wände der Konventshalle auszufechten.

Man muß nicht etwa annehmen, daß das Parteibild im Streite sich erst auf dem Konvent aus der Debatte über den Virginia-Entwurf ergeben hätte. Diese Parteien waren schon, bevor der Konvent begann, klar bestimmt. Sie hatten mit dem ersten Kontinentalen Kongreß begonnen. Die provisorische Regierung fand nämlich bald die große Ungerechtigkeit heraus, daß man den 13 Kolonien, die sich nach Reichtum und Bevölkerung so sehr unterschieden, gleiche Stimme in den nationalen Angelegenheiten zugestanden hatte. Dieses Mißverhältnis nahm man als eine unvermeidbare Nebenerscheinung des Krieges, der durch einen Bund, nicht durch eine geeinigte Nation geführt wurde, hin. Die Vorstellung der Gleichheit wurde aber untrennbar von der Vorstellung der Souveränität, und nach der Unabhängigkeitserklärung war sich jede Kolonie krankhaft ihrer neuen Würde als einer unabhängigen Nation bewußt. Als dann aber mit dem Fortschreiten des Krieges die Beiträge an Geld und Mannschaften von seiten der einzelnen Staaten nicht nur proportional, sondern auch nach den verschiedenen Graden von Loyalität der gemeinsamen Sache gegenüber ungleich wurden, trat eine Unbilligkeit noch offenkundiger zutage, nämlich die, daß eine Kolonie, die nur wenig Truppen und geringe Geldbeträge bereitstellte, die gleiche Stimme haben sollte wie eine andere, die ihre Möglichkeiten an Reichtum und an Bevölkerung bis zum äußersten anspannte.

Überdies erkannten die größeren Staaten durchaus ihre Überlegenheit über die kleineren. Die Gruppe der „größeren" bestand aus Massachusetts, Pennsylvania und Virginia. Sie überragten die kleineren Staaten in gleicher Art und Wirkung wie England, Frankreich und Italien heute Belgien, Griechenland und Polen überragen. Das Bewußtsein ihres Übergewichts wurde bei ihnen auch durch die sich aus Größe und geographischer Lage ergebenden Wachstumsmöglichkeiten wachgerufen. Rhode Island, Connecticut, New Jersey und Delaware dagegen waren nicht nur verhältnismäßig kleine Staaten, sondern boten auch, eingeschlossen wie sie waren, nur sehr beschränkte Möglichkeiten für ein künftiges Wachstum. Andererseits hatten die großen Staaten, von denen jeder seinem Landbesitz nach ein großes Reich darstellte, unbegrenzte Entwicklungsmöglichkeiten, und da die Verfassung eine dauernde Form für die Regierung und nicht einen einstweiligen Vorschlag darstellen sollte, waren natürlich die großen Staaten nach der Bildung des Konvents zur Revision der „Articles of Confederation" im Glauben, daß die gegenwärtige Uneinigkeit in Zukunft nur noch zunehmen würde. Sie sahen den Vorschlag scheel an: Zwischen den großen Staaten mit unbegrenzter Zukunft und den kleineren Staaten, die, wenn überhaupt, nur eine geringe Möglichkeit einer beachtenswerten Entwicklung hatten, soll für alle Zeiten eine Gleichheit der politischen Gewalt bestehen! Eine solche Erwägung trieb Georgia und die beiden Carolinas, obwohl sie damals ihrer Volkszahl und ihren Hilfsquellen nach nur klein waren, an, sich bei den meisten Gelegenheiten auf die Seite von Virginia, Massachusetts und Pennsylvania zu stellen. Diese schwächeren, im Süden gelegenen Staaten umfaßten nämlich damals eine unbegrenzte Fläche an Land, die jetzt viel andere Staaten mit einschließt, und sahen eine Zeit voraus, in der sie mit ihren Gebieten, die so groß wie die meisten europäischen Staaten waren, ein ähnliches Wachstum haben könnten.

Der Kampf zwischen den großen und kleinen Staaten war deshalb ebenso unvermeidlich, wie es der spätere Kampf zwischen den industriellen Staaten des Nordens und den sklavenhaltenden Staaten des Südens war. In beiden Fällen lag das Problem darin, die Schwierigkeiten ohne Krieg zu lösen. Im ersten Fall gelang es mit Erfolg, im zweiten dagegen blieb ein solcher unglücklicherweise versagt.

Das Gelingen des erstgenannten Versuchs muß zwei rein zufälligen Umständen zugeschrieben werden. Hätten alle 13 Kolonien an dem Bundeskonvent teilgenommen, so hätten die kleinen Staaten eine starke Mehrheit gehabt; sie hätten die großen Staaten in ihren Bemühungen, eine wirksame Zentralregierung zu schaffen, stets überstimmt. Sogar mit Georgia und den beiden Carolinas zusammen waren die drei größeren Staaten, Massachusetts, Pennsylvania und Virginia, unter den ursprünglich 13 Staaten, die am Konvent teilnehmen sollten, noch in der Minderheit.

Glücklicherweise lehnte es aber Rhode Island ab, sich am Konvent überhaupt zu beteiligen. New Hampshire weigerte sich zwar nicht teilzunehmen, aber seine Geldmittel waren allzu geringe; erst als der Konvent bereits einige Monate getagt hatte, stand New Hampshire genug Geld zur Verfügung, um einige Delegierte dorthin zu entsenden. Es waren deshalb zunächst im Konvent nur elf Staaten vertreten. Die großen Staaten konnten daher über die Majorität der Stimmen verfügen, solange sie sich die Stimmen ihrer ehrgeizigen Nachbarn im Süden (der beiden Carolinas und Georgia) zu erhalten vermochten. Diese südlichen Staaten wurden durch Vertrauen in die eigene Zukunft, wie bereits dargelegt, veranlaßt, sich mit den größeren Staaten zu verbinden. Dieses Zusammengehen war aber so unzuverlässig, daß keine Partei jemals eine sichere Mehrheit hatte. Stimmengleichheit war nicht ungewöhnlich; das Kriegsglück schwankte zwischen der „National Party“ und der „States Rights Party“, wenn die großen Staaten zeitweise von dem einen oder anderen ihrer kleineren Bundesgenossen im Stiche gelassen wurden.

Weiter wurde das Kampfglück durch die zufällige Abwesenheit des einen oder anderen Delegierten beeinflußt. Einige Staaten, wie z. B. Maryland, hatten nämlich nur zwei Delegierte. Waren diese nun verschiedener Meinung, so konnte die Stimme des betreffenden Staates nicht abgegeben werden. War aber von zwei Delegierten mit verschiedener Meinung der eine abwesend, so ermöglichte das dem anwesenden Delegierten, die Stimme für seinen Staat abzugeben; und das ereignete sich häufig unter den kritischsten Umständen.

Ein anderer gleichfalls glücklicher Umstand war der, daß die Verhältnisse zwangsläufig die Führer des radikalen Elements im Lande, welches damals langsam entstand und selbstbewußt wurde, vom Konvent fernhielten. Einige der philosophischen Radikalen waren von der politischen Philosophie der Enzyklopädisten in Frankreich begeistert. Wäre ihr Einfluß im Konvent spürbar geworden, so hätte der Konvent vielleicht wie die damals in Frankreich tagende Notabelnversammlung mit einer gewaltigen Revolution geendet. In der zweiten Hälfte des 18. Jahrhunderts lag der revolutionäre Geist in der Luft, und die festen Grundlagen der Gesellschaft waren in Gefahr, von der französischen Revolution untergraben zu werden.

Für diese Elemente drehte sich die Frage nicht um das Machtverhältnis zwischen den Einzelstaaten und der Nation, sondern eher um ein Widerstandsrecht, um eine Revolte des Volkes überhaupt gegen jede seine Handlungsfreiheit beschränkende Form der Staatsgewalt.

Der bedeutendste Vertreter der philosophischen Radikalen war Thomas Jefferson. Als ein wirklich hervorragender Führer vereinte er Verstandesschärfe mit einem Maße von Idealen und Gefühlen, die ihn zum größten Apostel des demokratischen Geistes machten. Daß sein mächtiger und fein gebildeter Geist im Konvent von Wert gewesen wäre, kann nicht in Frage gestellt werden. Sein etwas träumerischer Idealismus hätte ihn jedoch verführt, manche ungewöhnlichen Mittel für die Regierung vorzuschlagen, welche die Klarheit der Verfassung zerstört und ihre Wirkung beeinträchtigt hätten. Wäre er Delegierter gewesen, sein Einfluß wäre unbegrenzt gewesen, denn dem beredten Verfasser der Unabhängigkeitserklärung hätte es auch in diesem konservativen Konvent nicht an Anhängern gefehlt. Er war ein geborener Politiker im besten Sinne des Wortes, und die starke Quelle seiner Macht lag in seiner Fähigkeit, sich an die Einbildungskraft des Volkes zu wenden. Faßt man seine spätere Laufbahn ins Auge, so mag es zweifelhaft erscheinen, ob die Geheimnisse des Konvents, wenn er ihm angehört hätte, unverletzt geblieben wären. Seine politischen Methoden waren zu oft unlauter. Obwohl er ein Virginier war, hätte er aller Wahrscheinlichkeit nach die Sache der kleinen Staaten verteidigt, wie er ja immer die Macht der Regierung argwöhnisch betrachtete. Sein unerreichter Scharfsinn als Führer des Volkes und sein blinder Glaube an die Urteilskraft des Volkes hätten ihn sicher dazu veranlaßt, sich in den kritischen Stunden des Konvents an die öffentliche Meinung zu wenden. Wäre dies der Fall gewesen, so hätte wohl der Konvent ein unheilvolles Ende gehabt. Glücklicherweise befand sich Jefferson damals in Frankreich und konnte deshalb dem Konvent nicht beiwohnen. Trotz seiner Abwesenheit leistete er aber der Sache einer konstitutionellen Regierung keinen unbeträchtlichen Dienst. Teilweise auf seine Veranlassung erfolgte nämlich die Annahme der aus den zehn ersten Zusatzartikeln bestehenden Bill of Rights. Seine Anwesenheit im

Konvent hätte aber sicher eine ebenso unheilvolle Wirkung gehabt, wie sie seine Mitgliedschaft im Kabinett Washingtons ausübte.

Es traf sich auch sehr glücklich, daß zwei andere Führer der Revolution im Konvent nicht zugegen waren. Samuel Adams und Patrick Henry hatten nämlich beide jede Teilnahme abgelehnt. Adams hätte als feuriger und leidenschaftlicher Agitator wohl nur wenig zu den sorgsamen Beratungen des Konvents beisteuern können. Wie Patrick Henrys Haltung gewesen wäre, darüber sind wir unterrichtet; als nämlich die Abhaltung des Konvents angekündigt wurde, hatte er außer Luther Martin keinen erbitterten Gegner gefunden als diesen beredten Virginier. Da fast alle bedeutenden Beschlüsse des Konvents mit einer fast gleich geteilten Stimmenzahl erreicht wurden, kann man leicht verstehen, wie die klugen Entscheidungen, die im allgemeinen getroffen wurden, vereitelt worden wären, wenn Patrick Henry im Sitzungssaal gesessen und seine Zühörer mit „den Strömen großer Beredsamkeit" übergossen hätte.

Die Abwesenheit solcher Leute, die wie Jefferson, Adams und Henry entweder aus philosophischen Erwägungen oder ihres Klassenbewußtseins wegen fortschrittliche Radikale waren, bedeutete die Rettung des Konvents.

Luther Martin erzählt uns in seinem Bericht an das Parlament von Maryland, es habe im Konvent drei Parteien gegeben. Obwohl seine Charakterisierung dieser Parteien eine eifrige Parteinahme seinerseits enthüllt, ist es doch von Wert, diese so zu zeigen, wie sie von dem Führer einer derselben gesehen wurden. Er teilt sie fölgendermaßen ein:

> „Eine Partei gab es, deren Ziel und Wunsch es war, alle einzelstaatlichen Regierungen abzuschaffen und zu vernichten und eine einzige allgemeine Regierung über diesen ausgedehnten Kontinent zu errichten, eine Regierung monarchischen Charakters unter gewissen Vorbehalten und Beschränkungen. Ihre offenen Anhänger waren, das ist richtig, nur wenige. Es ist jedoch ebenso richtig, daß viele ihre Anhängerschaft nicht offen eingestanden, die von mir und vielen anderen im Kon-

vent als tatsächliche Anhänger dieser Richtung betrachtet wurden. Gemäß diesen Grundsätzen handelten sie und waren bestrebt, das heimlich in Wirklichkeit umzusetzen, was, wie sie wohl wußten, offen und eingestandenermaßen nicht verwirklicht werden konnte.

Die zweite Partei war nicht für Abschaffung der einzelstaatlichen Regierungen und auch nicht für die Einführung einer monarchischen Staatsform irgendwelcher Art. Aber sie wünschte ein solches System zu errichten, das ihren eigenen Staaten in der Regierung ungebührliche Macht und Einfluß über die anderen Staaten gegeben hätte.

Die dritte Partei war das, was ich für wirklich föderalistisch und republikanisch halte. Diese Partei war ihrer Zahl nach den anderen beiden annähernd gleich und setzte sich aus den Delegationen von Connecticut, New York, New Jersey, Delaware und teilweise Maryland und auch noch aus einzelnen Persönlichkeiten anderer Vertretungen zusammen. Diese Partei war für ein Verfahren unter den Bedingungen föderalistischer Gleichheit. Sie war dafür, unser jetziges Bundessystem als Grundlage für ihr Vorgehen zu nehmen und Fehler, soweit uns die Erfahrung solche gezeigt habe, zu heilen. Soweit die Erfahrung gezeigt hat, daß für die Bundesregierung noch andere Ermächtigungen notwendig seien, sollten solche eingeräumt werden. Sie betrachteten das als den Zweck, zu dem sie von ihren Staaten entsandt worden seien und dessen Erreichung ihre Staaten von ihnen erwarteten. Sie legten Nachdruck darauf, daß, falls die Erfahrung später erweisen werde, daß in dem System noch Fehler enthalten seien (woran man nicht zweifelte), derselbe gesunde Sinn, der zu diesem Konvent geführt habe, die Staaten veranlassen werde, einen anderen zu berufen, wenn sie es für nötig finden würden. Wenn dann dieser Konvent mit der gleichen maßvollen Zurückhaltung handeln werde, dann würden seine Mitglieder dazu schreiten können, die Irrtümer und Fehler, welche die Erfahrung ans Licht gebracht habe, zu verbessern. Bei einem solchen Verfahren würden wir nach ihrer Ansicht endlich Aussicht haben, ein so vollkommenes System einer Bundesregierung zu erhalten, wie die Lage der Dinge es zuließ."

Der Führer der ersten, so von Martin mit einiger Übertreibung charakterisierten Parteien, war Alexander Hamilton. Es gab einige Leute, wie Gouverneur Morris, die zwar mit ihm sympathisierten, aber er hatte keine wirklichen Anhänger. Die ganze Partei bestand nämlich aus ihm allein.

Die Führer der zweiten Partei im Sitzungssaal waren James Madison, Edmund Randolph und James Wilson. Ihre tatsächlichen Führer waren jedoch George Washington und Benjamin Franklin.

Führer der dritten Partei waren unzweifelhaft Luther Martin und George Mason.

Die Strategie des Kampfes, der gleich bei Beginn ausbrach, ist überaus interessant. Der eigentliche Konflikt bestand zwischen der zweiten und dritten der von Martin charakterisierten Parteien. Keine von ihnen konnte sicher auf den Sieg rechnen. Man kann sie — und so werden sie in Zukunft genannt werden — bezeichnen als National Party und States Rights Party. Während die Nationalisten offenbar in der Minderheit waren, hatten sie doch zu ihren Gunsten ein zugkräftiges Argument: die verzweifelten Zeitumstände. Andererseits hatte die States Rights Party ihre zahlenmäßige Überlegenheit und die mächtigen Überlieferungen der Vergangenheit für sich. Es war ein Kampf zwischen Vergangenheit und Zukunft, zwischen Überlieferungen und den unerbittlichen Forderungen wirtschaftlicher Notwendigkeit.

Keine Seite hatte das nötige Zutrauen, die Herbeiführung der Streitfrage nach Eröffnung des Konvents zu beschleunigen. Jede bewegte sich mit großer Vorsicht. Hätten die Nationalisten damals einen auf ihren fünfzehn abstrakten Vorschlägen aufgebauten konkreten Verfassungsentwurf vorgelegt, er wäre zweifelsohne zurückgewiesen worden, oder der Konvent hätte sich aufgelöst.

Die States Rights Party auf der anderen Seite konnte einen alternativen Plan für die Regierung nicht vorlegen, weil dessen Unzulänglichkeit den kritischen Zeitverhältnissen gegenüber sofort offenbar geworden wäre.

Die Nationalisten gewannen das erste Scharmützel durch die Vorschrift der Geheimhaltung. Hätte nämlich die

States Rights Party diesen Vorschlag zu vereiteln vermocht, dann wäre sie auf dem Konvent allmächtig gewesen.

Die Nationalisten zogen es vor, den Kampf durch eine erste Vorlage von abstrakten Vorschlägen zu eröffnen, augenscheinlich, um vorsichtig den Weg zu erkunden und zu sehen, was für ein Plan für die Regierung am Schluß mit einiger Aussicht auf Erfolg vorgelegt werden könne. Die States Rigths Party nahm dieses Verfahren als für ihre eigenen Interessen vorteilhaft an. Den Grund hierfür gibt Luther Martin in seiner Erklärung an das Parlament von Maryland mit folgenden Worten an:

> „Hoffnungen wie folgende bildeten sich: Je mehr wir in der Prüfung der Resolutionen fortschritten, um so deutlicher würde auch das Haus die Unannehmbarkeit erkennen und um so sicherer könnte auf ihre endgültige Ablehnung durch die Mehrheit des Konvents gerechnet werden. Sollte sich aber im Gegenteil eine Mehrheit zu ihren Gunsten finden, dann würde das, so meinte man, die Mitglieder nicht daran hindern, ein anderes System vorzubringen und dem Konvent zur Erwägung zu unterbreiten. Da demgemäß diese Entschlüsse in einer Vollsitzung Gegenstand der Besprechung sein würden, würde eine Anzahl von Mitgliedern, die sie nicht billigten, ein anderes System vorbereiten, nämlich ein solches, das sie als dienlicher für Glück und Wohlfahrt der Staaten ansähen."

## 10. Kapitel

# DIE KRISE

*„Für jeden Menschen, jede Nation, naht einst die Stunde der Entscheidung,*
*Zum Kampfe zwischen Wahrheit und der Lüge, zwischen Gut und Böse."*

—Lowell*).

Die Debatte verlief zeitweise höchst erbittert. James Wilson, Delegierter für Pennsylvania und Schotte nach Geburt und Erziehung, sagte voller Leidenschaft, indem er sich an die Vertreter der kleinen Staaten wandte:

> „Wollen Sie ein Land aufgeben, mit dem Sie durch so viele feste und dauerhafte Bande verbunden sind? Sollte sich das ereignen, so würde es mich weder in meinen Ansichten noch in meiner Pflicht schwankend machen. Wenn es die Minderheit des Volkes ablehnt, sich mit der Mehrheit auf gerechte und brauchbare Grundsätze zu einigen, und wenn eine Trennung stattfinden muß, so könnte dies nicht auf geeigneterem Grunde geschehen."

Er verwies noch auf die Forderung der großen Staaten, daß die Vertretung im Verhältnis zur Bevölkerungszahl stehen solle. Darauf antwortete ebenso hitzig Bedford aus Delaware:

> „Man hat uns mit einer diktatorischen Miene auseinandergesetzt, daß dies der letzte Augenblick für

*) Anmerkung des Übersetzers: James Russell Lowell, amerikanisches Dichter und Kritiker (geb. 1819), studierte die Rechte, wurde Advokat, vertauschte aber bald die Advokatur mit der Schriftstellerei, in welcher er sehr vielseitig wurde. Er war auch Professor der neueren Literatur am Harvard College. Sein berühmtestes Werk sind die „Biglowpapers", eine Sammlung politischer Gedichte im Yankeedialekt.

einen annehmbaren Versuch zugunsten einer guten Regierung sei. Er wird tatsächlich der letzte sein, wenn die Vorschläge, über welche die Kommission berichtete, an das Volk weitergehen. Die großen Staaten wagen es nicht, den Konvent aufzulösen. Wenn Sie es aber tun, dann werden die kleinen wohl irgend einen ausländischen Verbündeten mit mehr Ehrgefühl und treuerer Gesinnung finden, der sie unterstützen und ihnen Gerechtigkeit angedeihen lassen wird."

Am Schluß der Debatte überreichten die kleinen Staaten den großen ein Ultimatum des Inhalts, daß sie sofort den Konvent verlassen würden, wenn nicht die Vertretung in den beiden Kammern der vorgeschlagenen Gesetzgebungsgewalt auf der Grundlage der Gleichberechtigung — jeder Staat, ob groß oder klein, mit nur einer Stimme — errichtet werde. Ein Augenzeuge sagt, daß in diesem Augenblick Washington, der den Vorsitz führte, dem alten Dr. Franklin einen bezeichnenden Blick zuwarf. Franklin erhob sich und beantragte eine Vertagung für drei Tage, in der Meinung, daß sich die Delegierten eher mit denen, mit welchen sie nicht übereinstimmten, beraten sollten, als mit denen, mit welchen sie einer Ansicht waren.

Die Nachwelt besitzt glücklicherweise von einem der im Konvent Anwesenden ein lebendiges Bild dieser Szene, einer der kritischsten in der Geschichte Amerikas. Obwohl der Bericht erst eine Reihe von Jahren nach den Ereignissen niedergeschrieben wurde, zeigt er doch den tiefen Eindruck, den diese Geschehnisse auf ein frisches und lebhaftes junges Gemüt machten. Der folgende Bericht wurde von William Steele zusammengefaßt niedergeschrieben. Er verdankte die Erzählung dem Munde Jonathan Daytons, des jüngsten Mitglieds des Konvents. Seine Genauigkeit in den wesentlichsten Punkten wird durch Madisons „Debatten" bestätigt. In einer Einzelheit, und zwar in der über den Geistlichen, ist freilich Daytons Erinnerung an das große Ereignis seiner Jugend offenbar ungenau; denn es wurde kein Geistlicher hinzugezogen, um göttliche Hilfe anzurufen.

„Nachdem die Einzelheiten über das Repräsentantenhaus erledigt waren, zeigte sich besonders bei der Organisierung des Senats ein verwickelter Punkt. Die größeren Staaten waren der Meinung, es solle bei beiden Kammern der gesetzgebenden Körperschaft mit Bezug auf die Staaten das gleiche Verhältnis sein, oder mit anderen Worten, jeder Staat solle zu seiner Vertretung im Senat (gleichgültig, welche Gesamtzahl dafür auch festgesetzt sei) in dem Verhältnis berechtigt sein, das wie beim Repräsentantenhause seiner Bevölkerungszahl entspreche. Die kleineren Staaten andererseits standen auf dem Standpunkt, das Repräsentantenhaus sei als der Wächter der Freiheiten des Volks zu betrachten und solle deshalb im richtigen Verhältnis zu seiner Zahl stehen. Dagegen solle der Senat die Souveränität der Einzelstaaten verkörpern, und, da jeder Staat, ob groß oder klein, in gleicher Weise unabhängig und souverän sei, solle in dieser Kammer der gesetzgebenden Körperschaft jeder Staat gleiches Gewicht und Ansehen genießen. Ohne das gebe es, so sagten sie, keine Sicherheit für ihre Gleichberechtigung; sie würden bei der von der anderen Seite vorgeschlagenen Machtverteilung in die größeren Staaten verschmolzen und aufgelöst werden.

Obwohl diese Beweisführung klar und einleuchtend war, übte sie doch auf die Gemüter der Vertreter der größeren Staaten nur wenig Einfluß aus. Da diese eine starke Mehrheit auf dem Konvent bildeten, wurde die Streitfrage, nachdem sie die Formalitäten der Debatte passiert hatte, dahin entschieden, daß jeder Staat im Senat im Verhältnis zu seiner Bevölkerungszahl vertreten sein solle.

Nachdem sich der Konvent auf den nächsten Tag vertagt hatte, traten die Delegierten der vier kleinsten Staaten, d. h. von Rhode Island (sic), Connecticut, New Jersey und Delaware, zusammen, um zu beraten, welcher Weg in der bedeutungsvollen Krise weiterhin verfolgt werden solle. Nach ernster Überlegung beschloß man feierlich, am nächsten Morgen abermalige Beratung der Angelegenheit zu fordern. Sollte das nicht zugestanden werden oder sollte es zwar zugestanden werden, aber nicht gelingen, diesen anstößigen Punkt aus der Verfassung zu streichen und die kleinen Staaten auf gleichen Fuß mit den großen zu stellen, ‚dann würden wir', so erklärten sie, ‚den Konvent verlassen, zu unseren Auftraggebern zurückkehren und sie davon in Kenntnis setzen, daß mit den großen Staaten kein Vertrag abgeschlossen werden könne, es sei denn unter Aufgabe unserer Souveränität und Unabhängigkeit.'

Ich wurde selbst als das Organ bestellt, durch welches diese Mitteilung erfolgen sollte — ich weiß nicht, warum, es sei denn deshalb, weil man im allgemeinen junge Männer wählt, um eilige Handlungen zu vollbringen. Als sich der Konvent wieder versammelt hatte und die Protokolle der letzten Sitzung verlesen waren, erhob ich mich demgemäß und legte die Ansicht über die Organisierung des Senats dar, zu der wir gekommen waren, d. h. unsern Wunsch, eine nochmalige Beratung und entsprechende Abänderung dieses Artikels zu erlangen, und im Falle seiner Nichterfüllung unsern Entschluß, den Konvent zu verlassen und zu unsern Auftraggebern zurückzukehren.

Diese Eröffnung veranlaßte, wie man sich leicht denken kann, sofort eine große Erregung auf allen Seiten des Hauses! Mehrere Mitglieder baten sofort um das Wort, um ihre Überraschung oder ihren Unwillen zum Ausdruck zu bringen! Sie brachten vor, daß in dieser Angelegenheit bereits vollständige und gerechte Beratung stattgefunden habe und daß die Frage durch eine wirklich große Mehrheit endgültig entschieden sei. Es sei gänzlich unparlamentarisch und unbillig, wenn jemand von der Minderheit eine nochmalige Beratung einer Angelegenheit zu einem Zeitpunkt beantrage, in der ihre Erledigung bereits protokolliert sei, ohne irgend etwas vorzubringen, was ein neues Licht auf die Angelegenheit werfe. Werde erst ein solcher Präzedenzfall geschaffen, dann könne man in Zukunft niemals angeben, wann irgendein Punkt endgültig erledigt sei, da eine kleine Minderheit zu jeder Zeit immer wieder eine nochmalige Beratung beantragen und erreichen könne. Sie hegten deshalb die Hoffnung, der Konvent werde seine entschiedene Mißbilligung dadurch zum Ausdruck bringen, daß er ohne weiteres zur Tagesordnung übergehe.

Es hatte sich in einer Anzahl von Reden viel an Leidenschaftlichkeit und an bitteren Gefühlen gezeigt — ein Bruch schien fast unvermeidlich, und es hatte den Anschein, als ob Washingtons Brust in der ängstlichen Besorgnis über den Ausgang schwer arbeitete. Zum Glück für die Vereinigten Staaten hatte der Konvent einige mit höchsten Talenten und Tugenden begabte Persönlichkeiten, die an der Errichtung einer neuen und wirksamen Regierungsform stark interessiert waren. Mit ihrem klaren Verstand hatten sie schon die Übel erfaßt und bedauert, die sich in unserer neu errichteten Republik bei Scheitern des Konsolidierungsversuches ergeben würden. Unter diesen Persönlichkeiten war die hervorragendste Dr. Franklin. Man hielt ihn für den Mentor unserer Körperschaft. Er verband mit einem ihm angeborenen klugen und umfassenden Geist, der noch durch vieles Studium und die Erfahrung zahlreicher Jahre bereichert war, eine Art des Austauschs von Gedanken, besonders seiner eigenen, in der Einfachheit, Schönheit und Stärke gleicherweise zum Vorschein kamen. Sobald ihm die aufgeregten Redner, die vor ihm sprachen, eine Gelegenheit gaben, erhob sich der Doktor, augenscheinlich unter dem Eindruck der Wichtigkeit der Angelegenheit, der sie sich gegenübersahen, und im Gefühl der Schwierigkeit, sie erfolgreich zu erledigen. Er führte aus:

„Herr Präsident, wir sind in unserer Beratung zu einer äußerst bedeutungsvollen und interessanten Krise gekommen. Bisher waren unsere Anschauungen ebenso einheitlich und der erzielte Fortschritt ebenso groß, wie man es vernünftigerweise nur erwarten konnte. Aber jetzt wurde uns ein unvorhergesehenes und furchtbares Hindernis in den Weg geworfen, das unsere Fahrt aufzuhalten und, falls seine geschickte Beseitigung nicht gelingt, all unsere zarten Hoffnungen auf eine Verfassung zu vernichten droht. Die Begründung, welche die Delegierten der kleinen Staaten vorbrachten, war mir ebenso unerwartet und meinen Ansichten ebenso zuwider, wie sie es nur irgendeinem anderen Mitglied dieses Konvents sein kann. Nach einer, wie ich dachte, vollständigen und unparteiischen Beratung der Angelegenheit gab ich meine Stimme zugunsten der Frage ab, und ich habe noch nichts gehört, was mich veranlassen könnte, meine Stellung zu ändern. Aber ich will daraus nicht schließen, daß ich unmöglich im Unrecht bin. Ich will nicht sagen, daß diejenigen Herren, die meine Meinung nicht teilen, einer Täuschung unterliegen — viel weniger will ich ihnen vorwerfen, daß sie beabsichtigen, unsere Beratungen unnötig aufzuhalten. Es ist möglich, daß ein Wechsel in unseren letzten Verhandlungen auf Grund von Prinzipien politischer Gerechtigkeit stattfinden sollte, oder daß die Mehrheit, wenn alles in Erwägung gezogen wird, Gründe sehen wird, aus Klugheit und Zweckmäßigkeit von einigen ihrer gerechten Ansprüche abzusehen. Es gibt nichts, was ich für meinen Teil so sehr fürchte, wie ein Mißlingen unserer Absicht, eine wirksame und gerechte Regierungsform für unsere junge Republik zu ersinnen und aufzurichten. Die gegenwärtige Anstrengung wurde unter den glücklichsten Vorzeichen unternommen und hat die günstigsten Ergebnisse versprochen. Sollte sich dieser Versuch aber als vergeblich herausstellen, so wird es lange dauern, ehe ein anderer mit Aussicht auf Erfolg unternommen werden kann. Unsere Stärke und unser Gedeihen wird von unserer Einigkeit abhängen. Die Absplitterung selbst von vier der kleinsten Staaten, eingestreut wie sie liegen, würde nach meiner Ansicht jeden Plan unwirksam und nutzlos machen, den die Mehrheit aufstellen könnte. Ich würde es dashalb schmerzlich empfinden, Herr Präsident, wenn Angelegenheiten auf die Probe gestellt würden, die vielleicht einerseits zu voreilig bedroht wurden und die andererseits einige meiner verehrten Kollegen zu oberflächlich behandelt haben. Ich bin überzeugt, daß es sich um eine Angelegenheit handelt, der man nur mit Vorsicht nähertreten und die man mit Zartheit behandeln und mit Aufrichtigkeit und Liberalität entscheiden sollte.

Es ist jedoch zu befürchten, daß die Mitglieder dieses Konvents zur Zeit nicht in der Stimmung sind, um in diesem Geist der Angelegenheit, über die wir verschiedener Meinung sind, näherzutreten. Deshalb, Herr Präsident, würde ich vorschlagen, daß sich der Konvent, ohne jetzt weiter zu verhandeln, auf drei Tage vertagt, um die augenblickliche Gärung vorübergehen zu lassen und Zeit für eine vollständigere, freiere und leidenschaftslosere Beratung des Gegenstandes zu gewinnen. Ich würde den Mitgliedern dieses Konvents ernstlich empfehlen, die Zeit der Verhandlungspause damit zu verbringen, sich nicht mit ihrer eigenen Partei zu versammeln und nicht neue Argumente auszusinnen, um sich in ihren alten Ansichten zu bestärken, sondern sich mit den Mitgliedern gegenteiliger Anschauung zusammenzutun, ihren Gründen ein geduldiges Ohr zu leihen und ihnen aufrichtig das ganze Gewicht einzuräumen, zu dem sie berechtigt sind. Wenn wir dann wieder zusammentreten, so wird es, hoffe ich, mit dem Entschluß geschehen, eine Verfassung zu schaffen, wenn auch nicht eine, die wir persönlich und in all ihren Hinsichten billigen können, so doch eine, die sich unter den vorliegenden Verhältnissen als beste erreichen läßt."

(Hier hellte sich die Miene Washingtons auf, und ein aufheiternder Strahl schien in die Dunkelheit einzubrechen, die eben unseren politischen Horizont bedeckt hatte.)

Der Doktor fuhr fort:

„Bevor ich meinen Platz wieder einnehme, will ich, Herr Präsident, noch etwas anderes vorbringen. Ich bin tatsächlich überrascht, daß es noch nicht von einem anderen Mitglied zu einem früheren Zeitpunkt unserer Beratungen vorgeschlagen worden ist. Ich will vorschlagen, Herr Präsident, daß wir gehörigermaßen, bevor wir auseinandergehen, einen Geistlichen benennen und an diesem Konvent anstellen, dessen Pflicht es sein soll, sich gleichzeitig mit uns zu versammeln, unsere Tätigkeit täglich durch einen Anruf des Schöpfers des Weltalls zu eröffnen und den Herrscher aller Völker anzuflehen, er möge unserer Versammlung vorstehen, unseren Verstand durch einen Strahl himmlischer Weisheit erleuchten, unsere Herzen mit Liebe zur Wahrheit und Gerechtigkeit erfüllen und unsere Arbeiten durch einen vollen und reichlichen Erfolg krönen"*).

Der Doktor nahm Platz. Niemals sah ich ein Gesicht auf einmal so erhoben und erfreut, wie es das Washingtons am Ende dieser Ansprache war. Die Mitglieder des Konvents waren auch nicht weniger ergriffen. Die

*) Soweit geht Daytons Erinnerung an Franklins Bemerkungen über eine Fürbitte Gottes; seine vollständige Rede befindet sich in Madisons „Debates" und wird weiter unten angeführt.

Worte des verehrungswürdigen Franklin drangen in unsere Ohren mit einem größeren Nachdruck und Gewicht, als es vermutlich ein Orakel im römischen Senat gehabt hat!

Ein Schweigen der Bewunderung drängte für einen Augenblick die Billigung und Zustimmung zurück, die sich fast auf jedem Gesicht stark ausdrückte. Ich sage fast, denn es gab einen Mann im Konvent, H . . . aus . . .*), der sich erhob und erklärte, was den ersten Antrag des ehrenwerten Herrn zur Vertagung angehe, so werde er ihm seine Zustimmung geben; aber er protestiere gegen den zweiten Antrag auf Anstellung eines Geistlichen. Er begann dann mit einer hochfahrenden Lobrede auf die Summe von Weisheit, Tüchtigkeit und Erfahrung, die der Konvent darstelle, sprach über das hohe Gefühl, das ihn infolge der Ehre beseele, die ihm seine Auftraggeber durch die Wahl zum Mitglied dieser hochachtbaren Körperschaft erwiesen hätten, sagte, er sei zuversichtlich der Meinung, daß sie berechtigt seien, die Angelegenheit, die ihrer Sorgfalt anvertraut sei. zum Abschluß zu bringen — daß sie jeder kritischen Lage, komme was komme, gewachsen seien, — und schloß mit den Worten, daß er deshalb keine Notwendigkeit sehe, fremde Hilfe anzurufen.

Washington heftete seinen Blick mit einer Mischung von Überraschung und Unwillen auf den Redner, während er diese anmaßende und gottlose Rede hielt, und schaute dann umher, um sich zu vergewissern, welchen Eindruck sie auf die anderen gemacht habe. Man ließ ihn darüber auch nicht einen Augenblick im Zweifel. Niemand würdigte den Redner einer Antwort oder nahm von ihm auch nur im geringsten Notiz; der Antrag auf Anstellung eines Geistlichen aber wurde sofort unterstützt und angenommen. Ob unter der schweigenden Mißbilligung H's, oder gegen ihn als den einzigen Ablehnenden, dessen erinnere ich mich nicht mehr**). Der Antrag für eine Vertagung wurde gestellt und einstimmig angenommen, und der Konvent vertagte demgemäß.

---

*) Offenbar Alexander Hamilton.

**) Nach Madison vertagte sich der Konvent, ohne etwas auf den Antrag hin unternommen zu haben, und das mit Absicht.

Die drei Tage der Verhandlungspause verbrachte man in der von Dr. Franklin vorgeschlagenen Weise. Die sich bekämpfenden Parteien traten zusammen, und es fand ein freier und offener Ansichtenaustausch statt. Am vierten Tage versammelten wir uns wieder, und wenn auch die Angelegenheit nicht weiter groß beleuchtet wurde, so war doch jedes unfreundliche Gefühl verbannt. Es herrschte eine versöhnliche Stimmung, die zum mindesten eine ruhige und leidenschaftslose nochmalige Erörterung der Angelegenheit versprach.

„Sobald der Geistliche sein Gebet beendet hatte*) und die Protokolle der letzten Sitzung verlesen waren, wandten sich alle Augen auf den Doktor. Er erhob sich und erklärte mit ein paar Worten, daß er während der Verhandlungspause aufmerksam auf alle Gründe pro und contra gehört habe, die von beiden Seiten des Hauses vorgebracht seien, daß er selbst viel über die Angelegenheit gesprochen und noch mehr darüber nachgedacht habe. Er sehe Schwierigkeiten und Einwände, die von den einzelnen Staaten wohl gegen jeden vorgelegten Entwurf vorgebracht würden; er sei aber jetzt mehr als je davon überzeugt, daß die zu schaffende Verfassung, um gerecht und angemessen zu sein, auf der Grundlage von Kompromissen und gegenseitigen Zugeständnissen geschaffen werden müsse. Von diesen Gesichtspunkten und Anschauungen aus beantrage er jetzt eine nochmalige Erörterung der zuletzt vorgenommenen Abstimmung über die Organisation des Senats. Der Antrag fand Unterstützung, die Abstimmung wurde vorgenommen, die frühere Abstimmung umgestoßen, und durch weiteren Antrag und Beschluß wurde der Senat nach dem vorliegenden Plan organisiert."

Daytons Bericht ist zwar nicht ganz genau, aber er trifft wohl im wesentlichen zu. Man legte, wie Dayton erzählt, eine Verhandlungspause ein, und bevor sich der Konvent auf den 2. Juli vertagte, nahm man über die Gleichheit der Vertretung im Senat eine Abstimmung vor, die aber eine

*) Vielleicht hat man ein paar Tage später einen Geistlichen berufen, von dem sich in den Protokollen und in Madisons Debatten keine Erwähnung findet. Daytons Gedächtnis als das eines jungen Mannes, der das größte Ereignis seines Lebens erzählt, kann jedoch kaum gering geschätzt werden.

Stimmengleichheit ergab. Daraufhin beschloß man, zur Beratung der Frage eine Elferkommission zu ernennen, von jedem Staat einen Vertreter. Diese Kommission trat drei Tage später, am 5. Juli, zugunsten einer proportionalen Vertretung im Volkshause und einer gleichen Vertretung im Senat ein. Ihr Vorschlag, der endlich die Situation rettete, war dem klugen und utilaristischen Philosophen Franklin zuzuschreiben, der in seiner schlichten Einsicht dem verwirrten Konvent gegenüber erklärte, daß „ein Tischler, wenn er zwei Bretter passend machen will, mit seinem Hobel von jeder Seite die unebenen Teile wegnimmt und sie so passend macht. Wollen wir doch das Gleiche tun, einen Ausweg suchen und den Senat durch die Staaten gleichmäßig wählen lassen."

Vielleicht dachte der alte Doktor bei seinem einfachen, aber feinfühligen Vergleich auch an seine zweiköpfige Schlange. Trotzdem folgte abermals eine heftige und leidenschaftliche Debatte. Man machte dunkle Anspielungen auf das Schwert als das einzige Mittel, welches die Meinungsverschiedenheit noch lösen könne.

Am 9. Juli legte die Kommission einen zweiten Bericht vor, der grundsätzlich die Empfehlung beibehielt, obwohl er sie in Einzelheiten modifizierte. Da keine Partei geneigt war, sich zu entscheiden oder aufzulösen, wandte sich jedoch die Debatte, ohne eine Entscheidung zu erreichen, der Frage zu, in welchem Umfange die Negersklaven bei der Abschätzung der Bevölkerung zum Zwecke einer proportionalen Vertretung in der zweiten Kammer mitgezählt werden sollten.

Man machte verschiedene Vorschläge, die Vertretung auf Reichtum oder auf Besteuerung, und nicht auf die Bevölkerung zu gründen. Die Auseinandersetzung dauerte bei sehr heißem Wetter mehrere Tage. In der Nacht des 12. Juli senkte sich dann die Temperatur und mit ihr auch die Gemütstemperatur der Delegierten.

Der Leser sollte nicht am Bericht über diese akute Krise vorübergehen, ohne Franklins schönen und ergreifenden Aufruf zur Versöhnung zu lesen. Es erscheint wahrscheinlich, daß Franklins Rede, wie sie Dayton in der Erinnerung war, und Franklins vorbereitete Rede, wie sie von Madison überliefert wird, zwei Teile einer einzigen Rede sind, wobei die letztere der Abschluß einer Ansprache aus dem Stegreif war.

Obwohl viele in Franklin irrtümlich einen Atheisten vermuteten, richtete er doch zu der Zeit, die uns Dayton so anschaulich beschreibt, den folgenden feierlichen und schönen Appell an ihre bessere Natur:

> „Der kleine Fortschritt, den wir nach vier oder fünf Wochen eifriger Anwesenheit und beständiger Besprechungen gemacht haben — bei der Verschiedenheit unserer Ansichten über fast jede Frage endeten mehrere dieser Besprechungen mit Stimmengleichheit bei der Abstimmung —, ist, wie mich dünkt, ein betrübender Beweis für die Unvollkommenheit des menschlichen Verstandes. Wir scheinen auch tatsächlich unseren eigenen Mangel an politischer Weisheit zu fühlen, da wir herumliefen, um nach ihr zu suchen. Wir sind bis zur alten Geschichte zurückgegangen, um Vorbilder für eine Regierung zu finden, und haben die verschiedenen Formen jener Republiken geprüft, die, errichtet mit den Keimen zu ihrem eigenen Verfall, jetzt schon lange nicht mehr bestehen. Und wir haben moderne Staaten ringsum in Europa in Betracht gezogen, finden aber keine ihrer Verfassungen für unsere Verhältnisse passend.
>
> Wie ist es gekommen, Herr Präsident, daß wir in dieser Lage unserer Versammlung, wo wir im Dunkel herumtappen, um politische Wahrheit zu finden, und kaum fähig sind, sie zu erkennen, wenn sie sich uns zeigt, bis jetzt nicht einen einzigen Gedanken daran hatten, uns demütig an den Vater des Lichts zu wenden, auf daß Er unsern Verstand erleuchte? Zu Beginn des Kampfes mit Großbritannien, als wir die Gefahr noch fühlten, da beteten wir in diesem Saal täglich um göttlichen Schutz. Unsere Bitten, Herr Vorsitzender, sind erhört und gütig erfüllt worden. Jeder von uns, der an dem Kampf teilnahm, muß häufige Beispiele einer übergeordneten Vorsehung zu unseren Gunsten beobachtet haben. Dieser gütigen Vorsehung verdanken wir das Glück, im Frieden über die Mittel zur Erreichung unserer zukünftigen nationalen Wohlfahrt beraten zu können. Haben wir jetzt jenen mächtigen

Freund vergessen oder bilden wir uns ein, daß wir seinen Beistand nicht länger brauchen?

Ich habe eine lange Zeit gelebt, Herr Präsident, und je länger ich lebe, desto mehr überzeugende Beweise finde ich für den Glauben, daß Gott in den Angelegenheiten der Menschen regiert. Und wenn ein Sperling nicht zu Boden fallen kann, ohne daß er es bemerkt, ist es da wahrscheinlich, daß ein Reich ohne seine Hilfe entstehen kann? In der Heiligen Schrift finden wir die Versicherung, daß ‚die Arbeiter das Haus vergeblich bauen, wenn nicht der Herr es baut'. Ich glaube das fest. Und ich glaube auch, daß wir ohne seine Hilfe bei diesem politischen Bau keinen besseren Erfolg als die Erbauer von Babel haben werden. Wir werden durch unsere kleinen lokalen Interessen entzweit, unsere Absichten werden vernichtet, und wir selbst werden für die zukünftigen Geschlechter Gegenstand des Spotts und der Schande werden. Und, was noch schlimmer ist, die Menschheit wird vielleicht nach diesem unglücklichen Beispiel daran verzweifeln, Regierungen durch menschliche Weisheit aufzurichten, und es dem Zufall, dem Krieg und der Eroberung überlassen.

Ich gestatte mir deshalb den Antrag zu stellen, daß in Zukunft jeden Morgen in dieser Versammlung, bevor wir ans Werk gehen, Andachten abgehalten werden mögen, um den Beistand des Himmels und seinen Segen für unsere Beratungen zu erflehen, und daß einer oder mehrere von den Geistlichen dieser Stadt ersucht werden, diesen Gottesdienst abzuhalten."

Wenn wir Madisons sehr genauen Aufzeichnungen Glauben schenken können, ging der Antrag nicht durch, teils weil es ein unangebrachtes Aufsehen erregt hätte, wenn in der Öffentlichkeit bekannt geworden wäre, der Konvent habe seine letzte Zuflucht bei Gebeten gesucht, teils aber auch, weil der Konvent damals so tief in Schulden steckte, daß er, wie eines seiner Mitglieder erklärte, nicht genug Geld zur Verfügung gehabt habe, um einem Geistlichen die Gebühren für den Gottesdienst zahlen zu können. Wahrscheinlich war abei die Abneigung des Konvents, das selbst auferlegte Schweigegebot vor Vollendung des Werks durch

Berührung mit der Außenwelt zu brechen, der Hinderungsgrund. Vielleicht dachte man, „Gott hilft denen, die sich selbst helfen". Wie bereits angedeutet, ist es auch möglich, daß der Konvent in einer späteren Sitzung besser über Franklins Vorschlag dachte. Dayton kann vielleicht recht haben.

Washington wurde wegen der langsamen Fortschritte des Konvents zeitweise sehr ungeduldig; seine Abwesenheit von Mt. Vernon war ihm nämlich in Anbetracht seiner gespannten Vermögensverhältnisse sehr schädlich, und außerdem war er eher ein Mann der Tat als des Wortes. Die endlosen Debatten müssen ihm deshalb äußerst peinlich gewesen sein. Am 19. August 1787 schreibt er an Knox:

> „Die Arbeiten des Konvents schreiten „l a n g s a m", ich wollte, ich könnte noch hinzufügen, aber „s i c h e r" voran. Wenn man aber sagen wollte, wann er enden oder was das Ergebnis sein wird, so wäre dies eine mehr als gewagte Spekulation; und ich will deshalb keine Äußerung darüber wagen. Wenn sich nichts Gutes aus den Sitzungen ergibt, dann können die Fehler nicht gut der Eile zugeschrieben werden, mit der die Angelegenheit behandelt worden ist. Trotzdem können wohl viele Dinge vergessen, einige nicht gut durchdacht und andere infolge der Meinungsverschiedenheiten, die sich in einer solchen Körperschaft ergeben, zu einer reinen Nichtigkeit werden. Gleichwohl wünsche ich, es möge im Kongreß, in den einzelstaatlichen Parlamenten und im Gemeinwesen im allgemeinen sich eine Neigung finden, der Verfassung zuzustimmen, da ich fest davon überzeugt bin, daß sie die beste ist, die im gegenwärtigen Augenblick bei einer solchen Verschiedenheit der Ansichten, wie sie herrscht, erreicht werden kann."

Zeitweise war Washington nicht nur mutlos, sondern ganz verzagt. Als Hamilton am 29. Juni den Konvent verließ, wurde Washington noch verzagter. Wie wenig er auch mit Hamiltons extremen Ansichten sympathisiert haben mag, so hatte ihn doch die Zeit ihres Zusammenarbeitens in der

Armee gelehrt, auf seines jungen Freundes Fähigkeiten, in die Zukunft zu sehen und Hilfsquellen zu entdecken, großes Vertrauen zu setzen. Am 10. Juli 1787, als die Lage am trübsten war, schrieb er an Hamilton den folgenden Brief:

„Ich danke Ihnen für Ihre Mitteilung vom 3. Wenn ich Ihnen über den Stand der Beratungen seit ihrem Abschied von dieser Stadt berichte und hinzufüge, daß sie jetzt, wenn das überhaupt noch möglich ist, schlechter als jemals laufen, so werden Sie nur wenig Grund finden, auf dem sich die Hoffnung auf einen guten Abschluß aufbauen ließe. Mit einem Wort, ich zweifle fast daran, ein günstiges Verhandlungsergebnis unseres Konvents zu sehen, und bereue deshalb, bei dieser Angelegenheit mitgewirkt zu haben.

Die Leute, die sich einer starken und energischen Regierung widersetzen, sind meiner Meinung nach engherzige Politiker oder stehen unter dem Einfluß lokaler Gesichtspunkte. Die von ihnen ausgedrückte Besorgnis, das Volk werde der vorgeschlagenen Form nicht zustimmen, ist nur der angebliche, nicht der wirkliche Grund der Opposition. Aber auch zugegeben, daß die gegenwärtige Stimmung so ist, wie sie sie andeuten, so muß nichtsdestoweniger die eigentliche Frage sein: ist es die beste Form oder nicht? Ist das erstere der Fall, empfehlt sie, und sie wird sich sicher trotz der Opposition behaupten.

Ich bedaure es sehr, daß Sie weggingen. Ich wünschte, Sie wären wieder zurück. Die Krise ist gleich wichtig und beunruhigend; und unter solchen Verhältnissen sollte keine Opposition Anstrengungen entmutigen, bis die Unterzeichnung gesichert ist. Ich will Sie jetzt nicht weiter belästigen als mit meinen besten Wünschen und dem Ausdruck aufrichtiger Hochachtung."

Am 16. Juli wurde dann der Kompromißvorschlag endlich angenommen, der die Forderungen der großen Staaten auf proportionale Vertretung im Repräsentantenhaus und die Ansprüche der kleinen Staaten auf gleiche Vertretung der

Staaten im Senat anerkannte. Dieses große Ergebnis war nicht zustande gekommen, ohne Anlaß zum ersten Bruch im Konvent zu sein, denn die Delegierten von New York verwirklichten ihre Drohung, daß sie ausscheiden würden, verließen den Konvent im Ärger und kehrten, mit Ausnahme von Hamilton, der den späteren Sitzungen nur gelegentlich beiwohnte, nicht mehr zurück.

## 11. Kapitel

# DIE DÄMMERUNG

*„Keine Nacht ist so hoffnungslos dunkel,*
*Daß wir den werdenden Tag nicht fühlten."*

—Carey*).

DER große Kampf des Konvents war vorüber. An diesem Kampf hatte wie an einem Faden das Schicksal Amerikas gehangen. Was eingetreten wäre, wenn sich der Konvent, ohne ein Ergebnis erzielt zu haben, vertagt hätte, gehört zu den „Möglichkeiten" der Geschichte. Daß man im Falle eines Mißlingens einen Bürgerkrieg erwartete, zeigen die in der Debatte gemachten Anspielungen auf das Schwert und die von der Überlieferung Washington zugeschriebene grimmige Bemerkung, es würde, wenn man die Verfassung jetzt nicht annähme, die nächste Verfassung mit Blut geschrieben werden.

Man mag bezweifeln, ob eine solche Folge tatsächlich eingetreten wäre. Eine gebieterische wirtschaftliche Notwendigkeit schweißte die Kolonien zusammen, und, von diesen materiellen Erwägungen ganz abgesehen, gab es noch ein starkes Zusammengehörigkeitsgefühl, das sich aus einer der mächtigsten Bindungen ergeben hatte, aus der Blutskameradschaft von Waffengefährten. In einer ähnlichen Krise in der amerikanischen Geschichte drückte das Lincoln später so aus:

> „Die geheimnisvollen Akkorde der Erinnerung, die von jedem Schlachtfeld und Patriotengrab zu jedem lebenden Herzen und Herde in diesem ganzen weiten Land klingen, werden den Chor der Union dennoch an-

*) Anmerkung des Übersetzers: Henry Charles Carey (geb. 1793 zu Philadelphia) ist einer der bekanntesten amerikanischen Nationalökonomen. Sein Hauptwerk sind die „Principles of political economy".

schwellen lassen, wenn erst wieder, wie es sicher geschehen wird, die besseren Engel unserer Natur ihre Hand auf uns legen werden."

Hätte der verfassunggebende Konvent mit einem Mißerfolg geendet, so wäre vermutlich die bestehende Regierung zugrunde gegangen, und die 13 Kolonien hätten wohl für einige Zeit einzeln oder in Gruppen ihr verschiedenes Schicksal gehabt. Früher oder später hätte aber doch die unvermeidliche Tendenz zur Einigung ihre Wirkung ausgeübt.

Wäre die Union zu einem späteren Zeitpunkt zerstört und die Republik im Jahre 1865 in zwei Konföderationen gespalten worden, so hätten sich wahrscheinlich vor Ableben einer zweiten Generation die alte Bundesregierung und die Südkonföderation nach vieler Mühe und Arbeit wieder geeint; denn wenngleich in diesem Falle die Sklaverei einen Abgrund zwischen ihnen bildete, waren doch auch damals Kräfte am Werk, die diesen scheinbar unüberbrückbaren Abgrund überbrücken konnten. Die Sache der Union war gesichert, als der letzte Nagel in die Union Pacific Railroad eingeschlagen war. Die Union wird heute nicht allein durch ein Stück Pergament und durch rote Siegel zusammengehalten, sondern auch durch die glänzenden Stahlstränge, die Amerika durchziehen, und durch die Telegraphendrähte, die als Antennen die ungeheuren Energien seiner Bevölkerung koordinieren.

Um aber wieder auf den wichtigen Kampf im verfassunggebenden Konvent zurückzukommen, wer war eigentlich der Sieger? Die Nationalisten oder die States Rights Party, die großen oder die kleinen Staaten? Darauf ist zu antworten, daß es für keine der beiden Parteien einen Sieg gab. Für jede Partei war es, wie der Ausgang zeigte, ein „Friede ohne Sieg", um ein jetzt bekanntes Wort anzuwenden.

Jede Gruppe hatte zum Teil gewonnen und zum Teil verloren, und dieses unentschiedene Ergebnis des Kampfes war das größte Glück. Hätte nämlich eine Partei den Konvent mit dem erniedrigenden Gefühl der Niederlage verlassen, so wäre die Verfassung wahrscheinlich niemals vom Volk ratifiziert worden.

Die Nationalisten waren auf dem Konvent erschienen mit der, wie es damals schien, kühnen Absicht, an die Stelle eines Staatenbundes eine Nation zu setzen. Dies hatten sie erreicht. In dieser Hinsicht war das Ergebnis für sie ein Sieg und für die States Rights Party eine Niederlage. Die Nationalisten hatten indes einen langen und tapferen Kampf für den der Billigkeit wirklich entsprechenden Grundsatz gekämpft, daß die Staaten in der Union in einem vernünftigen Verhältnis zu ihrer relativen Bedeutung, gemessen entweder an ihrer Bevölkerung oder an ihrem Besitz, vertreten sein sollten, und hierbei hatten sie verloren.

Es war keine Teilniederlage. Von jedem praktischen Standpunkt aus war es eine völlige Niederlage. Richtig ist, daß ihre These bei der Bildung des Repräsentantenhauses die Oberhand behalten hatte; aber das war ein unfruchtbarer Sieg, da diese Körperschaft kein Gesetz ohne die Zustimmung des Senates annehmen konnte. Wie eine Kette nicht stärker sein kann als ihr schwächstes Glied, so kann gleicherweise die Machtverteilung im Kongreß nicht eine andere sein wie die in jeder seiner Kammern. Besteht politische Gleichheit der kleinen und der großen Staaten im Senat, so ist das ebenso wirksam, als ob diese Gleichheit auch im Repräsentantenhaus herrschte.

Dazu kommt, daß dem Senat als der Vertretung der einzelstaatlichen Rechte eine weit größere Machtvollkommenheit und eine längere Amtsdauer als dem Repräsentantenhaus eingeräumt ist. Ganz abgesehen von der Tatsache, daß kein Gesetz ohne die Zustimmung des Senats in Kraft gesetzt werden kann, wurde er auch noch diejenige beratende Körperschaft, deren Rat und Zustimmung bei der Ernennung der Exekutivbeamten und bei der Ratifizierung aller Verträge nötig ist.

Das machte die Angehörigen des Senats in einem besonderen Maße zu den „älteren Staatsmännern" der Republik; und in dieser einflußreichen Körperschaft, die die Aufsicht über die Gesetzgebung, über die Besetzung der Stellen der ausführenden Beamten und über die auswärtigen Beziehungen der Republik hatte, waren die Staaten gleichberechtigte Mitglieder, ohne daß ihre verschiedene Größe berücksichtigt wurde.

Deshalb hatten die kleinen Staaten in der großen Streitfrage des Konvents einen bemerkenswerten Sieg errungen. Aus Gründen aber, die nicht vorauszusehen waren, mußte der Sieg unfruchtbar werden. Wenn in der späteren Geschichte Amerikas die Parteien in eine Gruppe der größeren Staaten und eine gleiche der kleineren geteilt gewesen wären — wie es der Fall auf dem verfassunggebenden Konvent war —, dann hätten die kleineren Staaten einen überwältigenden Sieg davongetragen; sie hätten die Regierung wirklich kontrolliert.

Glücklicherweise verlief die Grenzlinie zwischen den Parteien in der Folgezeit nicht längs dieser Linien. Die Meinungen waren in weitem Maße nach Interessengruppen geteilt, und in jeder Interessengruppe gab es sowohl große als auch kleine Staaten. Die wirtschaftlichen Interessen entwickelten sich im Zeitalter des Dampfes und der Elektrizität schnell und ließen die rein politischen Gegensätze zwischen den großen und den kleinen Staaten zurücktreten. Wäre das aber nicht der Fall gewesen, das Ergebnis hätte unerträglich sein müssen. Denn es ist gänzlich unwahrscheinlich, daß die Republik eine lange Lebensdauer gehabt hätte, wenn sich ihre späteren Kämpfe ausschließlich zwischen den fest zusammengeschlossenen kleinen Staaten und den gleichfalls vereint handelnden großen Staaten abgespielt hätten. Wenn sich heutzutage irgendein solcher Kontrast herausbildete und sich die großen Staaten einer Vereinigung der kleinen gegenübersähen, so würde das Resultat unerträglich sein, und es würde schnell eine allgemeine Zersetzung folgen.

So hatten die kleinen Staaten ihren Sieg gewonnen, obwohl der von ihnen gezahlte Preis die Errichtung einer Nation war, was ihren Gedanken ganz fern gelegen hatte. Umgekehrt trug aber auch ihr Sieg keine Früchte; denn um ihren für Gleichheit in der neuen „Nation" aufgenommenen Kampf gewinnen zu können, verliehen sie dieser „Nation" Vollmachten, welche den Einfluß und die Autorität der Einzelstaaten bedeutend beeinträchtigen mußten. Die kleinen Staaten gaben, ohne die unvermeidliche Tendenz für die Weiterentwicklung wahrzunehmen, der Nation ohne Widerrede eine fast absolute Steuerhoheit und das unbeschränkte Recht, die Handelsbeziehungen zwischen den Bundesstaaten und mit dem Ausland zu regeln. Sie sahen die unvermeidlichen Folgen nicht voraus und konnten sie nicht voraussehen. Besonders gilt dies von der Vollmacht bezüglich der Handelsangelegenheiten, die man treffend den „schlafenden Riesen" der Verfassung genannt hat. Als der Konvent zusammentrat, waren die einzigen Handelsbeziehungen, an die seine Mitglieder dachten, der Schiffsverkehr an der Küste und der mit ausländischen Häfen. Zwischen den Einzelstaaten war der Handel geringfügig und bestand nur in wenig mehr als im Gelegenheitsverkehr von Segelschaluppen auf den Binnenwasserstraßen und im Überschreiten der einzelstaatlichen Grenzen durch Postreiter oder von Pferden gezogene Fuhrwerke. Stumme und unbemerkte Kräfte waren damals am Werk, welche die Anstrengungen der States Rights Party, die Vollmachten der Bundesregierung zu begrenzen, zunichte machen sollten. Während der Konvent noch an der Arbeit war, wandte ein Yankee aus Connecticut namens John Fitch die neue Entdeckung der Triebkraft des Dampfes auf die Fortbewegung eines Bootes an, und in einer Entfernung von 3000 Meilen wurde die gleiche Kraft dem Transport zu Lande nutzbar gemacht und fand ihren Höhepunkt in der Eisenbahn. Davon hatte kein Mitglied des Konvents auch nur die geringste praktische Vorstellung.

Ganz abseits der Verfassung begann sich infolge der zentripetalen Wirkung von Dampf und Elektrizität eine wirtschaftliche Unifizierung des Landes anzubahnen. Infolge dieser unlösbaren Verbindung der materiellen Interessen sollte die Bundesregierung bei der Ausübung ihrer Gewalt, Steuern zu erheben und den Handelsverkehr zu regeln, von solch überragender Bedeutung werden, daß sowohl die praktische Macht wie das gefühlsmäßige Bewußtsein der Einzelstaaten in den Hintergrund traten.

So hatten denn die Nationalisten in der Stunde ihrer Niederlage tatsächlich doch einen Sieg errungen, dessen sie sich freilich durchaus nicht bewußt waren. Nichtsdestoweniger hatten sie das schwere Opfer gebracht, in die Verfassung für immer den Grundsatz einer Gleichheit zwischen den Einzelstaaten im Senat — ohne Rücksicht auf ihre Größe oder ihre Bedeutung aufzunehmen. Über die anderen Zugeständnisse hätten sie sich trösten können, da die Möglichkeit von Amendments geblieben war. Die States Rights Party vervollständigte jedoch ihren Sieg, indem sie ein für allemal jede zukünftige Abänderung dieser Bestimmung der Verfassung verbot mit Ausnahme des Falles der Einstimmigkeit.

Das war das große Zugeständnis, das man machte, um die Verfassung zu sichern. Der einzige Satz der Verfassung, der infolgedessen auch heute nicht abgeändert werden kann, ist der, daß kraft ausdrücklicher Bestimmung die Gleichheit der Vertretung im Senat niemals gestört werden darf. So kommt es, daß heute einige Staaten, die eine geringere Bevölkerung haben als einige Bezirke der Stadt New York, im Senat genau so viel Stimmen wie der große Staat New York haben. Das ist zweifellos eine fühlbare Ablehnung der Mehrheitsherrschaft; eine Vereinigung der kleinen Staaten, deren Bevölkerung zusammen noch nicht ein Fünftel des amerikanischen Volkes ausmacht, kann den Willen der übrigen vier Fünftel vereiteln. Pennsylvania und New York mit fast einem Sechstel der Gesamtbevölkerung der Vereinigten Staaten besitzen nur vier von den 96 Stimmen im Senat.

Es wird für die Nachwelt immer eine interessante Frage bleiben, ob die feste und gleichmäßige Verteilung der beiden Parteien im Konvent ein Segen oder ein Unglück gewesen ist. Keine Partei konnte irgendwann auf eine Mehrheit rechnen, und ein Kompromiß war unvermeidlich, wenn der Konvent irgendeine Verfassung formulieren sollte. Das Endergebnis des Konvents waren drei große Kompromisse über Hauptfragen von grundsätzlicher Bedeutung und eine Anzahl kleinerer Kompromisse. Wenn die Bevölkerung eines der Bergbau treibenden Staaten im Westen zuletzt auf 20 000 Köpfe zusammenschrumpfen sollte, so würde er doch zu einem beliebigen Zeitpunkt in der Zukunft die gleiche

Vertretung im Senat wie der Staat New York haben, der schon damals wohl eine Bevölkerung von 20 Millionen Menschen gehabt haben mag. Dies scheint ein Hohn nicht nur auf die Demokratie, sondern auf jede Form einer politischen Regierung zu sein. Bei oberflächlicher Betrachtung scheint sogar der Schluß gerechtfertigt zu sein, daß es besser gewesen wäre, der Konvent wäre niemals zusammengetreten, als daß er unter Umständen tagte, unter denen kein politischer Standpunkt von einer deutlich überwiegenden Stimmenzahl gestützt wurde.

Wie viele oberflächliche Schlüsse, so hält auch diese Anschauung über den verfassunggebenden Konvent einer genaueren Untersuchung nicht stand. Weit entfernt, ein Unglück zu sein, war es vielmehr geradezu ein Segen, daß keine Klasse politischer Theoretiker die Herrschaft über den Konvent ausüben konnte. Wenn die Welt jemals seitdem die Ergebnisse der Konventsarbeit bewundert hat, dann geschah es nicht deshalb, weil seine Mitglieder so überragend kluge Männer gewesen sind, daß sie aus der Intuition heraus die Evolution einer Verfassung ermöglichten, sondern weil sie, obwohl sie ein Gremium außerordentlich fähiger Männer darstellten, sich genötigt sahen, ihre Meinungsverschiedenheiten beizulegen. Der Erfolg des Konvents war dem „goldenen Mittelweg" politischer Überlegung zu verdanken.

Hätte die States Rights Party eine deutlich überwiegende Stimmenmehrheit gehabt, auf die sie hätte zählen können, so hätte sich nur eine schwache Erweiterung der „Articles of Confederation" ergeben. Es wäre keine Nation geschaffen worden, sondern es hätte nur ein unfähiger Staatenbund sein Dasein verewigt. Wäre dies der Fall gewesen, dann wäre wahrscheinlich nach einer weiteren Periode von Unglück und Enttäuschung auch ein dritter Versuch der Gründer der Republik, eine feste Regierung zu errichten, gescheitert.

In diesem Falle würden sich die Kolonien entweder in zwei oder mehr Gruppen von Staaten gespalten oder möglicherweise aus Überdruß über die Unordnung und im Bewußtsein ihrer eigenen Unfähigkeit, eine unabhängige

Nation zu schaffen, sogar ihre Streitigkeiten mit dem Mutterland beigelegt haben und wieder ein Teil des Britischen Weltreichs geworden sein. Das war Hamiltons Ansicht. Er sagte voraus, daß Amerika im Falle eines Mißlingens der Verfassung wieder in die Arme des Weltreichs zurückkehren und einen der Söhne Georg III. als Vizekönig haben werde. Dies hätte aber wieder die Zeiger auf dem Zifferblatt des Fortschritts um mindestens ein Jahrhundert zurückgestellt, denn als Dominium des Britischen Reiches hätten die Vereinigten Staaten niemals ihren unvergleichlichen Aufstieg nehmen können.

Fast ebenso unheilvoll wäre aber das Resultat geworden, wenn die Nationalistenpartei ihrer Herrschaft über den Konvent sicher gewesen wäre. Dann wären der neuen Verfassung zweifellos die wesentlichen Grundsätze des Virginia-Entwurfs einverleibt worden. Nichts steht jetzt aber fester, als daß der Virginia-Entwurf, wenn er vollständig angenommen worden wäre, niemals erfolgreich sich hätte auswirken können. Sein Artikel 6 ermächtigte nämlich die gesetzgebende Körperschaft der Nation,

> „die Gesetzgebung in all den Fällen auszuüben, in denen die Einzelstaaten unzuständig waren oder in denen die Eintracht der Vereinigten Staaten durch die Ausübung einer Einzelgesetzgebung gestört wurde, und alle von den Einzelstaaten angenommenen Gesetze für ungültig zu erklären, die nach der Meinung der nationalen gesetzgebenden Körperschaft den Artikeln der Union oder auch einem unter der Autorität der Union stehenden Vertrag zuwiderliefen, sowie ferner die Truppen der Union gegen jedes Mitglied der Union einzusetzen, das seinen Pflichten gemäß deren Artikeln nicht nachkam."

Dieser Entwurf zeigte eine ungestüme und unvernünftige Reaktion gegen die Unzulänglichkeit der Konföderation. Er kam dadurch zu dem anderen ebenfalls unhaltbaren Extrem und schlug eine Zentralisierung der Macht vor, die alles übertraf, was man sich darunter erträumt hatte, oder was sogar in unserer Zeit wirtschaftlicher Zentralisation durch

Dampf und Elektrizität selbst von dem weitestgehenden Verteidiger eines engen Zusammenschlusses erträumt werden könnte.

Es ist erstaunlich, daß Leute wie Washington, Franklin und Madison einen solchen Entwurf ernsthaft vorgelegt haben. Die Tatsache aber, daß sie es taten, ist der beste Beweis für ihre Verachtung der damals herrschenden Anarchie. Zu seiner Rechtfertigung führte Madison aus:

> „Eine Verbotsvollmacht gegen einzelstaatliche Gesetze ist das mildeste Mittel, das zur Inkraftsetzung eines nationalen Beschlusses gefunden werden kann. Sollte keine derartige Vorsichtsmaßregel getroffen werden, dann bliebe als einziges Mittel der Zwang. Die Verbotsvollmacht würde die Anwendung von Gewalt unnötig machen. Diese Prärogative der allgemeinen Regierung ist das große umfassende Prinzip, das die zentrifugale Tendenz der Einzelstaaten kontrollieren muß, die ohne solchen Grundsatz beständig aus ihrer eigenen Bahn herausfliegen und Ordnung und Einheitlichkeit des politischen Systems zerstören würden."

Madison hatte natürlich keinerlei Vorstellung, die er auch nicht haben konnte, daß die zentrifugalen Tendenzen, auf die er hinweist, im Begriffe waren, vor den mächtigen zentripetalen Tendenzen einer mechanischen Zivilisation zu weichen. Aber gerade, wenn das Zeitalter der Eisenbahn, des Dampfschiffes, des Telegraphen, des Telephons und des Radio niemals gekommen wäre und wenn die Kolonien 13 Einzelstaaten geworden, zwischen denen solche Verbindungen außerordentlich schwierig gewesen wären, dann wäre es in diesem Fall undurchführbar gewesen, die unverbundenen Kolonien von einer nationalen Hauptstadt aus zu leiten. Für die damalige Zeit bestand Friedrich des Großen Ausspruch, ein Staatenbund zwischen weitverstreuten und unverbundenen Gemeinwesen sei unmöglich, zu Recht. Die bereits erwähnten düsteren Prophezeiungen Hamiltons waren nicht grundlos.

Der Unsinn einer solchen zentralen Regierung wäre aber noch größer geworden, wenn die Verbindung zwischen den

Kolonien durch wirtschaftliche Bande, durch Eisenbahnschienen und Telegraphendrähte, hergestellt worden wäre, jedoch aus einem ganz andern Grunde: Das erstaunliche Wachstum Amerikas, das der damals beginnenden mechanischen Zivilisation zuzuschreiben war, hätte es gänzlich unmöglich gemacht, die lokalen Angelegenheiten eines Staatengemengsels von Washington aus zu ordnen. Sogar unter unserem jetzigen System bricht die Bundesregierung infolge des unmäßigen Drucks auf ihren Mechanismus schnell zusammen. Der Kongreß ist trotz seiner Arbeitsteilung durch Kongreßausschüsse, in denen die gesetzgeberische Tätigkeit tatsächlich in der Hauptsache erledigt wird, nicht in der Lage, den Anforderungen nachzukommen, und ebenso schwer lasten übermäßige Anforderungen auf der Exekutive. Wäre der Virginia-Entwurf angenommen worden und sein System bis heute bestehen geblieben, so wären Kongreß und Präsident nicht nur für alle legislativen und exekutiven Maßnahmen verantwortlich, welche die Bundesregierung angehen, sondern auch noch für den weit größeren Bereich von Verwaltungstätigkeit, welcher den Einzelstaaten vorbehalten ist. Die gesetzgebenden Körperschaften der 48 Staaten, die gegenwärtig die Union bilden, erledigen jedes Jahr viele Tausende von Gesetzen. Nach dem Virginia-Entwurf wäre es heute die Pflicht des Kongresses und des Präsidenten, in Erwägung zu ziehen, ob jedes dieser Gesetze die Kompetenz der Einzelstaaten überschreite oder mit der Einheit der Union nicht übereinstimme. Das hätte den Kongreß zur übergeordneten gesetzgebenden Körperschaft für die Vereinigten Staaten gemacht, und seine Aufgabe wäre es, nicht nur die gesamte Gesetzgebung der Einzelstaaten zu revidieren, sondern auch noch als oberster Gerichtshof festzustellen, welche bundesstaatlichen Gesetze im Widerspruch zur Verfassung stehen.

Bei Annahme eines solchen Plans hätte die Republik keine 20 Jahre bestanden. Ein solcher Entwurf ist wohl schwerlich jemals der Prüfung durch die Erfahrung unterworfen worden. Und wäre er ein Teil der Verfassung gewesen, wie sie dem Volk vorgelegt wurde, dann wäre höchstwahrscheinlich die Verfassung vom Volke abgelehnt worden.

Trotz des Preises, den die Nation in den großen Kompromissen der Verfassung für die divergierenden Tendenzen im Nationalkonvent zahlte, muß dieser Machtausgleich, der keiner Partei eine deutliche Mehrheit gab, nicht nur als Vorteil, sondern auch als ein unbedingt notwendiges Erfordernis für den erfolgreichen Abschluß des bedeutungsvollen Werkes betrachtet werden.

Der Konvent wandte seine Aufmerksamkeit zunächst der Exekutive und der Art ihrer Wahl zu. Darüber bestanden nun die größten Meinungsverschiedenheiten; aber glücklicherweise fehlte hier das heftige Gefühlsmoment, das durch die Frage nach dem Machtverhältnis der Einzelstaaten hervorgerufen worden war. Die Verfassung, wie sie errichtet wurde, sah vor, daß in jedem Staat die gleiche Anzahl Wahlmänner gewählt werden sollte, wie die Gesamtzahl der von dem betreffenden Staat in den Kongreß entsandten Senatoren und Repräsentanten betrug. Diese Wahlmänner sollten sich in ihren Heimatstaaten versammeln und durch Wahlzettel die Präsidentenwahl vornehmen. Ergab sich eine Mehrheit aller abgegebenen Stimmen, dann sollte die Person, welche die größte Anzahl von Stimmen erhielt, Präsident werden. Wenn aber niemand die absolute Majorität auf sich vereinigte, dann sollte die Wahl durch das Repräsentantenhaus vorgenommen werden. Hierbei sollte die Delegation jedes Staates eine einzige Stimme haben, und das Repräsentantenhaus sollte die Wahl unter jenen fünf Kandidaten vornehmen, die im Wahlmännerkollegium die höchste Stimmenzahl erhalten hatten.

Als dieser Plan abgefaßt wurde, nahm man offenbar an, es würden viele Staaten beliebte Söhne ihres Landes vorschlagen, von denen aber keiner eine Mehrheit der Wahlmännerstimmen erhalten würde. Nationale Parteien mit Wahlabkommen und anderen Mitteln zur Sicherung eines gemeinsamen, für das ganze Land geltenden Handelns hatten sich noch nicht gebildet. Den kleinen Staaten war dadurch abermals eine große Macht eingeräumt. Während nämlich die großen Staaten ihren Einfluß im wesentlichen im Verhältnis zu ihrer Bevölkerungszahl nur in der ersten Instanz ausüben sollten, war vorgesehen, daß, wenn kein Kandidat im ersten Wahlgang eine Stimmenmehrheit erreichte, die Wahl darauf durch die Staaten vorzunehmen war, und zwar sollte dabei jeder Staat, ob groß oder klein, nur eine Stimme haben.

„The Federalist" erklärte in seiner Nummer 68:

> „Der Wahlvorgang gewährt eine moralische Sicherheit, daß das Präsidentenamt niemals einem Mann zufällt, der nicht im höchsten Grade mit den dazu erforderlichen Fähigkeiten ausgestattet ist. Anlagen zu niedriger Intrigue und die kleinen Handlungen der Popularität mögen allein vielleicht genügen, einen Mann zu den ersten Ehrenstellen in einem Einzelstaat zu erheben. Aber es werden andere Fähigkeiten und eine andere Art des Verdienstes nötig sein, um ihm die Wertschätzung und das Vertrauen der ganzen Union zu erwerben oder doch eines so beträchtlichen Teiles derselben, als notwendig ist, ihn zu einem erfolgreichen Kandidaten für das ausgezeichnete Amt eines Präsidenten der Vereinigten Staaten zu machen."

Die Zeit hat diese Voraussagung deutlich erfüllt. Mit wenigen Ausnahmen sind unsere Präsidenten Führer gewesen, auf die jede Nation stolz sein kann.

Dann ging man auf die Frage der Rechtspflege ein. Dabei erhob sich eine äußerst ernste Diskussion darüber, ob die neue Verfassung den französischen Gedanken, der Rechtspflege in Verbindung mit der Exekutive ein Aufsichtsrecht über die Gesetzgebung einzuräumen, enthalten solle. Dreimal wurde im Konvent über diesen gefährlichen Antrag abgestimmt, und einmal wurde er nur durch eine einzige Stimme vereitelt. Zum Glück verwarf der gute Sinn des Konvents einen Vorschlag, der in Frankreich beständige Konflikte zwischen der Exekutive und der Rechtspflege zur Folge hatte, indem er dem Präsidenten das Recht gab, ein Veto gegen die Gesetzgebung des Kongresses einzulegen, während er andererseits den Kongreß ermächtigte, mit einer Zweidrittel-Mehrheit jedes Hauses das Veto umzustoßen. Weiter gab er der Rechtspflege die Ermächtigung, jeden Gesetzgebungsakt des Kongresses oder eines Bundesstaates für nichtig zu erklären, und zwar nicht nur aus politischen Gründen, sondern einzig und allein wegen etwaiger Unvereinbarkeit mit dem höheren Recht der Verfassung. In dieser Bestimmung zeigte sich deutlich der Einfluß Montesquieus.

Diese und noch viele auf Erfahrung begründete Einzelheiten hatten eine Erweiterung der 15 Vorschläge des Virginia-Entwurfs auf 23 zur Folge gehabt.

Nachdem der Konvent so die allgemeinen Grundsätze festgesetzt hatte, die ihn in seiner Arbeit leiten sollten, beauftragte er am 26. Juli das Committee on Detail, dieses Material zu einem förmlichen Verfassungsentwurf zusammenzufassen, und vertagte sich dann bis zum 6. August, um dessen Bericht abzuwarten.

Dieses Committee on Detail war durch Abstimmung am 24. Juli gewählt worden und hatte zu Mitgliedern: John Rutledge, später Richter am Obersten Gerichtshof der Vereinigten Staaten und für kurze Zeit oberster Richter; Edmund Randolph, der von Washington zum ersten Attorney-General der jungen Nation ernannt wurde; Nathaniel Gorham aus Massachusetts, Vorsitzender des Committee of the Whole des Konvents; Oliver Ellsworth, später der Verfasser des Judiciary Act und dritter Oberrichter in der Stellung des Chief Justice der Vereinigten Staaten, und James Wilson aus Pennsylvania, der später gleichfalls Richter am Obersten Gericht war.

Als der Bericht der Kommission endlich fertiggestellt war, umfaßte er sieben Folioseiten und bestand aus einer Einleitung und 23 Artikeln, die 43 Abschnitte vereinigten. Die Kommission hatte noch einige wertvolle Vorschläge eingefügt, die ihr bei ihren Beratungen aufgestoßen waren. Der Entwurf stellte die Verfassung der Vereinigten Staaten im Urzustand dar.

Als das Committee on Detail seinen Bericht am 6. August erstattet hatte, ging der Konvent dazu über, den Report über einen Monat lang mit der genauesten Sorgfalt zu besprechen. Fünf Wochen lang untersuchten und besprachen die Mitglieder des Konvents fünf bis sieben Stunden täglich mit peinlicher Aufmerksamkeit jeden Satz der vorgeschlagenen Verfassung. Der Raum reicht auch für eine bloße Aufzählung der vielen interessanten Fragen nicht aus, die dabei behandelt wurden. Sie durchliefen fast die ganze Tonleiter konstitutioneller Regierung. Viele phantastische Ideen wurden zwar vorgebracht, aber mit unverändert gutem Instinkt abgelehnt. Einige der Ergebnisse waren unter diesen Umständen merkwürdig. So disqualifizierte man z. B., obwohl es doch eine Versammlung verhältnismäßig junger Leute war und obwohl der Konvent die vielen erfolgreichen jungen Männer im öffentlichen Leben Europas — wie z. B. William Pitt — in Rechnung hätte setzen können, die Jugend, indem man festsetzte, daß ein Volksvertreter 25 Jahre, ein Senator 30 Jahre und ein Präsident 35 Jahre alt sein müsse. Als man dagegen einwandte, daß junge Leute durch Zulassung zum öffentlichen Leben lernen könnten, wurde bündig geantwortet, wenn sie es auch könnten, so sollten sie doch nicht ihre Erziehung auf öffentliche Kosten erhalten.

Nachdem das große Ergebnis des Konvents entschieden war, verwandte der Konvent seine Zeit auf die Behandlung einer Streitfrage, die damals von fast gleicher Wichtigkeit war und die eines Tages von ganz besonders unheilvoller Bedeutung werden sollte.

Das war die Frage der Sklaverei. Während nun zwar der Konvent nicht an ihre Abschaffung dachte, hatte er doch beträchtliche Schwierigkeiten bei der Festsetzung des Einflusses, den die Sklavenbevölkerung auf den Regierungsapparat haben sollte, insbesondere in ihrer Beziehung zu einer proportionalen Vertretung.

Am 22. August wurde dieser Gegenstand mit großer Geschicklichkeit und offenbar auch mit gefühlsmäßiger Anteilnahme behandelt. Colonel Mason, selbst ein Pflanzer aus Virginia, verurteilte heftig das, was er „einen teuflischen Handel" nannte und schien wie in einer Vision den Bruderkrieg von 1861—1865 vorauszusehen. Er führte aus:

> „Die Sklaverei entmutigt Handwerk und Fabrikation; die Armen verachten die Arbeit, wenn sie von Sklaven verrichtet wird. Sie verhindert die Einwanderung von Weißen, die allein ein Land bereichern und stärken können. Sie hat einen verderblichen Einfluß auf die Sitten zur Folge. Jeder Besitzer von Sklaven ist ein geborener Tyrann im Kleinen. Sie bringt das Gericht des Himmels über ein Land. Da Völker in jener an-

deren Welt nicht mehr zur Verantwortung gezogen oder bestraft werden können, so müssen sie es in dieser. Durch eine unvermeidliche Kette von Ursachen und Wirkungen bestraft die Vorsehung nationale Sünden durch nationale Unglücksfälle. Ich beklage es, daß einige unserer Brüder aus dem Osten sich aus Gewinnsucht auf diesen ruchlosen Handel eingelassen haben. Was die Staaten betrifft, die das Recht zum Sklavenimport besitzen, so sollte es jetzt gleich so vielen anderen Rechten aufgegeben werden. Ich halte es in jeder Hinsicht für wesentlich, daß die Bundesregierung ermächtigt werden soll, dem Anwachsen der Sklaverei vorzubeugen." (Madison's Debates, Band II, S. 579.)

Auf dieser Anklagerede fußend, der eine spätere Zeit eine furchtbare Bestätigung geben sollte, schlug Ellsworth vor, der Konvent solle „noch weiter gehen und allen, die sich bereits im Lande befänden, die Freiheit geben."

Pinckney warnte aber den Konvent und erklärte, jeder Versuch, die Sklaveneinfuhr zu verhindern, werde „der Verfassung ernstliche Schwierigkeiten bereiten", und sein Kollege gleichen Namens aus Süd-Carolina unterstrich seine Ansicht.

Dann drehte sich die Debatte lange um die Frage, ob der Bundesregierung in Verbindung mit den ihr übertragenen Außenhandelsregelungen die Vollmacht eingeräumt werden sollte, die weitere Sklaveneinfuhr zu verbieten. Abermals wurde eine schwierige Streitfrage dem Committee of the Whole überwiesen, und der Konvent ging mit seiner Micawber-ähnlichen Art, einer Verpflichtung nachzukommen, zu anderen Angelegenheiten über.

Schließlich vertagte sich der Konvent für diesen Tag, um an einem Experiment teilzunehmen, welches das Ergebnis seiner Beratungen stark beeinflussen sollte, obwohl man das damals noch nicht merken konnte. Man hatte an diesem Tag die in Vorschlag gebrachte Übertragung der Schiffahrtsgewalt an die Zentralregierung und ihren Einfluß auf die mögliche Sklaveneinfuhr beraten und machte sich nun daran, auf Einladung einiger gemeinsinniger Bürger Philadelphias einem Versuch von ungeheurer Bedeutung an den Ufern des Delaware beizuwohnen.

12. Kapitel

## DER KONVENT WOHNT EINEM BEDEUTUNGSVOLLEN EXPERIMENT BEI

*„Soon shall thy arm, unconquer'd steam, afar*
*Drag the slow barge or drive the rapid car."*
—Erasmus Darwin*).

In einem bescheidenen Hause in Philadelphia, vielleicht in einer Dachstube, lebte damals ein Yankee aus Connecticut, der schnell den Ruf eines Irrsinnigen erlangt hatte, da er allen Menschen, mit denen er auf der Straße oder in den Caféhäusern zusammentraf, erzählte, er habe einen Plan ausgedacht, durch andere Mittel wie durch menschliche Kraft oder die Gewalt des Windes ein Schiff fortzubewegen.

John Fitch war der Sohn eines Farmers in Connecticut, und sein Handwerk oder, um den alten Ausdruck zu gebrauchen, sein „mystery" war die Uhrmacherei. In seinem Wachstum behindert und von mäßiger Erziehung, hatte er sich doch mannigfaltige Kenntnisse angeeignet, die ihm aber nur wenig zum Erwerb des Lebensunterhaltes nützten. Er war jetzt in Philadelphia, hatte zwar leere Taschen, war aber doch so begeistert von seiner Idee wie einst der junge Franklin, der ebenfalls einmal als junger Bursche ohne einen Penny Geld am Market-Street-Kai hinabgeschritten war. Franklin war aber, als er das Schicksal zum Kampf herausforderte, ein junger Mann; Fitch war dagegen bereits 40 Jahre durch Enttäuschungen und Mißerfolge bedrängt, als er versuchte, das Interesse der Bevölkerung von Phila-

*) Anmerkung des Übersetzers: Erasmus Darwin (1731—1802), Arzt, Naturforscher und didaktischer Dichter, war der Großvater des berühmten Charles Darwin. Er gab bereits ein vollständiges System der Entwicklungstheorie und verfolgte fast die gleiche Richtung in der Biologie wie sein Enkel.

delphia für seinen großen Plan zu gewinnen, die Schiffahrt durch die Anwendung der Dampfkraft grundlegend zu verändern.

In seiner Autobiographie erzählt er uns, daß er beim Entwurf seines Dampfschiffes nicht wußte, daß es bereits auf der Welt eine Dampfmaschine gab, und daß er, als er später erfuhr, daß die Fortbewegungskraft nichts Neues mehr war, „äußerst verärgert gewesen sei". Während nun die Dampfmaschine 1787 so weit entwickelt war, daß sie beim Wasserpumpen aus Bergwerken den Menschen mit ihrer Kraft unterstützen konnte, war doch die Triebkraft für Beförderungszwecke unbekannt, bis Fitch die Möglichkeit einer solchen Verwendung erkannte.

An wen konnte er sich um Unterstützung und Hilfe mit größerer Gewißheit zustimmenden Interesses wenden als an Dr. Franklin? Dieser war der erste einer langen Reihe amerikanischer Erfinder und in mancher Hinsicht einer der vielseitigsten. Carlyle hat ihn treffend den „Vater aller Yankees" genannt. Keine Anlage seines außerordentlichen Geistes war schärfer ausgebildet als die Erfindungsgabe.

Fitch ersuchte die Amerikanische Philosophische Gesellschaft, deren Vorsitzender Franklin damals war, ihm Gehör zu schenken. Das wurde bewilligt; und der schlecht gekämmte und nicht sympathische Erfinder legte den gelehrten Mitgliedern dieser Körperschaft seine rohen Modelle vor. Diese aber machten ebensowenig Eindruck auf sie, wie es die epochemachenden Vorschläge des begeisterten genuesischen Seemannes seiner Zeit auf die gelehrte Versammlung zu Salamanca getan hatten. Da Fitch von der Gesellschaft nichts hörte, schrieb er einen Brief an Franklin, in dem er seinen Glauben zum Ausdruck brachte, daß seine Erfindung „für Seereisen wie für Binnenschiffahrt gleich geeignet sei, besonders aber auch für Paketboote, in denen eine große Zahl von Passagieren Platz nehmen könne." Er brachte auch die Meinung zum Ausdruck, daß „der Heizstoff für eine kurze Reise nicht größer sein würde als das Gewicht des Wassers für eine lange Reise", und daß das von ihm vorgeschlagene Boot „den heftigsten Stürmen die Spitze bieten und dadurch den Gefahren eines Schiffbruchs entgehen könnte".

Daß Fitchs begeisterte Idee keinen Eindruck auf Dr. Franklin machte, ergibt sich aus der Tatsache, daß der Doktor, als er sechs oder sieben Wochen später für die Philosophische Gesellschaft einen Aufsatz über Schiffahrt schrieb, nicht auf Fitchs Projekt Bezug nahm. Und doch hätte ein hilfreiches Wort von ihm sicherlich eine solche Unterstützung Fitchs in Philadelphia bewirkt, daß es dem Erfinder nicht an Geld gefehlt hätte. Dann hätte auch lange vor Fultons Versuchen auf dem Hudson*) der zuguterletzt gebrachte Nachweis geführt werden können, daß Fitchs Plänen eine gesunde Idee zugrunde lag.

Im Glauben, daß ein so bedeutender Mann wie Dr. Franklin der Großartigkeit des Projekts gegenüber nicht gleichgültig bleiben könne, besuchte der arme Erfinder Dr. Franklin und bat ihn um ein schriftliches Zeugnis seines Glaubens an die Erfindung. Der Doktor hatte anscheinend nur geringes Zutrauen zu der Ausführbarkeit des Planes, gab aber, von Mitleid mit dem armseligen Erfinder erfüllt, einer Regung seines stets gütigen Herzens nach; er bot Fitch, vielleicht in Erinnerung an die Tage seiner eigenen äußersten Not, einige Dollar für seine persönlichen Bedürfnisse an, lehnte es aber ab, auf den Vorschlag einzugehen. Fitch wollte das Geld als Geschenk nicht annehmen, und Franklin seinerseits weigerte sich, ihm zu gestatten, es als Subskription zu betrachten, und gab dadurch offen seinem Mangel an Vertrauen in die Erfindung Ausdruck. Fitch verließ die Wohnung des Doktors mit dem gleichen Gefühl des Unwillens, wie Dr. Johnson die Wohnung des Lord Chesterfield verlassen haben muß. Es ist aber das Kennzeichen des Genies, daß es selten entmutigt wird. Fitch lehnte es ab, sein Projekt aufzugeben, wenn auch die paar Dollar, die er sich borgen konnte, nicht dazu reichten, mehr als ein plumpes Versuchsmodell anzufertigen, Er war vorschnell genug, der Meinung Ausdruck zu geben, es werde möglich sein, „die

*) Anmerkung des Übersetzers: Das von Fulton konstruierte Dampfboot, zu welchem Watt die Dampfmaschine lieferte, machte im Oktober 1807 die erste Fahrt auf dem Hudson zwischen New York und Albany.

Dampfkraft mit großem Nutzen für Schiffe von 20 Tonnen Ladung an aufwärts" anzuwenden; er glaubte, daß ein so ausgerüstetes Schiff die Schnelligkeit einer Barke von zwölf Rudern erreichen könne. Es war für ihn ein wunderbarer Gedanke, daß ein Schiff ebenso schnell im Wasser vorwärtsbewegt werden könne wie „ein Packwagen auf dem Lande", und daß auf diese Weise eine Ersparnis „an großem Aufwand von Pferdekraft und Futter" zu erzielen sei. Er prophezeite, daß sich dabei „für die Binnenschiffahrt ein bedeutender Fortschritt ergeben werde, besonders auf den Flüssen Mississippi und Ohio, die, soweit der Gott der Natur ihre Ufer kenne, nie mit Pferden hätten überschritten werden können"; er sah weise voraus, daß sein Schiff eines Tages den Kampf mit den Wogen des Atlantischen Ozeans aufnehmen werde und sich dadurch „die wilden Wälder Amerikas rasch mit Bevölkerung füllen und wir uns zur reichsten Nation der Welt emporschwingen könnten."

Fitch war sich darüber klar, daß diese Vorstellung eines zukünftigen Verkehrs über den Ozean anderen Leuten den Gedanken nahelegte, ihn für einen Wahnsinnigen zu halten.

Pathetisch sagte er: „Verzeihe mir, edelmütiges Publikum, daß ich Ideen vorbringe, die heute noch nicht verstanden werden können. Welche Meinung zukünftige Zeitalter davon haben werden, das kann nur die Zeit lehren." Und niedergeschlagen fügte er hinzu: „Aber ich weiß, mögen diese Dinge auch noch so gut auf Vernunft und Wirklichkeit begründet sein, sie können in unseren Tagen nur als Täuschung und als Wirkung des Wahnsinns betrachtet werden."

Dieser bewegliche Aufruf des verarmten Erfinders um größere Geldunterstützung veranlaßte einige gemeinsinnige Bürger Philadelphias, ihm einige Mittel zur Verfügung zu stellen. Das Geld verwandte er zu einer Änderung seines noch unvollkommenen Dampfbootes, und der 22. August 1787 wurde dann zur Prüfung des bedeutungsvollen Experiments festgesezt.

Der Konvent vertagte sich, um Zeuge des Ergebnisses zu sein. Für keinen hätte es interessanter als für Washington sein können. Denn er war ein Mann mit praktischer Veranlagung, und niemand hat wohl ein stärkeres und geweckteres Interesse an der Entwicklung der Binnenwasserstraßen der Kolonien bewiesen als er. Aber offenbar erschien ihm der Versuch doch zu sehr als Illusion, um die Ehre seiner Gegenwart rechtfertigen zu können. Nachdem sich der Konvent vertagt hatte, besuchte Washington nämlich am Nachmittag Powell und dinierte am Abend auf Morris Landgut in The Hills.

Washingtons Mangel an Interesse zeigt sich auch darin, daß sein Tagebuch über das Ergebnis, das ein neues Kapitel in den Angelegenheiten der Menschheit eröffnen sollte, keinerlei Bemerkungen enthielt. Washingtons Abwesenheit läßt sich zwar aus seiner Achtung vor einer gesellschaftlichen Verpflichtung, die er vorher eingegangen war, erklären. Hätte er jedoch die gewaltige Bedeutung dieses Versuches vorhergesehen, so würde er jedenfalls eine derartige Verpflichtung nicht beachtet haben, um Zeuge eines Ereignisses zu sein, mit dem ein neuer Abschnitt in der Geschichte der Menschheit beginnen sollte.

Aber eine derartige Erleuchtung hatte er damals, als er an jenem Sommerabend in der Vorhalle von Morris Landhaus saß, nicht. Er dachte wohl beim Wegjagen der Moskitos wie auch später kaum an Fitchs neue Erfindung. Wenn er in seiner Phantasie die M a u r e t a n i a, den L e v i a t h a n oder die O l y m p i c, deren Embryo das unbeholfene Boot von Fitch doch eigentlich war, hätte sehen und wenn er hätte vorausahnen können, daß der von der Dampfkraft ermöglichte Verkehr zwischen den Vereinigten Staaten und dem übrigen Teil der Welt sein Amerika in wenig mehr als einem Jahrhundert zur mächtigsten Nation der Welt machen würde, dann hätte er wohl damals verstanden, daß dieses Experiment für die Entwicklung der Menschheit ebenso bedeutungsvoll wie die Verfassung war, über die er und seine Genossen berieten.

Fast alle Mitglieder des Konvents waren anwesend. Sie waren wahrscheinlich mit dem gleichen Erstaunen, mit dem die Menschen unserer Generation Zeugen der ersten Flüge Wilbur Wrights durch die Luft waren, Zeugen des Vorgangs, daß sich ein Boot auf den Wassern des Delaware durch Dampfkraft vorwärtsbewegte. Die Männer des Konvents erkannten zwar klar, daß Fitch die Ausführbarkeit der Schiffahrt durch Dampfkraft mit Erfolg vorgeführt hatte, aber ihre weiteren Möglichkeiten und unermeßlichen Wirkungen auf die Entwicklung der Menschheit erfaßten sie doch nur in ungenügendem Maße. Keiner von ihnen hatte auch nur die leiseste Vorstellung von dem bedeutenden Einfluß, den die Nutzbarmachung des Dampfes für die Fortbewegung zu Land und zu Wasser auf jene Verfassung haben werde, die sie damals zur Entwicklung brachten. Sie dachten wohl kaum daran, daß ihr genialer Plan eines dualistischen Regierungssystems, das den Handel zwischen den einzelnen Bundesstaaten und den innerstaatlichen Handel „in wasserdichte Abteilungen" zu teilen suchte, durch eine neue dynamische Kraft, die unvermeidlich eine wirtschaftliche Vereinheitlichung des Handelsverkehrs ergeben mußte, vereitelt und fast zerstört werden mußte. Schwerlich dachten sie daran, daß 136 Jahre später der Oberste Gerichtshof der Vereinigten Staaten einen großen Teil seiner Beratungen und einen nicht geringen Teil seiner richterlichen Kasuistik der notwendigen Anpassung des Textes der Urkunde an die bedeutenden, von der Nutzbarmachung der Dampfkraft verursachten Änderungen der Verhältnisse zu widmen hatte. Nur einer aus ihrer Zahl erkannte vage diese zukünftige Entwicklung. Madison sah dunkel den Tag voraus, an dem der Handelsverkehr eine untrennbare „Einheit" und nicht mehr eine teilbare „Zweiheit" sein würde. Diesem Gedanken gab er im Sitzungssaal des Konvents auch Ausdruck. Eine Vorstellung davon wird ihm wohl zuerst gekommen sein, als der Bug von John Fitchs Boot zum erstenmal die Wasser des Delaware teilte.

Fast alle Delegierten wohnten dem Versuch bei. Nachdem sie das State House verlassen hatten, begaben sie sich gemeinsam an die Ufer des Delaware, wo sie den Yankee aus Connecticut in Hemdsärmeln bei der Arbeit an einer primitiven Vorrichtung fanden, die ihnen wohl viel Vergnügen bereitete. Es war ein kleines Boot, das mit seinen unbemannten Ruderbänken einer alten Trireme glich und in dessen Mitte eine Maschine stand, die wie ein ungeheurer

Küchenkessel aussah. Fitch füllte geschäftig seinen kleinen Ofen mit Holz und seinen Kessel mit Wasser; und als dann langsam Dampf zu entweichen begann, war der Augenblick für den großen Versuch gekommen. Wahrscheinlich tauschten nun die Schöpfer der Verfassung Tabaksprisen aus und wunderten sich, warum sie ihre wichtigen Arbeiten ausgesetzt hatten, um einer solchen Schaustellung menschlicher Torheit beizuwohnen. Aber als dann John Fitch auf einen Hebel drückte, bewegten sich plötzlich die Ruderblätter, als ob sie von einer unsichtbaren Kraft in Bewegung gesetzt seien; das Boot fuhr in den Strom hinaus und lief nordwärts gegen die Strömung des Flusses. Wie Galilei, konnte nun Fitch zu denen, die sein Werk verlacht hatten, sagen: „Eppur si muove!"

Die Geschichte berichtet uns nicht, welchen Eindruck dieser Versuch auf die Schöpfer der Verfassung ausübte. Daß er aber einigen, wenn auch nur vorübergehenden Eindruck machte, zeigt doch das folgende höfliche Glückwunschschreiben, welches Dr. Johnson am folgenden Tage an Fitch richtete:

> „Dr. Johnson übermittelt Mr. Fitch seine Glückwünsche und versichert ihm, daß die gestrige Vorführung den anwesenden Herren zur großen Befriedigung gereicht hat. Er selbst, und er bezweifelt es nicht, auch die anderen Herren werden immer glücklich sein, ihm jede in ihrer Gewalt stehende Unterstützung und Ermutigung zu gewähren, zu der ihn sein Scharfsinn und sein Fleiß berechtigen."

Dieses ein wenig höfliche und oberflächliche Schreiben zeigt keine große Begeisterung und kein wirkliches Interesse für ein Werk von so gewaltiger Bedeutung. Tatsächlich wird es wohl auch dem Doktor Johnson, einem ausgezeichneten Gelehrten und Politiker, Doktor der Rechte zu Oxford und derzeitigem Präsidenten des Columbia College, als ein Akt der Herablassung vorgekommen sein, seinerseits an einen einfachen Handwerker ein so verbindliches Schreiben zu richten. Der Tag des Handarbeiters war noch nicht gekommen. Dr. Johnson konnte es damals noch nicht verspüren, wie wir es als Angehörige eines späteren Zeitalters jetzt verspüren, daß die Entwicklung der Energie durch die Nutzbarmachung der unsichtbaren Kräfte des Dampfes und der Elektrizität die Massen der Menschheit so erhoben hat, daß sie heute eine Machtstellung von überragender Bedeutung im Staate einnehmen. Aber all das ruhte noch im Schoße der Götter. Die sogenannte „Arbeiterklasse" hatte damals so wenig politische Macht, daß sie, außer in wenigen Kolonien, nicht einmal das Wahlrecht hatte, falls nicht ihre Angehörigen, wie dies auch bei einigen von jeher zutraf, freie Grundeigentümer waren. Schwerlich konnten die Schöpfer der Verfassung es an diesem 22. August 1787 würdigen, daß eine Epoche, die viele Jahrhunderte gedauert hatte, das Hirten- und Ackerbauzeitalter der Menschheit, damals zu Ende ging und daß langsam eine neue Epoche der mechanischen Kraft anhob, die alle Vorstellungen tausendfach übertreffen sollte. Das stellten die schläfrigen Jahre, mit denen das 18. Jahrhundert schloß, nicht in Rechnung. Eine Durchsuchung der lokalen Presse von Philadelphia ergibt nicht den geringsten Hinweis auf Fitchs großes Werk. Die Welt erkennt ihre größten Männer nicht.

Ein späteres Zeitalter sollte aber den Mangel an Voraussicht, der die Zuschauer von Fitchs Versuch die un begrenzten Möglichkeiten dieser Erfindung nicht erkennen ließ, nicht zu vorschnell kritisieren. Denn in unseren Tagen und für unsere Generation wurde eine Erfindung von kaum geringerer Bedeutung, der Fernsprecher, im Mittagslichte des 19. Jahrhunderts auf der Jahrhundertausstellung zu Philadelphia ausgestellt und wurde selbst von den unterrichtesten Gelehrten nur als ein Spielzeug betrachtet. Und die Wrights flogen mit ihrem Aeroplan schon wochenlang in einem Tal des Dayton herum, bevor die Presse geruhte, über diese erstaunliche Tatsache zu berichten.

13. Kapitel

## DEM ENDE ZU

*„Wie auch immer das Urteil über die Fähigkeiten der Baumeister dieser Verfassung lauten und was auch immer die Bestimmung des von ihnen vorbereiteten Gebäudes sein mag, ich muß pflichtgemäß meiner inneren feierlichen Überzeugung Ausdruck geben, die ich meiner intimen Kenntnis und der vorzüglichen Gelegenheit verdanke, den Konvent in seiner Gesamtheit wie in seinen Einzelpersönlichkeiten bei seinen Plänen beobachten und würdigen zu können: Niemals hat es eine mit einer großen und schwierigen Aufgabe betraute Versammlung von Männern gegeben, die reiner in ihren Motiven oder so ausschließlich oder so peinlich dem ihnen anvertrauten Werk ergeben waren."*

—Madison.

EIN Problem blieb noch zu lösen. Nach einigem Schwanken und ganz zögernd hatte man sich zugunsten einer einzigen Person als Exekutivorgan entschieden. Einige neigten mehr zu einem Exekutivrat. Aber die Lehre der beiden Triumvirate in Rom und ihr eigener gesunder Menschenverstand brachte die Versammlung zu der Überzeugung, daß die oberste exekutive Autorität in einem einzigen Mann vereinigt sein müsse. Man wußte, daß man eben ein konstitutionelles Amt von großer Macht geschaffen hatte. Das Problem, dem sich der Konvent nunmehr gegenübersah, war das Wahlverfahren hierfür. Diese beiden Umstände verwirrten und erschöpften den Verstand der Delegierten. Das Ergebnis war ein wertloser Kompromiß, der in der Praxis niemals funktioniert hat und seit der Entstehung der Republik eine ausgesprochene Bedrohung für die öffentliche Sicherheit bedeutet.

Wilson hatte im Konvent erklärt: Diese Frage war „in Wirklichkeit die schwierigste von allen, die wir zu entscheiden hatten", und die Mitglieder debattierten immer und immer wieder über diese Verfahrensfrage. Dem Kongreß die Macht, den Präsidenten zu wählen, verleihen, hieß den obersten Beamten zu seinem Diener machen. Direkte Wahl durch das Volk hielt man für unmöglich, weil man befürchtete, es werde jeder Staat für seinen eigenen führenden Mitbürger stimmen und sich infolgedessen kein Wahlresultat ergeben. Die Geschichte gab den Delegierten zwei große Beispiele einer indirekten Wahl eines obersten Beamten. Das eine war das Heilige Römische Reich, dessen Haupt durch die sogenannten Kurfürsten erwählt, und das andere war das Oberhaupt der römisch-katholischen Kirche, welches durch das Kardinalkollegium gewählt wurde. Da man das Problem auf diese Weise nicht zu lösen vermochte, wurde die Frage einer Kommission übergeben. Diese Kommission empfahl den Plan nicht eines einzigen Wahlkollegiums, das in der Theorie vielleicht brauchbar gewesen wäre, sondern so vieler Wahlkollegien, als es Staaten gab. Jeder Staat wurde ermächtigt, seine eigenen Wahlmänner zu wählen, die von sich selbst aus zusammentreten und ihre Wahl der Zentralregierung mitteilen sollten. Es gab also keine gemeinsame Beratung unter allen Wahlmännern in einer einzigen Sitzung.

Der Vorschlag enthielt einen weiteren törichten Fehler: Die beiden Kandidaten, welche die größte Anzahl Stimmen erhielten, sollten Präsident und Vizepräsident werden. Dieser Entwurf war offenbar das Werk des überschlauen Gouverneur Morris. Er meinte, daß dadurch „die große Gefahr von Intriguen" vermieden werde, daß die verschiedenen Wahlkollegien der einzelnen Staaten zu gleicher Zeit, aber in großer Entfernung voneinander abstimmen und so der Möglichkeit einer Bestechung entgehen würden.

Der Konvent dachte offenbar auch an die Möglichkeit, daß es viele Nominierte und folglich keine Wahl geben werde. Um nun für diesen Fall Vorsorge zu treffen, bestimmte die Verfassung, daß dann, wenn es zu keinem Wahlergebnis kommen werde, das Repräsentantenhaus den

Präsidenten wählen solle. Hierin lag nun aber ein weiteres Zugeständnis an die kleinen Staaten. Denn während das Repräsentantenhaus durch proportionale Vertretung gewählt wurde, sollte bei einer solchen Wahl das Haus nach Staaten abstimmen und jeder Staat dabei ohne Rücksicht auf seine Größe oder seine Bedeutung nur eine Stimme haben.

Das war der große Fehler der Verfassung. Der Gedanke war von Anfang an, ausgenommen der Form nach, undurchführbar. Er war der demokratischen Veranlagung des amerikanischen Volkes gänzlich fremd. Was die gesetzgebende Körperschaft anging, so würde sich das Volk wohl für einige Zeit mit dem Gedanken einer repräsentativen Demokratie zufrieden gegeben haben. Aber hinsichtlich des Staatsoberhauptes, das eine größere Machtvollkommenheit als jeder einzelne Amerikaner haben und einen mächtigeren Appell an den Geist des Volkes als jeder andere öffentliche Beamte richten sollte, würde das amerikanische Volk mit seinem demokratischen Instinkt niemals einen Plan geduldet haben, der nicht seinem Wesen und der Wirklichkeit nach eine unmittelbare Wahl durch das Volk bedeutete.

So lag diese Sache von Anfang an; und bisher hat der veraltete Mechanismus des Wahlkollegiums noch immer eine Bedrohung des öffentlichen Friedens und die Möglichkeit eines Bürgerkrieges bedeutet*).

Eine bedauerliche und unheilvolle Abänderung wurde noch im letzten Augenblick vom Konvent vorgenommen. Man hatte vorher bestimmt, daß der Präsident sein Amt sieben Jahre lang versehen und danach nicht mehr wählbar

*) Die angefochtene Wahl von 1876 drehte sich letzten Endes um das Recht eines Postmeisters in Oregon, als Wahlmann zu dienen. Wäre dieser disqualifiziert worden, so würde Tilden und nicht Hayes zum Präsidenten ernannt worden sein. Lediglich die noch zu lebendige Erinnerung an den damals noch nicht weit zurückliegenden Bürgerkrieg verhütete einen weiteren Konflikt im Zentennialjahre der Geschichte der Nation.

Es ist möglich, daß das jetzige Repräsentantenhaus dazu berufen sein wird, den nächsten Präsidenten der Vereinigten Staaten zu wählen. Wenn dies der Fall sein sollte, dann ist ein scharfer Konflikt infolge des beschwerlichen und unbrauchbaren Mechanismus des Wahlkollegiums wohl möglich.

sein solle. Unglücklicherweise wurde diese Bestimmung in den letzten Tagen des Konvents gestrichen und die jetzige Amtszeit von vier Jahren mit der Möglichkeit einer Wiederwahl an ihre Stelle gesetzt. Obwohl der unreife Plan des Wahlkollegiums immer geeignet war, die öffentliche Sicherheit zu bedrohen, hat er doch in Wirklichkeit nur selten schädlich gewirkt. Aber die Tatsache der Wiederwählbarkeit des Präsidenten und seiner kurzen Amtszeit hatte fast von Anfang an einen bösen Einfluß auf die amerikanische Politik. Das Übel ist durch das von Washington gegebene Beispiel, das eine dritte Amtsperiode moralisch verbietet, etwas gemildert worden. Immerhin hat sich die Stärke gerade dieser Tradition in neuerer Zeit fühlbar vermindert. Die Folge ist, daß mit Ausnahme Washingtons jeder Präsident in der Wahl und Entwicklung seiner politischen Maßnahmen stark durch den Gedanken an ihre Wirkung auf seine Aussichten zur Wiederwahl beeinflußt worden ist.

Wäre das Staatsoberhaupt bei der Ausübung seiner bedeutungsvollen Pflichten von dieser naheliegenden Versuchung, eine Politik mit einer Beimischung stark persönlicher Interessen zu treiben, frei, so wäre manches Kapitel der amerikanischen Geschichte mit einem besseren Ergebnis geschrieben worden. Zudem hat die Möglichkeit einer Wiederwahl die Wirkung, daß die ganze Macht der Exekutive an die Person des Präsidenten geknüpft wird. Da aber die Nation immer größer wird und sich ihr Verwaltungsdienst vervielfacht, wird es ständig schwieriger, einen Präsidenten entweder von der Wiederaufstellung oder von der Wiederwahl abzuhalten.

Zum Glück ist dieser Nachteil durch die lange Reihe patriotischer Politiker gemildert worden, die zum Staatsoberhaupt gewählt wurden; und so lange die Tradition bezüglich einer dritten Amtszeit noch einigen moralischen Einfluß hat, wird der natürliche Wunsch des Präsidenten, seine Politik mit dem Ziel seiner Wiederwahl zu betreiben, auf seine erste Amtsperiode beschränkt sein. Eine längere Amtszeit und die Ausschaltung dieses starken Elements persönlichen Ehrgeizes würde von unberechenbarem Nutzen sein.

Die Debatten über diese und andere Fragen gingen in guter Stimmung vor sich, und fast die einzige Frage, die wieder eine leidenschaftliche Auseinandersetzung entstehen ließ, war die der Sklaverei. Die extrem gerichteten Südstaaten erklärten, sie würden den neuen Plan niemals annehmen, „es sei denn, daß das Recht der Sklavenhalter unberührt bliebe". Man beendete diese Frage schließlich mit einem Kompromiß, indem man übereinkam, die Sklaven-Einfuhr sollte mit Schluß des Jahres 1808 aufhören. Das ließ jedoch die Sklavenbevölkerung noch in einem Zustand der Knechtschaft. Für dieses damals notwendige Kompromiß mußte die Nation 75 Jahre später mit einem der vernichtendsten Bürgerkriege, den die Geschichte der Menschheit aufweist, teuer zahlen.

Der August ging jetzt seinem Ende zu. Über drei Monate hatte der Konvent getagt. Die Öffentlichkeit kannte von seiner Arbeit noch nichts, und dies trotz des starken Interesses, welches das amerikanische Volk, das sich nicht mehr der Gefahr der Anarchie gegenübersah, sondern damals gerade unter ihr zu leiden hatte, am Konvent genommen haben muß. Die vitale Bedeutung des Verfassungswerkes unterschätzte man nicht. Während seine Baumeister, wie alle meisterhaften Baumeister, zwar „besser bauten, als sie selbst wußten", kann man doch nicht sagen, daß sie den Wert ihrer Arbeit unterschätzt hätten. Einer von ihnen, Gouverneur Morris, erklärte z. B.: „Die ganze menschliche Gesellschaft wird durch die Beschlüsse dieses Konvents beeinflußt werden." Nach seiner Vertagung sagte einer seiner bedeutendsten Teilnehmer, James Wilson aus Pennsylvania:

> „Nach dem Ablauf von sechstausend Jahren seit der Erschaffung der Welt gibt nun Amerika das erste Beispiel eines Volkes, das sich versammelt hat, um mit Überlegung und Ruhe zu sprechen und sich langsam und friedlich über die Regierungsform zu entscheiden, durch die es sich und seine Nachkommen binden will."

Bei dem Fehlen jeder authentischen Information verbreitete sich in den Kolonien das Gerücht, daß der Konvent im Begriff sei, wieder eine Monarchie aufzurichten und den zweiten Sohn Georg III., den Bischof von Osnaburg, zum König der Vereinigten Staaten auszurufen. Diese Gerüchte waren so beharrlich, daß sie den schweigsamen Konvent zu einem halboffiziellen Dementi veranlaßten. Man hat aber einigen Grund zu der Annahme, daß eine ganz kleine Minderheit in der Wiederherstellung einer konstitutionellen Monarchie die einzige Lösung des Problems erblickte.

Am 8. September hatte die Gesamtkommission zum letztenmal beraten und den Entwurf der Detailkommission mit einigen Änderungen angenommen. Daraufhin wurde eine neue Kommission eingesetzt, die „den Stil überprüfen und die vom Hause angenommenen Artikel festlegen sollte." Diese Kommission war außergewöhnlich gut besetzt. Ihre Mitglieder waren: Dr. William Samuel Johnson, Graduierter von Oxford und Freund seines großen Namensvetters Samuel Johnson; Alexander Hamilton; Gouverneur Morris, ein hervorragender Geist mit einer ungewöhnlichen Begabung für klare Ausdrucksweise; James Madison, ein wirklicher Gelehrter in den Staatswissenschaften, und Rufus King, ein Redner, der nach der prahlerischen Redeweise jener Zeit „unter die Leuchten seines Zeitalters" einzureihen war. Der Konvent vertagte sich darauf, um die Schlußrevision des Entwurfes durch das Committee on Style abzuwarten.

Am 12. September erstattete die Kommission ihren Bericht. Obwohl es nicht feststeht, muß man doch wohl annehmen, daß ihr Werk in der Hauptsache Gouverneur Morris zu verdanken war*).

Am 13. September waren die gedruckten Exemplare des Berichts der Redaktionskommission fertiggestellt. Der Kon-

*) In einem Brief an Timothy Pickering vom 22. Dezember 1814 schrieb Morris:

Nach der Ausmerzung überflüssiger und doppelsinniger Wörter, hielt ich den Bericht für so klar, wie es unsere Sprache nur zuläßt; einen Teil, den über die Rechtspflege, muß man jedoch ausnehmen. Über diesen Gegenstand hatte man widersprechende Meinungen mit solcher berufsmäßigen Schlauheit beibehalten, daß es notwendig wurde, Sätze zu wählen, wie „was meine eigenen Ansichten zum Ausdruck bringt, ohne die anderen beunruhigen noch ihre Eigenliebe verletzen zu wollen". Und doch, soweit ich mich erinnere, war dies der einzige Teil, der ohne Widerspruch angenommen wurde.

vent verwandte drei weitere Tage darauf, jeden Artikel und Abschnitt dieses Endentwurfes sorgfältig zu vergleichen.

Am 15. September sah man den Entwurf der Verfassung als beendet an. Man nahm ihn an und gab Auftrag, ihn zur Unterzeichnung ins Reine zu schreiben.

81 Tage lang hatte der Konvent ununterbrochen getagt. Für die Debatten hatte man wahrscheinlich 400 Stunden gebraucht. Wären die Debatten vollständig verzeichnet worden, so hätten sie wohl mindestens fünfzig Bände angefüllt. Das Reinergebnis ihrer Arbeit besteht jedoch nur aus ungefähr 4000 Worten, 89 Sätzen und ungefähr 140 verschiedenen Bestimmungen. Der verstorbene Lord Bryce, der in jener Zeit lebte, in der man sich weder im mündlichen noch schriftlichen Ausdruck Hemmungen auferlegte, führte hierüber so trefflich aus:

> „Die Verfassung der Vereinigten Staaten kann einschließlich ihrer Amendments in 23 Minuten laut verlesen werden. Sie ist ungefähr halb so lang wie der Brief des Sankt Paulus an die Korinther und ein Viertel so lang wie das Irische Landgesetz von 1881. Die Geschichte kennt nur wenige Urkunden, in denen mit so wenigen Worten ebenso bedeutsame Vorschriften über ein weites Gebiet von derart bedeutenden und verwickelten Angelegenheiten niedergelegt sind."

Selbst mit Einschluß der 19 Zusatzartikel umfaßt die Verfassung auch nach 136 Jahren der Entwicklung noch nicht mehr als 7000 Worte.

Welche bewundernswerte Selbstbeschränkung! Man könnte vielleicht einzelne Entscheidungen des Supreme Court anführen, die ebenso umfangreich sind wie das ganze Dokument, von dem sie nur einen einzelnen Satz interpretieren. Damit ist aber noch nicht gesagt, daß die Verfassung ein schwer verständliches Dokument sei. Es würde nicht leicht sein, auch nur eine politische Urkunde in der Geschichte der Menschheit anzuführen, die ebenso einfach und klar im Ausdruck ist. Es gibt nichts Schwülstiges in ihrem Stil. Jedes ihrer Worte ist ein Wort der Umgangssprache, dessen alltägliche Bedeutung auch der Mann der Straße versteht. Keine Tautologie findet man in ihr, keinen Versuch eines gezierten Ausdrucks. Sie ist ein Vorbild für die Einfachheit und wird, so wie ihr reiner Quell durch den Raum der Geschichte fließt, immer die Bewunderung jener erwecken, die Klarheit und nicht rednerischen Überschwang lieben. Man kann von ihr sagen, was Horaz von seiner Lieblingsquelle sagte:

„O, fons Bandusiae, splendidior vitro,
Dulci digne mero, non sine floribus."*)

Wenn man nun aber fragt, ob es wahr ist, daß die Auslegung der Verfassung so viele lange Entscheidungen des Obersten Gerichts in den 263 Bänden seiner Berichte erforderte, dann lautet die Antwort wie folgt: Genau wie bei den einfachen Aussprüchen des großen Galiläers, dessen Worte ebenfalls Gegenstand endloser Kommentare geworden sind, dreht sich die Frage nicht um die Klarheit, sondern um die Anpassung ihres Sinnes an die ständig wechselnden Bedingungen des menschlichen Lebens. Überdies sind, wie bei den Aussprüchen unseres Herrn und Heilands oder bei den damit freilich nicht vergleichbaren Versen Shakespeares, Konstruktionsfragen mehr den Kommentatoren als dem Text selbst zuzuschreiben.

*) Anmerkung des Übersetzers: Vergl. Q. Horatii Flacci Carmina, Liber tertius, XIII.

## 14. Kapitel

# DER VORHANG FÄLLT

*„God helps them that help themselves."*

—Poor Richard.

AM 17. September trat der Konvent zum letztenmal zusammen. Das Dokument wurde den Mitgliedern in Reinschrift zur Unterschrift vorgelegt. Von den 55 Mitgliedern, die an den Versammlungen teilgenommen hatten, waren nur 42 zurückgeblieben. Von diesen waren einige nicht geneigt, als Einzelpersonen zu unterschreiben. Während die Mitglieder sich des Umfangs ihrer Arbeiten voll bewußt waren, so hatten sie doch keine Ahnung von der Größe ihres vollbrachten Werkes. Bancroft meinte zwar, sie seien bei dem Ergebnis ihrer Arbeiten „von Ehrfurcht ergriffen" gewesen. Das ist aber rhetorische und überschwengliche Geschichtsschreibung der alten Schule und ist von der Wahrheit weit entfernt. Es gab nur wenige Mitglieder des Konvents, wenn überhaupt welche, die von diesem Ergebnis begeistert waren. Tatsächlich entstand, als die Urkunde zur Unterzeichnung fertig war, die ernste Frage, ob der Rest der Mitglieder überhaupt genügend Vertrauen zu ihrem eigenen Werk hatte, um es mit ihren Namen zu unterzeichnen. Hätte man das unterlassen, dann wäre die Annahme durch das Volk unmöglich gewesen. Viele Delegierte waren mißvergnügt abgereist, und die 55 waren auf 42 zusammengeschrumpft. Von diesen lehnten zum Schluß auch noch drei ab, zu unterzeichnen. Es waren das Edmund Randolph, George Mason und Elbridge Gerry.

Da leistete Dr. Franklin einen seiner letzten und größten Dienste seines edlen und nützlichen Lebens. Mit einnehmendem Witz und mit der eindrucksvollen Art, die sich aus seiner distinguierten Laufbahn ergab, sagte er:

„Ich gestehe, daß es manche Teile der Verfassung gibt, die ich auch jetzt noch nicht billige, aber ich bin nicht sicher, ob ich sie nicht doch noch jemals billigen werde. In meinem langen Leben habe ich viele Beispiele kennengelernt, in denen ich infolge besserer Informationen oder vollständigerer Überlegung meine Ansichten auch über wichtige Gegenstände ändern mußte, die ich einmal für richtig gehalten hatte, die ich aber dann anders ansah. Daher kommt es, daß ich, je älter ich werde, desto geneigter bin, meinem eigenen Urteil nicht zu trauen und dem Urteil anderer mehr Achtung zu zollen. Die meisten Menschen glauben sich ebenso wie die meisten religiösen Sekten im Besitz aller Wahrheit, und wo immer andere von ihnen abweichen, entdecken sie einen großen Irrtum. Steele*), ein Protestant, sagt in einer Widmung dem Papst, daß der einzige Unterschied zwischen unseren Kirchen in ihren Anschauungen über die Richtigkeit ihrer Lehren der ist, daß die römische Kirche unfehlbar und die englische Kirche niemals im Unrecht ist. Aber obwohl nun viele einzelne Personen von ihrer eigenen Unfehlbarkeit ebenso hoch wie von der ihrer Sekte denken, drücken das doch nur wenige ebenso natürlich aus wie eine gewisse französische Dame, die in einem Gespräch mit ihrer Schwester sagte: „Ich weiß nicht, wie das kommt, liebe Schwester, aber ich treffe doch niemanden außer mir, der immer recht hat." — Il n'y a que moi qui a toujours raison.

In dieser Überzeugung stimme ich dieser Verfassung mit allen ihren Fehlern, wenn sie solche hat, zu; und das, weil ich eine allgemeine Regierung für uns notwendig halte und es keine Regierungsform gibt, die nicht ein Segen für das Volk werden kann, wenn sie nur gut angewendet wird, und weil ich weiter glaube, daß diese geeignet ist, für eine Reihe von Jahren gut angewandt zu werden und in Despotismus nur dann enden kann, wie es auch bei anderen Formen vor ihr gegangen ist, wenn nämlich das Volk so verdorben ist, daß es eine despotische Regierung braucht, da es für

*) Anmerkung des Übersetzers: Sir Richard Steele (1671—1729), englischer Schriftsteller und Zeitungsherausgeber. Er schrieb u. a. den moralischen Traktat „The christian hero" und einige ebenfalls moralische Lustspiele.

eine andere nicht mehr fähig ist. Ich bezweifle auch, ob irgendein anderer Konvent, den wir erhalten, imstande wäre, eine bessere Verfassung zu errichten. Denn wenn Sie eine Anzahl von Männern zusammenrufen, um den Nutzen ihrer vereinten Weisheit zu haben, dann versammeln Sie unvermeidlich mit diesen Männern auch all ihre Vorurteile, Leidenschaften, Irrtümer in ihren Anschauungen, lokalen Interessen und ihre selbstischen Ansichten. Kann man von einer solchen Versammlung ein vollendetes Ergebnis erwarten? Ich bin deshalb darüber erstaunt, dieses System so weit der Vollendung nahe kommen zu sehen, wie es der Fall ist, und ich glaube, es wird auch unsere Feinde in Erstaunen setzen, die mit Zuversicht zu hören erwarten, daß unsere Beratungen gleich denen der Erbauer Babylons verwirrt wurden, und daß unsere Staaten auf dem Punkt sich zu trennen sind, nur, um hernach zu dem Zweck wieder zusammenzutreffen, sich gegenseitig die Kehle durchzuschneiden. Deshalb stimme ich dieser Verfassung zu, weil ich keine bessere erwarte und weil ich nicht sicher bin, ob es nicht doch die beste ist. Die Anschauungen, die ich über ihre Irrtümer vertreten habe, opfere ich dem Wohl der Öffentlichkeit. Ich habe niemals auch nur eine Silbe davon nach außen verlauten lassen. Innerhalb dieser Mauern sind sie geboren, und hier sollen sie auch sterben. Wenn jeder von uns bei der Rückkehr zu unseren Auftraggebern die Einwände berichten wollte, die er gegen sie gehabt hat, und sich bemühen würde, Parteianhänger zu ihrer Unterstützung zu gewinnen, dann werden wir ihre allgemeine Annahme verhindern und dadurch all der heilsamen Wirkungen und bedeutenden Vorteile verlustig gehen, die sich naturgemäß aus unserer tatsächlichen und offenkundigen Einstimmigkeit für uns bei den fremden Nationen wie bei uns selbst ergeben. Viel von der Stärke und Wirksamkeit jeder Regierung bei der Sicherung der Wohlfahrt des Volkes hängt ebenso von der allgemeinen Meinung über die Güte der Regierung wie von der Weisheit und Unbescholtenheit ihrer Leiter ab. Ich hoffe deshalb, daß wir um unser selbst als eines Teils des Volkes wie um der Nachkommenschaft willen herzlich und einmütig zusammenwirken, diese Verfassung zu empfehlen (wenn sie vom Kongreß gebilligt und von den Konventen bestätigt wird), so weit unser Einfluß nur reicht, und daß wir unsere Gedanken und Bemühungen in Zukunft auf die Mittel lenken, die sie zu einer guten Anwendung bringen.

Im Ganzen kann ich mir nicht versagen, einen Wunsch auszudrücken, daß nämlich jedes Konventsmitglied, das noch Einwände gegen sie hat, bei dieser Gelegenheit mit mir zusammen ein wenig an seiner Unfehlbarkeit zweifeln — und, um unsere Einmütigkeit zu zeigen, seinen Namen unter diese Urkunde setzen möge."

Franklin, so berichtet man, brach in Tränen aus*). Als er seine Ansprache beendet hatte, beantragte er, daß die Verfassung mit dem folgenden Zusatz unterzeichnet werde: „Geschehen im Konvent unter einhelliger Zustimmung der anwesenden Staaten."

Dies sollte es den Delegierten, die nicht von der Weisheit der vorgeschlagenen Verfassung überzeugt waren und auch durch Franklins beredten Appell nicht dazu gebracht werden konnten, ermöglichen, ohne eine persönliche Verantwortung zu übernehmen, lediglich im Namen ihrer Staaten zu unterzeichnen.

Dieser geniale Gedanke entstammte Franklins gewandtem Kollegen, Gouverneur Morris, der Franklin veranlaßt hatte, die ausgezeichnete Ansprache zur Unterstützung eines solchen Antrages vorzubereiten. Während sich viele der von dem jungen Pennsylvanier vorgebrachten Gedanken als wirkungslos erwiesen hatten, bedeutete doch dieser gewandte Kunstgriff die Rettung aus einer kritischen Situation. Denn so wurde die Verfassung dem Volke mit einer scheinbaren, aber tatsächlich nicht vorhandenen Einmütigkeit vorgelegt. Das Volk vermutete so wenig die starken Meinungsverschiedenheiten im Konvent, daß es gesprächsweise den Ort der Versammlung „Halle der Einmütigkeit", „Unanimity Hall", nannte. Es machte den Delegierten alle Ehre, daß keiner eine Andeutung über die Meinungsverschiedenheiten bei ihren Beratungen fallen ließ, obwohl man ihnen doch

*) Vergl. Anhang VI, Bemerkung 4.

während der Dauer des Konvents viele gesellschaftliche Aufmerksamkeiten in der Stadt Philadelphia erwiesen hatte.

Gorham aus Massachusetts brachte damals einen Nachtragsantrag zu dem Zweck ein, die Urkunde dem Volke durch Vermehrung der Mitglieder des Repräsentantenhauses schmackhafter zu machen. Dies veranlaßte Washington, seine erste Rede im Konvent zu halten. Zunächst erklärte er bescheiden, daß „seine Stellung (als Präsident) ihn bisher abgehalten habe, seine Meinung über die im Hause anhängigen Fragen vorzubringen", und ihm eigentlich auch jetzt noch Schweigen auferlege, daß er es aber dennoch wage, die Annahme der Gorhamschen Resolution zu empfehlen. Dann legte er dar, daß die kleine Mitgliederzahl des Repräsentantenhauses, wie es auf Grundlage der Bevölkerungszahl jener Zeit errichtet werde sollte, „von vielen Mitgliedern des Konvents für eine ungenügende Sicherstellung der Rechte und Interessen des Volkes gehalten werde." Er fügte weiter hinzu, daß eine so geringe Vertretung „ihm immer als eine der anfechtbaren Seiten des Entwurfs erschienen sei", und warf das große Gewicht seines Einflusses zugunsten des Antrages in die Wagschale, indem er erklärte, „es wäre ihm eine große Genugtuung, wenn der Antrag angenommen würde." Der Antrag wurde angenommen.

Darauf wurde eine Abstimmung über die Annahme der Verfassung, wie sie protokolliert worden war, vorgenommen, und die Staaten stimmten als S t a a t e n einhellig dafür.

Trotzdem war die Opposition auch durch Franklins überzeugende Rede nicht beruhigt, und die Andersdenkenden waren nicht gewillt, schweigend im Konvent dabei zu sitzen, und dadurch eine Einmütigkeit vorzutäuschen, die tatsächlich nicht bestand.

Seine Exzellenz der Gouverneur von Virginia, der, merkwürdig genug, unter Vorlage des Virginia-Entwurfs die Eröffnungsrede im Konvent gehalten hatte, erhob sich und rechtfertigte unter Hinweis auf Franklins Rede seine Weigerung, die Verfassung zu unterzeichnen „trotz der vorhandenen Mehrheit und trotz der ehrwürdigen Namen, die der Weisheit und dem Wert der Verfassung die Weihe erteilten." Er fügte hinzu, daß seine Gegnerschaft im Sitzungssaal des Konvents nicht notwendig bedeute, daß er sie auch „draußen" bekämpfen werde. Er gab dem Wunsche Ausdruck, ungehindert darin zu sein, „sich von seiner Pflicht leiten zu lassen" und erklärte, daß „das Ziel des Konvents durch die Alternative, vor welche es das Volk stelle, vereitelt werde. Neun Staaten würden es unterlassen, den Plan zu ratifizieren, und daraus müsse sich Verwirrung ergeben."

Mit dieser trüben Ankündigung behielt er sich selbst volle Handlungsfreiheit vor.

Gouverneur Morris folgte dann mit einer kurzen Rede, in der er erklärte, der vorliegende Entwurf sei der beste, den man habe erreichen können; deshalb werde er „ihn mit all seinen Fehlern annehmen". Er prophezeite, es werde, wenn man den Plan dem Volke vorgelegt habe, „die große Frage sich aufwerfen, ob eine nationale Regierung bestehen solle oder nicht. Diese müsse aber errichtet werden, andernfalls werde eine allgemeine Anarchie die Folge sein."

Williamson schlug vor, die Delegierten sollten an Stelle der Verfassung nur das Begleitschreiben unterzeichnen, mit dem die Urkunde dem Bundeskongreß vorgelegt werden sollte. Alexander Hamilton nahm gegen diesen Vorschlag Stellung und war ängstlich darum bemüht, daß alle Mitglieder unterzeichnen sollten. Bezeichnenderweise fügte er hinzu:

> „Einige Persönlichkeiten von Einfluß können durch ihren Widerstand oder auch nur durch ihre Weigerung, die Verfassung zu unterzeichnen, ungeheuren Schaden anrichten, indem sie die verborgenen Funken entzünden, die unter der bald nachlassenden Begeisterung für die Verfassung verborgen liegen. *Niemandes Ideen stehen dem Plan ferner als bekanntlich meine eigenen.* Aber gibt es noch ein Bedenken, wenn auf der einen Seite Anarchie und Chaos und auf der anderen Seite die Aussicht auf eine glückliche Entwicklung stehen?

Blount erklärte hierauf den von Gouverneur Morris gemachten geschickten Vorschlag für höchst vernünftig und stellte fest, daß er zwar nicht die Absicht gehabt habe, die

Verfassung als Individuum zu unterschreiben, daß er sie aber als einen Akt der Staaten unterzeichnen werde.

Dann erhob sich Dr. Franklin, und mit der ihm eigenen Neigung zur Vermittlung drückte er sein Bedauern darüber aus, daß Gouverneur Randolph seine (Franklins) vorhergegangene Rede als einen Tadel des ausgezeichneten Herrn aus Virginia aufgefaßt habe. Er erklärte, daß er bei der Vorbereitung seiner Rede nicht gewußt habe, daß irgendein Mitglied die Unterschrift verweigern wolle, wandte sich dann mit der verbindlichsten Schmeichelei an Seine Exzellenz den Herrn Gouverneur von Virginia und gab dem Dank Ausdruck, den der Konvent Randolph dafür zolle, „daß er den Entwurf in der ersten Lesung so sehr gefördert und ihm weiterhin seine Unterstützung habe angedeihen lassen.“ Er bat ihn dringend, die Urkunde doch zu unterzeichnen und so „den großen Schaden zu verhüten, den die Verweigerung seiner Unterschrift hervorrufen würde.“

Randolph war nicht so leicht zu überreden. Morris Kunstgriff, aus einer Ablehnung eine Zustimmung zu machen, hatte auf ihn keine Wirkung. Feierlich fügte er seiner Erklärung zu:

> „Mit der Weigerung, die Verfassung zu unterzeichnen, tue ich einen Schritt, der vielleicht der fürchterlichste meines Lebens ist. Aber er wird mir von meinem Gewissen diktiert; es ist mir nicht möglich, zu zögern — und noch weniger ist es mir möglich, meine Ansicht zu ändern.“

Er fügte weiter zu, daß gerade Hamiltons Vorschlag, die Verfassung solle dem Volke als der einzige Ausweg gegenüber der Anarchie unterbreitet werden, „in Wirklichkeit die Anarchie und Bürgerkämpfe hervorrufen werde, die man von der Weigerung einzelner Persönlichkeiten, sie zu unterzeichnen, befürchte.“

Gerry unterstützte die Ansicht seines Kollegen aus Virginia und brachte seine Befürchtung vor, es könne sich aus der gegenwärtigen Krise der Vereinigten Staaten ein Bürgerkrieg entwickeln. Für ihn waren die Alternativen, denen sich das Volk gegenübersehen werde, „zwei Parteien; die eine der Demokratie, dem schlimmsten aller politischen Übel, ergeben, die andere ebenso gewaltsam im entgegengesetzten Extrem". Er bedauerte, daß sich die Verfassung nicht als ein besserer Kompromiß erwiesen habe. Sich an Dr. Franklin wendend, rief er zornig aus, daß er die Rede des Doktors als eine Mißbilligung seiner Person und seiner Genossen, die die Verfassung bekämpften, betrachte.

General Pinckney kündigte dann an, daß er nicht nur die Verfassung unterzeichnen werde, sondern auch für ihre Ratifikation „einstehe", und richtete an alle Delegierten die dringende Aufforderung, das Gleiche zu tun. Man machte sofort Einwendungen, und Franklin, der klug genug war, die Gefahr einer neuen Krise im Konvent zu fühlen, meinte abermals mit vermittelndem Takt, daß es „wohl zu früh sei, sich selbst zu verbürgen, bevor der Kongreß und ihre Auftraggeber den Entwurf gebilligt hätten."

Man schritt dann zur Abstimmung. Zehn der anwesenden elf Staaten stimmten zu, während der elfte (Süd-Carolina) sich der Stimme enthielt.

Wieder wurde darauf die Frage der Geheimhaltung in Erwägung gezogen. King beantragte nämlich, daß die Journale des Konvents entweder vernichtet oder unter der Obhut des Präsidenten Washington niedergelegt werden sollten. Man nahm den zweiten Vorschlag an. Präsident Washington, immer besorgt um irgendein öffentliches Depositum, stellte noch die Anfrage, ob er die Urkunden den Mitgliedern zeigen dürfe, wenn sie darum ersuchten. Man setzte dann das letzte Siegel der Geheimhaltung unter die Beratungen durch einen Beschluß, „daß er das Journal und die anderen Schriftstücke zur Verfügung des Kongresses halten solle, wenn sich jemals ein solcher verfassungsmäßig gebildet haben würde."

Die hervorgehobenen Worte zeigen die verzweifelte Ungewißheit des Konvents, ob seinen so langwierigen Beratungen die Möglichkeit irgendeines Erfolges beschieden sein werde.

Es zeigt sich deutlich, daß der Konvent in einer Stimmung der Schwermut endete. Wenige seiner Mitglieder, vielleicht gar keine, hegten den zuversichtlichen Glauben, daß sich aus ihren Arbeiten irgend etwas von bleibendem Wert ergeben werde. Sie hatten zwar ihr Bestes getan, aber sie glaubten, sie hätten es daran fehlen lassen. Bancrofts Behauptung, daß die Mitglieder, als die Verfassung zur Unterschrift auf den Tisch gelegt wurde, von dem Ergebnis ihrer Beratungen „von Ehrfurcht ergriffen" gewesen seien, hat keinerlei Berechtigung. Hätte irgend jemand dem Konvent gesagt, daß ein zukünftiger englischer Ministerpräsident und einer der größten Staatsmänner des 19. Jahrhunderts dieses Dokument als das wundervollste Werk aufbauender staatsmännischer Kunst, das jemals dem Gehirn und der Denkkraft der Menschheit entsprossen sei, betrachten würde, — seine Mitglieder hätten sich vor Erstaunen buchstäblich die Augen gerieben. Wahrscheinlich war ihre einzige Befriedigung die, daß ihr Werk schlecht und recht getan war, und daß sie nun nach Hause zurückkehren konnten.

Als sich die Mitglieder des Konvents dem Tische näherten, um zu unterzeichnen, verklärte ein freundliches Lächeln Franklins gütiges Gesicht. Sein ganzes langes Leben hindurch hatte er unermüdlich an einem wirklichen Bund der Kolonien gearbeitet; nun sah er zuletzt noch die Früchte seiner Bemühungen. Auf dem Stuhl, den Washington einnahm, war die halbe Scheibe einer Sonne abgebildet. Dieses kleine und ungeschickt gemalte Sinnbild ließ in Franklin plötzlich eine Vision der Zukunft auftauchen. Wie groß die Vorstellung davon war, wissen wir nicht. Aber wäre sie auch von apokalyptischem Glanz gewesen, so hätte er doch diese Zukunft nur „undeutlich wie durch ein Glas" gesehen.

In dieser Stunde der Verzweiflung und des Schwermuts, als der Konvent sogar in seinen förmlichen Anträgen seinem Zweifel Ausdruck gab, ob eine wirksame Regierung geschaffen werden könne, sah Franklin plötzlich, daß ein neuer und besserer Tag für den Amerikanischen Freistaat aufzugehen begann. Zwar schien seine Sonne zunächst in den dunklen Wolken sozialer Unordnung unterzugehen, dann aber tauchte sie auf und stieg am Firmament der Zeit in ihrer majestätischen Bahn aufwärts. Mit dieser Sonne verging seine Schwermut und schwand seine Verzweiflung. Er lenkte die Aufmerksamkeit der Mitglieder auf das Sinnbild an der

Lehne des Präsidentenstuhls und bemerkte, „daß es die Maler schwer gefunden hätten, in ihrer Kunst eine aufgehende Sonne von einer untergehenden zu unterscheiden." Dann fuhr er prophetisch fort:

> „Oft und oft habe ich im Verlauf der Sitzungen und im Wechsel meiner Hoffnungen und Befürchtungen in Bezug auf ihr Ergebnis die hinter dem Präsidenten abgemalte Sonne betrachtet, ohne sagen zu können, ob sie im Auf- oder im Untergehen sei. Aber jetzt habe ich zuletzt noch das Glück, zu wissen, daß es eine aufgehende und nicht eine untergehende Sonne ist."

Die Zeit hat die Prophezeiung dieses edlen Weisen erfüllt. Die Laufbahn der neuen, mit dem Verfassungswerk geschaffenen Nation ist bis jetzt eine aufsteigende und nicht eine untergehende Sonne gewesen. Franklin hat in den 60 Jahren seiner hervorragend nützlichen Staatbürgerschaft — vielleicht hat keine Nation jemals einen unermüdlicheren und selbstloseren Diener gehabt — mehr als irgendein anderer Amerikaner dafür getan, den Amerikanischen Commonwealth zur Entwicklung zu bringen. Aber es war ihm wie Moses nur bestimmt, das gelobte Land aus der Ferne zu sehen. Kaum war nämlich die neue Regierung ins Leben gerufen, als Franklin, an Jahren wie an Ehren reich, starb. So prophetisch nun aber seine Vision auch war, die Wirklichkeit der heutigen Zeit konnte er doch niemals voraussehen. Ist doch unsere Nation, durch Überlegung, im Lichte der Vernunft und ohne Blut und Leidenschaft geschaffen, heute nach allgemeiner Übereinstimmung eine der größten und würdigsten Republiken aller Zeiten.

Wie ernsthaft Washington mit der Möglichkeit eines Mißlingens des Konvents gerechnet hatte, zeigt sich in der Bemerkung, die uns ein zeitgenössischer Bericht überliefert*). Als die vier Pergamentblätter auf das Pult des Präsidenten zur Unterzeichnung niedergelegt wurden und Franklin eben seine hoffnungsvollere Prophezeihung „von der aufsteigenden Sonne" machte, erhob sich General Washington, der sich bis zu diesem Tage während der sämtlichen Sitzungen des Kon-

*) Pennsylvania Journal vom 14. November 1787.

vents in Schweigen gehüllt hatte, in der ganzen Größe seiner 6 Fuß 2 Zoll, nahm seine Feder, mit der er die Urkunde unterzeichnen wollte, und sagte grimmig:

> „Sollten die Staaten diese ausgezeichnete Verfassung zurückweisen, dann wird sich wahrscheinlich keine Möglichkeit mehr bieten, eine zweite im Frieden zunichte zu machen, — die nächste wird in Blut entworfen werden."

Ein kurzer, aber beredter Ausspruch des schweigenden Mannes im Konvent! Wahrscheinlich hatten diese Worte des großen Führers mehr Wirkung als die langen Reden, welche ihnen vorausgegangen waren.

In seinem Tagebuch berichtet Washington über seinen Eindruck vom Abschluß des Konvents in folgenden Worten:

> „Nachdem die Geschäfte so abgeschlossen waren, begaben sich die Mitglieder nach der City Tavern, speisten miteinander und nahmen voneinander herzlichen Abschied. Danach kehrte ich in meine Wohnung zurück, — erledigte einige Angelegenheiten, erhielt vom Sekretär des Konvents die Schriftstücke und zog mich zurück, um über das bedeutungsvolle Werk nachzudenken, das nun vollendet war und das, nachdem man täglich Sitzungen von mindestens fünf, größtenteils sechs und manchmal sieben Stunden Dauer abgehalten hatte, einschließlich der Sonntage und der zehn Tage der Vertagung, die einer Kommission Zeit und Gelegenheit zur Ordnung der Angelegenheit geben sollten, einen Zeitraum von mehr als vier Monaten in Anspruch genommen hatte."

Das Stück war zu Ende. Der Vorhang war gefallen. Viele Delegierte hatten den gleichen zynischen Gedanken, dem Beethoven im Sterben Ausdruck gab: „Plaudite, amici, mea comedia finita est."

Bis zu einer Zeit, die mehr als ein halbes Jahrhundert später lag, wurde der Vorhang über diesem epischen Drama, abgesehen von einem kleinen — Durchblick —, niemals gehoben.

Da die neue Verfassung sehr schnell nach ihrer Ratifizierung ihre wirklichen Vorzüge enthüllte und da bald viele sehr interessante Fragen über ihre Auslegung und Anwendung auftauchten, ist es erstaunlich, daß die handelnden Personen des Dramas, nachdem doch die wirklichen Beweggründe für die Geheimhaltung weggefallen waren, mit nur wenigen Ausnahmen bis zum letzten Atemzug Schweigen über die Rolle, die sie gespielt hatten, beobachteten.

Es ist interessant zu bemerken, daß der Chief Justice Marshall in seinen gründlichen und umfangreichen richterlichen Auslegungen der Verfassung seine Argumente nur selten durch Hinweise auf Einzelheiten des Konvents stützte, obgleich viele solcher Einzelheiten, wenn ihm bekannt, sein Urteil beträchtlich gestärkt hätten. So würde er wohl im Falle Marbury contra Madison seine spitzfindige Dialektik durch Bezugnahme auf die betreffenden Debatten über die Gerichtsbarkeit vermieden haben, wären ihm diese nur zugänglich gewesen. Es ist zwar richtig, daß Marshall nicht selbst Delegierter auf dem Konvent gewesen war, aber seine engen persönlichen Beziehungen zu vielen Delegierten würden ihm reichliche Informationen verschafft haben, wenn die Delegierten geneigt gewesen wären, Einzelheiten des Konvents auch nur mit ihren besten Freunden zu besprechen.

Man wird die Geschichte vergeblich nach einem zweiten Fall solcher Selbstbeherrschung durchforschen. Bereits seit einem Jahrzehnt betrachteten damals Angehörige aller Parteien ihre neue Verfassung mit gehobener Stimmung und mit Stolz —, und doch wagte kaum ein Delegierter, selbst nicht in vertraulichen Gesprächen mit Freunden, sich seines Anteils an dem Werk zu rühmen.

Sicherlich, diese Männer waren moralisch und intellektuell groß in der ungewöhnlichen Hochherzigkeit ihres Schweigens! „There were giants in those days." „In jenen Zeiten gab es Riesen."

15. Kapitel

# DIE RATIFIZIERUNG DER VERFASSUNG

*„Dieses Dokument ist Gegenstand unendlicher Untersuchung, Erörterung und feierlicher Rede gewesen. Während es einige als Werk des Himmels gepriesen haben, haben ihm andere eine weniger redliche Herkunft zugeschrieben. Ich habe guten Grund, zu glauben, daß es das Werk schlichter, braver Männer ist, und als solches, glaube ich, wird es sich zeigen."*

—Robert Morris.

Dr. Franklins „aufgehende Sonne" sollte am Firmament erst durch eine Wand dunkler und trüber Wolken aufsteigen; denn die Verfassung konnte nicht in Kraft treten, bis sie von 9 der 13 Staaten ratifiziert war, und in vielen Staaten sollten ihrer Annahme heftige Kämpfe vorhergehen.

Vor seiner Vertagung hatte der Konvent folgendes beschlossen:

> „Die vorliegende Verfassung soll den im Kongreß versammelten Vereinigten Staaten unterbreitet werden. Es ist die Ansicht dieses Konvents, daß sie nachher einer Versammlung von Delegierten, die in jedem Staat vom Volk unter Empfehlung durch seine gesetzgebende Körperschaft gewählt werden, zur Zustimmung und Ratifizierung vorgelegt werden soll. Jede Versammlung, die ihre Zustimmung zur Verfassung erteilt und sie ratifiziert, soll davon den im Kongreß versammelten Vereinigten Staaten Mitteilung machen."

Man schrieb aber auch dem Kongreß die Schritte vor, welche auf die Ratifizierung der Verfassung durch neun Staaten bei der Errichtung der neuen Regierung folgen sollten. Der Kongreß tagte damals in New York. Auf Veranlassung des Konvents sandte Washington dem Kongreß eine Abschrift der Verfassung und der eben erwähnten Beschlüsse sowie ein vom „Committee of Style" vorbereitetes Schreiben, in dem er im Namen des Konvents folgende Ausführungen machte:

„Wir haben nunmehr die Ehre, diese Verfassung, die uns als die ratsamste erschien, den im Kongreß versammelten Vereinigten Staaten zur Erwägung zu unterbreiten.

Die Freunde unseres Landes haben bereits seit langem eingesehen und gewünscht, daß das Recht, Steuern zu erheben und den Handelsverkehr zu regeln, sowie die entsprechende Exekutive und richterlichen Ämter in einem vollen und wirksamen Maße der Bundesregierung der Union eingeräumt werden sollten. Aber die Unrichtigkeit, eine so ausgedehnte Vertrauensstellung einer einzigen Körperschaft von Männern zu übertragen, liegt klar zutage — daraus ergibt sich die Notwendigkeit einer verschiedenen Organisation . . .

Bei allen unseren Beratungen haben wir uns das fest vor Augen gehalten, was uns das größte Interesse jedes wahren Amerikaners zu sein scheint, nämlich die Befestigung unserer Union, die unser Gedeihen, Glück Sicherheit, vielleicht sogar unsere nationale Existenz in sich schließt. Diese bedeutsame Erwägung hat sich unserem Sinn ernsthaft und tief eingeprägt und hat auf dem Konvent jeden Staat dazu bewogen, in Punkten von untergeordneter Bedeutung weniger hartnäckig zu sein, als man sonst wohl erwartet hätte. Infolgedessen ist die Verfassung, die wir nunmehr vorlegen, das Ergebnis eines Geistes der Freundschaft und jenes gegenseitigen Zugestehens und Nachgebens, das die Besonderheit unserer politischen Lage unerläßlich macht.

Daß sie die volle und ganze Zustimmung jedes Staates erhält, ist vielleicht nicht zu erwarten; aber jeder wird zweifellos einsehen, daß die Folgen für andere zum Teil unangenehm oder ungerecht gewesen wären, hätte man allein sein Interesse berücksichtigt. Wir hoffen und glauben, daß diese Verfassung so wenig Einwendungen ausgesetzt sein wird, wie man vernünftigerweise erwarten kann. Unser heißester Wunsch ist, daß sie das dauernde Wohl dieses uns allen so teuren Landes befördern und seine Freiheit und sein Glück sichern möge."

Drei Mitglieder des Konvents — Madison, Gorham und King — waren gleichzeitig Mitglieder des Kongresses. Sie begaben sich sogleich in großer Eile nach New York, um dem Kongreß das neue Regierungssystem in großen Zügen zu erklären und dadurch einer zu voreiligen Obstruktion dieser Körperschaft zuvorzukommen. Es war gut, daß sie das taten; denn als am 20. September der Kongreß eine vollständige Abschrift der Verfassung erhalten hatte, erhob sich von seiten einer Anzahl seiner Mitglieder scharfe Opposition. Führer der Opposition war Richard Henry Lee aus Virginia. Er wurde von Nathan Dane aus Massachusetts und allen Delegierten von New York nach Kräften unterstützt. Lee war jahrelang eines der einflußreichsten Mitglieder des Kongresses gewesen. Auf seine Veranlassung hatte der Kongreß im Jahre 1776 beschlossen, alle politischen Beziehungen zu England abzubrechen, und wenn nicht gerade ein Krankheitsfall in seiner Familie vorgelegen hätte, wäre er berufen gewesen, die Unabhängigkeitserklärung zu entwerfen*).

Es überrascht nicht, daß der alte Kongreß zögerte, dem Volk die Verfassung einer ihm übergeordneten Regierung zu empfehlen, und es ist wirklich ein Wunder, daß er es am Ende doch tat. Vielleicht tat er es nur in der bitteren Erkenntnis seines geschwundenen Ansehens. Hätte er beschlossen, die bestehende Regierung zu verteidigen, so würde er wohl einige Rechtfertigung in der lauen Befürwortung des neuen Entwurfes durch dessen Verfasser gefunden haben. Eine wesentliche Minderheit des Konvents befand sich bereits in Oppositionsstellung gegen die neue Verfassung, und ihre einflußreichsten Vorkämpfer „ver-

*) Er darf nicht mit seinem Vetter „Light Horse Harry" Lee, dem hervorragenden militärischen Führer, dem eifrigen Verteidiger der Verfassung im Konvent von Virginia, dem Lobredner Washingtons als „des ersten im Krieg, des ersten im Frieden, des ersten in den Herzen seiner Landsleute" verwechselt werden, der seinerseits wieder der Vater des großen Führers einer späteren Konföderation, Robert E. Lee, war.

urteilten sie entweder persönlich durch mattes Lob" oder folgten dem klugen von Dr. Franklin in der Schlußrede auf dem Konvent erteilten Rat, schwiegen ihren Einwänden gegenüber, während sie die Ratifizierung schwach verteidigten. Das wirkungsvollste Argument, das sie vorbringen konnten, war, daß die Verfassung selbst die Möglichkeit von Zusätzen vorsehe und dadurch ihre Fehler später behoben werden könnten. Trotzdem waren sich die Führer des Konvents ganz klar darüber, daß nichts erreicht werden könne, wenn die scharfe Diskussion des Konvents nunmehr durch eine öffentliche Erörterung über unmittelbare Zusätze auf die Wahlbühnen der Parlamentskandidaten übertragen werde. Diese Ansicht drückte Washington in einem Brief an Edmund Randolph vom 8. Januar 1788 eindrucksvoll aus, in dem er auch darlegte, wie weit die Verfassung von seinen Wünschen entfernt sei. Er schreibt:

> „Nach meinem Dafürhalten ist es klarer als jemals, daß ein Versuch, die vorgelegte Verfassung zu verbessern, ein stärkeres und größeres Durcheinander hervorrufen würde, als man sich wohl vorstellen kann. Es gibt in der neuen Form einiges, das will ich gern zugestehen, das ich niemals von Herzen billigte und, wie ich überzeugt bin, wohl auch nie billigen werde. Aber ich gab damals zu und glaube auch jetzt noch fest, daß es im ganzen die beste Verfassung ist, die sich gegenwärtig erreichen läßt, und daß wir uns entweder für sie oder für eine Auflösung der Union entscheiden müssen; es ist dies die einzige Alternative für uns."

Allmählich aber bildeten er und viele seiner Genossen sich eine bessere Meinung über die Verfassung. Langsam trat deutlich hervor, wieviel Vernunft sie in sich barg. Einen Monat nach dem eben erwähnten Brief an Edmund Randolph sehen wir Washington am 7. Februar 1788 an Lafayette schreiben:

> „Es scheint mir fast an ein Wunder zu grenzen, daß sich die Delegierten aus so vielen verschiedenen Staaten (Staaten, die sich, wie Sie wissen, voneinander auch in ihren Sitten, Verhältnissen und Vorurteilen unter-

scheiden) zusammenschlossen, um ein System für eine Bundesregierung zu schaffen, das in so geringem Maße wohlbegründeten Einwänden ausgesetzt ist. Aber ich bin doch auch nicht ein so begeisterter, so parteiischer und kritikloser Bewunderer des Werkes, um nicht einzusehen, daß es mit einigen (wenn auch nicht radikalen) Fehlern behaftet ist."

Als das Volk in den Kolonien den in der kolonialen Presse veröffentlichten Entwurf der Verfassung studierte, entwickelten sich schnell zwei genau abgegrenzte Bewegungen, eine zu ihrer Unterstützung, die andere zu ihrer Bekämpfung. Der alte Kongreß erkannte die geteilten Meinungen und beschloß nach einigem Reden, ohne eine Empfehlung auszusprechen, die Verfassung den Staaten zur weiteren Behandlung zu unterbreiten. Am 28. September beschloß er einstimmig, „daß der erwähnte Bericht mit den Beschlüssen und seinem Begleitschreiben den verschiedenen gesetzgebenden Körperschaften überwiesen werden solle, um in Übereinstimmung mit den dafür getroffenen und vorgesehenen Beschlüssen des Konvents in jedem Staat einem Konvent von Delegierten, die von der Bevölkerung desselben gewählt seien, vorgelegt zu werden."

Vielleicht ist dies eines der wenigen Beispiele in der Geschichte der Menschheit, in denen eine bestehende Regierung in aller Gemütsruhe Selbstmord verübte.

Als das Interesse der Öffentlichkeit an dem großen Unternehmen wuchs, prägte sich die Scheidung in zwei Parteien stärker aus. Aber jetzt sollte der große Kompromiß des Konvents von unschätzbarem Wert sein; denn es gab jetzt nicht länger mehr eine Scheidung in große und kleine Staaten. Diese Differenzen waren freundschaftlich beigelegt worden. Die nunmehrige Opposition hatte vielmehr darin ihren Grund, daß die Verfassung in weitem Maße von den Vertretern der wohlhabenderen Klasse geschaffen war, von denen einige wegen ihrer aristokratischen Tendenzen bekannt waren. Sie beruhte ferner auf den wenig wortreichen Auslassungen der Verfassung, von denen einige Stellen durch spätere Zusätze beseitigt wurden, sowie auf dem Ausmaß, in welchem man der Bundesregierung Vollmacht verliehen hatte. Man stimmte zwar allgemein darin überein, daß die Macht der Bundesregierung, besonders in Handelsfragen, verstärkt werden sollte, die Stärkung erschien aber doch vielen als zu groß. Dann kam noch die weitere Tatsache hinzu, daß einige politische Führer sich auf die eine oder andere Seite stellten, je nachdem es ihnen die eigenen politischen Interessen zu gebieten schienen.

Die erzwungene Geheimhaltung des Konvents, die ein Schlußübereinkommen möglich gemacht hatte, wurde nun ein starkes Argument für die Gegner der Ratifizierung. Mit einiger Berechtigung konnten sie sich über diese „Dampfwalzen"-Methode beklagen. Besonders Luther Martin bediente sich bei seinem Kampf in Maryland dieser Waffe und beachtete das Übereinkommen auch nicht, sondern plauderte einige Geheimnisse des Konvents aus.

Während der vier Monate, die der Konvent tagte, war die Einbildungskraft des Volkes nicht untätig geblieben. Wilde Gerüchte waren im Umlauf gewesen. Jedoch hatte man außerhalb der Konventshalle nichts Endgültiges über das große Werk innerhalb ihrer Wände erfahren.

Einerseits schrieb General Knox, daß

> „die neue Verfassung von dem ganzen im Handel tätigen Teil des Gemeinwesens mit großer Freude aufgenommen sei."

Auf der anderen Seite schrieb Rufus King, daß der Widerstand gegen die Verfassung zuzuschreiben sei

> „einer unerschütterlichen Ansicht vieler Personen, daß gegen sie ein Unrecht geplant sei, — daß das System ein Werk der Reichen und Ehrgeizigen sei, daß sie ihr Vorgehen verdeckten und daß die Folge die Einrichtung zweier sozialer Ordnungen sein werde, von denen die eine die Wohlhabenden und Großen, die andere die Armen und Ungebildeten umfasse. Die außerordentliche Einigkeit zugunsten der Verfassung seitens der Wohlhabenden in diesem Staat und ihre fühlbare Parteinahme für sie bestätigt diese Anschauungen, und jede bisher gemachte Anstrengung, sie auszurotten, ist vergeblich gewesen."

Und an Madison schrieb er ferner:

> „Eine Besorgnis, daß die Freiheiten des Volkes in Gefahr seien, und ein Mißtrauen gegen die Leute von Vermögen und Bildung haben einen bedeutenderen Einfluß auf die Gemüter unserer Gegner als irgendwelche bestimmten Einwände gegen die Verfassung."

Es mag für die Versammlungen unseres demokratischeren Zeitalters nicht erfreulich sein, aber es ist nichtsdestoweniger eine Tatsache, daß bei den Wahlen der Vertreter zu den Ratifikationskonventen nur ein kleiner Teil des Volkes überhaupt seine Stimme abgab. Man hat geschätzt, daß nicht mehr als 160 000 Personen dabei abstimmten, und das war nur ein Zwanzigstel der Gesamtbevölkerung. Immerhin war es ein erheblicher Teil der wahlfähigen Wählerschaft; denn damals gab es noch nicht das allgemeine Wahlrecht. Fast alle Kolonien beschränkten das Wahlrecht auf freie Grundbesitzer. Einige Kolonien hatten zwar das Wahlrecht durch die teilweise Verleihung des Bürgerrechts an Leute, die in handwerklichen Berufen tätig waren und die, obwohl sie nicht Grundbesitzer waren, doch zum Volkswohlstand durch ihrer Hände Arbeit beitrugen, erweitert. Das war jedoch die Ausnahme. Im allgemeinen herrschte der damalige Grundsatz des Mutterlandes, daß die politische Gewalt auf die beschränkt sein sollte, welche ihr eigenes Heim besaßen. Der kluge Sinn einer solchen Beschränkung war eines der Themen, über die am geschicktesten und am nachdrücklichsten im Konvent debattiert worden war. Die meisten Konventsmitglieder waren nämlich der Anschauung, daß eine Volksregierung nicht brauchbar sein werde, wenn das Wahlrecht zu weiten Kreisen verliehen werde. Was die Ausdehnung des Wahlrechts auf die Frauen angeht, so konnten sich die Schöpfer der Verfassung eine solche Möglichkeit auch nicht im entferntesten vorstellen.

Dies mag zwar der gegenwärtigen Generation als eine unbegreifliche Engherzigkeit erscheinen, es war jedoch ein Glück, daß es zu der Zeit der Fall war, als die Verfassung dem Volke vorgelegt wurde.

In vielen Staaten war nämlich die Meinung — sogar unter den Grundbesitzern — ziemlich gleich geteilt, und hätte damals das allgemeine Wahlrecht wie heute geherrscht, so wäre wahrscheinlich die Verfassung durch eine weitaus überwiegende Mehrheit abgelehnt worden. Ihr Plan war so neuartig und so gänzlich gegen die herrschenden Ideen und Überlieferungen gerichtet, daß es den Gegnern der Verfassung, wie Samuel Adams, George Mason und Patrick Henry, ein leichtes gewesen wäre, die Leidenschaften des Volkes aufzupeitschen und so ihre Zurückweisung zu sichern. Wie oben dargelegt, drehten sich die Meinungsverschiedenheiten in der Wahlrechtsfrage, so wie sie sich entwickelten, nicht so sehr um die Interessen der großen und kleinen Staaten wie um die Klasseneinteilungen, über die Madison an einer bereits mitgeteilten Stelle berichtet*). Die Verfassung war von Leuten mit starken Grundbesitzerinteressen geschaffen worden, und eines ihrer großen Ziele war es gewesen, diese Interessen zu schützen und zu sichern. Wenn nun ihre Ratifikation schon zweifelhaft erschien, als das so erreichte Ergebnis fast ausschließlich Wählern vorgelegt wurde, die ihr eigenes Heim besaßen, so kann man sich wohl vorstellen, daß eine solche Ratifikation überhaupt nicht zustandegekommen wäre, hätte man denen, welche keine wesentlichen Interessen an der Erhaltung der Eigentumsrechte hatten, eine Stimme bei der Entscheidung eingeräumt. Wenn es unserer demokratischen Zeit abstoßend erscheinen sollte, daß die Verfassung ihren Ursprung und ihre Stütze in den besitzenden Klassen hatte, so darf doch nicht vergessen werden, daß sie in ihrer praktischen Wirksamkeit über ein Jahrhundert lang ebensosehr der Schild der Armen wie der Schutz der Besitzenden gewesen ist. Die Unterscheidung zwischen persönlichem Recht und Eigentumsrecht klingt gehässig. Eigentum als solches hat keine Rechte; vielmehr haben die Personen ein Recht auf Eigentum, und in seiner letzten Bedeutung ist das Recht auf Eigentum nichts anderes als das Recht auf die Arbeit und den Genuß ihrer Früchte.

---

*) Vergl. Seite 66 und 67.

Die Konvente der kleinen Staaten Delaware, New Jersey und Georgia ratifizierten die Verfassung rasch ohne jede Meinungsverschiedenheit. Delaware nahm die Verfassung am 7. Dezember, New Jersey am 18. Dezember und Georgia am 2. Januar an. Sieben Tage später ratifizierte dann der Konvent in Connecticut nach einer Sitzung von nur fünf Tagen mit einem Stimmenverhältnis von 128 zu 40.

In keinem dieser vier Staaten schlugen die Konvente irgendeine Abänderung an der Verfassung vor. Ihre Delegationen auf dem Konvent zu Philadelphia waren, nachdem die Kompromisse zwischen den großen und kleinen Staaten erreicht waren, einstimmig für ein neues Regierungssystem gewesen. Ihre Zustimmung war selbstverständlich, da sie großen Nutzen von dem Recht der neuen Regierung, den zwischenstaatlichen und auswärtigen Handel zu regeln, haben mußten; denn sie besaßen keine bedeutenden Einfuhrhäfen und hatten unter den Schiffahrtsgesetzen der angrenzenden Staaten zu leiden. New Jersey, in seiner Lage zwischen Philadelphia und New York, verglich man mit einem auf beiden Seiten angebohrten Faß. Connecticut lag mit New York in einem Kampf der Legislativen, der aus den Handelsregelungen seines mächtigeren Nachbarn entstanden war. Und Delaware hatte vom Kongreß weniger als von der Pennsylvania Assembly zu fürchten. So versöhnte die Handelsklause der neuen Verfassung diese Staaten mit dem neuen Übereinkommen.

Geschwächt durch den scharfen Kampf innerhalb seiner eigenen Grenzen während der letzten Jahre der Revolution, bedroht von dem mächtigen Stamm der Creek-Indianer im Westen und von den feindlichen Spaniern im Süden, hieß auch Georgia den mächtigen Schutz eines kräftigeren Bundes freudig willkommen.

Der eigentliche Kampf um die Ratifizierung begann in Pennsylvania. Es war das zweitgrößte Gemeinwesen in den Kolonien; seine Bedeutung wurde durch seine geographische Lage in der Mitte zwischen den nördlichen und südlichen Staaten, mit jedem von denen es durch Bande der Sympathie verbunden war, noch stark erhöht. Seine Hauptstadt war die politische Hauptstadt der Konföderation gewesen. Dort war die Verfassung formuliert worden, und dort sollte auch der erste Widerstand vom Volke kommen.

Wenn Pennsylvania es ablehnte, die Verfassung zu ratifizieren, dann war deren Sache hoffnungslos. Das erkannte man überall in den Kolonien, und die Vorkämpfer der Verfassung schauten mit ängstlichen Augen auf die Entwicklung der Ereignisse in diesem Staat. Während der Konvent seine Arbeiten in dem unteren Saale des State House zu Pennsylvania, jetzt als Independence Hall bekannt, abschloß, tagte die Assembly of the State of Pennsylvania, eine einkammerige Körperschaft, in dem unmittelbar darüber gelegenen Saal*). An dem Morgen nach dem Schluß des Konvents und dem Essen in der City Tavern erschienen Franklin als Präsident von Pennsylvania und seine sieben Genossen in der Delegation dieses Staates vor der Assembly, und nun erfuhr diese Körperschaft zum erstenmal etwas über die Beschaffenheit der neuen Verfassung. Fast gleichzeitig war ein Postreiter mit einer Abschrift der neuen Verfassung in größter Eile nach New York abgegangen, um sie dem Kongreß der alten Konföderation zu unterbreiten.

Die Mitglieder der Assembly nahmen die Verfassung zunächst schweigend entgegen; aber in wenigen Tagen zeigte sich, daß man darüber sehr geteilter Meinung war, ob Pennsylvania überhaupt einen Konvent zur Ratifizierung der Verfassung berufen sollte.

Die Assembly sollte sich am 29. September sine die vertagen. Wenn ein Konvent berufen werden sollte, dann mußte die Assembly vor diesem Datum darüber verhandeln. Ohne eine Empfehlung von seiten des Kongresses an die verschiedenen Staaten abzuwarten, wurde am 28. September in der Assembly von Pennsylvania der Antrag eingebracht, die Berufung ergehen zu lassen. Die Gegner der Verfassung behaupteten jedoch, um Zeit zu gewinnen, es sei eine große Unhöflichkeit gegenüber dem Kongreß, wenn man einen Ratifikationskonvent berufe, bevor nicht die bestehende

*) Vergl. Anhang VI, Bemerkung 1.

Regierung durch ihr allein dazu berufenes Organ die Verfassung den Einzelstaaten vorgelegt habe. Die Vorkämpfer für die Verfassung in der Assembly bestanden auf einer Abstimmung. Daraufhin hielten sich ihre Gegner, um jedes Vorgehen unmöglich zu machen, am folgenden Tage von der Sitzung fern und machten das Haus dadurch beschlußunfähig.

Am nächsten Morgen kam von New York in aller Eile ein reitender Bote mit einer authentischen Abschrift des Beschlusses, durch den der Kongreß die Verfassung den Einzelstaaten unterbreitete. Als man die abwesenden Mitglieder der Assembly davon unterrichtete, setzten sie ihre Verzögerungstaktik fort und weigerten sich, der Sitzung beizuwohnen. Zum Glück für die Sache der Verfassung und die Zukunft des Landes war aber die Stimmung in Philadelphia stark für die Verfassung. Das war natürlich; denn Philadelphia war die erste Handelsstadt der Union, und man warf das volle Gewicht ihrer Industrie-, Finanz- und sonstigen wirtschaftlichen Organisationen zugunsten der neuen Verfassung in die Wagschale. Die unredlichen Methoden der einen Partei hatten gleich unredliche Methoden bei der anderen zur Folge. Die Erregung wuchs, als sich von Haus zu Haus, von einer Wirtschaft zur anderen und von einem Caféhaus zum anderen die Nachricht verbreitete, daß die neue Verfassung vereitelt werde, wenn nicht die Pennsylvania Assembly einen Staatskonvent berufe. Die Erregung im Volke steigerte sich fieberhaft, eine zornige Menge drang in die Häuser einiger der widerspenstigen Mitglieder ein und schleppte sie mit zerrissenen Kleidern und vor Entrüstung roten Gesichtern zum State House, wo sie in die Versammlung der Assembly buchstäblich hineingeworfen wurden. Als die Betroffenen gegen die Roheit der Menge protestierten, wurden sie daran erinnert, daß ihre Anwesenheit obligatorisch sei und ihr Fehlen mit einer Geldstrafe von 5 Shilling bestraft werde. Mc Calmont, einer der Unzufriedenen, übergab dem Präsidenten die 5 Shilling und versuchte wieder vor die Tür zu kommen. Der Präsident verweigerte aber nicht nur die Annahme des Geldes, sondern verschloß auch sofort die Tür.

Nachdem man so mit Gewalt die zur Beschlußfähigkeit notwendige Stimmenzahl (das Quorum) hergestellt hatte, nahm die Versammlung einen Beschluß an, der den ersten Dienstag des kommenden November als den Tag bestimmte, an dem das Volk die Wahl der Delegierten zum Staatskonvent zur Beratung der Verfassung vornehmen sollte*).

Wenn nun auch die Stimmung in Philadelphia sehr für die Verfassung war, so war doch die Stimmung der Bezirke im Innern des Landes ebenso stark dagegen. Die Kleinstädter und besonders auch die Farmer bis zum Allegheny-Gebirge waren allgemein Gegner der Verfassung. Sie sahen in ihr einen Versuch, durch eine starke und tyrannische Regierung ihre persönlichen Freiheiten zu unterdrücken. Der Kampf vor der Wahl vom 1. November wurde hart. Sogar die, welche die Verfassung unterstützten, waren von der Haltung der Vertreter Pennsylvanias im Konvent nicht ganz befriedigt. Nur einer von ihnen, James Wilson, wurde von der Verfassungspartei aufgestellt. Selbst Franklin, das Staatsoberhaupt, wurde nicht nominiert. Die Opposition versuchte daraufhin das kleinliche Spiel, ihn auf der Oppositionsseite aufzustellen, obwohl er eingestandenermaßen die Verfassung unterstützte.

Die Föderalisten blieben Sieger. Zwei Drittel ihrer Kandidaten waren im Lande erfolgreich, und in Philadelphia selbst schlugen sie alle anderen gänzlich aus dem Felde. Die Stimmung in Philadelphia war so heftig, daß sich in der Wahlnacht eine Menge um die Wohnungen der antiföderalistischen Mitglieder der Assembly versammelte, die

*) Fast 100 Jahre später gab es ein merkwürdiges Nachspiel zu dieser Szene in der Pennsylvania Assembly. Seit vielen Jahren war es im Repräsentantenhaus Grundsatz gewesen, daß ein Mitglied, das zwar persönlich anwesend war, beim Namensaufruf aber nicht antwortete und nicht abstimmte, bei der Feststellung der Beschlußfähigkeit nicht mitgezählt wurde. Die Minderheitspartei erlaubte sich damals die gleiche politische Taktik, wie sie ihre Vorgänger in der Pennsylvania Assembly angewendet hatten. Reed führte den Vorsitz. Man lenkte seine Aufmerksamkeit auf den Präzedenzfall, den der Präsident der Pennsylvania Assembly ein Jahrhundert vorher aufgestellt hatte, und zur Bestürzung und unter Zornesausbrüchen der Minderheit schritt er dazu, alle die als rechtlich anwesend zu rechnen, die trotz ihrer persönlichen Anwesenheit sich geweigert hatten, den Namensaufruf zu beantworten.

Türen erbrach, Steine durch die Fenster warf und die Namen der „Assemblymen“ schmähte.

Über die Verhandlungen im Staatskonvent kann man keine ausreichende Schilderung geben. Thomas Lloyd, ein durchaus befähigter stenographischer Berichterstatter, unternahm es, vollständige Aufzeichnungen über die Versammlung zu machen und sie in Buchform zu veröffentlichen. Aber alles, was er schließlich veröffentlichte, war ein dünner Band, der nur Reden von Wilson und Mc Kean, den Führern der Föderalisten, enthielt. Der „Herald“ veröffentlichte lange und vollständige, von Alexander J. Dallas verfaßte Berichte, aber diese Berichte erstreckten sich nur auf die erste Hälfte der Versammlung und brachen dann plötzlich ab, und die Zeitung hörte einen Monat später mit der Veröffentlichung ganz auf.

Die Geschichtsschreiber, welche über die Annahme der Verfassung berichten, erklären, daß die föderalistischen Führer die Verantwortung für Lloyds Verzichtleistung auf seinen Plan, über die Versammlung zu berichten, trugen, und daß die Freunde der Verfassung „ihre Abonnements jedem Blatt entzogen, das die antiföderalistische Sache unterstützte.“

Die föderalistischen Führer des Konvents waren James Wilson und Thomas Mc Kean. Wilson hatte die Unabhängigkeitserklärung mit unterzeichnet und teilte mit Madison die Auszeichnung, der erste Verteidiger der Verfassung im Konvent gewesen zu sein. Später war er Richter am Obersten Gericht der Vereinigten Staaten. Mc Kean hatte die Unabhängigkeitserklärung und die Articles of Confederation im Namen des Staates Delaware unterzeichnet, den er über acht Jahre lang im Kongreß vertreten hatte, obwohl er während eines Teiles dieser Zeit Präsident von Delaware und auch Oberrichter von Pennsylvania gewesen war. Nach einer Dienstzeit von 22 Jahren im Obersten Gericht von Pennsylvania wurde er dreimal zum Gouverneur dieses Staates gewählt. Ihre führenden Gegner waren: William Findley, der später während elf Sitzungsperioden Mitglied des Kongresses war, Robert Whitehill, der „von 1774 bis zu der Zeit seines Todes fast jede Stellung, die das Volk zu vergeben hat, bekleidete", und John Smilie, der während vieler Sitzungsperioden dem bundesstaatlichen Parlament und dem Kongreß angehört hatte.

Die Verfassung wurde Artikel für Artikel durchgesprochen, obwohl Wilson erklärte, daß dieses Verfahren ihn an einen Vorfall erinnere,

> „der sich ereignete, als es in den Kirchen noch üblich war, eine einzelne Zeile aus den Sternhold und Hopkins Psalmen vorzulesen und dann den Vers mit Musik zu wiederholen. Ein Seemann betrat die Kirche, als der Kirchendiener die folgende Zeile bekannt machte:
>
> ‚Der Herr wird kommen und er wird nicht';
>
> der Seemann wunderte sich; als er aber dann die nächste Zeile hörte:
>
> ‚Ruhe halten, sondern laut sprechen',
>
> da verließ er die Gemeinde sofort in der Überzeugung, daß es eine Versammlung Wahnsinniger sei."

Als die Versammlung sich ihrem Ende zuneigte, überreichten die Gegner der Verfassung als Kompromiß fünfzehn Amendments, die, wie sie erklärten, die neue Verfassung für sie annehmbar machen würden. Mit einer einzigen Ausnahme wären die Amendments harmlos und in vieler Hinsicht wünschenswerte Ergänzungen zur Verfassung gewesen. Einige von ihnen wurden später Teile der ersten zehn Amendments. Vernünftigerweise lehnte sie aber der Staatskonvent ab, da ihre Annahme die Ratifizierung der Verfassung hinausgeschoben hätte. Am 15. Dezember wurde das Werk der Schöpfer der Verfassung mit einem Stimmenverhältnis von 46 zu 23 angenommen.

In Massachusetts waren die Anhänger der Verfassung gegen ihre Gegner rücksichtsvoller. Als der Konvent am 9. Januar eröffnet wurde, war zweifellos eine Mehrheit seiner Mitglieder gegen die Ratifizierung. Hätte man damals eine Abstimmung vorgenommen, so wäre die Verfassung abgelehnt worden. Die Föderalisten gewannen sich jedoch durch Versprechen politischer Unterstützung bald den einflußreichen John Hancock. Dieser sehr überschätzte Patriot (der als Schatzmeister des Harvard College die Finanzgeschäfte schlecht geführt und viele Jahre lang jede Rechnungslegung verweigert hatte)*) und der von Anhängern von Shays Aufstand zum Gouverneur von Massachusetts gewählt worden war, entschuldigte seine Abwesenheit vom Konvent mit einem angeblichen Gichtanfall. Er blieb ihm fern, bis es sich gezeigt hatte, daß er, wenn Virginia die Ratifizierung der Verfassung unterließ, das Haupt der Regierung werden würde, und daß er, wenn auch dieser Plan mißlang, durch Unterstützung der Verfassung die föderalistische Unterstützung für den Gouverneurposten haben könne. Seine Gicht verschwand dann, und er nahm seinen Platz als Vorsitzender der Versammlung ein.

Aber sogar Hancocks Hilfe wäre ungenügend gewesen, wenn sich die Föderalisten mit ihren Gegnern nicht dahin verständigt hätten, daß Zusätze zur Verfassung wünschenswert seien, und sich mit ihnen nicht vereint hätten, solche vorzuschlagen. Auf dieser Grundlage ratifizierte Massachusetts endlich am 7. Februar die Verfassung nach einer Debatte, die fast einen Monat gedauert hatte, mit 187 Stimmen dafür und 168 dagegen. Ein gefahrvolles Moment! Wenn zehn Männer anders gestimmt hätten, wäre die Verfassung durch Massachusetts abgelehnt worden, und ihre Ablehnung durch einen der drei großen Staaten wäre wohl verhängnisvoll gewesen.

Als der Konvent von New Hampshire am 13. Februar 1788 zusammentrat, hatte eine Majorität der Delegierten bestimmte Vorschriften erhalten, gegen die Annahme der Verfassung zu stimmen. Durch die Diskussion wurden aber dann einige dieser Delegierten veranlaßt, ihre Anschauungen

*) „Der erste Teil seiner (Präsident Willards) Verwaltung war stark beunruhigt durch die Bemühungen, John Hancock, der von 1773—1777 Schatzmeister gewesen war, zu einer Abrechnung zu bringen. Offenbar hatte er das Amt in erheblichem Maße aus Eitelkeit übernommen und ihm so wenig Aufmerksamkeit geschenkt, daß niemand wußte, wie das College finanziell stand. Er hatte die Bücher und Papiere mit sich nach Philadelphia genommen und sie durch sorglose Verwahrung stark geschädigt. Während seines ganzen Lebens widersetzte er sich allen Bemühungen des College um einen Vergleich. Erst nach seinem Tode, im Jahre 1793, gelang es dem neuen Schatzmeister, aus seinem Vermögen wiederzuerlangen, was er dem College schuldete, und das nur unter Verlust der Zinseszinsen. Das ereignete sich trotz der Tatsache, daß Hancock ein reicher Mann war und einen großen Besitz hinterließ." (Gardiner, „Harvard" 26; vergl. auch Pier, „Story of Harvard", 89-94.)

zu ändern, und begünstigten sie jetzt. Aber sie „fühlten sich noch an ihre Vorschriften gebunden und sagten offen, daß sie, wenn eine Schlußabstimmung vorgenommen werde, bevor sie die Möglichkeit gehabt hätten, mit ihren Auftraggebern zu beraten, ihre Stimmen gegen die Verfassung abgeben würden." Die Föderalisten erreichten dann eine Vertagung bis Juni, um es den an Instruktionen gebundenen Delegierten zu ermöglichen, mit ihren Auftraggebern zu beraten. Als die Versammlung wieder zusammentrat, dauerte die Debatte nur vier Tage, und am 21. Juni wurde die Verfassung mit einem Stimmenverhältnis von 57 zu 47 angenommen. Von vier Mitgliedern wird keine Stimmabgabe berichtet. Der Geschichtsschreiber dieser Versammlung sagt:

> „Es besteht eine ziemlich authentische Überlieferung, daß ein gewisser hervorragender Föderalist von Concord am letzten Sitzungstage ein Essen gab, auf dem mehrere zu den Ratifikationsgegnern gerechnete Mitglieder anwesend waren und sich das Essen schmecken ließen, während die Endabstimmung vorgenommen wurde."

Sechs Stimmen im anderen Sinne abgegeben, hätten die Verfassung zur Ablehnung gebracht.

Maryland und Süd-Carolina hatten inzwischen die Verfassung ratifiziert, so daß nunmehr acht Staaten ihre Annahme der Verfassung kundgetan hatten.

Als das Parlament von Maryland im November 1787 zusammentrat, empfing es sorgfältige Berichte von zwei Delegierten auf dem Konvent zu Philadelphia — von James Mc Henry, der die Verfassung unterschrieben hatte, und von Luther Martin, der einen starken Anteil an dem Werk der Verfassung genommen, Philadelphia aber verlassen hatte, bevor die Verfassung vervollständigt war, und sie nun scharf bekämpfte. Martins Bericht wurde mit Zusätzen zeitig im folgenden Jahre unter dem Titel „The Genuine Information Delivered to the Legislatur of the State of Maryland" veröffentlicht und stellt den tauglichsten und vollständigsten Bericht über die Arbeit des Konvents dar, der von einem Gegner der Ratifizierung verfaßt wurde. Er verschweigt viele Merkmale der Verfassung, ist aber besonders wertvoll durch seine Hinweise auf den tapferen Kampf, welchen Martin, Bedford aus Delaware und andere Vertreter der kleineren Staaten unternahmen, um die Annahme des Virginia-Entwurfs zu verhindern, als dessen Ergebnis das bedeutendste Kompromiß des Konvents zu Philadelphia erreicht und eine Verfassung entworfen wurde, die ratifiziert werden konnte.

Das Parlament ordnete die Abhaltung einer Versammlung zu Annapolis am 21. April an. Als diese Versammlung zusammentrat, war sie mit überwältigender Mehrheit föderalistisch. Trotz des scharfen Kampfes Luther Martins, des damaligen Attorney-General des Staates, und seines Busenfreundes Samuel Chase, eines Unterzeichners der Unabhängigkeitserklärung und sehr rührigen revolutionären Führers, wurde die Verfassung fünf Tage später mit einem Stimmenverhältnis von 63 zu 11 ratifiziert.

In Süd-Carolina debattierte das Parlament erst mehrere Tage, bevor man einen Konvent einberief. Es sprachen drei der Schöpfer der Verfassung — John Rutledge*) und die beiden Pinckneys — zugunsten ihrer Ratifizierung, während Rawlins Lowndes die Opposition führte. Man machte Anstrengungen, die Tagung des Staatskonvents zu verschieben, bis andere Südstaaten, besonders Virginia, abgestimmt hätten. Diese Anstrengungen wurden aber durch eine Mehrheit von nur einer Stimme vereitelt.

Trotzdem hatten die Anhänger der neuen Regierungsform bei den Wahlen einen überwältigenden Erfolg. Der

*) Nach dem ersten Kontinentalen Kongreß fragte man Patrick Henry, wen er für den bedeutendsten Mann im Kongreß halte. Er antwortete: „Wenn Sie von Beredsamkeit sprechen, dann ist Rutledge aus Süd-Carolina der bei weitem größte Redner. Wenn Sie aber von guten Kenntnissen und gesundem Urteil sprechen, dann ist Colonel Washington fraglos der bedeutendste Mann im Sitzungssaal."

Während der kritischsten Tage des Krieges war Rutledge durch Ermächtigung der gesetzgebenden Körperschaft tatsächlich Diktator seines Staates. Bei der Organisierung des Obersten Gerichts wurde er zum ältesten Mitrichter ernannt. Er lehnte jedoch eine richterliche Stelle in seinem eigenen Staate ab, wurde aber später zum zweiten Oberrichter der Vereinigten Staaten ernannt. Die Ernennung wurde aber nicht bestätigt, weil er, wie Otis, „nach langem, eifrigem und bedeutendem öffentlichen Dienst des Sonnenlichts der Vernunft beraubt wurde und inmitten der Schatten geistiger Umnachtung ins Grab stieg."

Konvent ratifizierte nach seinem Zusammentritt im Mai die Verfassung nach einer Sitzungsperiode, die nur elf Tage gedauert hatte, mit einer Mehrheit von 67 Stimmen.

Virginia und New York hatten noch nicht abgestimmt, und ohne die Mitwirkung dieser beiden Staaten wäre der Erfolg der neuen Regierung problematisch gewesen. In beiden Staaten war die Gegnerschaft gegen die neue Verfassung stark, in beiden war die Diskussion erschöpfend und leidenschaftlich erregt, in beiden wurde aber durch die Anwendung einer sehr geschickten und kühnen politischen Strategie der Sieg errungen.

In Virginia fand die Auseinandersetzung im Konvent selbst statt, wobei die Anhänger der Verfassung von James Madison, John Marshall und Edmund Randolph geführt wurden. Der damals nur 33 Jahre alte Marshall unterstützte rührig die Verfassung, deren großer Interpretator er bald werden sollte. Randolph, der volkstümliche Gouverneur dieses Staates, hatte es als Mitglied des Konvents zu Philadelphia abgelehnt, die Verfassung zu unterzeichnen und wandte sich bei seiner Rückkehr nach Virginia offen gegen ihre Ratifizierung; aber bei der Eröffnung des Konvents zu Richmond erwies er sich zur Überraschung seiner Mitglieder als ein ernstlicher Verteidiger ihrer Annahme. Seine Bekehrung war dem Einfluß Washingtons zuzuschreiben, der ihn später zum ersten Attorney-General der Vereinigten Staaten machte.

Die Opposition wurde von George Mason und Patrick Henry geführt. Mason hatte lange Zeit einen rührigen Anteil an der Regierung von Virginia genommen. Im Jahre 1776 verfaßte er die Verfassung dieses Staates mit ihrer bekannten Bill of Rights. Sowohl vor als nach dem Konvent von Philadelphia war er Mitglied des Virginischen Delegiertenhauses gewesen. Auf dem Philadelphiakonvent nahm er einen aktiven Anteil an allen Verhandlungen und war fraglos eines seiner tüchtigsten Mitglieder*), obwohl er es am Schlusse ablehnte, die Verfassung zu unterzeichnen, weil der Kon-

*) Madison erklärte einmal, daß Mason das bedeutendste Debattiertalent von allen Leuten besaß, die er jemals sprechen gehört habe. Vergl. Gilmann „James Monroe", 2.

vent trotz seiner Gegengründe nicht gewillt war, der Verfassung eine Bill of Rights beizufügen. Innerhalb dreier Jahre wurden dann zehn Zusätze angenommen, um dem höchsten Gesetz des Landes solche Bestimmungen einzuverleiben, wie sie Mason verteidigt hatte. Von allen Gegnern der Verfassung sowohl in Virginia wie in jedem anderen Staat war er ohne allen Zweifel der fähigste aufbauende Politiker.

Er widersetzte sich auch der Erzwingung von Verträgen durch die Bundesgerichtshöfe und erklärte, daß er und andere Virginier, die Land erworben hätten, das früher Eigentum des Lord Fairfax gewesen sei, in Nachteil gesetzt würden, wenn der Vertrag mit England genau durchgeführt würde. Aber davon abgesehen — Mason stand nicht mehr unter dem Einfluß persönlicher Erwägungen als viele andere Mitglieder des Konvents — war der Hauptgrund für seine Unzufriedenheit die Weglassung einer Bill of Rights aus der Verfassung. Mason hatte besonders enge Beziehungen zu Richard Lee, welcher der energischste Organisator des Antiföderalismus im ganzen Lande wurde. Wahrscheinlich erhielt Lee durch Mason die ersten Eindrücke von der Verfassung.

Patrick Henry war der gewandteste Redner seiner Generation in Amerika. Er war in der Tat der „geborene Demosthenes". Seine Rednergabe muß ein Erbteil gewesen sein; denn sein Vetter war Lord Brougham, der bedeutendste Advokat der englischen Advokatenschaft in der nächsten Generation. Henry war der Führer der Advokatenschaft von Virginia. Er hatte diese Stellung ohne jede Unterstützung nur durch Fleiß errungen, obwohl er später vor Gericht nur solche Fälle vorbrachte, die ihm von Mitarbeitern bereits vorbereitet waren. John Marshall arbeitete bei ihm als Assistent in einer Anzahl von Fällen. Fünf Amtsperioden lang war Henry Gouverneur seines Staates, und in späteren Jahren bot ihm Washington vergeblich nacheinander die Stellung eines Staatssekretärs und Chief Justice der Vereinigten Staaten an. Schon vor dem Konvent zu Philadelphia hatte Henry eine starke Zentralregierung begünstigt und in sehr freundschaftlichen Beziehungen zu Washington gestanden. Er war zum Delegierten für den Konvent zu Philadelphia gewählt worden, hatte es jedoch abgelehnt, ihm beizuwohnen, infolge seiner Verstimmung über die Hilfe, welche die Nordstaaten Jay beim Abschluß des Vertrages mit Spanien geleistet hatten, der den Siedlern jenseits des Alleghenygebirges die Benutzung des Mississippistromes für eine Generation verweigerte*).

Henry kämpfte gegen die Ratifizierung der Verfassung bis zum letzten Blutstropfen. Als dann aber der Konvent zu Richmond mit einem Stimmenverhältnis von 89 zu 79 die Zustimmung des Staates erteilte, lehnte es Henry, obwohl „mindestens zehn Mitglieder entweder in Nichtachtung der

*) Washington erkannte mit gewohntem Scharfsinn, wie überaus wünschenswert Patrick Henrys Zustimmung zu dem Werk des Konvents und wie gefährdet seine Annahme durch Henrys Gegnerschaft sei. Gleich nach seiner Rückkehr nach Mt. Vernon sandte er am 24. September eine Abschrift der Verfassung an Henry und schrieb.

„Ihr eigener Verstand wird sogleich ihre guten und ihre tadelnswerten Teile entdecken. Und Ihre Erfahrung in den Schwierigkeiten, die sich immer erhoben haben, wenn man versuchte, eine solche Vielheit von Interessen und lokalen Vorurteilen, wie sie sich bei den einzelnen Staaten finden, in Übereinstimmung zu bringen, macht jede Erläuterung unnötig. Ich wünschte, die vorgelegte Verfassung wäre vollkommener; aber ich glaube fest, daß sie die beste ist, die zur Zeit erreicht werden kann. Und da außerdem eine verfassungsmäßige Tür für spätere Verbesserungen geöffnet wurde, ist ihre Annahme unter den gegenwärtigen Verhältnissen der Union meiner Meinung nach wünschenswert.

Aus vielen übereinstimmenden Gründen scheint es mir, daß die politischen Angelegenheiten dieses Landes gewissermaßen an einem Faden hängen und daß der Konvent darauf mit einer Besorgnis geachtet hat, die kaum zu begreifen ist. Wäre man in dieser Körperschaft zu keiner Einigung gekommen, so wäre Anarchie die Folge gewesen. Ist doch ihre Saat schon tief in alle Böden gesät."

Auf diesen Brief antwortete Henry:

„Ich muß es beklagen, daß ich meinen Geist nicht in Übereinstimmung mit der vorgeschlagenen Verfassung bringen kann. Der Kummer, den ich deswegen empfinde, ist größer, als ich ausdrücken kann. Vielleicht kann mir reifliches Nachdenken die Gründe liefern, um meine jetzigen Ansichten zu ändern und in Übereinstimmung mit den Meinungen jener Persönlichkeiten zu bringen, für die ich die größte Hochachtung hege."

Henry lenkte tatsächlich die Entscheidungen des Parlaments von Virginia. Obwohl er sich der Annahme der Verfassung widersetzte, erklärte er doch, die Frage müßte einem Staatskonvent vorgelegt werden.

festen Instruktionen ihrer Wähler oder in Herausforderung ihrer ihnen wohlbekannten Anschauungen gestimmt hatten", ab, die Mißvergnügten zu sammeln, welche vorschlugen, der neuen Regierung Widerstand zu leisten. Er erklärte, er habe „für die rechte Sache" gekämpft und müsse sich jetzt unterwerfen.

Die Historiker des Konvents beschreiben eine der eindrucksvollsten Reden Henrys im Virginia-Konvent folgendermaßen:

> „Der Redner hatte mit überwältigender Lebhaftigkeit all das Unglück geschildert, das wahrscheinlich durch die Annahme der vorgeschlagenen Verfassung über die Menschheit kommen werde. — Dann erweiterte er plötzlich, wie ein Zauberer mit seinem Stab, die Arena der Debatte und die Zahl seiner Zuhörer. Denn er lüftete den Schleier, der das Auge der Sterblichen verhüllt, wandte sich ‚an jene himmlischen Wesen, die über dem Schauplatz schwebten', und richtete an sie einen Anruf, der jeden Nerv vor übernatürlichem Schauder erbeben ließ. Siehe! da erhob sich in diesem Augenblick ein Sturm, der das ganze Gebäude erschütterte, und die Geister, die er gerufen hatte, schienen auf sein Geheiß zu kommen. Weder Beredsamkeit noch Sturm legten sich augenblicklich. Aber er machte sich den Vorfall mit meisterlicher Kunst zunutze und schien sich an dem Kampf seiner himmlischen Hilfstruppen zu beteiligen. ‚Sich auf den Schwingen des Sturmes erhebend, bemächtigte er sich der himmlischen Artillerie und richtete ihre wildesten Donnerschläge gegen die Häupter seiner Gegner.' Die Szene wurde unerträglich. Ohne die Formalität einer Vertagung erhob sich das Haus, und in Übereilung und Verwirrung strömten die Mitglieder von ihren Sitzen"*).

Umfangreiche Zusätze zur Verfassung wurden von dem Virginia-Konvent vorgeschlagen, um dem Angriff der Verfassungsgegner, es seien die persönlichen Rechte nicht genügend geschützt, zu begegnen.

Die Führer des Konvents waren für eine Vermittlung. Wie Washington später an Pinckney schrieb, hat nur „versöhn-

*) Tyler, „Patrick Henry" 337—338.

liche Haltung" die Ratifizierung der Verfassung ermöglicht. Hätte man die Taktik der föderalistischen Führer von Pennsylvania in Massachusetts, Virginia und New York befolgt, so hätte keiner dieser Staaten die Ratifizierung vorgenommen. Lehnte aber Massachusetts die Verfassung ab, so wäre Virginia wahrscheinlich seinem Vorbild gefolgt; und wenn diese beiden Staaten ihr nicht zugestimmt hätten, so hätte sich auch New York der Union nicht angeschlossen. Gleichwohl hätten aber auch wahrscheinlich Massachusetts, Virgina und New York die Verfassung abgelehnt, wenn sie nicht Pennsylvania schnell ratifiziert hätte und mit gutem Beispiel vorangegangen wäre.

Als im November darauf die Virginia-Assembly zur Wahl zweier Senatoren für die Vereinigten Staaten schritt, erhob sich Henry und machte mit ganz wenigen Worten folgenden Vorschlag: Man solle Richard Henry Lee wählen, der sich tätiger als irgendein anderer im ganzen Bereich der Vereinigten Staaten in der Oppositionsbewegung gegenüber der vorgeschlagenen Verfassung erwiesen habe, und William Grayson, der einer der stärksten Gegner der Ratifizierung auf dem Virginia-Konvent gewesen sei; man solle aber James Madison nicht wählen. Lee und Grayson wurden daraufhin zu Senatoren gewählt. Die Assembly ging dann sogar noch weiter. Sie teilte den Staat derartig in Bezirke, daß es Madison sogar schwer fiel, sich einen Sitz im Repräsentantenhaus zu sichern*). Trotzdem siegte Madison in dieser Wahl und schlug darin James Monroe**).

In der Eröffnungssitzung des Ersten Kongresses legte Madison die ersten zehn Zusätze zur Verfassung vor und

*) Im Januar 1789 schrieb Washingtons Privatsekretär an den Gouverneur von New Hampshire über Henry folgendes:

„Er führte seine Phalanx fast ohne Widerstand vorwärts und pflanzte die Fahne der Feindschaft sogar auf die Zinnen des Föderalismus. Gerade herausgesagt, er beherrschte eine Majorität der Assembly. Seine Edikte wurden von dieser Körperschaft mit geringerer Gegnerschaft protokolliert, als die des „Grand Monarque" bei seinen Parlamenten erfuhren. Er wählte die beiden Senatoren... Er teilte den Staat in Bezirke... und traf Vorsorge, daß der Kreis, in dem Madison wohnte, in einen Bezirk einbezogen wurde, von dem man annahm, daß er eine der Regierung unfreundliche Mehrheit habe, um ihn durch diese Mittel aus der Volkskammer des Kon-

trotz starker Opposition brachte er das Haus zu dem Beschluß, sie den Staaten zur Ratifizierung zu unterbreiten. Er erkannte, daß mächtige Kräfte im ganzen Land den Kongreß veranlassen wollten, weiter zu gehen und einen zweiten Konvent zur Überprüfung der Verfassung zu berufen; daher suchte er die große Gefahr für die Verfassung und für seine eigene politische Zukunft abzuwehren, die er darin erblickte, daß der Kongreß mit der volkstümlichen Forderung von Zusätzen Unfug treiben sollte.

New York war anfangs fast ganz gegen die neue Verfassung. Es hatte fünf Delegierte zum Konvent in Annapolis ernannt; aber nur Hamilton und ein Genosse hatten daran teilgenommen. Im Januar 1787 hatte New York die Forderungen des Kongresses auf Bewilligung einer Abgabe, die eine ständige Einnahmequelle für die Konföderation bilden sollte, abgelehnt. Obwohl Hamilton den Staat dazu überredet hatte, drei Delegierte zum Konvent nach Philadelphia zu senden, war nur Hamilton allein einer starken Zentralregierung freundlich gesinnt. Seine Gefährten, Yates und Lansing, hatten nicht nur den Virginia-Entwurf bekämpft, sondern sich sogar vom Konvent zurückgezogen. Die Führer des Staates waren jedem Plan, die Konföderation zu stärken oder sie durch eine starke Regierung zu ersetzen, abgeneigt. New York gehörte also zur Ultra-Kleinstaaten-Partei, und seine Führer waren die schlimmsten „Unversöhnlichen".

Als der Konvent zu Philadelphia sein Werk vollendet hatte, sprach sogar Hamilton verächtlich von der Verfassung als von einem „schwächlichen" Ding und einem „elenden Notbehelf"; aber er war großmütig genug, sie im Namen

---

gresses auszuschließen. Er schrieb die Antwort auf Gouverneur Clintons Brief und ebenso das Rundschreiben an die Exekutivbehörden der Einzelstaaten... Und nachdem er alles, was die Regierung betraf, ganz zu seiner Zufriedenheit, wie ich annehme, geordnet hatte, bestieg er sein Pferd und ritt nach Hause. Die kleinen Staatsangelegenheiten ließ er von irgend jemand erledigen, der sich lieber die Mühe machen wollte, sie zu erledigen." (Tyler, „Patrick Henry" 353.)

**) Nach Graysons Tod, der kurz nach seiner Wahl für den Senat erfolgte, wurde Monroe und nicht Madison zu seinem Nachfolger gewählt.

New Yorks zu unterzeichnen, im Glauben, daß sie das einzig mögliche Heilmittel gegen die schlechten Zeiten sei.

Wie sich seine Bekehrung — gleich der des Paulus auf dem Wege nach Damaskus — vollzog, ist der Geschichte unbekannt. Wahrscheinlich war sie Washingtons Einfluß zuzuschreiben; einen Beweis dafür gibt es aber in ihrem Briefwechsel nicht. Noch mehr aber beeinflußte ihn wohl seine Unzufriedenheit mit der neidischen, selbstsüchtigen Taktik seiner Kollegen. Ihre Gegnerschaft gegen jede Regierung, die dieses Namens wert gewesen wäre, veranlaßte Hamilton, eine Verfassung zu verteidigen, die er so verächtlich beurteilt hatte.

Sechzehn Jahre später gab Hamilton selbst eine Erklärung über seinen Gesinnungswechsel in einem vom 16. September 1803 datierten Brief an Timothy Pickering, in dem er folgende Gründe für seine Verteidigung der Verfassung, die er zuerst verurteilt hatte, angab:

> „1. Die politischen Grundsätze des Volkes dieses Landes duldeten keine andere als eine republikanische Regierung.
>
> 2. In der damaligen Lage des Landes war es an sich richtig und angezeigt, die republikanische Theorie eine gerechte und völlige Probe bestehen zu lassen.
>
> 3. Für eine derartige Probe war es wesentlich, die Regierung so aufzubauen, daß sie alle Energie und Festigkeit zeigte, die mit den Grundsätzen dieser Theorie vereinbar sind.
>
> Das waren die wahren Gefühle meines Herzens, und auf ihrer Grundlage handelte ich. Ich hoffe fest, man wird später nicht entdecken, daß infolge Mangels an genügender Aufmerksamkeit für die letzte Idee der Versuch mit einer republikanischen Regierung auch in diesem Land nicht ebenso vollständig wie befriedigend und entscheidend gewesen ist, wie man wünschen könne."

Es gibt noch eine andere psychologische Erklärung für Hamiltons zunehmende Begeisterung für die Urkunde, die er zunächst so verächtlich charakterisiert hatte. Er war ein bedeutender Rechtsanwalt, und wenn ein Mann mit seiner

Veranlagung eine These durch eine kurze Beweisdarstellung zu verteidigen versucht, dann ist er geneigt, sich in sein Thema zu verlieben. Dieses bemeistert ihn dann und beherrscht ihn schließlich ganz. Das mußte auch Hamilton erfahren. Er hatte anfänglich geringe Achtung vor der Verfassung, zu der er wenig oder nichts beigetragen hatte, durch die er aber die einzig mögliche Entscheidung zwischen Anarchie und einer Wiedervereinigung mit England gegeben sah. Da er den größten Teil der Zeitung „The Federalist" verfaßte, wurde er der erste Interpretator der Verfassung, und als dann die Polemik in New York leidenschaftlich wurde, wuchs seine Verteidigungskraft immer mehr und mehr, und beim Versuch, andre von den großen Vorzügen des neuen Regierungssystems zu überzeugen, überzeugte er schließlich sich selbst. Niemand kann seine Beiträge zu den Abhandlungen im „Federalist" lesen, ohne von ihrer Aufrichtigkeit ergriffen zu werden. Diese Aufrichtigkeit zeigt unzweifelhaft, daß die Weisheit des großen Dokuments Hamilton bei seinem Studium immer mehr packte. Infolgedessen krönte er seine großen Anstrengungen zur Verteidigung der Verfassung schließlich dadurch, daß er ihr erster Verteidiger im Kampf für die Ratifizierung und mit Ausnahme von Marshall ihr hervorragendster Interpretator für alle Zeiten wurde.

Durch diese große Dienstleistung machte er sich selbst unsterblich und gewann so sehr die Bewunderung der Welt, daß ihn Talleyrand zusammen mit William Pitt und Charles James Fox zu den drei größten Intellekten der Zeit rechnete.

Die Ironie der Geschichte zeigt sich weiter in der Tatsache, daß seine Prophezeihungen über das Mißlingen des neuen Regierungssystems weitgehend durch sein eigenes Verwaltungsgenie, das die Verfassung zu einem brauchbaren Regierungsinstrument machte, zunichte wurden. Ein unschätzbares Verdienst erwarb er sich dadurch, daß er die Ratifizierung der Verfassung durch New York durchsetzte.

Sowohl nach Wohlstand als auch nach Bevölkerungszahl war New York damals Virginia, Pennsylvania und Massachusetts unterlegen. New Yorks Stellung war aber eine strategische; denn es trennte New England von den anderen

Staaten. Besonders auch mit Rücksicht auf seinen wundervollen Hafen war die Mitwirkung von New York nötig, wenn es zu irgendeiner wirksamen Regelung des Handelsverkehrs und einer angemessenen Einfuhrbesteuerung kommen sollte.

Die Opposition gegen die Verfassung wurde durch die einflußreiche politische Organisation des Gouverneurs Clinton gelenkt; durch ein gut ausgedachtes Propagandasystem wurde die neue Verfassung heftig angegriffen. Hiergegen wandte sich Hamilton, unterstützt von Jay und Madison, durch Veröffentlichung einer bemerkenswerten Reihe von 85 Aufsätzen, die zeitweise wöchentlich vom Oktober 1787 bis zum Zusammentritt des Konvents im Juni 1788 erschienen. Diese Aufsätze, damals mit der Unterzeichnung „Publius" in verschiedenen New Yorker Zeitungen abgedruckt, sind jetzt unter dem Namen The Federalist bekannt. Mit Recht hat man sie als den besten Kommentar zur Verfassung gelobt. Jay hätte an dem Werk noch tätigeren Anteil genommen, aber er litt einige Wochen an einer Verletzung. Diese hatte er sich bei dem Versuch, die Ordnung wiederherzustellen, zugezogen. Ein Pöbelhaufen hatte einige Ärzte angegriffen, die man der Gräberberaubung auf dem Kirchhof der Trinity Church beschuldigte.

Die Delegiertenwahl für einen Staatskonvent wurde Ende April vorgenommenen. Von den erwählten 57 Delegierten waren nur 19 für die Verfassung. Der Konvent trat am 17. Juni zu Poughkeepsie zusammen und besprach die Verfassung Abschnitt für Abschnitt, wobei Hamilton, Jay und Livingston die Föderalisten führten, während an der Spitze der Opposition Melancthon Smith stand, der von Yates und Lansing, Hamiltons Kollegen zu Philadelphia, tüchtig unterstützt wurde.

Bevor man aber zu einer Abstimmung schritt, traf bei der Versammlung die Nachricht ein, daß bereits zehn Staaten die Verfassung ratifiziert hätten. Weitere Opposition war nun nutzlos, besonders als Melancthon Smith, der führende Gegner der Verfassung, mitteilte, daß die Argumente seiner Freunde widerlegt seien und er nunmehr für die Ratifizierung stimmen werde. Als dann die Abstimmung endlich am 26. Juli vorgenommen wurde, waren drei Stimmen mehr, als erforderlich waren, zugunsten der Ratifizierung abgegeben.

Vor der Abstimmung hatte man einen mit Widerstreben auch von den Föderalisten angenommenen Beschluß gefaßt, der die Berufung eines weiteren Konvents zur Beratung von Zusätzen empfahl. Washington schrieb später an Jay, daß er nicht einsehe, wie die Einwilligung zu diesem Plan hätte versagt werden können.

Nach Washingtons Amtseinführung ratifizierten noch Nord-Carolina und Rhode Island die Verfassung. Nord-Carolina nahm sie im November 1789, und Rhode Island, das bei noch längerem Fernbleiben Repressalien befürchtete, im Mai 1790 auf einem Konvent zu Newport an. In Rhode Island wurde sie mit der kleinen Mehrheit von zwei Stimmen ratifiziert.

So war der Bund der 13 Staaten wiederhergestellt, diesmal aber als eine dem Wort und der Sache nach „vollkommenere Union".

An was für einem dünnen Faden hatte das Schicksal der Vereinigten Staaten gehangen! Die Stimmen schon von 18 Leuten hätten sicherlich die Ratifizierung der Verfassung vereitelt. Denn wenn zehn Delegierte von Massachusetts, sechs von Virginia und zwei von New York ihre Stimmen anders abgegeben hätten, wäre das erhabene Werk des Konvents von Philadelphia zunichte geworden. Die Vereinigten Staaten wären nicht, wenigstens nicht zu dieser Zeit, zur Entstehung gelangt; ihre jetzige Verfassung, welche die Bewunderung der Welt genießt, wäre wertloses Papier geworden, wenn durch eine andere Stellungnahme von nur 18 Personen die großen Staaten Massachusetts, Virginia und New York von der „vollkommeneren Union" ferngehalten worden wären.

Wenn sich die Verfassung, die dem amerikanischen Volk durch eine so knappe Stimmenmehrheit gerettet wurde und die unter den breiten Massen so wenig Unterstützung gefunden hatte, erfolgreich erwiesen hat, so ist das vor allen Dingen drei Gründen zuzuschreiben:

Der erste war die baldige Wiederherstellung des Wohlstandes. Sobald die Periode der Unsicherheit vorüber und eine feste Regierung gesichert war, ging das amerikanische Volk mit seiner gewohnten Entschlossenheit sofort an die Arbeit. Der langen Periode der wirtschaftlichen Entkräftung folgte nunmehr schnell eine Zeit großen Gedeihens.

In Zeiten des Wohlstandes ist ein Volk geneigt, politische Einrichtungen günstig zu beurteilen. Daß die Verfassung andere geschriebene Regierungssysteme überlebte und heute sogar von größtem Bestand ist, muß man der Tatsache zuschreiben, daß die Geschichte Amerikas mit einigen zeitweisen Schwankungen eine ständig zunehmende Wohlfahrt aufwies. Mit unvergleichlichen Hilfsquellen und mit einem mannhaften Volk ausgestattet, hat Amerika seinen Reichtum sprungweise gesteigert, so daß es heute die unstreitig reichste Nation der Welt ist. Diese Tatsache gibt natürlich Anlaß, ein Vertrauen zu seiner Regierungsform im Herzen des Volkes zu rechtfertigen. Aber es ist gut für die Amerikaner, die manchmal hochmütig die Stärke ihrer eigenen Einrichtungen der Schwäche anderer Regierungen — besonders in der Gegenwart allgemeinen Zusammenbruchs — gegenüberstellen, daran zu erinnern, daß das Geschick der Verfassung wohl ein ganz anderes geworden wäre, wenn sich das Schicksal Amerikas fortgesetzt unglücklich gestaltet hätte.

Der zweite Grund war die unvergleichliche moralische Autorität Washingtons, zu der es in der Weltgeschichte nur wenige Parallelen gibt. Von wenigen modernen Nationen kann man sagen, daß sie einen „Gründer" im eigentlichen Sinne des Wortes gehabt haben. Es ist der unsterbliche Ruhm Washingtons, eine solche Rolle gespielt zu haben. Hätte er sich zu seiner wohlverdienten Ruhe nach Mt. Vernon zurückgezogen und die einstimmige Wahl zum ersten Präsidenten der Republik abgelehnt, dann wäre sehr wahrscheinlich die Verfassung gleich zu Beginn infolge Mangels an Unterstützung durch das Volk fehlgeschlagen. Das Vertrauen aber, das die Angehörigen aller Klassen einem Mann entgegenbrachten, der von ihnen als der Vater seines Landes betrachtet wurde, versöhnte sie mit einer Regierungsform, die — wie oben dargelegt — nur von einer Minderheit geschaffen war.

Der dritte Grund war das vorbildliche Verwaltungstalent Alexander Hamiltons. Für seine Staatstheorien hatte das amerikanische Volk nur wenig Sympathie; aber die meisterhafte Geschicklichkeit, mit der er als der oberste Verwaltungsbeamte Washingtons die Räder der neuen Maschine in Gang brachte, und die bemerkenswerte Art, in der er — um Websters Ausdruck zu gebrauchen — gegen den harten Felsen finanzieller Erschöpfung schlug und Ströme von Einnahmen herausfließen ließ, rechtfertigen wohl das außergewöhnliche Lob Talleyrands, der, was auch sonst seine Fehler gewesen sein mögen, doch sicherlich kein schlechter Menschenkenner war.

16. Kapitel

## DIE POLITISCHE PHILOSOPHIE DER VERFASSUNG

*„Die Regierung der Vereinigten Staaten ist mit Emphase als eine Regierung der Gesetze, im Gegensatz zu einer Regierung der Menschen bezeichnet worden."*

—John Marshall*).

Es sollen nun in Kürze die wesentlichen Eigenschaften dieser „vollkommeneren Union" betrachtet werden.

Wie bereits oben dargelegt, hielt unter ihren Schöpfern kaum einer die Verfassung für vollkommen in jeder Beziehung. Sie ordneten aber ihre persönlichen Meinungen dem Gesamturteil des Konvents unter und betrachteten bescheiden das Ergebnis ihrer Arbeiten einfach als die beste Verfassung, die man unter den gegebenen Umständen erreichen konnte. Sie erwarteten auch gar nicht, daß ihr Regierungssystem im Lauf der Zeiten unverändert bliebe.

Neuere Ereignisse hatten gezeigt, daß politische Einrichtungen, die verfassungsmäßig institutionellen Momente, überhaupt nicht ganz feststehend sein können. Die „Articles of Confederation" hatten zwar bestimmt, daß sie „von jedem Staat unverletzlich eingehalten werden sollten und daß die Union ewig dauern solle; auch sollte zu keiner Zeit an irgendeinem von ihnen eine Änderung vorgenommen werden, es sei denn, daß diese Änderung in einem Kongreß der Vereinigten Staaten angenommen und hiernach von den Parlamenten der Einzelstaaten bestätigt werde" (Artikel XI). Trotzdem stellte sich bereits etwa zehn Jahre nach der Zeit,

*) Anmerkung des Übersetzers: Es handelt sich um den berühmten, vielleicht berühmtesten Chief Justice, der in dem vorliegenden Werk mehrfach rühmend als der größte Interpretator der Verfassung erwähnt wurde.

in der diese Artikel den Staaten zur Ratifizierung vorgelegt worden waren, deutlich die Notwendigkeit einer Abänderung heraus. Der Konvent von Annapolis trat zusammen, sodann versammelte sich der Philadelphia-Konvent, und es herrschte Übereinstimmung, daß man lediglich mit Zusätzen zu den Artikeln nicht auskommen könne.

Die Schöpfer des neuen Grundgesetzes schlugen aber auch nicht vor, daß die Verfassung in Gemäßheit des durch die Articles of Confederation vorgeschriebenen Verfahrens angenommen werden sollte. Die Verfassung wurde in erster Reihe mehr vom Konvent als vom Kongreß vorgeschlagen. Sie wurde eher von Konventen als von den einzelnen staatlichen gesetzgebenden Körperschaften ratifiziert, und sie bestimmte, „daß die Ratifizierung der Konvente von neun Staaten zur Errichtung dieser Verfassung für die sie ratifizierenden Staaten ausreichen solle", anstatt die einstimmige Zustimmung der Einzelstaaten zu verlangen.

Die Verfassung zeigte also einen revolutionären Wechsel der Regierungsform und wurde im offenen Gegensatz zu den strikten Bestimmungen angenommen, die für eine Abänderung der Articles of Confederation vorgeschrieben waren. Das, was die Nation jüngst durchgemacht, hatte die Männer von 1787 aufs klarste erkennen lassen, daß, wenn eine Regierung von Dauer sein solle, die Möglichkeit zur Verfassungsänderung bestehen müsse, und zwar ohne das Erfordernis einhelliger Zustimmung.

Die neue Verfassung sah ausdrücklich die Möglichkeiten von Zusätzen vor. Aber sie tat noch weit mehr als das. Die Diskussionen im verfassunggebenden Konvent zeigen deutlich, daß die Schöpfer der Verfassung eifrig bemüht waren, diese Bestimmungen wirklich in Kraft zu setzen, und sich deshalb große Mühe gaben, alternative Methoden für eine Revidierung der Verfassung festzusetzen. So schufen sie den Artikel V, um es sowohl dem Kongreß als auch den einzelstaatlichen Parlamenten unmöglich zu machen, die Vorlage von Zusätzen zu vereiteln, und um ferner die einzelstaatlichen Parlamente daran zu hindern, gegen alle Änderungen der Verfassung, welche die Rechte der Parlamente beschränken würden, Obstruktion zu treiben. Die Möglichkeit, Abänderungen zu beantragen, wurde dem Kongreß erteilt. Der Kongreß wurde aber gleichzeitig angewiesen, auf Ansuchen der Parlamente von zwei Dritteln der Staaten einen Konvent zu berufen, der Vorschläge zu Abänderungen machten sollte. Ferner wurde bestimmt, daß vorgeschlagene Änderungen „allen Absichten und Zwecken gegenüber als Teile dieser Verfassung rechtskräftig sein sollten, falls sie von den Parlamenten von drei Vierteln der Einzelstaaten oder von Konventen von drei Vierteln der Einzelstaaten, je nachdem die eine oder die andere Ratifizierungsart vom Kongreß festgesetzt sei, ratifiziert würden. Madison sagt hierzu treffend:

> „Der vom Konvent vorgezogene Modus scheint mit jedem Kennzeichen der Richtigkeit gestempelt zu sein. Er schützt ebenso gegen jene übertriebene Erleichterung, welche die Verfassung allzu veränderlich machen würde, wie gegen jene übertriebene Erschwerung, welche die an ihr entdeckten Fehler bleibend machen würde. Ferner ermöglicht er der Bundesregierung ebenso wie den einzelstaatlichen Regierungen, die Verbesserung von Irrtümern zu veranlassen, die sich auf der einen oder der anderen Seite durch die Erfahrung herausstellen können." (The Federalist, Nr. 43.)

Hamilton verwendete seine Bemühungen in der letzten Nummer des Federalist größtenteils auf den Hinweis, daß eine Änderung der Verfassung nicht allzusehr erschwert werden solle.

Um es kurz zu sagen: die Bestimmungen des Artikels V, der Abänderungen ermöglichte, wurden festgesetzt, weil die Erfahrung des Landes die Notwendigkeit der Abänderlichkeit ganz deutlich dargetan hatte. Die Bestimmungen des Artikels V waren sorgsam zu dem Zwecke erdacht, einen Wechsel in unserem Regierungssystem zu ermöglichen, wenn dafür ein genügend starker Wunsch im Lande vorhanden ist.

Trotz dieser Abänderungsmöglichkeit hat kein Regierungssystem so wenig Veränderungen erfahren wie das der Vereinigten Staaten. **Sieht man die ersten zehn Amendments als einen wesentlichen Bestandteil der ursprüng-**

**lichen Urkunde an, dann wurden in 137 Jahren nur neun Amendments vorgenommen.** Mit Ausnahme der Bestimmungen, die als Ergebnis des Bürgerkrieges der Sklaverei ein Ende machten, weichen von diesen Amendments nur die drei letzten, die in neueren Jahren zum Teil unter dem ungünstigen Einfluß des Weltkrieges angenommen wurden, von den grundlegenden Prinzipien der Verfassung ab.

Diese Stabilität ist um so bemerkenswerter, wenn man in Betracht zieht, daß seit der Annahme der Verfassung das gesamte soziale Leben eine vollkommene Veränderung erfahren hat. Die Verfassung wurde gerade am Ende der reinen Hirten- und Ackerbauperiode der Menschheit geschaffen. Die industrielle Umwälzung, die in den letzten 150 Jahren einen weit größeren Einfluß auf den Menschen ausgeübt hat als alle Änderungen seiner Lebensbedingungen seit der Zeit des Höhlenmenschen, war damals erst im Anfangsstadium. An den Verhältnissen der mechanischen Kraft gemessen, waren die Menschen zur Zeit der Schaffung der Verfassung Liliputaner gegen die Brobdingnagians unserer Tage. Heute übertrifft der Mensch im Fliegen den Adler, im Schwimmen den Fisch und ist durch die Eroberung und Nutzbarmachung der unsichtbaren Naturkräfte zum Übermenschen geworden. Und dennoch ist die Verfassung von 1924 den meisten ihrer Grundgedanken nach noch die Verfassung von 1787. Dies kennzeichnet sie sicherlich als ein Wunder staatsmännischer Kunst. Zu erklären ist es nur dadurch, daß die Verfassung von einem Volk geschaffen wurde, welches als tapferes und freies Kind des großen Mutterlandes ein wirkliches Talent zur Selbstverwaltung und ihrem wesentlichsten Element, der Selbstbeherrschung, besaß.

Es ist zwar richtig, daß der Text der Urkunde fast so wenig Änderungen wie das Nicäische Glaubensbekenntnis erfahren hat. Trotzdem wäre es ein offenkundiger Irrtum anzunehmen, daß die Verfassung in ihrer praktischen Anwendung nicht große Änderungen erlitten habe.

Der größte ihrer Interpretatoren, Chief Justice Marshall, sagt in einem seiner bedeutendsten Urteile, daß die Verfassung „bestimmt sei, zukünftige Zeiten zu überdauern. Sie müsse infolgedessen den verschiedenen Krisen in den menschlichen Angelegenheiten angepaßt werden. Würde sie die Mittel vorgeschrieben haben, durch welche die Regierung für alle Zukunft ihre Macht ausüben solle, so hätte das den Charakter der Urkunde vollständig geändert und ihr die Besonderheiten eines Gesetzkodex gegeben. Es wäre ein unkluger Versuch gewesen, unabänderliche Vorschriften für Notfälle aufzustellen, welche kaum anders als nur ganz unklar im voraus erkannt werden könnten und zu denen man am besten erst dann Stellung nehme, wenn sie sich wirklich einstellten."

Die Schöpfer der Verfassung zeigten sich außerordentlich weise, als sie die Rechte der Regierung nur „aufzählten" und nicht „genau festsetzten". In dem, was sie regelte, zeigte die Verfassung wunderbaren Scharfsinn, in dem, was sie ungeregelt ließ, eine an Inspiration grenzende Weisheit.

Es gibt nichts Bewunderungswürdigeres als die Selbstbeschränkung der Männer, die die Verfassung schufen: sie wagten sich an ein Experiment auf unerforschtem Grund und Boden; vier Monate lang debattierten sie über die Grundsätze der Regierungsform. Und dann beschieden sie sich damit, ihre Ergebnisse in nicht mehr als viertausend Worte zu kleiden. Dem verdanken wir die Elastizität des Verfassungsinstruments. Ihre Lebenskraft ist der Tatsache zuzuschreiben, daß sie durch Übung, richterliche Auslegung und nötigenfalls durch formelles Amendment den immer schneller werdenden Änderungen des fortschrittlichsten Zeitalters der Geschichte angepaßt werden kann. Weiter kam hinzu, daß ein Volk die Vorschriften dieser Verfassung gehandhabt hat, das bei diesem Prozeß der Anpassung im allgemeinen den gleichen Geist konservativer Selbstbeschränkung wie ihre Schöpfer selbst zeigte.

Die Verfassung ist weder der Fels von Gibraltar, der heil dem unaufhörlichen Spülen von Zeit und Umständen widersteht, noch ist sie andererseits eine Sandbank, die langsam von den Wellen weggeschwemmt wird. Man kann sie eher mit einem Schwimmdock vergleichen, das an seinem Ankerplatz fest vertäut ist und deshalb kein Spielball der Wellen wird, das aber mit dem Wechsel der Zeit und Lage steigt und fällt.

In ihrer praktischen Anpassung an die jetzigen verwickelten Zeitumstände würden ihre Schöpfer, wenn sie diese Stätte „hier unter dem schimmernden Mond" wieder besuchen könnten, ihr Werk ebensowenig wiedererkennen wie ihr Volk. Doch würden jene Männer wohl noch in der Lage sein, in der erfolgreichen Auswirkung der Verfassung die grundlegenden Prinzipien zu finden, die sie vor mehr als einem Jahrhundert der Urkunde einverleibten. Aber wie wird sich ihre Zukunft gestalten? Wie lange wird sie dem Strom der Zeit und der Verhältnisse heil widerstehen? Lord Macaulay verstieg sich in einem bemerkenswerten Brief, über den in einem späteren Kapitel ausführlicher gesprochen werden soll, im Jahre 1857 zu der Voraussage, daß sich die Verfassung als unbrauchbar erweisen werde, sobald keine großen unbebauten Landflächen mehr vorhanden und die Vereinigten Staaten ein Großstadtvolk geworden seien. Diese Entwicklungsperiode ist jetzt da. Im Jahre 1880 lebten nur 15% der amerikanischen Bevölkerung in den Städten, und der Rest war noch auf den Farmen. Heute sind über 52% in einigen hundert Großstädten zusammengedrängt. Lord Macaulay glaubte, daß sich unter diesen Verhältnissen die Verfassung „nur als Segel, und nicht als Anker" erweisen würde.

Macaulay konnte seine Ansicht darauf stützen, daß zu der Zeit, als er es schrieb, das Oberste Gericht nur ein oder zweimal ein Kongreßgesetz als verfassungswidrig für ungültig erklärt hatte, obwohl es bereits viele einzelstaatliche Verordnungen, die ultra vires waren, außer Kraft gesetzt hatte. Seine Feststellung enthält eine falsche Prämisse. Wie ich schon zeigte, ist die Verfassung nicht „rein demokratisch". Es ist erstaunlich, daß ein solch großer

Geist es so wenig verstanden hat, daß die amerikanische Verfassung mehr als jede andere Verfassung der Demokratie starke Schranken setzt. Die Erfahrung von ein und ein drittel Jahrhundert hat gezeigt, daß der Anker, wenn er vielleicht auch manchmal schleppt, doch das Staatsschiff in der Hauptsache an seinem alten Ankerplatz festhält. Die amerikanische Verfassung besteht noch in ihren wesentlichen Grundsätzen; sie erfreut sich nicht nur des Vertrauens, sondern auch der Zuneigung der großen und verschiedenartigen Bevölkerung, deren Geschick sie regelt. Diesem Gefühl der Zuneigung muß auch das bemerkenswerte Ergebnis zugeschrieben werden und nicht einem dem Pergament oder den roten Siegeln innewohnenden Einfluß; denn in einer Demokratie muß die in einer Verfassung lebende Seele ein solcher Glaube des Volkes an ihre Weisheit und Gerechtigkeit sein. Sollte sie morgen untergehen, sie würde doch ein Leben und eine Entwicklung genossen haben, auf die jede Nation und jedes Zeitalter mit Recht stolz sein könnten. Überdies könnte sie, wenn sie schließlich zugrunde ginge, in Wahrheit für sich in Anspruch nehmen, daß sie Bedingungen unterworfen gewesen ist, für die sie nie bestimmt war, und daß man manche ihrer wesentlichen Prinzipien nicht gekannt hat.

Die Verfassung ist etwas mehr als nur ein geschriebenes Regierungsformular. Sie ist ein gewaltiges geistiges Element. Sie ist ein Glaubenssatz von Größe und Erhabenheit und tatsächlich eine Rechtfertigung der Sittlichkeit des Staates. Sie „gibt Cäsar (dem politischen Staate), was Cäsars ist", aber indem sie auch die grundlegenden moralischen Rechte des Volkes schützt, „gibt sie Gott, was Gottes ist".

Kommenden Zeitaltern wird sie ein flammendes Leuchtzeichen sein, und überall können die Menschen, die sich den akuten Problemen dieses verwickelten Zeitalters gegenübergestellt sehen, Mut aus der Tatsache schöpfen, daß ein kleines und schwaches Volk, als es sich ähnlichen Aufgaben gegenübersah, Kraft und Willen hatte, sich selbst Beschränkungen aufzuerlegen, und friedlich mit den einfachen Worten der ehrwürdigen Präambel verkündete:

**„Wir, das Volk der Vereinigten Staaten, in der Absicht, einen vollkommeneren Bund zu schaffen, Gerechtigkeit aufzurichten, inneren Frieden zu sichern, die gemeinsame Verteidigung zu ermöglichen, die allgemeine Wohlfahrt zu fördern und die Segnungen der Freiheit uns und unserer Nachkommenschaft zu erhalten, verordnen und errichten diese Verfassung für die Vereinigten Staaten von Amerika."**

Man beachte die Worte „verordnen" und „errichten". Sie schließen ewiges Bestehen in sich. Sie schaffen keine Möglichkeit für den Austritt irgendeines Staates, selbst wenn sich ein solcher durch eine Handlung der Bundesregierung verletzt fühlt. Dennoch wurde das Recht auf Austritt viele Jahre lang geltend gemacht. Aber Lincoln vollendete das Werk der Washington, Franklin, Madison und Hamilton, indem er festsetzte, daß „eine Regierung des Volkes, durch das Volk und für das Volk von der Erde nicht verschwinden solle." Damit war die Verfassung „errichtet".

Ihren Erfolg verdankt die Verfassung auch der Tatsache, daß ihre Schöpfer vom Geist des Doktrinarismus nur wenig beeinflußt waren. Sie waren keine Empiristen, sondern große Praktiker. Sie gaben sich nicht der Illusion hin, daß eine geschriebene Verfassung die Demokratie gegen Toren hieb- und stichfest („fool-proof") machen könne. Sie erkannten — und in dieser Erkenntnis lag ihre Stärke —, daß es gegen Irrtum kein Allheilmittel und für Weisheit kein Ersatzmittel gibt, und daß eine gegenteilige Ansicht reine politische Quacksalberei ist. Das ist um so bemerkenswerter, als sie in einer Periode der Gärung menschlicher Ideen wirkten. Der lang unterdrückte Intellekt der Menschheit war damals wie bei einem scheinbar erloschenen Vulkan zu einem heftigen Ausbruch gekommen.

Von der Mitte des 18. Jahrhunderts an bis zum Ende der französischen Revolution standen die Massen überall unter dem Einfluß der sentimentalen und manchmal hysterischen Abstraktionen der französischen Enzyklopädisten. Ihr Einfluß auf die amerikanischen Kolonien zeigt sich deutlich in der Einleitung zur Unabhängigkeitserklärung mit ihrer unbedingten Erklärung der Gleichheit der Menschen und des absoluten Rechts der Selbstbestimmung. Die Erklärung suchte in ihrem edlen Idealismus „die Welt für die Demokratie zu sichern", aber die Verfassung wagte den größeren Versuch, die Demokratie für die Welt zu sichern, indem sie ein Volk veranlaßte, sich heilsame Selbstbeschränkungen in der Majoritätsherrschaft aufzuerlegen.

Glücklicherweise hatten die Schöpfer der Verfassung eine harte und schreckliche Lehre in der Anarchie, die dem Unabhängigkeitskriege folgte, durchgemacht. Sie kümmerten sich nicht so sehr um die Rechte der Menschheit als um ihre Pflichten, und ihr großes Ziel war, an die Stelle der verschwommenen, für einen zügellosen Individualismus schwärmenden Ideen die Autorität des Rechts zu setzen. Von der Hysterie jener Zeit, die ihren Höhepunkt in der französischen Revolution findet, sehen wir in der Verfassung keine Spur.

Diese Verachtung des bloßen „Phrasendreschens" und die Anhänglichkeit an Realitäten zeigte sich, als im Konvent eine Bill of Rights vorgeschlagen wurde. Die Unabhängigkeitserklärung hatte verkündet, daß „alle Menschen gleich geschaffen seien". Im politischen Sinne sind sie das auch. Die Unabhängigkeitserklärung war aber kein Schema für die Regierung, sondern ein beredter Appell an die Gefühlsregungen der Menschen, die sie für einen heißen Kampf zu stärken beabsichtigte. Das Mißverhältnis zwischen der Unabhängigkeitserklärung und der Existenz von Negersklaven kümmerte die Mitglieder des Kontinentalen Kongresses ebensowenig, wie sich heute eine politische Versammlung um die buchstäbliche Genauigkeit eines Parteiprogrammes kümmert.

Als jedoch der verfassunggebende Konvent — der sich zum Teil aus den gleichen Leuten zusammensetzte, die den Kontinentalen Kongreß gebildet hatten — die Aufnahme einer Bill of Rights in die Verfassung erwog, die, wörtlich angewandt, die Sklavenbevölkerung auf die gleiche Stufe mit der freien Bevölkerung der Kolonien gestellt hätte, weigerte man sich, die Bill hineinzunehmen. Denn man stand der harten Wirklichkeit gegenüber, daß jede Verfassung, die nicht das Bestehen der Sklaverei anerkannte, unannehmbar war. Hätte man dieses fürchterliche Problem lösen können, so wäre es für die Nachkommen besser gewesen. Aber das vermochte man unter den damals herrschenden Verhältnissen nicht. Da man es nicht konnte, wollte man sich nicht der Heuchelei schuldig machen, tönende Sätze in eine Verfassung zu schreiben, die mit der Wirklichkeit dieser Periode nicht im Einklang standen. Kein politisches Dokument ist in seiner genauen Festsetzung von Rechten und Ermächtigungen aufrichtiger als die Verfassung.

Rousseaus „Contrat Social" kümmerte jene Männer weniger als die Sorge, Recht und Gesetz wiederherzustellen. Harte Wirklichkeiten, und nicht edle, aber unausführbare Ideale beschäftigten sie. Sie hatten mehr als zehn Jahre lang unter Mißherrschaft schmerzlich gelitten und hatten eine Abneigung gegen reine Phrasen, mit denen sie übersättigt waren. Die Verfassung, welche nicht ein überflüssiges Wort enthält, ist eine ebenso kalte und trockene Urkunde wie etwa ein mathematisches Problem oder ein Handbuch des Parlamentsrechts. Ihre imperativen Normen zeigen die gleiche Einfachheit und Gradheit wie etwa die zehn Gebote. In dieser Freiheit von Empirismus und in dieser starken Hingabe an die Lebenswirklichkeiten kann sie füglich all den Völkern empfohlen werden, die an eine ähnliche Aufgabe herantreten.

17. Kapitel

# DIE GRUNDPRINZIPIEN DER VERFASSUNG

*„Moribus antiquis stat res Romana virisque."*

Anscheinend befaßt sich die Verfassung nur mit den praktischen und wesentlichen Einzelheiten der Regierung. Und doch liegt diesen einfach, aber wunderbar ausgedrückten Ermächtigungen eine umfassende und bestimmte politische Philosophie zugrunde, welche das „Gesetz und die Propheten" freiheitlicher Regierung bildet.

Die sieben wesentlichen Grundsätze der Verfassung sollen kurz in diesem und in den folgenden drei Kapiteln zusammengefaßt werden:

## I.

### Erster Grundsatz ist eine repräsentative Regierung.

Nichts ist in den Debatten des Konvents auffallender als das Mißtrauen fast all seiner Mitglieder gegen das, was sie „Demokratie" nannten. Sie verstanden darunter das Recht des Volkes, unmittelbar und ohne die Vermittlung durch gewählte Vertreter die gesetzgebende Gewalt auszuüben. Das alleräußerste Zugeständnis, das man der Demokratie noch machen könnte, erblickten sie in dem Recht des Volks, geeignete Männer zu wählen, die dann die Gesetze zum allgemeinen Besten erlassen sollten. Für die Verfassung ist nichts kennzeichnender als jene Vorsicht, mit der sie die Möglichkeit, Gesetze zu erlassen, der direkten Aktion des Volkes zu entziehen suchten. Nirgends finden wir in der Verfassungsurkunde eine Erwähnung des Volksbegehrens oder des Volksentscheids. Selbst einen Zusatz zur Verfassung konnte das Volk in unmittelbarer Ausübung der ihm verbliebenen Macht weder vorschlagen noch annehmen. Wie bereits früher dargelegt wurde, konnte ein solches Amendment nur von zwei Dritteln des Senats und des Repräsentantenhauses oder durch einen auf Ersuchen der Parlamente von zwei Dritteln der Staaten vom Kongreß berufenen Konvent vorgeschlagen werden. In Kraft treten konnte das Amendment in beiden Fällen nur, wenn es von drei Vierteln der Einzelstaaten ratifiziert war. Die Ratifizierung hatte nicht durch eine Volksabstimmung, sondern durch Vertreter zu erfolgen, die entweder durch die Parlamente oder auf besonderen Konventen der Einzelstaaten gewählt waren. So verweigerte man einer Mehrheit das Recht, auch nur die Form der Regierung zu ändern. Darüber hinaus verlieh man dem Präsidenten die Befugnis, Gesetzen, die von der Mehrheit des Repräsentantenhauses und des Senates angenommen waren, durch ein einfaches Veto für ungültig zu erklären. Da man aber befürchtete, so eine übermäßige Macht des Präsidenten zu schaffen, bestimmte man, daß dem Veto ein anderes Veto entgegengesetzt werden solle, wenn zwei Drittel des Senats und des Repräsentantenhauses sich auf ein solches Vorgehen einigten. Überdies bedeuten die außerordentlichen Beschränkungen der Verfassung, die der Mehrheit, ja sogar der Mehrheit der Gesamtkörperschaft von Repräsentantenhaus und Senat untersagen, Gesetze anzunehmen, bei denen es an der Zuständigkeit der Repräsentationsorgane fehlt oder welche die Grundrechte der Individuen beeinträchtigen, eine so nachdrückliche Verneinung einer absoluten Demokratie, wie man sie nur in irgend einer Staatsform finden kann. Gemessen an heutigen demokratischen Konventionen ist die Verfassung ein undemokratisches Dokument.

Ihre Schöpfer glaubten an eine repräsentative Regierung, der sie im Gegensatz zur „Demokratie" die Bezeichnung „republikanische Regierungsform" gaben. Die Mitglieder des Senats sollten durch die Parlamente der Einzelstaaten gewählt werden, und die Wahl des Präsidenten sollte nach dem ursprünglichen Plane durch ein Wahlkollegium, das dem Kardinalkollegium ähnelte, vorgenommen werden.

Die Debatten sind reich an Äußerungen, welche von dieser Geistesrichtung zeugen. So bemerkte z. B. Gerry: „Die Übel, die wir erleiden, rühren von den Auswüchsen der Demokratie her. Das Volk läßt sich von Pseudo-Patrioten narren." Randolph, der Autor des Virginia-Planes, erklärte, Hauptzweck der Verfassung sei, jene Übel zu heilen, an denen die Vereinigten Staaten litten. Wer dem Ursprung dieser Übel nachgegangen sei, habe ihn in den Schrecken und Torheiten der Demokratie gefunden. Es müsse also gegen eine derartige Tendenz unserer Regierung ein Hemmschuh gesucht werden.

Alexander Hamilton bemerkte am 18. Juni, daß

> „die Mitglieder, die am Republikanertum am zähesten festhielten, so laut wie nur irgend jemand gegen die Übel der Demokratie eiferten."

Und er setzte hinzu:

> „Gebt der Menge alle Macht, und sie wird die Unterdrückerin der Minderheit. Gebt der Minderheit alle Macht, und sie wird die Unterdrückerin der Mehrheit. Beide sollten deshalb soviel Macht haben, daß sich jede von ihnen gegen die andere verteidigen kann."

Vielleicht am besten wurde die Haltung der Mitglieder durch James Madison in Nr. 10 der Zeitung „The Federalist" ausgedrückt:

> „Eine reine Demokratie, worunter ich einen aus einer kleinen Anzahl von Bürgern bestehenden Staat verstehe, die zusammenkommen und die Regierung persönlich leiten, kann kein Heilmittel für die Schäden der Parteiherrschaft bieten. Solche Demokratien sind stets Schauplätze von Unruhen und Streitigkeiten gewesen. Sie haben sich oft als unvereinbar mit persönlicher Sicherheit und persönlichen Eigentumsrechten erwiesen und haben im allgemeinen ein Leben geführt, das ebenso kurz wie ihr Ende gewaltsam war."

Zweifellos haben die Schöpfer der Verfassung bei dieser Beschränkung der Volksherrschaft den Genius eines Englisch sprechenden Volkes nicht genügend beachtet. Einige wenige erkannten das. Franklin, ein Selfmade man, glaubte an Demokratie und zweifelte an der Wirkungsfähigkeit der Verfassung, es sei denn, daß sie wie eine Pyramide auf der breiten Basis des Volkswillens ruhte. Die Zeit hat gezeigt, daß er recht hatte.

Colonel Mason aus Virginia, auch ein Anhänger von Jeffersons politischer Philosophie, sagte:

> „Trotz der Unterdrückung und der Ungerechtigkeit, die wir durch Demokratie erfahren haben, ist der Geist des Volkes für die Demokratie, und der Geist des Volkes muß befragt werden."

Hierin waren sie wahre Propheten, denn das amerikanische Volk hat es abgelehnt, die Demokratie so eng und so streng zu begrenzen, wie es die Schöpfer der Verfassung offenbar beabsichtigten. Das bemerkenswerteste Beispiel hierfür ist die Wahl des Präsidenten. Man hatte nie beabsichtigt, daß das Volk den Präsidenten unmittelbar wählen solle; vielmehr sollte eine gewählte Körperschaft von Wahlmännern nach sorgfältiger Beratung diese so bedeutungsvolle Wahl vornehmen. Obwohl dieses System formell heute noch besteht, haben doch in der Praxis von Anfang an die Wahlmänner ihre Stimme nur so abgegeben, wie es das Volk, das sie gewählt hatte, wünschte.

Überdies hat sich der Geist der repräsentativen Regierung seit der Annahme der Verfassung stark geändert. Das Ideal früherer Zeiten war das, was Edmund Burke in seiner Ansprache an die Wähler von Bristol so vortrefflich zum Ausdruck brachte. Die Schöpfer der Verfassung glaubten nämlich, daß ein Abgeordneter ein Richteramt heiligster Art innehabe und daß er seine Stimme so abgeben solle, wie es ihm Wissen und Gewissen ohne Rücksicht auf die Wünsche seiner Wähler vorschrieben. Heutzutage und besonders in den letzten fünfzig Jahren hat die entgegengesetzte Ansicht, die in weitem Maße Jeffersons politischen Idealen zuzuschreiben ist, die amerikanische Politik derart beeinflußt, daß die Volksvertreter sowohl in den legislativen wie in den exekutiven Departements der Regierung von den Massen nur als Wortführer des Volkes betrachtet werden, das sie gewählt hat. Eine Nichtbeachtung der Wähler und ihrer Wünsche gilt praktisch als Treubruch und Verneinung der Demokratie.

Für diesen Wandel der Anschauungen hat es manche Rechtfertigung gegeben. Wie überall, wählt das Volk auch in unserem Lande nicht immer seine besten Männer zu Abgeordneten. Es stellte sich infolge der Unzulänglichkeit der menschlichen Natur so viel an Unwissen und zeitweise sogar an Bestechlichkeit heraus, daß der Instinkt das Volk dazu trieb, die Führung der Geschäfte in die eigene Hand zu nehmen. Andererseits hat dieser Wandel der Anschauungen in vielen Fällen zu einer Regierung der organisierten Minderheiten geführt, denn bei der Teilung der Massen in politische Parteien ist es für eine organisierte Minderheit leicht, das Zünglein an der Wage zu bilden und so den eigenen Willen auch den Mehrheiten aufzuzwingen. Aus der Zeit läßt sich die Ansicht der Schöpfer der Verfassung rechtfertigen, daß die Demokratie in der Auswahl ehrlicher und bewährter Repräsentanten ihre Grenze findet. Wie tief wir aber von diesem hohen Ideal repräsentativer Regierung herabgesunken sind, wird später in einem Kapitel über den „Verfall des Führertums" erörtert werden.

## II.

Das zweite und ganz neuartige Prinzip der Verfassung ist das einer dualistischen Staatsform.

Dieses Prinzip bildet einen Beitrag zur Lehre der Staatswissenschaften, wie er in seiner Art einzig dasteht. Das erkannte de Tocqueville, einer der scharfsinnigsten Kenner der Verfassung, schon frühzeitig. Er erklärte, sie sei „auf einer gänzlich neuen Theorie aufgebaut, die in der modernen politischen Wissenschaft als bedeutsame Entdeckung betrachtet werden dürfe."

Vor der Verfassung wurde es nicht für möglich gehalten, die Souveränität zu teilen oder etwa gar zwei verschiedene Souveränitäten zu haben, die sich wie Planeten innerhalb der gleichen Bahn bewegten. Deshalb hatte allen früheren Bundesregierungen der Plan zugrunde gelegen, daß ein

Bund seinem Willen nur durch die konstituierenden Staaten Ausdruck geben könne und daß die Bürger dieser Staaten nicht in einem direkten Treuverhältnis zum Bund, sondern nur zu den Staaten stehen, deren Bürger sie seien. Die Verfassung entwickelte jedoch die Idee einer dualistischen Staatsangehörigkeit. Obwohl die Volksangehörigen in dem Machtbereich, der den Einzelstaaten reserviert war, Untertanen dieser Staaten blieben, wurden sie doch auch direkt Untertanen der Zentralregierung. Als solche hörten sie auf, Staatsbürger der Einzelstaaten in demjenigen Bereich von Regierungsangelegenheiten zu sein, welcher der Zentralregierung übertragen war. Dieses Treuverhältnis wurde durch unmittelbares Eingreifen der Zentralregierung den Einzelpersönlichkeiten gegenüber erzwungen. So entstand eines der schwierigsten und verwickeltsten Regierungssysteme der Welt.

Die Staatsgewalt ist kraft der Verfassung — wie das alte Gallien nach Cäsar — „in drei Teile geteilt". Der erste Teil ist die der Bundesregierung übertragene, der zweite die den Einzelstaaten vorbehaltene Gewalt. Der dritte und wichtigste Teil von allen ist — obwohl dies nicht allgemein erkannt wird — die dem Volk vorbehaltene Gewalt, wie sie sich aus den vielen Beschränkungen der einzelstaatlichen Gesetzgebung wie der Bundesgestzgebung ergibt.

65 Zuständigkeiten sind der Bundesregierung verliehen und 79 sind ihr vorenthalten. Von diesen sind 13 sowohl der Regierung des Bundes wie den Regierungen der konstituierenden Staaten versagt. 43 von den der Bundesregierung eingeräumten 65 Zuständigkeiten sind ausschließliche, den Einzelstaaten ausdrücklich versagte, während bei 18 eine konkurrierende Zuständigkeit vorliegt*).

Durch bloßes Aufzählen kann jedoch die Verteilung der Zuständigkeiten nicht dargestellt werden. Einige von den der Bundesregierung verliehenen Zuständigkeiten sind in einem Zeitalter wirtschaftlicher Zentralisation so umfassend geworden, daß sich der Einfluß der Bundesgewalt ständig aus dehnt, und zwar nicht infolge überlegten menschlichen Vor-

*) Stimsons „American Constitution as it Protects Property Rights"

gehens, sondern durch den gebieterischen Zwang wirtschaftlicher Einwirkungen. Die Zuständigkeit der Einzelstaaten hat sich hierdurch schnell verringert.

Zur Zeit der Annahme der Verfassung war diese Teilung der Kompetenz leicht durchführbar. Geographisch lagen die einzelnen Staaten weit voneinander getrennt, und das Fehlen wirtschaftlicher Berührungspunkte machte es jeder Regierung leicht, ohne ernsthafte Konflikte zu arbeiten. Die Schöpfer der Verfassung rechneten jedoch nicht genügend mit den mechanischen Veränderungen in der Gesellschaft, die zu jener Zeit begannen. Sie sahen die zentripetalen Einflüsse von Dampf und Elektrizität, welche das amerikanische Volk zu einer unauflösbaren Einheit in wirtschaftlichen und vielen anderen Dingen verwebt haben, nicht voraus. Infolgedessen verstoßen viele Gesetze der Bundesregierung in diesem verwickelten Zeitalter unmittelbar gegen die Rechte der Einzelstaaten und vice versa. Die praktische Anwendung der Verfassung machte daher eine sehr sorgfältige Anpassung einer in einem primitiven Zeitalter geschaffenen Staatsform an die Verhältnisse einer komplizierten Zeit erforderlich.

So war der Bundesregierung volle Zuständigkeit bezüglich des auswärtigen Handels und des Handels *zwischen* den Einzelstaaten verliehen, die Zuständigkeit bezüglich des Handels *innerhalb* eines Staates dagegen war den einzelstaatlichen Regierungen vorbehalten. Das setzte die Macht der Regierung voraus, den Handel in zwei wasserdichte Abteilungen einzuteilen oder wenigstens diese beiden Machtbereiche als parallele Linien zu betrachten, die sich niemals treffen können. Mit dem Aufkommen der Eisenbahn, des Dampfschiffes und des Telegraphen wurde der Handel jedoch so vereinheitlicht, daß aus den parallelen Linien sich überschneidende Zickzacklinien wurden. Um die Bestimmungen der Verfassung über den Handel diesen veränderten Verhältnissen anzupassen, bedurfte es des konstruktiven Genius des Obersten Gerichtshofes der Vereinigten Staaten. In einer Reihe sehr bemerkenswerter, in den 263 Bänden der offiziellen Sammlung enthaltenen, Entscheidungen hat dieser hervorragende Gerichtshof versucht, den zwischenstaatlichen wie innerstaatlichen Handel zu sichern, und zwar durch eine Linie, die den ursprünglichen Absichten der Verfassung so nahe wie möglich liegt. Augenscheinlich erforderte dies aber soviel an Anpassung, daß Washington, Franklin, Madison und Hamilton ihr eigenes Werk nicht wiedererkennen würden, wenn sie die von ihnen geschaffene Nation wieder aufsuchen sollten.

Aus demselben Grunde wurde das dualistische Regierungssystem durch die großen Elementarkräfte unseres mechanischen Zeitalters so gründlich umgestaltet, daß die Wagschalen, welche die Rechte der Zentralregierung auf der einen Seite und die Rechte der Einzelstaaten auf der anderen in schönem Gleichgewicht zu halten suchten, erheblich gestört sind. Ursprünglich waren die Staaten mächtige politische Gebilde und die Zentralregierung lediglich ausführendes Organ für gewisse besondere Zwecke. In der Entwicklung der Verfassung hat jedoch die Nation naturgemäß überragende Bedeutung erlangt, während Macht und Ansehen der Einzelstaaten im gleichen Verhältnis ständig abnahmen.

Diese unvermeidlichen Tendenzen in der amerikanischen Politik nennt man „Zentralisation". Nahezu ein Jahrhundert lang hat eine große politische Partei heftig das ständige Fortschreiten dieser „Zentralisation" bekämpft, eine Entwicklung, die, wie vorher dargelegt, den zentripetalen Einflüssen zuzuschreiben ist. Aber dieser Kampf ist schon lange als hoffnungslos aufgegeben, und der Kampf der Gegenwart geht vielmehr darum, soweit wie möglich diese unvermeidlichen Strömungen angemessen einzudämmen.

Gleichwohl wäre die Annahme irrig, daß dieses dualistische Regierungssystem einen Mißgriff darstellt. Es besteht noch und verleiht den Einzelstaaten eine große Machtfülle in ihren inneren Angelegenheiten. In einem Lande, das sich vom Atlantischen bis zum Stillen Ozean und von den Seen bis zum Golf erstreckt, dessen Nordgrenze nicht weit vom nördlichen Polarkreis und dessen Südgrenze nur wenige Grade vom Äquator entfernt liegt, gibt es so starke Differenzierungen in den Gewohnheiten, Überlieferungen und Idealen des Volkes, daß ohne diese dualistische Staatsform die Verfassung schon längst zusammengebrochen wäre. Man sagt nicht zuviel, wenn man behauptet, daß der Erfolg, mit welchem die Schöpfer der Verfassung die Überlegenheit und Wirkungskraft der Nation mit den Tendenzen lokaler Selbstverwaltung ausgeglichen haben, eine der wahrhaft großen Errungenschaften in der Geschichte der Menschheit ist.

III.

Das dritte Prinzip war die Garantie der persönlichen Freiheit durch verfassungsmäßige Beschränkungen.

Das ist ein weiterer großer Beitrag Amerikas zu den Lehren der Staatsrechtswissenschaft. In allen früheren staatlichen Gebilden wurde der Staat als ein Souverän betrachtet, der einzelnen Persönlichkeiten oder Klassen aus der Fülle seiner Macht gewisse Vorrechte oder Sonderrechte verleihen konnte, die man dann „Freiheiten" nannte. So waren jene „Freiheiten", welche die Barone dem König Johann in Runnymede*) abgerungen hatten, tatsächlich nur gewisse Befreiungen von der Gewalt der Regierung. Unsere Väter glaubten nicht an die Souveränität des Staates im Sinne absoluter Gewalt, noch glaubten sie an die Macht des Volks in diesem Sinne. Das Wort „Souveränität" findet sich weder in der Verfassung noch in der Unabhängigkeitserklärung. Sie glaubten, daß jedes Individuum als verantwortliches moralisches Wesen gewisse „unveräußerliche Rechte" habe, welche ihm weder der Staat noch das Volk rechtmäßigerweise entziehen könnten.

Diese Auffassung des Individualismus, durch Richterspruch gegen Exekutive und Legislative verwirklicht, war das wirklich Neue und ist noch jetzt das eigenartigste Kennzeichen des amerikanischen Konstitutionalismus. Als solche ihm vorbehaltenen Rechte, die durch verfassungsmäßige Beschränkungen und hauptsächlich durch die ersten zehn Amendments zur Verfassung ihm garantiert sind, hat der

*) Anmerkung des Übersetzers: Runnymede in der Grafschaft Surrey an der Themse gelegen. Hier wurde am 12. 6. 1215 zwischen König Johann ohne Land und seinen Baronen die Magna Charta, das englische Staatsgrundgesetz, vereinbart und unterschrieben.

Amerikaner kraft seiner angeborenen und ihm von Gottes Gnaden verliehenen Würde als menschliches Wesen gewisse Anrechte, wie Preßfreiheit, Freiheit der Meinungsäußerung, Recht auf Eigentum und Religionsfreiheit. Selbst 100 Millionen Leute können ihm diese Rechte ohne eine Verfassungsänderung rechtmäßig nicht entziehen. Die Schöpfer der Verfassung glaubten nicht, daß das Salböl, welches den König heiligen und ihm Unfehlbarkeit verleihen sollte, auf die „vielfältige Zunge" des Volkes herniedergefallen sei, um dem Volk Unfehlbarkeit oder Allmacht zu verleihen. Sie glaubten an den Individualismus, sie besaßen einen durch nichts einzuschläfernden Argwohn gegen die Macht der Regierung. Je größer die Macht der Regierung sei, desto größer die Gefahr des Machtmißbrauchs. Von dieser Ansicht gingen die Schöpfer der Verfassung aus. Sie fühlten, daß der Einzelne im allgemeinen sein Glück am besten selbst erreichen könne und daß seine ständige Bitte an die Regierung jene Bitte des Diogenes an Alexander sei: „Geh mir aus der Sonne." Der Wert und die Würde des Menschen, der freie Wettbewerb zwischen Mensch und Mensch, der Adel der Arbeit, das Recht auf Arbeit, die Freiheit von Staatstyrannei wie von Klassenherrschaft, das war das Evangelium der Gründer. Sozialismus war ihnen zuwider.

Diese Anschauung vom Staat gab der Menschheit eine neue Würde. Sie rief dem Staate zu: „Es gibt eine Grenze deiner Macht. Bis hierher sollst du kommen und nicht weiter; hier sollen sich deine stolzen Wellen legen*)."

## IV.

Eng verbunden mit dieser Lehre von der Begrenzung der Regierungsgewalten, selbst beim Bestehen einer Mehrheit, ist das vierte Prinzip, das Prinzip einer unabhängigen Rechtspflege.

Hier finden wir das Schwungrad**) der Verfassung. Es muß, um stets funktionieren zu können, vor jeder An-

*) Anmerkung des Übersetzers: Vergl. Hiob 38, 11.
**) Siehe Anmerkung des Übersetzers auf Seite 260.

griffs- und Zerstörungsmöglichkeit geschützt sein. Unser Land ist auf dem Felsen der Eigentumsrechte und dem der Heiligkeit der Verträge gegründet worden. Den Einzelstaaten ist es verboten, die Schuldverhältnisse zu beeinträchtigen, und der Kongreß kann Leben, Freiheit oder Eigentum niemand entziehen „ohne ein ordentliches Gerichtsverfahren", „without due process of law". Diese Garantien sind so alt wie die Magna Charta; denn „ordentliches Gerichtsverfahren", „due process of law" ist nur eine Umschreibung für „das Gesetz des Landes", die „lex terrae", ohne die kein freier Mann seine Freiheit oder seinen Besitz verlieren kann.

„Due process of law", „ordentliches Gerichtsverfahren", bedeutet, daß es gewisse grundlegende Prinzipien der Freiheit gibt, die in der Verfassung weder bestimmt noch nur aufgezählt sind, die aber ihre Sanktion durch das in Freiheit hell erleuchtete Gewissen gerechter Männer erhalten haben. Es bedeutet ferner, daß niemand seines Lebens, seines Eigentums, seiner Freiheit beraubt werden kann, außer in Übereinstimmung mit diesen Prinzipien der Freiheit. Um diese gegen die Macht einer auch noch so großen Mehrheit zu schützen, wurden dem Richtertum beispiellose Ermächtigungen verliehen. Es umschließt das Individuum mit dem feierlichen Kreise des Gesetzes. Es macht aus dem Richtertum das eigentliche Gewissen der Nation. England verehrt die gleichen Grundwahrheiten der Freiheit, jedoch mit dem wesentlichen Unterschied, daß in England das Volk im Parlament die letzte richterliche Instanz ist. Unsere Verfassung mißbilligt dies. Sie will nicht, daß eine Parlamentsmehrheit oder gar das Volk selbst unverletzliche Individualrechte über den Haufen werfen könnten, Grundrechte, um die den feierlichen Kreis des Gesetzes zu ziehen nur dem Richtertum zusteht.

Ein hervorragender Kenner des Staatsrechts, Sir Henry M a i n e*), schreibt das wunderbare Gedeihen Amerikas

*) Anmerkung des Übersetzers: Sir Henry Maine (geb. 1822), englischer Jurist, war 1870 bis 1878 Professor der Jurisprudenz in Oxford. 1878 gab er seine Professur auf, weil er zum Master of Trinity Hall in Cambridge gewählt worden war. Von ihm sind viele juristische und historische Schriften verfaßt worden.

vornehmlich dieser Unverletzlichkeit der Property Rights zu, die letzten Endes Persönlichkeitsrechte sind. Er führt aus:

„Dieses ganze wohltuende Gedeihen beruht auf zweierlei: auf der Heiligkeit der Verträge und auf der Sicherheit des Privateigentums; das eine ist das Werkzeug, das andere der Erfolgslohn im allgemeinen Wettkampf."

Sir Henry Maine fügt noch hinzu: „Der Vertragsartikel ist das „Bollwerk des amerikanischen Individualismus gegen demokratische Unduldsamkeit und sozialistische Phantasterei gewesen."

Diese erhabene Gewalt eines unabhängigen Richtertums hat sich die Bewunderung der Welt erworben, und dieser Gedanke wurde von Vielen als eine Bereicherung der staatsrechtlichen Lehren betrachtet. Die Idee ist jedoch nicht völlig neu. Wie schon vorher erwähnt wurde, haben vier englische Oberrichter einst kundgegeben, daß ein gegen gemeines Recht und Vernunft verstoßender Parlamentsakt für null und nichtig erklärt werden kann. In Frankreich war das Recht der Richter, einem Gesetze die Gültigkeit abzusprechen, wenn es nicht von den Gerichten anerkannt wurde, die Ursache eines über drei Jahrhunderte dauernden Kampfes zwischen den französischen Monarchen und den französischen Gerichten. In England überließ jedoch später die Lehre vom Common Law der späteren Lehre von der Allmacht des Parlaments das Feld; in Frankreich fand das Recht der Richter, Gesetze zu revidieren, mit der französischen Revolution sein Ende.

Die Vereinigten Staaten dagegen verleibten dieses Recht ihrem staatlichen System ein und machten so das Richtertum, insbesondere den Obersten Gerichtshof, zum Schwungrad der Verfassung. Ohne ein solches Recht hätte die Verfassung nicht bestehen können, denn weder die Beamten der Exekutive noch die Inhaber der gesetzgebenden Gewalt sind gute Richter, wenn es sich um die Entscheidung über die eigene Kompetenz handelt.

Nichts beweist besser den Geist der Einigkeit, den die Verfassung in das öffentliche Leben brachte, als jener stete Erfolg, mit dem der Oberste Gerichtshof seine schwierige und meist heikle Aufgabe erfüllte. Der Präsident ist der Oberbefehlshaber der Armee und der Flotte, er kann sie zu Hilfe rufen. Die gesetzgebende Gewalt hat auch fast unumschränkte Macht durch die Kontrolle des öffentlichen Finanzwesens. Die Einzelstaaten haben ihre Macht durch Aufstellung der Heeresmacht wieder gestärkt, und manche von ihnen sind, was Bevölkerung und Hilfsquellen anlangt, so bedeutend wie viele europäische Nationen. Der Oberste Gerichtshof hat zur Ausführung seiner Urteile nur einen einzigen Beamten, genannt „The United States Marshall". Und doch, wenn der Oberste Gerichtshof ohne Schwert und ohne die Macht der Finanzgewalt, nur mit einem Obersheriff zur Erzwingung seiner Urteile ausgestattet, zu einem Präsidenten, zu einem Kongreß oder zu den Behörden eines jener großen und in vielen Beziehungen so unabhängigen Einzelstaaten sagt, daß sie dies oder jenes tun oder unterlassen sollten, so wird diesem Befehl sofort Folge geleistet. Hier ist in der Tat das amerikanische Ideal „einer Regierung, die durch Gesetze und nicht durch Menschen wirkt", herrlich verwirklicht. Hätte die amerikanische Verfassung, wie sie formuliert wurde und wie sie sich entwickelte, nichts anderes getan, als in dieser Weise die Oberherrschaft des Rechts selbst gegen ein gelegentlich gewaltig andrängendes Empfinden der Masse aufzurichten, auch dann würde sie die wohlbekannte Lobrede Gladstones voll verdient haben.

Es muß jedoch erwähnt werden, daß in einer Hinsicht diese Funktion des Richtertums die unglückliche Wirkung hatte, den Sinn für Verfassungsmoral im Volke eher herabzumindern als zu entwickeln. In England ist das Parlament allmächtig, und doch beachtet es in seiner Gesetzgebung freiwillig die großen grundlegenden Richtlinien der Freiheit, die in der amerikanischen Verfassung durch formelle Garantien geschützt werden. Dies kann nur deshalb richtig sein, weil entweder das Parlament ein eingewurzeltes Gefühl für konstitutionelle Moral besitzt oder weil die Wähler der Parlamentsmitglieder einen so starken Sinn für konstitutionelle Gerechtigkeit haben, daß die Abgeordneten eine Mißachtung jener grundlegenden Freiheitssätze nicht wagen dürfen.

In den Vereinigten Staaten hat jedoch das Vertrauen, daß der Oberste Gerichtshof diese Garantien schützen wird, zu einer Herabminderung des Sinnes für konstitutionelle Moral sowohl beim Volke wie bei seinen Vertretern geführt. Es schwächt die Wachsamkeit ab; derartiges geht immer auf Kosten der Freiheit.

Gesetze werden erlassen, die jene von der Verfassung gesetzten Schranken nicht beachten. Dennoch unterbleibt eine Kritik, die auf die Verfassungswidrigkeit hinweisen würde. Denn irrtümlicherweise wird die Feststellung der Verfassungswidrigkeit als ausschließliche Aufgabe des Richtertums angesehen.

Die Organe der Rechtspflege haben, was der communis opinio zu widersprechen scheint, nicht die unbeschränkte generelle Vollmacht, verfassungswidrige Gesetze für ungültig zu erklären. Sie können nur in Einzelfällen vorgehen, in denen ihnen konkrete Streitfragen zur Entscheidung vorgelegt werden, und dann auch nur in Fällen, die dem Rechtsleben angehören, wobei der Gegensatz durch politische Fragen gebildet wird. Überdies kann die Rechtspflege Akte der Gesetzgebung nur dann für verfassungswidrig erklären, wenn zwischen einem Gesetz und der Verfassung ein unversöhnlicher und unzweifelhafter Widerstreit besteht. Selbstverständlich können aber Gesetze aus verfassungswidrigen Motiven erlassen werden, und es gibt ein weites Feld politischen Ermessens, auf dem Vieles unternommen werden kann, was zwar politisch, aber nicht juristisch verfassungswidrig ist. Unangebracht ist deshalb das Vertrauen auf die Macht der Richterschaft, jedes Gesetz für ungültig zu erklären, das, sei es in der Form, sei es in den Motiven oder sei es in seinen unvermeidlichen Wirkungen, die Verfassung verletzt. Das übertriebene Vertrauen in das richterliche Prüfungsrecht hat die Wachsamkeit des Volkes und seinen Trieb, die eigene Verfassung zu schützen, nunmehr so sehr vermindert, daß dadurch eine ernsthafte Gefahr für die Verfassung selbst entstanden ist.

Keine Zeitströmung kann gefährlicher werden als diese Tendenz, daß nicht nur das Volk, sondern auch seine Vertreter im Kongreß in gewisser Weise virtuell abgedankt haben, indem sie sich nicht mehr darum kümmern, ob ein Gesetz innerhalb der Kompetenz der Bundesregierung liegt. Dies bürdet dem Obersten Gerichtshof der Nation nicht nur eine unmögliche Last auf, sondern beeinträchtigt auch jenen Geist konstitutioneller Moral im Volke, ohne den keine Verfassung lange bestehen kann. Nichts lag den Schöpfern der Verfassung ferner, als die Gewähr der Freiheiten auf die Macht eines Gerichtshofes zu stützen, obwohl diesem Gerichtshof in gewisser Beziehung die Macht verliehen ist, die Verfassung im Streitverfahren des Prozesses zu schützen.

Chief Justice Marshall erkannte dies in dem bedeutendsten seiner vielen vortrefflichen richterlichen Voten (Gibbons contra Ogden, 9 Wheat. I.):

> „Die Weisheit und Zurückhaltung des Kongresses, seine Übereinstimmung mit dem Volk und der Einfluß, den seine Wähler bei Wahlen besitzen, bilden hierbei wie in vielen anderen Fällen, wie z. B. bei der Kriegserklärung, die einzigen Hemmungen, auf die sie sich verlassen haben, um sich vor Mißbrauch zu schützen. Zumeist gibt es bei repräsentativen Regierungen keine anderen Kautelen."

Der Erfolg der Verfassung hing in so großem Umfang von der Justizorganisation der Nation und besonders vom Obersten Gerichtshof ab, daß eine ausführlichere Beschreibung dieses „mehr als amphiktyonischen Rates" — um Pinkneys Ausdruck zu gebrauchen — ein besonderes Kapitel rechtfertigt.

---

Anmerkung des Übersetzers: Im Originaltexte findet sich das Wort „balance-wheel", das wörtlich übersetzt „Steigrad" der Uhr bedeutet. Das Steigrad ist ein Hemmungsrad, eine Art Sperr-Rad, welches in regelmäßigen, durch die Pendelschwingungen bedingten Zeiträumen arretiert wird. An ihm erfährt der Anker, der an den Zähnen des Steigrades gleitet, während des größten Teils der Pendelschwingungen eine von der Größe der Triebkraft abhängige Reibung. Die Hemmung ersetzt andererseits dem Pendel oder der Unruhe fort und fort mittels kleiner Impulse das an Kraft oder an Schwung, was durch Reibung und Luftwiderstand bei jeder Schwingung eingebüßt wird. „Balance-wheel" wird daher im vorliegenden Fall mit „Schwungrad" übersetzt. (Vergl. Seite 255.)

18. Kapitel

## DAS SCHWUNGRAD DER VERFASSUNG

*„Wenn die Rechtspflege vom jeweiligen System abhinge, was bliebe dann noch an Wert übrig? Kann denn eine Regierung ohne sie bestehen? Man könnte ebensogut von einem Sonnensystem ohne Sonne sprechen."*

— William Wirt.

V.

Keine Bestimmung der Verfassung hat wohl mehr das Interesse der Publizisten anderer Nationen erweckt als dieser in seiner Art einzige Gerichtshof*).

Möge sich der Leser in Gedanken in das edle Kapitol der Amerikanischen Republik versetzen. Er geht durch die große Rundhalle — die eines Michelangelo nicht unwürdig wäre — und gelangt dann vom Gang aus in einen halbkreisförmigen Saal mit der Reihe jonischer Säulen und der gewölbten Decke. Er befindet sich nun in einem der einfachsten, aber an Eindrücken reichsten Gerichtssäle der Welt. Früher diente der Raum dem Senat der Vereinigten Staaten als Sitzungssaal; innerhalb seiner Mauern konnte man die beredten Stimmen einiger der größten Redner und Staatsmänner, welche Amerika der Nachwelt gab, hören. In den ersten Entwicklungsjahren der Republik, als es noch unentschieden war, ob die neue Nation nur ein reiner Staaten-

*) Als der Verfasser im Sommer 1922 eingeladen wurde, vor der französischen Advokaten- und Richterschaft in der Cour de Cassation eine Rede zu halten, und anfragte, welches Thema man von ihm behandelt wünschte, antwortete man sofort: „Der Oberste Gerichtshof der Vereinigten Staaten."

bund oder eine mächtige gefestigte Nation sein würde, waren diese jonischen Säulen stumme Zuhörer der großen politischen Auseinandersetzungen, an denen Daniel Webster, Henry Clay und John C. Calhoun teilnahmen. Nunmehr ist bereits seit einem halben Jahrhundert der „Lärm und das Geschrei" des politischen Streites verhallt; nichts als die ruhige und ernste Atmosphäre jenes Gerichtshofes ist geblieben, dessen Urteile und Entscheidungen das Schicksal eines gewaltigen Reiches, über welchem die Sonne nicht untergeht, überwachen. Die Eskimos, die in der langen eisigen Winternacht am äußersten Rande Alaskas leben, sind ebenso den Entscheidungen dieses Gerichtes unterworfen wie die wilden Moros auf den Philippinen unweit der Zufahrtstraße nach China.

Die Verfassung sichert für alle Zeit die Unabhängigkeit jedes dieser Richter. Sie behalten, um die Verfassung zu zitieren, „ihr Amt, solange ihre Aufführung einwandfrei ist, und sollen zu festgesetzten Zeiten eine Vergütung für ihre Dienste erhalten, die während ihres Verbleibens im Amt nicht verringert werden darf." Die Schöpfer der Verfassung sind wahrhaft weise gewesen; hätte man diese Richter durch das Volk für eine kurze Amtszeit wählen lassen, wie ganz anders wäre dann unsere Verfassungsgeschichte verlaufen. Jeder von ihnen wurde nach einer genauen Prüfung unter Beobachtung einer so peinlichen Sorgfalt angestellt, wie sie kaum in gleichem Maße bei einem anderen Gerichtssystem der Welt angewendet wird. Der Präsident benennt den in Aussicht genommenen Richter, seine Anstellung erfolgt jedoch „unter Mitberatung und Einwilligung des Senats" und muß die Billigung einer Mehrheit dieser Körperschaft, die infolge der gleichmäßigen Vertretung in einem besonderen Maße die 48 konstituierenden Staaten darstellt, finden. Während eine solche Beratung und Zustimmung in der Praxis bei der Anstellung vieler anderer Beamter nur sehr oberflächlich erfolgt, ist das ganz anders, wenn es sich um eine Ernennung zum Obersten Gerichtshof handelt. Wenn der Präsident eine Nominierung als beachtenswert erwägt, so wird die Tatsache im allgemeinen durch eine vom Weißen Haus veranlaßte offiziöse Verlautbarung bekanntgegeben. Sogleich fällt das Licht der Öffentlichkeit mit aller Stärke auf den in Aussicht genommenen Kandidaten. Seine Vergangenheit als Anwalt und als Mann, der im öffentlichen Leben gestanden, wird der strengsten Nachprüfung unterzogen. Die öffentliche Meinung würde es nicht dulden, daß jemand für dieses Amt in Betracht käme, der sich nicht in der Advokatur oder im Richteramt ausgezeichnet hätte und der nicht als im öffentlichen Leben stehender Mann überall in den Vereinigten Staaten bekannt wäre. Wenn der Kandidat aufgestellt ist, dann nimmt die Justizkommission des Senats eine sorgfältigere Nachprüfung als bei jedem anderen öffentlichen Beamten vor, und wenn irgendeine Beschuldigung erhoben wird, die sich gegen den Charakter oder gegen die Fähigkeiten des Kandidaten richtet, dann untersucht die Kommission genau, was daran wahr oder falsch ist. Auf den Bericht dieser Kommission hin berät der Vollsenat als Exekutivorgan, und deshalb in geheimer Sitzung, die Angelegenheit. Nur, wenn die Mehrheit dieser Körperschaft ihre Zustimmung erteilt, kann der Präsident die Stellenbesetzung vornehmen. Infolge dieses Verfahrens sind die Richter des Obersten Gerichts mit nur wenigen Ausnahmen stets ganz ausgezeichnete Juristen und solche Männer gewesen, die in der Öffentlichkeit allgemeines Ansehen genossen. Der Grund für die peinliche Sorgfalt, mit der die Auswahl vorgenommen wird, liegt nicht nur in der ernsten Natur der Pflichten und der einflußreichen politischen Stellung eines Richters des Obersten Gerichtshofs. Der Justice hat sein Amt für Lebenszeit inne und darf nicht entlassen werden, es sei denn in Verfolg einer Anklage wegen schwerer Verbrechen und Vergehen. Nur einmal seit der Errichtung des Gerichtshofs wurde ein Richter angeklagt; dies geschah 1790. Aber die Angriffe, die man gegen Chase richtete, hatten mehr politischen als persönlichen Grund.

In der Regel, aber nicht immer, stellt der Präsident einen Anhänger seiner eigenen Partei als Kandidaten auf. Dennoch wird die Stellung nicht als eine Parteistellung betrachtet. Mit wenigen Ausnahmen vergaßen die Männer ihre Parteizugehörigkeit und sogar ihre sozialen Neigungen, sobald sie sich ganz in ihr Richteramt versenkten. Glühende Anhänger der einzelstaatlichen Rechte wurden eifrige Nationalisten, Sozial-Radikale wurden Konservative, Konservative wurden Wirtschaftlich-Radikale. Das Ansehen des Gerichts ist also der Tatsache zuzuschreiben, daß es nicht nur nach allgemeiner Ansicht über dem Lärm des politischen Kampfes stehen sollte, sondern dieses Postulat auch durch sein Verhalten tatsächlich erfüllt hat.

Die von dem Gericht geleistete Arbeit ist ebenso ihrer Art als ihrem Umfange nach bedeutend. Es gibt kaum noch einen Gerichtshof in der Welt, das „Judicial Committee of the Privy Council" vielleicht ausgenommen, der dazu berufen wurde, so viele schwierige und wichtige Fragen zu behandeln.

In vieler Hinsicht ist seine Rechtsprechung ausgedehnter und seine Arbeit bedeutsamer geworden als die des „Privy Council". Er übt sowohl eigene, also erstinstanzliche Rechtsprechung aus wie die Funktionen eines Appellationsgerichtshofes. Originäre Rechtsprechung liegt nur in Fällen vor, „die Botschafter, andere öffentliche Geschäftsträger und Konsuln betreffen oder solche Angelegenheiten, in denen ein Staat Partei ist". Auf Grund dieser Bestimmungen der Verfassung verklagen die souveränen Staaten sich gegenseitig oder werden von den Vereinigten Staaten belangt in Fällen, die oft von ungeheurer Bedeutung sind. Während jeder Sitzungsperiode gibt es 25 bis 30 Prozesse, die entweder von einem Staat oder von den Vereinigten Staaten anhängig gemacht sind. So werden Grenzfragen, Streitigkeiten über Uferrechte an zwischenstaatlichen Flüssen und Benachteiligungen der Angehörigen eines Staates durch die Angehörigen eines anderen — z. B. durch schädlichen Rauch aus Schmelzanlagen in der Nähe einer Staatsgrenze — in erster und letzter Instanz vor Gericht gebracht. In allen anderen Fällen ist die Rechtsprechung des Obersten Gerichts lediglich die eines Appellationsgerichtes.

Wie bereits oben dargelegt, gibt es nach der amerikanischen Staatsidee keine absolute Souveränität. Die Regierungsbefugnisse, besonders die Kompetenzen der Bundesregierung, wie sie die Verfassung festsetzt, sind begrenzte;

über diese Grenzen hinaus darf die Regierung keinem Individuum ihren Willen aufzwingen. Die Verfassung der Vereinigten Staaten ist kein Kodex, sondern eine Regierungssatzung, ein Statut. Die Verfassung will die Kompetenzen zwischen zwei Arten von Regierungen verteilen — die eine ist die der konstituierenden Staaten und die andere die der Bundesregierung. Diese Machtverteilung wurde in ganz allgemeinen Ausdrücken vorgenommen. Wie Marshall ausführte, sind die in der Verfassung dem Bunde und den Einzelstaaten übertragenen Vollmachten nur „aufgezählt" und nicht „definiert". Bei ihrer Abgrenzung durch die praktische Handhabung seitens der Regierung ist eine beträchtliche Anpassung an die wechselnden Veränderungen des fortschrittlichsten Zeitalters der Geschichte nötig. Dadurch ist der Oberste Gerichtshof nicht nur ein Gericht, sondern in einem besonderen Sinn ein ständiger verfassunggebender Konvent. Er setzt das Werk des Konvents von 1787 fort, indem er die große Regierungs-Charter durch Interpretationen den Verhältnissen anpaßt. Und so ist seine Amtstätigkeit ebenso eine politische im weitesten Sinne des Wortes wie eine richterliche geworden.

Was ist nun der geschichtliche Ursprung dieses außerordentlich politisch-richterlichen Tribunals? Als die Kolonisten ihre erste Regierungsurkunde (die sogenannten „Articles of Confederation") im Jahre 1781 annahmen, gaben sie dem Kongreß nicht nur legislative und exekutive Gewalt; auch die richterliche Gewalt wurde ihm mit der Bestimmung verliehen, über

> „alle Streitigkeiten und Meinungsverschiedenheiten, die gegenwärtig in bezug auf Grenzfragen, Gerichtsbarkeit oder jede sonstige andere Angelegenheit zwischen zwei oder mehr Staaten bestehen oder später entstehen können",

zu entscheiden.

Bevor der verfassunggebende Konvent des Jahres 1787 zusammengetreten war, wirkten neue Einflüsse auf die Gründer des neuen Staates ein. Viele von ihnen waren Anhänger Montesquieus, und keine seiner Lehren hatte einen tieferen

Eindruck auf sie ausgeübt als die, welche die alte Wahrheit verkündete, daß die Vereinigung der legislativen, exekutiven und richterlichen Gewalt in einer Einzelperson oder Körperschaft nur Tyrannei bedeuten könne und daß das Gedeihen des Staates in einer Trennung dieser drei Gewalten liege. Die Schöpfer der Verfassung hatten Staatswissenschaften und Geschichte studiert und hatten deshalb auch mit Interesse den langwährenden Kampf verfolgt, der in Frankreich kurz vor dem Zusammentritt des verfassunggebenden Philadelphia-Konvents in einem coup d'état seinen Höhepunkt erreicht hatte. Der höchste Gerichtshof Frankreichs war als das „Parlement" bekannt, das Englands „Parliament" den Namen gegeben. Zunächst nur eine curia regis, die sich unter der Regierung Ludwig XIII. zu einer unabhängigen Behörde — nicht unähnlich den englischen Inns of Courts — entwickelt hatte, waren seine Beamten schon vor der Mitte des 14. Jahrhunderts aus Ratgebern des Königs unabhängige Richter de jure wie de facto geworden. Schon zu Beginn des 15. Jahrhunderts verschmähte es der König nicht, vor dem Parlement als Kläger oder als Beklagter in Prozessen zu erscheinen, welche die Krone betrafen.

Dieses „Parlement" hatte in sich allmählich die Macht entwickelt, ein Gesetz für ungültig zu erklären, wenn es dem Parlement ungerecht oder gar unzweckmäßig erschien. Herkömmlicherweise leitete sich alle Gesetzgebung vom König und seinem Rat her, aber die Äußerungen der gesetzgebenden Gewalt entbehrten der Wirksamkeit, wenn sie nicht von diesem Gerichtshof „registriert" waren. Lehnte der Gerichtshof die Registrierung ab, dann konnte der König ein „lit de justice" abhalten, bei dem er entweder im Gerichtshof erschien oder die Richter vor sich lud, ihre Vorstellungen gegen das vorgeschlagene Gesetz anhörte und es dann entweder zurückzog oder ihnen aufgab, es zu registrieren. Häufig weigerten sich die Richter, dies zu tun. Wenn daraus ein Konflikt entstand, hatte der König eine Waffe: er konnte die Richter einkerkern lassen. Aber die Richter wehrten sich, indem sie einen Boykott erklärten und die Arbeit des Gerichts aussetzten. Irgend jemand drückte das einmal folgendermaßen aus: Das Parlement war „schwach unter einem starken König und stark unter einem schwachen König". Die Tatsache jedoch bleibt bestehen, daß seit der Zeit Ludwig XIV. bis zur französischen Revolution die Geschichte Frankreichs durch einen beständigen, mit wechselndem Erfolge geführten, Kampf zwischen der Willkürmacht des Königs und der richterlichen Gewalt des Parlements gekennzeichnet wird*).

Die Verfassung erkannte, daß das „Parlement", so verdienstlich sein Kampf gegen die exekutive Tyrannei auch gewesen war, doch in unkluger Weise Montesquieus Lehre verletzte, indem es sich nicht nur die richterliche, sondern im wesentlichen auch die gesetzgebende Gewalt anmaßte; denn das Parlement beanspruchte die Macht, ein Gesetz durch die Ablehnung seiner Registrierung für ungültig zu erklären nicht nur, wenn es ultra vires war, sondern auch dann, wenn es als unzweckmäßig angesehen wurde.

Trotzdem waren einige der tüchtigsten Männer auf dem

---

*) Als so unter der Regierung Franz I. das Konkordat mit dem Papst die pragmatische Sanktion Karls VII. aufhob, verweigerte das Parlement zwei Jahre lang die Registrierung des Konkordats. Ebenso versuchte Heinrich II. im Jahre 1557, die Inquisition als politische Institution in Frankreich zum Rechtsinstitut zu machen; aber wiederum lehnte der Gerichtshof die Anerkennung des Gesetzes ab.

Zu gleicher Zeit, als Cromwell und seine „Roundheads" sich gegen die Stuarts erhoben, spielte sich in Frankreich ein ähnlicher Bürgerkrieg, der „Krieg der Fronde" genannt, ab, der einem Versuch Mazarins, die leitenden Richter einzukerkern, zuzuschreiben war.

Unter der Regierung Ludwigs XV. wurde der Kampf akut. Madame du Barry hatte in ihrem Gemach ein Bildnis Karls I. von England und lenkte häufig die Aufmerksamkeit ihres königlichen Liebhabers darauf, indem sie sagte: „Ludwig, das Parlement wird auch Ihnen den Kopf abschneiden."

Im Jahre 1771 versuchte Ludwig XV., alle Richter ins Gefängnis zu werfen, und 1787, als die Gründer der Amerikanischen Republik ihre Verfassung schufen, versuchte der französische König abermals, die Richter zu zwingen, zwei Verordnungen zu registrieren, die eine Stempelsteuer und eine Bodensteuer festsetzten. Um der Gefangenschaft zu entgehen, versuchten die Richter, beständig in Sitzung zu bleiben, in dem Glauben, daß ihre Immunität, wenn überhaupt, auf der Richterbank geachtet werde. Nach einer Sitzung von 36 Stunden brachen aber Soldaten des Königs in das Palais de Justice und schleppten den gesamten Gerichtshof in das Gefängnis. Diese Aufsehen erregenden, Montesquieus Maxime verletzenden Vorgänge mußten auf die Schöpfer der Verfassung einen gewaltigen Einfluß ausüben.

Konvent zu Philadelphia augenscheinlich geneigt, das französische Vorbild in vollem Umfange anzunehmen. Man schlug deshalb vor, der Präsident und der Oberste Gerichtshof sollten einen „Revisionsrat" bilden, mit der Gewalt, jedes vom Kongreß oder von einem einzelstaatlichen Parlament erlassene Gesetz, das er als Machtüberschreitung oder sogar als unzweckmäßige Maßnahme erachte, für ungültig zu erklären. Nachdem dieser Vorschlag am 6. Juni 1787 abgelehnt worden war, wurde am 21. Juli abermals der Versuch gemacht, einen solchen Revisionsrat der Verfassung einzugliedern. Dieser Vorschlag, der neue Gefahren in sich barg, wurde damals durch eine Mehrheit von nur einer Stimme abgelehnt. Mit dieser zweifachen Niederlage nicht zufrieden, erneuerten Madison und Wilson, die tüchtigsten Juristen in der Körperschaft, und andere den Antrag; er wurde jedoch wiederum zu Fall gebracht.

Darauf trennten die Schöpfer der Verfassung klugerweise die Legislative von der richterlichen Gewalt. In der Erkenntnis der Möglichkeit einer unbedachten Gesetzgebung suchte die Verfassung einen Ersatz für das französische Parlement. Sie bestimmte, daß der Präsident ein Veto gegen jedes Gesetz des Kongresses haben solle, mit dem Vorbehalt, daß das Gesetz trotzdem Rechtskraft erhalten könne, wenn es noch einmal mit Zweidrittelmehrheit in beiden Kammern des Kongresses angenommen werde.

Nachdem man so dafür gesorgt hatte, daß gegen Fehler der Gesetzgebung ein weiterer Damm errichtet war, ging man in der Verfassung dazu über, eine Bundesrechtspflege zu schaffen und ihre Funktionen auf die rein richterliche Tätigkeit zu beschränken. Die Verfassung setzt fest: „Die richterliche Gewalt der Vereinigten Staaten soll einem Obersten Gericht und solchen niederen Gerichtshöfen übertragen werden, wie sie der Kongreß von Zeit zu Zeit regeln und festsetzen mag."

Die Verfassung umgrenzt die Jurisdiktion der Gerichte durch die Bestimmung:

„Die richterliche Gewalt soll sich auf alle Fälle im gemeinen Recht und im Billigkeitsrecht erstrecken, die sich nach dieser Verfassung, nach den Gesetzen der Vereinigten Staaten und nach den Verträgen ergeben, die unter ihrer Geltung abgeschlossen oder noch abzuschließen sind, — auf alle Fälle, die Botschafter, andere öffentliche Geschäftsträger, Gesandte und Konsuln betreffen, — auf alle Fälle des Seerechts und der Seegerichtsbarkeit, — auf Streitigkeiten, in denen die Vereinigten Staaten Partei sind, — auf Streitigkeiten zwischen zwei oder mehr Einzelstaaten, — zwischen einem Einzelstaat und den Staatsbürgern eines anderen, — zwischen Staatsbürgern verschiedener Einzelstaaten, — zwischen Staatsbürgern des gleichen Einzelstaates, welche Ländereien, die der Gebietshoheit verschiedener Staaten unterstehen, beanspruchen, sowie schließlich auf Streitigkeiten zwischen einem Einzelstaat oder dessen Angehörigen und ausländischen Staaten, ausländischen Staatsangehörigen oder Untertanen."

Das ist jedoch nicht die vollständige Begriffsbestimmung der richterlichen Gewalt. Die Verfassung enthält nämlich folgende treffliche, bei einer dualistischen Staatsform so wesentliche Garantie:

„Diese Verfassung und die auf ihrer Grundlage erlassenen Gesetze der Vereinigten Staaten sowie alle unter der Autorität der Vereinigten Staaten abgeschlossenen oder noch abzuschließenden Verträge sollen oberstes Gesetz des Landes sein. In jedem Einzelstaat sollen die Richter daran gebunden sein, ungeachtet etwaiger entgegenstehender Bestimmungen einzelstaatlicher Verfassungen oder einzelstaatlicher Gesetze."

Betrachtet man diese Bestimmungen zusammen, dann zeigt sich, daß die große Aufgabe des Obersten Gerichts, das Schwungrad der Verfassung zu bilden, nicht, wie einige Juristen vermuteten, durch Auslegung hineininterpretiert ist, sondern daß sie durch ausdrückliche Bestimmungen und durch einen unzweideutigen Text direkt und bewußt geschaffen ist. Die Befugnis des Gerichtshofs, jedes Gesetz eines Einzelstaates oder des Bundeskongresses oder jede Verfügung eines Staatsbeamten, welche die Vorschriften der

Verfassung verletzen, unbeachtet zu lassen (der technische Ausdruck vermeidet die Formel „für ungültig erklären"), wurde in den Debatten des Konvents klar anerkannt. Tatsächlich hatten bereits vor der Verfassung in vereinzelten Fällen „koloniale" Gerichtshöfe — laut dem bekannten Ausspruch des Chief Justice Coke — Gesetze „kolonialer" Parlamente wegen Verfassungswidrigkeit für nichtig erklärt. Die so durch ein Dictum Cokes bestätigte Macht (der man freilich damals im Mutterlande jede praktische Wirksamkeit absprach) sollte der Eckstein des amerikanischen politischen Systems werden. Später sollte dieser unzerstörbare Stein auch im Bundessystem des British Commonwealth of Nations der wahre „Eckpfeiler" werden.

Die Verfassung machte den Obersten Gerichtshof hinsichtlich der Kompetenzen der Regierung zum entscheidenden Gewissen der Nation. Als solches hat er mit ununterbrochenem Erfolg bis zum heutigen Tage bestanden.

Diese gewaltige Macht, durch Berufung auf den übergeordneten Willen einer geschriebenen Verfassung die Gesetzgebung und die Exekutive und damit Mehrheiten im Zaum zu halten, ist über 130 Jahre ausgeübt worden. Obwohl nur allzu häufig die Partei, deren Macht dadurch gezügelt wurde, ihrem Zorn und ihrer Enttäuschung dem Obersten Gerichtshof gegenüber Luft machte, ist immer noch, nachdem das Gewitter der politischen Debatten vorüber war und das Erdbeben der Parteileidenschaft seine Kraft erschöpft hatte, die „stets feine Stimme" des Obersten Gerichtshofs durchgedrungen. Jedesmal, wenn der Wille der Mehrheit, als mit dem Grundgesetz unvereinbar, für ungültig erklärt wurde, wurden Drohungen laut, wie sie auch gegenwärtig ausgestoßen werden; man wollte diese Macht vernichten oder mindestens durch die Forderung schwächen, daß sieben von neun Richtern zustimmen müßten, bevor ein Gesetz für nichtig erklärt werden könne.

Die wirksamste Beschränkung, die Freie sich jemals auferlegen konnten, ist diese außerordentliche Kompetenz des Obersten Gerichtshofes. Der Wert einer solchen Beschränkung gegen übereilte Handlungen ist so bedeutend, daß das amerikanische Volk wenigstens in der nächsten Zukunft kaum die wirksame Kraft dieses großen Rades zerstören wird, das gleichzeitig dem Antrieb dient wie der Sperre und Hemmung.

In diesem Sinne hat der Gerichtshof über ein Jahrhundert lang Recht gesprochen. Kein Skandal hat je seinen reinen Ruf beschmutzt; und gegen seine Entscheidungen erhob sich niemals ein dauernder Protest. Seine Entscheidungen ruhten auch nicht während des Bruderkampfes jenes tragischen Bürgerkrieges.

Als Präsident Washington von dem Gerichtshof verlangte, er möge eine beratende Äußerung über die Gültigkeit gewisser Verträge mit Frankreich abgeben, lehnte es der Gerichtshof ab. Der Gerichtshof war, um Marshall zu zitieren, der Meinung, daß er „nur ein gesetzliches Tribunal zur Entscheidung von Streitigkeiten sei, die in gesetzmäßiger Form ihm vorgelegt seien." Zweifelsohne hat dieser Grundsatz in seiner praktischen Anwendung einige Nachteile. Ist nämlich ein Gesetz angenommen, dann handelt auf Grund seiner voraussichtlichen Gültigkeit nicht nur die Regierung, sondern auch das Volk. Erhebt sich hierauf einige Jahre später in einem Streitfall die Frage nach der Gültigkeit des Gesetzes und fällt die Entscheidung im Sinne der Nichtigkeit aus, so kann der Schaden, der durch die vorhergehende Inkraftsetzung des Gesetzes entstanden ist, nicht mehr beseitigt werden.

Das schlagendste Beispiel in der amerikanischen Geschichte ist hierfür das im Jahre 1820 angenommene und als „Missouri Compromise" bekannte Gesetz. Es versuchte, die Sklavenfrage durch einen Kongreßbeschluß zu beenden, der in Form eines Gesetzes die territorialen Grenzen festsetzte, innerhalb deren die Sklaverei zugelassen oder verboten sein sollte. Hätte der Oberste Gerichtshof damals die Möglichkeit gehabt, vor der Inkraftsetzung eines Gesetzes die Rechtsgültigkeit festzustellen, so wären die furchtbaren Folgen nicht eingetroffen. Da er aber diese Macht nicht hatte, trat das Gesetz in Kraft und wurde bis 1857 nicht angefochten. Dann erhob sich aber in dem bekannten Dred Scott-Fall die Frage, ob ein Sklave, der von einem Sklavenstaat nach einem freien Staat gezogen und dann in den ersteren zurückgekommen sei, wieder Sklave werden solle. Der Oberste Gerichtshof entschied, daß der Kongreß nicht die Macht gehabt habe, die Sklaverei von irgendeinem Territorium auszuschließen, und daß deshalb das „Missouri Compromise" verfassungswidrig sei. Die Entscheidung, die eine wichtige politische Verständigung außer Kraft setzte, erschütterte das Land in seinen Grundfesten. Obwohl der Bürgerkrieg, der bald darauf folgte, wahrscheinlich ein immedicabile vulnus und nur durch das Schwert zu heilen war, so veranlaßte doch kein anderer Umstand den größten Bürgerkrieg der Geschichte mehr als gerade diese Entscheidung.

Trotzdem hätte sich, wenn der Oberste Gerichtshof einen anderen Grundsatz aufgestellt hätte, eine nicht minder schlimme Folge ergeben. Jedesmal, wenn die Annahme eines Gesetzes in Erwägung gezogen wird und dabei bedeutsame und heftig umstrittene Rassen- oder Klasseninteressen sich gegenüberstehen, müßte der Gerichtshof in einen hitzigen politischen Kampf verstrickt werden, weil er gezwungen würde, ein antizipierendes Urteil über die Gültigkeit eines Gesetzes abzugeben. Unter diesen Umständen würde sein Ansehen schnell erschüttert werden; und mit dem Fall seines Eckpfeilers würde wohl das ganze föderalistische Gebäude in nicht wieder aufzubauende Trümmer sinken. Ferner liegt ein großer Vorteil auch darin, Verfassungsgrundsätze beim konkreten Einzelfall und nicht allgemein als akademische Abstraktionen zu entscheiden.

Ein zweiter von dem Gericht angenommener Grundsatz ist der, daß kein Gesetz für ungültig erklärt werden soll, wenn nicht seine Unvereinbarkeit mit der Verfassung klar und unzweifelhaft ist. Alle Zweifel sollen zugunsten des gesetzgeberischen Akts entschieden werden. Wenn zwei Konstruktionen möglich erscheinen, die eine mit der Verfassung vereinbar, und die andere nicht, dann soll die sich für die Verfassungsmäßigkeit aussprechende angenommen werden. Die Rechtspflege sucht dadurch den Willen des

Gesetzgebers zu unterstützen. Eine andere Haltung wäre in einer Demokratie unmöglich.

Ein dritter Grundsatz ist noch augenfälliger. Das Gericht kann nicht in der Art des französischen „Parlements“ die Zweckmäßigkeit des Gesetzes in Erwägung ziehen. Die gesetzgeberische Politik ist der gesetzgebenden Körperschaft vorbehalten, und die einzige Frage für das Gericht ist die der legislativen Kompetenz. Ein Gesetz muß deshalb vom Gericht aufrechterhalten werden, auch wenn es seiner Meinung nach höchst unzweckmäßig und sogar unmoralisch ist. Dieser Grundsatz schützt wiederum die Autorität des Gerichts vor jedem Konflikt mit dem Volkswillen. Ein solcher Konflikt könnte sich bei allen Streitfragen auf dem Gebiet des Wirtschaftslebens wie auf dem der Sittlichkeit erheben. Es bedeutet abermals eine Anwendung des Grundsatzes Montesquieus, demzufolge die Funktionen der legislativen, exekutiven und richterlichen Regierungsdepartements zu trennen sind.

Ein weiterer Grundsatz stieß in neueren Jahren bei seiner praktischen Anwendung auf Schwierigkeiten. Die der Bundesregierung verliehenen Kompetenzen sind für bestimmte Zwecke eingeräumt und ihre Ausübung ist theoretisch an diese Zwecke gebunden. Wenn der Kongreß trotzdem bei der Ausübung der ihm delegierten Zuständigkeiten Zwecke verfolgt und Ziele zu erreichen sucht, die nicht in der Kompetenz der Bundesregierung liegen, soll dann der Oberste Gerichtshof ein Urteil über die Motive des Kongresses abgeben, soll er, falls er von dem verfassungswidrigen Charakter der Motive überzeugt ist, eine solche Überschreitung der übertragenen Kompetenzen für ungültig erklären?

Marshall war zuerst, als er obiter davon sprach, der Meinung, das Gericht könne dies tun. Diese Frage entstand bei dem scharfen Kampfe, der jahrelang wegen der Verfassungsmäßigkeit eines schutzzöllnerischen Tarifes und wegen der Politik der Verbesserung der Verhältnisse im Innern des Landes durch Bundesanleihen entbrannte.

Kurz nach dem Bürgerkrieg suchte der Kongreß, um ein nationales Banksystem errichten zu können, die einzelstaatlichen Banken durch eine prohibitive Banknotensteuer daran zu hindern, ihr unzweifelhaftes Recht auszuüben, auf Grund staatlicher Gesetzgebung Banknoten auszugeben. Der Gerichtshof war damals der Meinung, er könne über die Motive des Kongresses kein Urteil abgeben, und der Kongreß habe fraglos die Macht, eine Steuer auf die Ausgabe von Banknoten aufzuerlegen, so daß der behauptete ungehörige Beweggrund nicht in Erwägung gezogen werden könne.

Diese Doktrin führte in einer Zeitperiode von mehr als fünfzig Jahren zu so häufigen Verdrehungen der Bundesbefugnisse, daß dadurch das kraft der Verfassung bestehende dualistische Regierungssystem bedroht wurde. Dennoch lehnte es das Gericht ab, seine eben erwähnten Grundsätze abzuändern, bis in den neueren Fällen über die Anwendung des Gesetzes betreffend das Verbot von Kinderarbeit und in den Fällen über die Termingeschäfte der Gerichtshof erklärte, daß das Gesetz für ungültig erklärt werden könne, wenn aus dem Gesetzgebungsakt als solchem und nicht aliunde festzustellen sei, daß der Kongreß über die Zuständigkeit der Bundesregierung hinaus ein Ziel zu erreichen suche. Wenn deshalb der Kongreß bei dem Versuch, seine verfassungsmäßigen Rechte für verfassungswidrige Zwecke zu gebrauchen, seine Absicht im Wortlaut des Gesetzes verhehlt, dann erklärt sich der Oberste Gerichtshof noch immer außerstande, durch eine Untersuchung über die Beweggründe der beiden Kammern des Kongresses aliunde den guten Glauben der Gesetzgebung anzufechten. Die größte Gefahr für unsere Einrichtungen liegt in dieser Verdrehung der Bundesgewalten. Es wird wohl eines Tages mit der Zerstörung unserer dualistischen Regierungsform enden, die dann nur dem Namen nach erhalten bleibt.

Ferner hat der Gerichtshof anerkannt, daß bei der Ausübung legislativer und exekutiver Funktionen durch den Kongreß oder durch die Exekutive viele Fragen des freien Ermessens entstehen, die zwar die wahre Bedeutung der Verfassung berühren, die aber doch mehr politischer als rechtlicher Art sind. So verlangt z. B. die Verfassung von der Bundesregierung, jedem Staat eine „republikanische

Regierungsform" zu garantieren. Was aber zu einer solchen Regierung erforderlich ist und wie man diese Garantie in Wirklichkeit umsetzt, das schließt Fragen in sich, die als politische Fragen ausschließlich dem Kongreß vorbehalten und nicht durch die Rechtspflege zu prüfen sind.

Auf einem Mißverständnis beruht die Annahme, daß der Oberste Gerichtshof das unbeschränkte Recht habe, über die Verfassungsmäßigkeit der Gesetze des Kongresses und die Handlungen der Exekutive Gerichtstag zu halten. Er kann das nur tun, wenn offenkundig eine greifbare und unbestreitbare Verletzung der Verfassung vorliegt. Aber so verbleibt ein weites Feld politischen Ermessens, auf dem Verfassungsfragen politischen Charakters auftauchen könnten. Der Oberste Gerichtshof hat auch nicht die Macht, Übereinstimmung mit der Verfassung zu erzwingen. Als z. B. nach dem Bürgerkrieg die Wiederaufbaugesetze angenommen waren, legte Präsident Johnson gegen diese Gesetze sein Veto mit der Behauptung ein, sie seien verfassungswidrig. Als sie jedoch trotz seines Vetos durchgingen, lehnte es der Oberste Gerichtshof ab, sich mit einem Rechtsstreit zu beschäftigen, in dem der Präsident an der Durchführung des Gesetzes gehindert werden sollte. Das tat er, obwohl die Verfassungsmäßigkeit der Gesetze von der Exekutive verneint worden war.

Alle diese Grundsätze und andere von geringerer Bedeutung zeigen die konservative Gesinnung, aus der heraus das Oberste Gericht seine große Aufgabe erfüllte, andere Zweige der Regierung, die der Öffentlichkeit unmittelbarer verantwortlich sind, in den Grenzen ihrer verfassungsmäßigen Befugnisse zu halten.

Das erste halbe Jahrhundert des Obersten Gerichtshofs war sein goldenes Zeitalter. Während dieser Zeit fällte er die großen für unser Regierungssystem bahnbrechenden Entscheidungen. Da die Kräfte des Obersten Gerichtshofs durch Privatprozesse wenig in Anspruch genommen waren, bestand seine Tätigkeit damals wesentlich und hauptsächlich in der Fortführung der Arbeiten des verfassunggebenden Konvents von 1787, mit dem wichtigen Unterschied allerdings, daß das Oberste Gericht Verfassungsbestimmungen nicht erlassen, sondern nur interpretieren konnte. Die geschriebene Verfassung war indes in ihren Grundzügen so allgemein gehalten und sie war so frei von Definitionen der erteilten Kompetenzen, daß der Oberste Gerichtshof mit seiner Auslegung die Verfassung im wesentlichen, so wie sie jetzt ist, festlegte. Es war, als ob die Schöpfer der Verfassung nur eine Grundlage gelegt und dem Obersten Gerichtshof einige allgemeine Pläne über den Oberbau gegeben hätten. Dieser Oberbau ist das Werk des Obersten Gerichts, das unter John Marshalls Meisterführung, der als Chief Justice von 1801 bis 1835 tätig war, allmählich das jetzige imponierende Regierungsgebäude errichtete. Das ist es, was die ältere Geschichte des Obersten Gerichtshofs so interessant macht. In diesem Gericht besprachen die tüchtigsten Köpfe jener Generation mit peinlichster Sorgfalt die großen staatsrechtlichen Grundsätze, in deren Beleuchtung die geschriebene Verfassung dann angewendet werden sollte.

Es war vielleicht das bedeutendste Forum intellektueller Auseinandersetzung, das die zivilisierte Welt überhaupt kennt. Es hat bedeutende Gerichtshöfe vorher gegeben; aber keinem war diese eigentümliche und außergewöhnliche Tätigkeit übertragen, die eigentliche Form der Regierung, deren Gesetze er interpretierte, zu bestimmen. Er war in Wirklichkeit ein „Übersenat". Die Regierungsgrundsätze sollten nicht in der erhitzten Atmosphäre und durch die Konflikte selbstsüchtigen politischen Streites entwickelt werden, sondern in der ruhigen Luft eines Gerichtshofs erwachsen, nach einer ausführlichen Erörterung durch die bedeutendsten Juristen der Zeit, durch Richter, die nicht als Parteianhänger, sondern als beeidigte Interpretatoren verfassungsmäßiger Freiheit handelten.

Der Oberste Gerichtshof der Vereinigten Staaten zwingt die lebende Generation, die allzuoft von selbstsüchtigen Interessen und phantastischen Leidenschaften hingerissen wird, die unveränderlichen Grundsätze von Freiheit und Gerechtigkeit anzuerkennen. Der Gerichtshof wird dadurch zum Treuhänder für die noch Ungeborenen, denn er schützt ihr Erbe in dem tollen Parteistreit lebender Generationen vor Beraubung. Deshalb muß der Gerichtshof oft gegen die

Machtüberschreitungen zeitweiliger Mehrheiten Stellung nehmen.

Dies war seine Praxis seit seiner Gründung. Im Verlauf seiner Geschichte haben seine bedeutenden Entscheidungen, wenn sie so einen Augenblickswunsch der Mehrheit vereitelten, immer wieder eine heftige, wenn auch nur vorübergehende Reaktion gegen die moralische Macht des Gerichts hervorgerufen.

Nur ein Volk mit genügender Anlage zur Selbstbeschränkung und mit dem Willen, die Entscheidungen eines Gerichts als solche des endgültigen Gewissens der Nation in Angelegenheiten konstitutioneller Sittlichkeit anzuerkennen, konnte einer Einrichtung wie der des Obersten Gerichtshofs in einer stolzen Demokratie praktische Wirkung gewähren. Nichts erscheint in der Geschichte der amerikanischen Republik ehrenvoller als die Tatsache, daß jedem nicht volkstümlichen Entscheid des Gerichts zuerst ein vorübergehender Angriff auf die Macht des Supreme Court folgte und daß dann doch ein zweites nüchternes Urteil des amerikanischen Volkes immer loyal die großen Entscheidungen seines Gerichtshofs annahm. Trotzdem liegt hierin nicht etwa das, was man richterliche Tyrannei nennen könnte. Wenn je dem amerikanischen Volk die Auslegung eines Gesetzes, wie sie autoritativ vom Obersten Gericht gegeben wurde, nicht behagt, dann kann es seinerseits ein neues Gesetz im Wege des Amendments erwägen und ordnungsmäßig durchführen. Das elfte Amendment setzte ein neues Gesetz an die Stelle eines alten, das vom Obersten Gerichtshof im Falle Chisholm contra Georgia ausgelegt worden war, und ebenso setzte das sechzehnte Amendment in gleicher Weise eine Entscheidung im Falle Pollock contra Farmers Trust Company praktisch außer Kraft.

Die amerikanische Republik hat in einer Zeit von mehr als 130 Jahren mit beispielloser Weisheit das große Problem einer Regierung durch das Volk zu lösen versucht. Es war eine Zeit voll von Kontroversen und scharfem Parteistreit. Wie der Ozean ist das politische Leben der amerikanischen Republik zeitweise ruhig und zeigt kaum eine Welle auf seiner Oberfläche; dann aber peitschen wieder die rasenden Stürme der Unzufriedenheit die Wasser zu heftigen und zornigen Wellenbergen auf. Immer aber ragt der Oberste Gerichtshof heraus wie ein großer Leuchtturm. Selbst dann, wenn die Wellen mit schrecklicher Heftigkeit zu ihm hinaufschlagen (wie im Bürgerkrieg, wo er bis in seine Grundfesten erschüttert wurde), so wird, wenn sich ihr Toben wieder legt, durch das große Licht der Verfassung — das einem Pharos gleicht — die erregte Wasserfläche erhellt mit den segensreichen Strahlen der unveränderlichen Grundsätze von Freiheit und Gerechtigkeit, die allein eine Nation frei und stark machen können.

## VI.

Der sechste fundamentale Grundgedanke der Verfassung sucht eine Konzentration der Macht, sei es bei dem Einzelnen, sei es bei einer Körperschaft, durch ein kompliziertes System von Hemmungen und Gegengewichten zu verhüten.

Dieses System hemmt und beschränkt in seiner Weisheit sowohl die Legislative wie die Exekutive, und es ermöglicht beiden im weitesten Umfange Überlegungen.

19. Kapitel

## DAS SYSTEM VON HEMMUNGEN UND GEGENGEWICHTEN

*„Wenn legislative und exekutive Befugnisse in ein und derselben Person oder in ein und derselben Körperschaft obrigkeitlicher Beamter vereinigt sind, dann kann Freiheit nicht bestehen; denn man müßte befürchten, daß der gleiche Monarch oder Senat, der Gesetze in tyrannischer Weise handhaben will, auch tyrannische Gesetze erlassen wird."*

—Montesquieu.

KEIN einziger Schriftsteller hatte auf die Mitglieder des verfassunggebenden Konvents einen größeren Einfluß als Montesquieu, dessen „De l'esprit des lois" zum erstenmal im Jahre 1748 erschienen war. Der große französische Philosoph, der den Verlauf zweier politischer Revolutionen so tief beeinflußte, hatte seine Lehren wiederum bei John Locke entlehnt.

Die Grundlehre Montesquieus war die Teilung der Gewalten in drei Teile, von denen jeder als ein Hemmnis für die anderen wirken sollte. Nach seiner Meinung müßte jede Konzentration der Macht für die Freiheit verhängnisvoll werden.

Die Schöpfer der Verfassung nahmen die politische Lehre Montesquieus als ein Axiom an*). Obwohl sie ein reich-

*) 1781 schrieb Jefferson: „Ein Despotismus durch Wählerschaft war nicht die Regierungsform, für die wir kämpften; wir kämpften für eine Regierung, die nicht nur auf freien Grundsätzen gegründet sein soll, sondern in der die Regierungsgewalten so unter einige Beamtenkörper verteilt und ausgeglichen sein sollen, daß keiner von ihnen seine gesetzlichen Grenzen überschreiten kann, ohne wirksam von den anderen gehindert und beschränkt zu werden."

1787 schrieb John Adams: „Wenn es einen dauernden, aus der Geschichte aller Zeiten entnommenen Glaubenssatz gibt, so ist es der:

liches Maß von Zuständigkeit über Angelegenheiten gemeinsamen Interesses von den Staaten auf die neue Regierung übertragen wollten, zeigten sie doch keinerlei Neigung, eine solche Gewalt bei einem einzigen Beamten oder in einer Körperschaft zu vereinen. Sie zogen es vor, die auf diese Weise übertragene Kompetenz auf drei Departements zu verteilen, die der Theorie nach unabhängig sein sollten. Sie gingen aber so weit, eine solche völlige Unabhängigkeit — selbst wenn sie sonst ratsam gewesen wäre — zu vereiteln, indem sie jeder Abteilung die Macht gaben, die Maßnahme der anderen zu durchkreuzen und manchmal sogar unwirksam zu machen.

So schuf man eine zweikammerige Legislative und eine starke Exekutive, von denen jede die Möglichkeit hatte, die andere in Schach zu halten, und die andererseits beide wieder durch das System einer kurzen, aber festen Amtszeit beschränkt werden konnten.

Es würde schwer sein, in der Verfassung einen tatsächlichen Beweis für jene Unabhängigkeit eines der drei Departements der Regierung zu finden, die das große Ideal Montesquieus war. Jedes hat die Macht, den anderen Departements ein Hindernis in den Weg zu legen, aber jedes weist auch andererseits die Schwäche auf, daß seine Maßnahmen in gleicher Weise durchkreuzt oder vereitelt werden können. So mächtig die Exekutive auch ist, sie kann ohne die Zustimmung des Senats keinen Vertrag abschließen und keinen öffentlichen Beamten anstellen, noch kann sie ohne die Zustimmung der beiden Kammern des Kongresses eine Kriegserklärung aussprechen.

Umgekehrt kann keine bloße Kongreßmehrheit ein Gesetz erlassen, wenn es der Präsident nicht billigt, und der Prä-

---

Die Rechte und Freiheiten des Volkes und die demokratische Mischung in einer Verfassung können niemals ohne eine starke Exekutive erhalten werden — oder mit anderen Worten, ohne die Exekutivgewalt von der gesetzgebenden Gewalt zu trennen."

John Dickinson sagte: „Von den Heilmitteln für die Krankheiten von Republiken, die nur einen Augenblick in Blüte standen und dann für immer vergingen, ist eines das Bestehen eines Zweikammersystems, das andere aber der Zufall der glücklichen Teilung dieses Landes in verschiedene Staaten.

sident kann seinerseits der Gesetzgebung keinen Widerstand leisten, wenn sie von einer Zweidrittel-Mehrheit in beiden Kammern des Kongresses unterstützt wird. Der Kongreß kann die Amtsgewalt des Präsidenten durch viele Gesetze, die ihm seine Amtspflichten vorschreiben, beschränken, und andererseits kann wieder der Präsident den Kongreß in vielen seiner Maßnahmen behindern.

Sowohl die Exekutive als die Legislative werden aber wieder durch den richterlichen Zweig der Regierung in den festen Grenzen der Verfassung gehalten. Aber auch diese richterliche Gewalt, als Teil der Regierungsgewalt, wird in einem gewissen Umfange bei ihrem Vorgehen durch die gesetzgeberischen Kompetenzen des Kongresses kontrolliert. Als es z. B. dem Präsidenten Jefferson nicht paßte, daß der Oberste Gerichtshof einen bedeutenden Fall zu einer bestimmten Zeit entscheiden sollte, führte er ein Gesetz herbei, durch welches die Sitzungsperioden des Gerichts verändert wurden, so daß das Gericht in der vorgeschriebenen Zeit keine Sitzungen abhalten konnte.

Kein Charakteristikum der Verfassung wird in unseren Tagen bezüglich seines Wertes mehr umstritten als jenes System von Hemmungen und Gegengewichten. Mag auch der erste Eindruck der sein, daß jetzt in unserem Zeitalter unvergleichlicher Eile dieser Hemmschuh im Gebrauch abgenützt ist, so ist dieser Schluß doch nicht richtig.

Dadurch, daß die Schöpfer der Verfassung die Handlungsfähigkeit der Regierung, sowohl der Exekutive als auch der Legislative, erschwerten, zeigten sie wieder ihr Mißtrauen gegen unbeschränkte Demokratie. Als die Republik noch klein war und es nur wenige öffentliche Angelegenheiten gab, bewährte sich dieses System der Überwachung und Kräfteverteilung prächtig. Heute ist die Republik eine der größten Nationen der Welt; ihre öffentlichen Angelegenheiten sind von bedeutungsvollster und schwierigster Art und erfordern oft ein schleuniges Handeln. Das System ist deshalb zu oft ein unnötiger Hemmschuh für eine leistungsfähige Regierung und mag wohl einige Abänderung erfordern, um ein wirksames Handeln sicherzustellen. In der

Tat fragen sich viele nachdenkliche Amerikaner ernstlich, ob das Wachstum der Vereinigten Staaten den Regierungsapparat nicht übermäßig belastet habe.

Die Erfahrung hat gezeigt, wie schwierig es ist, diese Lehre von der Teilung der Regierungsgewalten in der Strenge des Wortes durchzuführen. Ein Ergebnis dieser Lehre war der mißverstandene Versuch, die Legislative und die Exekutive so sehr wie möglich zu trennen. Man nahm nicht das Kabinettssystem parlamentarischer Regierung an. Während der Präsident vor dem Kongreß erscheinen kann, um seinen Ansichten Ausdruck zu geben, hat sein „Kabinett" keine derartigen Rechte. In der Praxis wird dieser Abgrund dadurch überbrückt, daß das Kabinett und die Ausschüsse des Kongresses in fortwährender Berührung stehen. Das bedeutet jedoch keine völlige Sicherung für ein schleuniges und wirksames Zusammenarbeiten der beiden Departements.

Diese Teilung in zwei Departements, welche so viele Reibungen verursacht, wird noch durch ein Charakteristikum der Verfassung verstärkt, das wiederum ihr Mißtrauen gegen die Demokratie beweist, nämlich durch die festgesetzte Amtszeit. Die Verfassung will nämlich verhüten, daß die öffentlichen Beamten mit den wechselnden Launen einer Wählerschaft oder des Kongresses steigen oder fallen könnten. Die Verfassung zog es vor, dem Präsidenten und den Kongreßmitgliedern eine festbestimmte Amtszeit zu geben. Sie sollten, wie unbeliebt sie auch zeitweise werden mochten, doch das Recht und die Gelegenheit haben, selbst in einer nicht volkstümlichen Politik zu beharren. Sie sollten so das endgültige Urteil der Bevölkerung herausfordern können.

Wenn eine parlamentarische Regierungsform, die der durch Wahlen dokumentierten herrschenden Ansicht unmittelbar verantwortlich ist, das große Desideratum darstellt, dann ist eine fest begrenzte Amtszeit die verwundbare Achillesferse unserer Staatsform. In anderen Ländern kann die Exekutive ein Mißtrauensvotum des Parlaments nicht überstehen.

In Amerika jedoch bleibt der Präsident, der nur die Exekutive des gesetzgeberischen Willens ist, seine vorgeschriebene Zeit im Amt, auch dann, wenn er das Vertrauen der Volksvertreter im Kongreß vielleicht völlig verloren hat. Dies mag der Stetigkeit der Regierung förderlich sein und das Staatsschiff im Gleichgewicht halten. Es führt aber doch zur Schicksalswende unserer Demokratie. Schon oft ist so die „angeborene Farbe" ihrer Entschließung „von des Gedankens Blässe angekränkelt" worden. Nach der Versenkung der Lusitania hätten die Vereinigten Staaten wohl sofort am Weltkriege teilgenommen, wenn Präsident Wilsons Amtszeit damals von einem Vertrauensvotum abhängig gewesen wäre.

Kein amerikanischer Staatsmann der neueren Zeit stand dem System von Hemmungen und Ausgleichungen feindlicher gegenüber als der verstorbene Präsident Wilson. Sowohl in seinen veröffentlichten Werken wie in seinen Amtshandlungen zeigte er sein Mißtrauen gegen ein Regierungssystem, das die eigenen Rechte der Regierung mit vollem Bewußtsein aufhebt.

In seinem Buch The New Freedom*) meint er, die Verfassung sei entstanden „unter der Herrschaft der Newtonschen Lehre". Er erklärt dann weiter:

> „Die Schöpfer der Verfassung konstruierten eine Regierung, wie sie ein Planetarium aufgebaut hätten, um die Naturgesetze zur Darstellung zu bringen. Politik war ihrer Vorstellung nach eine Vielheit von Mechanik. Die Verfassung wurde auf das Gesetz der Schwerkraft gegründet. Die Regierung sollte bestehen und sich durch die Wirksamkeit der Kraft der ‚Hemmungen und Gegengewichte' bewegen. Das Störende bei dieser Theorie ist, daß der Staat keine Maschine, sondern ein lebendiges Wesen ist. Er fällt nicht unter die Theorie vom Universum, sondern unter die Gesetze des organischen Lebens. Er muß Darwin und nicht Newton zugerechnet werden. Der Staat wird durch seine Umwelt verändert, seine Aufgaben bedingen sein Handeln, und die Notwendigkeiten des Lebens bestimmen die Art seiner Funktionen. Kein Lebewesen kann, wenn es leben will, die eigenen Organe wie Schachfiguren gegeneinander aufstellen."

*) The New Freedom S. 45—47.

Niemand kann das Gewicht dieser Wilsonschen Ausführungen in Abrede stellen. Aber Wilson setzt nicht in Rechnung, daß das, was alledem zugrunde liegt, nur eine Ausgleichung von Übeln bedeutet. Zweifellos trägt das System von Hemmungen und Ausgleichungen nicht zur Steigerung der Leistungsfähigkeit der Regierung bei. Wenn es dem Volke zum Wohl gereicht, daß seine Vertreter unbeschränkt und schnell wirken können, dann kann die Verfassung nicht für eine vorbildliche Regierungsform gehalten werden. Ihre Schöpfer waren gegenüber der Tatsache nicht blind, daß ihre Regierungsform einen Hemmschuh für schnelles Handeln bilden könnte. Sie dachten aber an den Mißbrauch der Regierungsgewalt und fürchteten, daß die Ermächtigung zu schnellem und beliebigem Handeln die „Diener des Volkes" zu Fehlgriffen führen könnte. Es kann nicht in Abrede gestellt werden, daß sie damit auf der Erfahrung der Vergangenheit fußten. Jeder, der sich mit den öffentlichen Angelegenheiten, besonders in den letzten Jahren beschäftigt, muß erkennen, daß die Gesetzgebung durch den Kongreß eine Saturnalie schlecht überlegter Gesetze wäre, wenn es nicht ein solches System von Hemmungen und Ausgleichungen gäbe. Nur so wird plötzliches Handeln vermieden, nur so Zeit zur Überlegung gewonnen, nur so sind die wenigen Kongreßmitglieder, die den Verhandlungen zu folgen vermögen, instand gesetzt, in einer Zeit, wo so Vieles vorgeschlagen wird, aktiv und vernunftmäßig mitzuarbeiten.

Diese Frage, ob die Schöpfer der Verfassung Weise oder Toren waren, würde man am besten einigen erfahrenen Mitgliedern des Kongresses überlassen. Diese werden wohl auf Grund ihrer Erfahrungen einmütig erklären, daß es weit besser ist, wenn infolge der schwerfälligen Gesetzgebungsmaschine manch gutes Gesetz fällt, als daß das Land durch eine vernichtende Flut unvernünftiger Gesetze überschwemmt wird, wie dies bei einer nur einkammerigen, nicht durch ein Veto der Exekutive gehemmten Legislative im Bereich der Möglichkeiten liegt.

Die Angebrachtheit der Hemmungen und Gegengewichte hängt im allgemeinen von der Frage ab, ob es für die

Öffentlichkeit wirklich erforderlich ist, mehr oder weniger Gesetze zu haben. Wenn die Interessen des Volkes es verlangen, daß neue Gesetze auf Grund wirksamer Kraft aus der Gesetzesmühle herauskommen, dann haben die Schöpfer der Verfassung allerdings einen großen Irrtum begangen. Falls aber das Wohl des Volkes durch eine möglichst geringe Anzahl von Gesetzen am meisten gefördert wird und falls es richtig ist, daß eine Nation am besten regiert wird, wenn sie möglichst wenig regiert wird, dann ist das System bewundernswert praktisch gewesen und weist diese Eigenschaft noch heute auf, indem es fordert, daß ein Gesetz nur nach einer Zeit sorgfältiger Überlegung angenommen werden soll und auch dann nur, wenn zwei verschiedene Departements der Regierung es übereinstimmend als vernünftig anerkennen.

Ein bedeutender Grundsatz der Verfassung, der gegenwärtig eine Lebensfrage für die Nation bildet, bleibt noch zu besprechen.

## VII.

Die vereinte Zuständigkeit des Präsidenten und des Senats in der Festsetzung der auswärtigen Politik der Vereinigten Staaten von Amerika.

Diese besondere Form der amerikanischen Einrichtungen ist im letzten Jahrzehnt Gegenstand weitverbreiteter Kommentare gewesen. Während diese Kommentare ihr im allgemeinen ablehnend gegenüberstehen, so ist doch die Bemerkung von Interesse, daß die jetzige Tendenz vieler europäischer Regierungen darin besteht, das amerikanische Muster zu adoptieren, insofern sie solche Gesamtverantwortung den exkutiven und legislativen Departements auferlegen. Wiederholt haben in den letzten Jahren ausländische Minister Staatsverträge im Entwurf ihren Parlamenten unterbreitet, bevor sie endgültig handelten. Hierin folgt man dem großen Beispiel der amerikanischen Verfassung; und Nachahmung ist die aufrichtigste und schmeichelhafteste Anerkennung.

20. Kapitel

# DIE VERFASSUNG UND DIE AUSWÄRTIGEN BEZIEHUNGEN AMERIKAS

*„Übt Treu und Redlichkeit allen Nationen gegenüber; pfleget den Frieden und die Eintracht mit allen. — Es wird einer freien, aufgeklärten und in kurzem mächtigen Nation würdig sein, wenn sie der Menschheit das erhabene und dazu neue Beispiel eines Volkes gibt, das sich immer durch erhöhte Gerechtigkeit und Güte leiten läßt."*

—George Washington.

Kein Merkmal der Verfassung ist in neueren Zeiten Gegenstand ernsterer, zeitweise sogar scharfer Auseinandersetzungen gewesen als die vereinte Zuständigkeit von Exekutive und Senat über die auswärtigen Beziehungen der Regierung.

Mit Ausnahme des Prinzips der lokalen Verwaltung beschäftigte kein Problem die Schöpfer der Verfassung intensiver. Zur Zeit der Verfassungserrichtung war es das Prinzip aller anderen Nationen, daß die Kontrolle über die auswärtigen Staatsangelegenheiten ein ausschließliches Vorrecht der Exekutive bilde. In England bestand die einzige Beschränkung dieses Rechts in der Kontrolle des Parlaments bezüglich der Finanzen der Nation. Einige der großen Kämpfe in der englischen Geschichte hatten ihren Grund in den Versuchen der Krone, Geld zu erzwingen, um Kriege ohne parlamentarische Bewilligung zu führen.

Die Schöpfer der Verfassung waren jedoch nicht geneigt, der Exekutive ein solches Recht zu verleihen, mochte die Macht der Exekutive in anderer Beziehung noch so groß sein. Das war vor allem den damals bei den Einzelstaaten herrschenden Auffassungen zuzuschreiben. Denn obwohl die Einzelstaaten für bestimmte Zwecke eine Zentralregierung geschaffen hatten, so betrachteten sie sich doch selbst als souveräne Nationen, und ihre Vertreter im Senat waren in gewisser Beziehung ihre Botschafter. Sie waren ebensowenig geneigt, dem Präsidenten der Vereinigten Staaten das Recht zu geben, Verträge abzuschließen oder Krieg nach seinem Willen zu erklären, wie heute die europäischen Nationen ein ähnliches Recht dem Völkerbunde verleihen würden. Es war deshalb ursprünglich beabsichtigt, ausschließlich dem Senat das Recht zu verleihen, Verträge abzuschließen und die diplomatischen Vertreter zu ernennen. Da aber der Senat nicht immer tagte, wurde dieser Plan insoweit geändert, als der Präsident, der stets in Tätigkeit ist, das Recht erhielt, über Verträge „auf den Rat und unter Zustimmung des Senats" zu verhandeln. Das Recht zur Kriegserklärung wollten jedoch die Schöpfer der Verfassung selbst dem Präsidenten zusammen mit den Senatoren nicht zugestehen; es wurde daher ausdrücklich bestimmt, daß nur der Kongreß einen solchen wichtigen Schritt unternehmen könne.

Auch hier mußte sich die Theorie der Verfassung bei ihrer praktischen Anwendung notwendigerweise etwas ändern. Denn aus dem Recht, diplomatische Vertreter zu ernennen, über Verträge zu verhandeln und im allgemeinen die Gesetze der Nation auszuführen, entwickelte sich bald das Prinzip, daß die Pflege der auswärtigen Beziehungen vor allem die Aufgabe des Präsidenten ist, mit der Beschränkung, daß der Senat zur Ernennung von Diplomaten und zur Gültigkeit von Verträgen seine Zustimmung geben müsse und daß nur beide Häuser des Kongresses vereint Krieg erklären könnten. Dieses umständliche System erfordert, daß der Präsident bei der Führung der auswärtigen Regierungsgeschäfte in Verbindung mit dem Senate zu stehen hat. Das war auch das anerkannte Geschäftsverfahren während der ganzen Geschichte der Nation von altersher bis in die allerneueste Zeit.

Kein Teil der amerikanischen Verfassungsorganisation hat seit der Versailler Konferenz soviel Kritik in Europa hervorgerufen wie dieses System. Es hindert die Vereinigten Staaten oft, schnellen und wirksamen Anteil an den internationalen Verhandlungen zu nehmen, wiewohl bei einer Übereinstimmung von Präsident und Senat und bei ihrem Zusammenarbeiten in dieser gemeinsamen Verantwortlichkeit diese Folgerung nicht mit Notwendigkeit einzutreten braucht.

Obwohl der Gegenstand zur Zeit sehr umstritten ist, kann doch die Frage ruhig erörtert werden, ob diese Verfassungsbestimmung nicht doch vernünftig und nützlich ist, besonders in der heutigen Zeit, in der die Vereinigten Staaten diese führende Stellung im Rate der zivilisierten Völker einnehmen. Der Präsident ist ein sehr mächtiges Exekutivorgan, und seine Amtszeit ist, obgleich kurz, fest bestimmt. Im allgemeinen stellen seine Wähler wenig mehr dar als die Majorität der Bevölkerung. Mitunter wird er, was zu den merkwürdigen Folgen des Prinzips eines Wahlkollegiums gehört, von einer Minorität gewählt. Aus diesen Gründen wollten die Schöpfer der Verfassung dem Präsidenten allein nicht das in seiner Bedeutung unübersehbare Recht verleihen, den guten Namen, die Menschenkraft und die Hilfsmittel der Nation zu verpfänden und den Krieg zu erklären, Ein Blick auf die Differenzierung im Charakter unserer Bevölkerung zeigt, wie klug dieses Verfahren erdacht ist. Für einen amerikanischen Präsidenten wäre es in der Tat schwierig, wenn nicht unmöglich, ein Angriffs- oder Verteidigungsbündnis mit irgendeinem Volke einzugehen oder den Krieg zu erklären, ohne die Rasseninteressen und Gefühle eines beträchtlichen Teils der amerikanischen Nation zu verletzen. Ob es heilig, ob es böse ist, — die Vereinigten Staaten sind in ihrer Freiheit beschränkt (jedoch nicht gänzlich gehindert, wie der Weltkrieg zeigt). Sie können nicht ohne weiteres gegen mächtige Nationen ins Feld ziehen, denn ein großer Teil der eigenen Mitbürger entstammt der Bevölkerung jener fremden Nationen. Der innere Frieden der Nation verlangt aber, daß, wenn die Vereinigten Staaten vertragsmäßige Verpflichtungen eingehen oder Krieg erklären, eine solche Politik dem weit überwiegenden Willen der Bevölkerung entspreche. Nichts kann dieses Ziel wirksamer sichern als die Vorschrift, daß der Präsident, ehe er einen Vertrag abschließt, die Zustimmung von zwei

Dritteln des Senats und vor einer Kriegserklärung die Mehrheit von beiden Häusern des Kongresses haben muß.

Wenn dies auch, wie die letzten Jahre gezeigt haben, zeitweise zu bedauernswerten Ungelegenheiten führt, so ist es doch auf die Dauer nicht nur besser für die Vereinigten Staaten, sondern es liegt auch im eigensten Interesse der anderen Nationen. Denn auf diese Weise sind sie gegen die Möglichkeit des Vorgehens einer Exekutive geschützt, auf die Rasseninstinkte vielleicht noch einen starken Einfluß ausüben. In England, wo die bestehende Regierung wegen Mangels an Vertrauen sofort entlassen werden kann, mag eine solche Macht über die auswärtigen Beziehungen ruhig einem einzigen Mann anvertraut werden. Aber in den Vereinigten Staaten mit ihren festen Amtszeiten könnte ein Präsident das Wort der Nation verpfänden und das Land in einen Krieg den Interessen und dem Willen des Volkes zuwider verwickeln. Hätte der Präsident unumschränkte Gewalt über unsere auswärtigen Angelegenheiten und würde in den nächsten zehn Jahren ein Amerikaner, dessen Eltern irgendeinem europäischen Staat entstammen, aus rein innerpolitischen Gründen zum Präsidenten gewählt, so könnte dieser Präsident mit seiner feststehenden vierjährigen Amtszeit eine neue Entfremdung der Völker herbeiführen und von neuem den Frieden der Welt erschüttern.

Derartige Macht einem Einzelnen zu verleihen, lehnte die Verfassung ab. Daher die Vorschrift über die Notwendigkeit der Zustimmung seitens der gesetzgebenden Körperschaften der Nation. Jedenfalls bedeutet dies ein System, von dem abzugehen das amerikanische Volk, wie die letzte Präsidentenwahl gezeigt, nicht gewillt ist.

Es ist richtig, daß dieses System es den Vereinigten Staaten schwer macht, wirksam an dem Hauptziel des Völkerbundes teilzunehmen, an der Aufgabe, durch vereintes Handeln in Genf den Frieden zu sichern. Aber von den Vereinigten Staaten zu verlangen, einen lebenswichtigen Teil ihres konstitutionellen Systems, auf welchem ihr innerer Frieden in hohem Maße gegründet ist, aufzugeben, nur um den Völkerbund zu fördern, erscheint Vielen genau so unvernünftig, als wenn man von England fordern wollte, die Krone, an welcher das Land als an einem lebenswichtigen Teil seiner Verfassung ehrlich hängt, als einen Beitrag für internationale Zusammenarbeit zu opfern. England würde einen so integrierenden Teil seines Verfassungssystems nicht fortwerfen. Es ist daher unvernünftig, wenn man vom amerikanischen System ein ähnliches Opfer erwartet, obwohl die Bedeutsamkeit der Völkerbundsziele ehrlich anerkannt werden soll.

Es wird in diesem Buch nicht der Anspruch erhoben, diese wirklich interessante und strittige Frage ausführlich in ihren Einzelheiten zu erörtern, nicht nur, weil die Frage in den letzten Jahren so polemisch behandelt wurde, sondern weil die ihr gebührende Betrachtung ein eigenes Buch erfordert. Hier kann jeder seinen Standpunkt wählen, und in beiden Lagern wird man Leute finden, die über Verstand wie über Aufrichtigkeit in gleicher Weise verfügen.

Auf der einen Seite muß mit Nachdruck betont werden, daß „das ewige Ziel", das sich durch die Zeitalter hindurchzuziehen scheint und das der Fromme wohl als göttliche Vorsehung betrachtet, diese Nation zur stärksten Macht der Welt gemacht hat. Wenn dem nun so ist, — und wer bestreitet das — so wird das noch mehr in der Lebenszeit der jetzigen Generation in die Erscheinung treten. Denn es ist leicht denkbar, daß die Vereinigten Staaten in 50 Jahren 150 Millionen, vielleicht sogar 200 Millionen Einwohner aufweisen und dann bei ihren ausgedehnten Hilfsquellen von so überragender Bedeutung wie etwa früher das Römische Weltreich sein werden. Die Vereinigten Staaten haben also das Privileg, eine gewaltige Rolle in den Angelegenheiten der Welt zu spielen. Wo aber eine solche Macht gegeben ist, da ergibt sich doch aus dem Moralgesetz auch eine entsprechende Verantwortlichkeit, der sich unsere Nation unmöglich entziehen kann. Man kann wohl vorbringen, daß, um eine solche überragende Macht sowohl der Art wie der Beweglichkeit nach wirksam zu gestalten, die Exekutive nicht durch den Senat behindert werden darf, der seiner großen Mitgliederzahl wegen unmöglich an der schwierigen Führung der internationalen Angelegenheiten vollwirksam teilnehmen kann. Andere Nationen werden sich nicht ganz ohne Grund klagend äußern und sagen, daß sie, wenn sie am Beratungstisch der Nationen Platz nähmen, um das Wohl der Welt mit dem Vertreter Amerikas zu beraten, annehmen müßten, daß dieser die gleichen unumschränkten Vollmachten wie ihre eigenen Vertreter habe. Wenn nach gegenseitigen Zugeständnissen dann ein Übereinkommen erzielt werde, könne sich der Vertreter Amerikas nicht damit entschuldigen, daß er zu einem Abschluß nicht ermächtigt sei.

Hierzu gab die Konferenz von Versailles eine bemerkenswerte Illustration. Zweifellos gab Frankreich hier sein Recht auf, das damals leicht im Bereich seiner physischen Macht gestanden hätte, sich für die Zukunft den Frieden dadurch zu sichern, daß es den Rhein zu seiner Grenze machte. Es nahm von dieser Forderung nur Abstand im Vertrauen auf die Zusicherung des Präsidenten der Vereinigten Staaten, der als der Vertreter seines Landes zu Versailles weilte, und im Hinblick auf die Erklärungen des Ministerpräsidenten von England, von denen jeder versprach, Frankreich im Falle eines neuen Angriffs seitens seines östlichen Nachbarn zu unterstützen. Nachdem Frankreich so auf die günstige Möglichkeit, seinen Schutz zu suchen, verzichtet hatte, mußte es feststellen, daß der Vertreter Amerikas nicht die Vollmacht hatte, irgendein bindendes Übereinkommen zu treffen. Darin erblickten die französischen Publizisten eine unmögliche Behinderung der internationalen Beziehungen.

Trotzdem ist dies nur eine der für dieses Thema möglichen Betrachtungsweisen. Keinem der Unterzeichner des Vertrags von Versailles ist hiermit irgendein Unrecht geschehen; jeder von ihnen wußte aus der Erfahrung eines Jahrhunderts, daß die Vertreter Amerikas zu Versailles ihr Land ohne die Zustimmung des Senats nicht verpflichten konnten. Alle Abkommen, die man anstrebte, wurden notwendigerweise auf dieser Grundlage getroffen.

Läßt man die Frage der Ungerechtigkeit beiseite, dann handelt es sich noch um den oben dargelegten Gesichtspunkt: Nicht nur das Wohl Amerikas, sondern auch der Welt erfordert es, daß die Macht dieser großen Nation nicht einem einzelnen Menschen anvertraut werden darf. Dies würde aber der Fall sein, wenn der Präsident, wie in früherer Zeit ein König, das Wort seines Landes bei internationalen Übereinkünften verbürgen könnte. Für Amerika kommt noch ein besonderer Grund hinzu: Ist es doch keine von den anderen Völkern getrennte und abgesonderte Nation, sondern eine Mischung aller Nationen, welche die westliche Zivilisation bilden. Was in Europa an sich widerstreitenden Strömungen existiert, wirkt auf Amerika ein.

Liegt da nicht die Anschauung näher, daß die Wohlfahrt der Welt besser gewahrt bleibt, wenn unsere Nation mit ihrer überragenden Macht nur eine solche Politik verfolgen kann, die wirklich den überwiegenden Willen Amerikas darstellt, und daß dies wirksam nur gesichert ist, wenn die auswärtige Politik nicht nur auf der Zustimmung des Präsidenten, sondern auch auf der Zustimmung der Senatoren als der Vertreter der souveränen Einzelstaaten beruht?

Das ist besonders deshalb richtig, weil Amerika mit seinem System einer festen Amtszeit nicht eine im wirklichen Sinn parlamentarische Regierungsform hat. Wenn man die unermeßliche Macht Amerikas einem einzigen Mann übertragen wollte, dann würde, um das Ideal der Demokratie in der lebenswichtigen Angelegenheit der auswärtigen Beziehungen zu wahren, die feste Amtszeit beseitigt werden und die Amtszeit des Präsidenten von dem Vertrauen der Volksvertretung abhängen müssen, wie es von Zeit zu Zeit auszusprechen wäre. In diesem Falle wäre die Zustimmung des Senats unnötig. Denn wenn der Präsident versuchte, sein Land einer Politik auszusetzen, die das amerikanische Volk mißbilligt, dann würde diese Tatsache schnell hervortreten, und der Präsident würde sofort seiner Macht entkleidet werden.

Wenn er aber trotzdem eine feste Amtszeit haben soll, so kann doch bei der kurzen Amtsdauer, wie der Weltkrieg zeigte, die ganze Welt in einem viel kleineren Zeitraum als in vier Jahren umgestürzt werden. Ein Präsident, der unbegrenzte Macht für diese Zeitperiode hätte, könnte daher vor Beendigung seiner Amtszeit nicht nur sein Land verhängnisvollerweise in eine Politik stürzen, die dem Volk zuwider ist, er könnte darüber hinaus auch das politische Gleichgewicht der Welt erschüttern.

Weder eine zeitweise Notwendigkeit noch eine zeitweise Enttäuschung über das Fernbleiben der Vereinigten Staaten vom Völkerbunde sollte für das amerikanische Volk hier bestimmend sein. Es handelt sich um nicht mehr und um nicht weniger als um eine radikale Abkehr von einem politischen Verfassungsgrundsatz, die sich ergibt, wenn man dem Präsidenten das ausschließliche Reicht verleiht, von sich aus die Beziehungen der Vereinigten Staaten zum übrigen Teil der Welt zu bestimmen.

Ein Vorzug dieser Grundideen besteht darin, daß sie die „Sittenregel" unserer auswärtigen Politik schirmen, wie sie von den Gründern der Republik in jenem von edler Hand verfaßten, eine persönliche Note aufweisenden Staatsdokument — in der „Farewell Address" — formuliert worden ist. In neueren Jahren ist dieses Programm unserer auswärtigen Politik, das von Hamilton entworfen und von Washington modifiziert wurde, selbst von vielen gedankenreichen Amerikanern als jetzt veraltet kritisiert worden. Aber dieses Programm ist noch heute ebenso richtig, wie dies zur Zeit seiner Proklamierung im Jahre 1796 der Fall war.

Kein traditionelles politisches Programm ist jemals gröber mißdeutet worden. Es verdammte die Vereinigten Staaten nicht zu einer Politik der Isolierung. Als „alter und wohlwollender Freund" sprach Washington und warnte die künftigen Generationen Amerikas vor jedem Versuch, „sich durch k ü n s t l i c h e Verbindungen in die ü b l i c h e n Wechselfälle der europäischen Politik oder in das ü b l i c h e Komplott und die Kollisionen europäischer Freundschaften oder Feindschaften zu verstricken".

Die hervorgehobenen Worte sind am bezeichnendsten, wiewohl sie häufig übersehen werden.

In Hamiltons Entwurf dieses Teiles der „Farewell Adress" war das Wort „ü b l i c h" nur einmal gebraucht. Washington legte jedoch, als er diesen schönen und ergreifenden „Abschiedsgruß an sein Volk" einer letzten Durchsicht unterzog, auf den hier zugrunde liegenden Gedanken besonderes Gewicht. Er wollte einen allgemeinen Grundgedanken hervorheben, als er das Wort „üblich" wiederholte. So nahm er stillschweigend die Tatsache hin, daß es europäische Fragen gebe, die ihrer Natur nach nicht unter den Begriff des „Üblichen" oder „Gewöhnlichen" fallen, vielmehr die Wohlfahrt der Welt so stark berühren, daß die Vereinigten Staaten ein legitimes Interesse an ihnen nehmen müßten. Um „außergewöhnliche Ereignisse" — wie diejenigen der Jahre 1914 bis 1918 — zu treffen, befürwortete Washington „temporäre Allianzen". Das große Bündnis des Weltkrieges zeigte also keine Abkehr von Washingtons auswärtiger Politik. Dieser große Grundgedanke ist von vielen Amerikanern falsch ausgelegt worden, weil sie Washington die Absicht zuschrieben, er habe die Vereinigten Staaten für immer zu einer Politik engherziger und eigennütziger Isolierung verdammen wollen. Nichts lag aber den Absichten und der Persönlichkeit des Meisters ferner.

21. Kapitel

# EIN JAHRHUNDERT SPÄTER

*„Unsere Verfassung ist tatsächlich wirksam. Alles scheint ihre Dauer zu verbürgen. Doch in dieser Welt ist nichts gewiß bis auf den Tod und die Steuern."*

—Franklin.

Als sich die treue Schar der 39 Delegierten zum Schlußdiner nach der City Tavern begeben hatte, besprachen sie wahrscheinlich die Zukunft und hätten wohl gern gewußt, wie dauerhaft das Ergebnis ihrer Arbeiten sein werde. Wenige, wenn überhaupt einer von ihnen, waren hoffnungsvoll. Sie bezweifelten — und dazu hatten sie allen Grund —, ob die Staaten überhaupt ihr Werk ratifizieren würden. Die weitere Frage erhob sich von selbst, ob nach der etwaigen Ratifizierung die Verfassung, deren Vorzüge nur wenige anerkannt und über die sie vier Monate lang debattiert hatten, mehr sein werde als nur eine Notbrücke, mit welcher der Abgrund sozialer Unordnung zu überbrücken sei.

Im Verlauf der Debatten hatte Gorham aus Massachusetts erklärt, keiner von ihnen sei töricht genug anzunehmen, daß die Regierungsform, die sie dem Plan einverleibt hätten, 150 Jahre lang bestehen werde. Nach der Art unserer ephemeren menschlichen Natur ist es nur zu wahrscheinlich, daß über die unmittelbare Zukunft hinaus nur Wenige nachzudenken gewillt waren. Einen aber gab es, der stets mit dem Seherblick eines Propheten in die Zukunft schaute. Er stand jetzt mit der ganzen Last seiner 81 Jahre, wie Moses an dem Rande des Berges Pisgah, und strengte vergeblich sein Augenlicht an, um einen Schimmer des gelobten Landes wahrzunehmen, in das er, wie Moses, nicht einzutreten hoffen konnte. Franklin sagte bei einer Gelegenheit:

> „Ich wünschte, es wäre möglich, eine Methode zu erfinden, ertrunkene Personen so einzubalsamieren, daß sie zu irgendeiner auch noch so entfernten Zeit ins Leben zurückgerufen werden könnten. Denn ich habe den wirklich dringenden Wunsch, den Staat Amerika 100 Jahre später wiederzusehen und zu beobachten, und würde es jedem gewöhnlichen Tode vorziehen, in ein Faß Madeirawein mit einigen Freunden zusammen bis zu jener Zeit versenkt zu werden, um dann durch die Sonnenwärme meines lieben Landes zum Leben zurückgerufen zu werden."

Nehmen wir an, daß ihm und seinem besten Freunde bei dieser Gelegenheit diese Vision konzediert worden sei und daß Washington und Franklin am Ende des Essens in der City Tavern in einen tiefen Schlaf gesunken seien und im Traum die Stätte ihres Wirkens genau 100 Jahre später wiedersehen durften. Nehmen wir an, daß sie auf diese Weise die Straßen Philadelphias am 17. September 1887 wieder betreten hätten, als die Nation den hundertjährigen Gedenktag an den Abschluß des verfassunggebenden Konvents feierte.

Franklins kleine Stadt von 30 000 Einwohnern war zu einer Stadtgemeinde von einer Million Einwohner geworden; sie war nun eine der großten Städte der Welt. Die Nation, die Washington in so würdiger Weise zur Unabhängigkeit und zu einer festen und tätigen Regierung geführt hatte, war von 3 Millionen auf 60 Millionen Seelen gestiegen.

Sie würden Philadelphia bei der Feier eines hohen Festes zu Ehren ihres Werkes gefunden haben. In seinen Häfen lagen die großen Kriegsschiffe der werdenden amerikanischen Flotte, von deren erstaunlichen Zerstörungskraft weder Franklin noch Washington jemals geträumt hätten. Die Straßen waren erfüllt von dem Lärm und dem Stimmengeschwirr von Tausenden, die mit dem freudigen „io triumphe" eines stolzen und frohlockenden Volkes die

Vollendung von 100 Jahren erfolgreicher Geschichte verkündeten.

Drei Tage verwendete man auf die Feier, die auf Einladung der gastfreien, historischen City von Philadelphia und unter dem Protektorat der Bundesregierung abgehalten wurde. Am ersten Tage wurden die mächtigen Industrien Amerikas sinnbildlich in einem Festzuge auf Wagen dargestellt, die durch die beflaggten und geschmückten Straßen zogen und viele Stunden brauchten, um an einem bestimmten Punkt vorbeizukommen.

Am zweiten Tage würde Washington den kriegerischen Glanz der Vereinigten Staaten erblickt haben. Denn die Hauptstraße der City von Philadelphia herunter marschierte die organisierte Miliz der ursprünglichen 13 Staaten, geführt von deren Gouverneuren. Voraus schritt die Nationalarmee, an deren Spitze unter dem Beifall der Menge einer der größten Helden des Bürgerkrieges, Generalmajor Philip Sheridan, ritt.

Am 17. September 1887, genau 100 Jahre später, versammelten sich auch Hunderttausende im Staatshof im Hintergrund der Independence Hall. Dem alten Turm der Independence Hall gegenüber, von dessen Glockenstuhl aus die Unabhängigkeit ausgerufen worden war, hatte man eine große Tribüne errichtet, auf der die Vertreter der Nation saßen. Der Nachfolger George Washingtons, Präsident Cleveland, zeichnete mit seiner schönen Gemahlin die Feier durch seine Anwesenheit aus. In seiner Nähe saß ein ehemaliger Präsident der Vereinigten Staaten, Rutherford B. Hayes. Hinter ihm saßen der Chief Justice und die sonstigen Richter des Obersten Gerichtshofs der Vereinigten Staaten. Um diese Führerpersönlichkeiten gruppiert befand sich eine beträchtliche Anzahl von Vertretern des Senats und des Repräsentantenhauses. In ihrer Nähe saßen die Botschafter und Gesandten fast aller Nationen der Welt, um durch ihre Anwesenheit ihre allgemeine Bewunderung für Amerikas erhabenes Werk der Staatskunst zu bezeugen.

Zur Linken der Standespersonen stand ein Massenchor von 1000 Sängern, welcher der Feier entsprechend Mendelssohns musikalische Wiedergabe von Schillers „Festgesang an die Künstler*)" und eine eigenartige Ode sang, deren stolzer Refrain sich offenbar auf Franklins Schlußprophezeiung auf dem verfassunggebenden Konvent bezog:

„Deine Sonne hat sich erhoben und soll nicht untergehen über deinem göttlichen Tag,
Ganze Zeitalter und selbst kommende Zeitalter, Amerika, gehören dir."

Dann hielt Samuel F. Miller, der als ältester Richter des Obersten Gerichts der Vereinigten Staaten der Redner des Tages war, eine edle und würdige Ansprache.

Unter dem Beifall der Menge sprach darauf Präsident Cleveland, der Nachfolger Washingtons in ununterbrochener Folge:

„Jeder amerikanische Staatsbürger sollte sich heute seines Staatsbürgertums erfreuen. Den Grund zu dieser Freude wird er nicht im Alter unseres Landes finden, — denn es befindet sich unter den jüngsten Nationen der Erde. Er wird ihn nicht in dem Glanz und Pomp finden, die einen Monarchen schmücken und niedrige und knechtische Untertanen blenden, — denn in unserem Land ist das Volk Selbstherrscher. Er wird ihn auch nicht in der Geschichte blutiger auswärtiger Eroberungen finden, — denn seine Regierung hat sich damit begnügt, für ihr eigenes Land und Volk zu sorgen. Er sollte sich freuen, weil das Werk der Errichtung unserer Verfassung heute vor 100 Jahren zur Vollendung kam und vollendet eine freie Regierung errichtete. Er sollte sich freuen, weil diese Verfassung und Regierung so lange Zeit überlebt, weil sie mit soviel Segnungen gewirkt und so vollständig die Kraft und den Wert einer Volksherrschaft gezeigt haben. Er sollte sich über das

*) Anmerkung des Übersetzers: Mendelssohn brachte im Jahre 1846 bei Gelegenheit des deutsch-flämischen Sängerfestes in Köln den von ihm für Männerstimmen komponierten „Festgesang an die Künstler" zur Aufführung. Das von Schiller im Jahre 1789 verfaßte Gedicht „Die Künstler" ruft am Schluß die Künstler zur Wahrheit auf. Der Verfasser dieses Buches bezeichnet den Mendelssohnschen Chorgesang wie das Schillersche Gedicht mit den Worten „Appeal to Truth".

Wachstum und die Taten der hundertjährigen Vergangenheit und auch über das rühmliche Versprechen der Verfassung für die kommenden Jahrhunderte freuen."

Nach einem Hinweis auf die Schwierigkeiten, unter denen die Väter zu leiden hatten, schloß er mit den Worten:

> „Wenn wir 100 Jahre zurückblicken und den Ursprung unserer Verfassung sehen, wenn wir alle ihre Prüfungen und Siege betrachten, wenn wir uns vorstellen, wie vollständig die Grundsätze, auf denen sie beruht, jeder nationalen Not und jeder nationalen Gefahr begegnet sind, wie andächtig müssen wir dann mit Franklin sagen: ‚Gott herrscht in den menschlichen Angelegenheiten.' Wie ernst muß der Gedanke sein, daß diese Bundeslade uns überliefert und uns die Pflicht gegeben ist, sie vor gottlosen Händen zu schirmen. Sie kommt zu uns, besiegelt mit dem Siegel eines Jahrhunderts. Sie wurde in der Vergangenheit für ausreichend erachtet, und sie wird in all den Jahren, die noch kommen, für genügend erachtet werden, wenn das amerikanische Volk seinem heiligen Glauben treu bleibt. Es wird ein anderer Jahrhunderttag kommen, und Millionen noch Ungeborener werden nach unserer Verwaltung und nach der Unversehrtheit der Verfassung fragen. Gebe Gott, daß sie sie ungeschwächt finden. Und so wie wir uns heute an der Vaterlandsliebe und der Hingabe derjenigen freuen, die vor 100 Jahren lebten, so sollen sich diejenigen, die nach uns kommen, an unserer Treue und Liebe zur verfassungsmäßigen Freiheit freuen."

Hätten Washington und Franklin im Geist anwesend sein und dann die Ereignisse überblicken können, die sich in Amerika abgespielt hatten, seitdem sie sich zu ihren Vätern versammelt hatten, sie hätten es zu würdigen verstanden, daß die Verfassung, so wie sie ein Jahrhundert später bestand, ebenso durch die nachfolgenden Generationen wie durch ihre eigene zur Entwicklung gebracht worden ist. Sie würden sich vergegenwärtigt haben, daß, als sie an der Gesellschaft in der City Tavern — die dort nicht mehr als Körperschaft sich traf — teilnahmen, die eigentliche Arbeit am Ausbau der Verfassung erst begann. Sie hätten eingesehen, daß alles, was sie getan hatten, nicht mehr war als ein Anzünden einer Fackel, die sie den nachfolgenden Generationen übergeben sollten, daß aber diese Fackel sofort erloschen wäre, wenn ihre Nachfolger des heiligen Vertrauens nicht wert gewesen wären. Es hätte sie stark interessiert zu erfahren, daß die scharfe Scheidung auf dem Konvent zwischen denen, welche eine wirksame und mächtige Nation schaffen wollten, und denen, die einen bloßen Staatenbund vorzogen, sich lange nach ihrem Tode noch fortgesetzt hatte. Washington hätte sich gefreut, daß sein junger Freund, John Marshall aus Virginia, als Chief Justice der Vereinigten Staaten der vorzüglichste Fackelträger in der Auslegung der Verfassung gewesen ist, oder, um das Bild zu wechseln, mit seinem tiefen Blick in die Zukunft ein angemessenes Obergebäude auf dem Grundwerk der Verfassung errichtet hatte.

Er würde bezaubert gelesen haben von dem scharfen Kampf des dritten Jahrzehnts des 19. Jahrhunderts zwischen den sich bekämpfenden Mächten, diesen Mächten, die nicht nur im Obersten Gericht der Vereinigten Staaten stritten, in dem die Grundfragen der verfassungsmäßigen Regierung mit einer tiefen Weisheit und einer unerreichbaren Beredsamkeit besprochen wurden, sondern auch im Senat der Vereinigten Staaten, wo Männer, die noch ungeboren waren, als sich die Väter in der City Tavern trennten, mit unvergleichlicher Macht die Vorstellung einer nationalen Regierung verteidigten, für die Washington, Franklin, Madison und Hamilton gefochten hatten.

Keine Botschaft seiner Amtsnachfolger würde einen tieferen Eindruck auf Washington gemacht haben als das jetzt fast vergessene, aber meisterliche Anathema Andrew Jacksons gegen die „Ordinance of South Carolina", welche ein Bundesgesetz für ungültig erklären und die Bundesgewalt vernichten wollte.

Mit welchem Seelenschmerz würde Washington erfahren haben, daß dieser unvermeidliche Konflikt zuletzt das Volk, das er zu seinem großen Werk geführt hatte, in den tragischsten Bürgerkrieg der Geschichte gestürzt habe. Aber wenn er die schreckliche Sintflut des Bürgerkrieges und die Arbeit Abraham Lincolns verfolgt hätte, würde Washington an diesem 17. September 1887 doch erkannt haben, daß all dies ebenso eine Notwendigkeit gewesen ist wie das Streben des verfassunggebenden Konvents, einem mächtigen und wirksamen Bund die Entstehung zu geben. Er würde gefühlt haben, daß er den vollen Lohn für seinen lebenslangen Dienst an der Sache der Union erhalten, als ein Jahrhundert später ein geeintes Volk zusammentrat, um mit uneingeschränktem Lob und freudigstem Optimismus der stetigen Fortdauer der Verfassung Beifall zu spenden.

Franklins Gedanken an diesem Tage wären wahrscheinlich mehr utilitaristischer Art gewesen. Er würde klarer als Washington gesehen haben, daß die Welt des 17. September 1887 ganz anders wie die Welt war, in welcher er im Jahre 1790 seine Augen geschlossen hatte.

Mit Erstaunen würde er die majestätischen Veränderungen des 19. Jahrhunderts betrachtet und mit seiner philosophischen Fassungskraft erkannt haben, daß sie weit umstürzender als all die Veränderungen waren, welche die Menschheit von der Zeit Christi an bis zum großen Konvent erlebt hatte.

In seinen Tagen war man durch die großen und ewigen Begriffe von Raum und Zeit getrennt gewesen. Es würde den alten Doktor mit seinem erfinderischen Geist gewundert und erfreut haben, zu sehen, wieweit man in der geringen Spanne von seinem Tode bis zur Jahrhundertfeier Zeit wie Raum überwunden hatte. Seine Generation war die des Schubkarrens gewesen, und die jetzige Generation war die des Dampfes und der Elektrizität. Ausgerüstet mit dynamischen Kräften, die tausendmal stärker waren als die, von denen Franklin jemals geträumt hätte, hatte sich die kleine Nation seiner Zeit, die sich kaum jenseits des Alleghenygebirges erstreckte, nun den weiten Kontinent sogar bis zum Pazifischen Ozean unterworfen; sie hatte die Wildnis westlich des Mississippi, die für Franklin ebenso unbekannt und geheimnisvoll wie in unserer eigenen Zeit Afrikas dunkler Erdteil der jetzigen Generation war, zu großen und bedeutenden Staaten entwickelt.

In Erinnerung an seine Handpresse, mit der er einige hundert Stück seiner Pennsylvania Gazette in einem Tag herstellen konnte, die dann von Postreitern der begrenzten Zahl derjenigen zugestellt wurden, welche die Mittel zum Kauf hatten, würde er wohl über die moderne Rotationspresse gestaunt haben, die von einer Zeitung, die mindestens hundertmal größer als Franklins Zeitschrift war, eine halbe Million Abzüge in einer einzigen Nacht drucken konnte.

In Erinnerung an die langen und anstrengenden Reisen im Dienst seines Landes, an die Zeit, die ihn vier Tage kostete, seinen großen Freund zu Mount Vernon zu besuchen, würde er erstaunt vor dem Wagen gestanden haben, der bis zu 60 Meilen in der Stunde zurücklegen konnte, der über Flüsse hinwegsetzte, sich durch Gebirge grub und mit Leichtigkeit und Bequemlichkeit die Gegenden durchlief, die früher unbekannte und ungangbare Wüsten gewesen waren.

Und wie erstaunt würde Franklin erst über die Entwicklung der lokalen Einrichtungen Philadelphias gewesen sein, zu denen er in seiner wunderbaren Aktivität die Initiative gegeben hatte. Die ungepflasterten und nicht erleuchteten Straßen waren jetzt mit Asphalt bedeckt und nachts von tausenden elektrischen Lampen erleuchtet. Die Wirtshäuser und Schenken, die er gut kannte, — denn selbst Sir John Falstaff konnte nicht freudiger seine Behaglichkeit in seiner Schenke aufsuchen als „der unvergleichliche Ben Franklin" — waren nun zu erstaunlichen Gebäuden geworden mit 30 Stockwerken, mit Tausenden von Räumen und mit einem Glanz der Ausschmückung wie ein Palast zu seiner Zeit.

Er würde gefunden haben, daß das College von Philadelphia, das er gegründet hatte, nun zu einer der größten Universitäten der Welt geworden war und in seinen großen Gebäuden jedes Jahr mindestens 15000 Studenten, die sich aus allen Teilen der Welt zusammengefunden, ausbildete.

Die Bücherei, die er errichtet hatte — die erste ihrer Art in der Welt —, war nun in zwei großen Gebäuden untergebracht, von denen das eine eine würdige Kopie eines griechischen Tempels war und die Schätze von über 200 000 Bänden beherbergte.

In Erinnerung daran, daß er nicht nur der erste Postmeister Philadelphias, sondern später auch der erste Oberpostmeister der Kolonien gewesen, und im Andenken an die kleinen Brieftaschen, die ein Postreiter von Philadelphia zu den damals weit entfernten Gemeinden brachte, würde er sich über den wundervollen Aufschwung des amerikanischen Postsystems gewundert haben.

Vielleicht niemand im Reiche der Toten hätte mit größerer Anteilnahme und Genugtuung „das Schimmern des Mondes" wieder schauen und die mächtigen Veränderungen sehen können, welche die Zeit im Mittagsglanze des 19. Jahrhunderts hervorbrachte, als jener Mann, dessen feinkonstruiertes Gehirn mit einer nur wenigen Menschenkindern verliehenen Einbildungskraft so viele dieser Entwicklungen vorausgesehen hatte.

Nichts aber hätte Washington und Franklin mehr in Erstaunen gesetzt, wenn sie an diesem Abend des 17. September 1787 all diese zukünftige Wirklichkeit in einer Vision gesehen, als die Tatsache, daß ihre Verfassung, von der sie damals so gering dachten, diese epochemachenden Veränderungen überdauert und überlebt hatte und daß ein neues und mannhaftes Volk, das auch schon im Jahre 1887 den größten materiellen Reichtum aller Nationen der Welt besaß, die Verfassung mit einer so einhelligen Zustimmung begrüßte, wie sie wohl kaum vorher in irgendeinem Volk bestand. Denn es muß bemerkt werden, daß in allen Reden, die im September 1887 in Philadelphia von den führenden Vertretern der Nation gehalten wurden, kein Zweifel über die Zukunft oder darüber ausgesprochen wurde, daß die Verfassung nicht das sei, was sie Gladstone damals nannte, nämlich „das vollkommenste Werk, das jemals dem Gehirn und der Denkkraft des Menschen zur gegebenen Zeit entsprungen ist."

Die langen Kämpfe, die vorhergegangen waren und im Bürgerkrieg gegipfelt hatten, waren beendet. Die Schärfe dieses Kampfes stand den Menschen des Jahres 1887 kaum mehr vor Augen. Dieser Krieg begann für sie nicht mehr mit Fort Sumter*), noch endete er mit Appomattox**); ungefähr 15 Jahre nach dem Bürgerkriege waren nämlich die bitteren Gedanken an diesen Kampf doch noch zurückgeblieben. Über verwüstete Felder, zerstörte Häuser und neue Gräber sahen noch Nord und Süd mit scheinbar unversöhnlichem Haß aufeinander bis zum Jahre 1876, als die Nation in Philadelphia, ihrer historischen Hauptstadt, den Jahrhunderttag der Unabhängigkeitserklärung feierte. Als sich die Vertreter aller Parteien am 10. Mai 1876 im Fairmount-Park versammelten, der, mit Frühlingsblumen übersät, ein wahres und würdigeres „Field of the Cloth of Gold" war, da rührten die „geheimnisvollen Akkorde der Erinnerung", auf welche Lincoln angespielt hatte, ihre Herzen wieder, und in der gemeinsamen Liebe zur Union wurde die Bitterkeit des Bruderstreits vergessen. Der letzte Wahlkampf, der überhaupt von der Verbitterung des Bruderkrieges berührt war, betraf die Präsidentenwahl von 1880, als dann unter Aufgabe der mißverstandenen Politik eines erzwungenen Wiederaufbaus Nord und Süd wieder vereint wurden — nicht durch Gewalt und nicht nur durch gemeinsame wirtschaftliche Interessen, — sondern durch eine gemeinsame stolze Liebe und Zuneigung zu einer edlen und heldenhaften Vergangenheit.

So wurde der Jahrhunderttag der Verfassung würdig gefeiert; zum erstenmal in all den stürmischen Zeiten der Republik vereinigten sich Männer aller Parteien mit edler Begeisterung in der Billigung des Werkes der Väter, das diese Union möglich gemacht hatte.

Kaum dachten die von uns, die an der bedeutsamen Feier im Jahre 1887 teilnahmen, damals daran, daß einige Jahr-

*) Anmerkung des Übersetzers: Fort Sumter, am Eingang des Hafens von Charleston (in Süd-Carolina) erbaut, wurde am 14. April 1861 vom Konföderierten-General Beauregard genommen. Hiermit hatte der Bürgerkrieg begonnen.

**) Anmerkung des Übersetzers: Appomattox, Grafschaft im Staate Virginia, in welcher der gleichnamige Fluß entspringt. Bei dem Appomattox court house (Gerichtshalle) streckte der General der konföderierten Südstaaten Robert Edmund Lee am 9. April 1865 vor General Grant die Waffen.

zehnte später dieses tiefe Vertrauen zur Verfassung wanken werde, daß Millionen von Menschen ihren weisen Schranken Mißtrauen entgegenbringen, organisierte Parteien ihre Gegnerschaft gegen einige ihrer wesentlichen Grundsätze erklären und daß verantwortliche Geistesführer geneigt sein würden, in einem Tag niederzureißen, was aufzubauen ein Jahrhundert erfordert hatte.

22. Kapitel

## EINE AUFGEHENDE ODER EINE UNTERGEHENDE SONNE ?

*„Regierungen nehmen wie Uhren den Gang an, den Menschen ihnen geben. Und wie Regierungen von Menschen geschaffen und in Gang gehalten werden, so werden sie auch von ihnen vernichtet. Die Regierungen hängen daher eher von den Menschen ab als die Menschen von den Regierungen."*

— William Penn*).

Franklin war eine Vision der amerikanischen Republik vom Jahre 1887 nicht vergönnt. Keinem Menschenkind ist solche Sehergabe verliehen. Der Klügste wie der Dümmste kann die Zukunft nur „verschwommen wie durch ein Glas" erkennen. Zwar konnte Franklin mit unvergleichlichem Gefühle vorausahnen, daß im Jahre 1787 die Zukunft für Amerika eine „aufgehende Sonne" war. Aber wie lange diese Sonne im Sternbild der Nationen im Aufsteigen bleiben und wann ihr unvermeidlicher Niedergang gen Westen in den Flammen des Verfalls und des Todes beginnen werde, das konnte auch Franklin nicht voraussehen. Ebensowenig konnte er vorher wissen, wie strahlend diese aufsteigende Sonne leuchten würde, wenn sie ihren Zenith einstens erreichte.

Aber wäre solche Vision einem Menschenkinde gegeben, gerade Franklin hätte sie zustehen müssen. — Um der Bedeutung Franklins gerecht zu werden und um zu zeigen,

*) Anmerkung des Übersetzers: William Penn, geb. 1644 zu London, war der Gründer von Pennsylvanien. Penn war der Typus der praktisch-idealen Weltanschauung des Quäkertums. Seine gesammelten Werke erschienen 1726 und 1782 in 4 Bänden. Er starb 1718.

welch hoher Grad an philosophischer Einsicht ihn auszeichnete und welch Meister er war, muß man ihm Michelangelo und Leonardo da Vinci an die Seite stellen. So müssen die Genossen aussehen, die man als seiner würdige Gefährten auszusuchen hat, und man mag getrost annehmen, daß Franklin, Michelangelo und da Vinci jetzt in den elysischen Gefilden unzertrennlich beieinander weilen und dorten in der gleichen „Schicht" arbeiten. Vielleicht war in Da Vincis Geist ein Ahnungsschimmer, etwas wie eine ganz vage Idee von kommenden Dingen, vorhanden. Einst mag der Tag erscheinen — so wird dieser Schimmer der Voraussehung den Meister Leonardo gelehrt haben —, da der Mensch die Himmel in einem Flugzeug durchquert, da der Mensch wie ein Adler aufsteigt, um dann weit höhere Sphären zu erreichen, als der Adler es im Fluge vermöchte, als der Adler es je wagen würde anzustreben. Aber schwerlich konnte die Ahnung dem Leonardo sagen, daß vierhundert Jahre nach seinem Dahinscheiden zwei Burschen aus Ohio aus einer kleinen Fahrrad-Reparaturwerkstätte, in deren Laden sie arbeiteten, die Luft ebenso erobern würden, wie ihre Gefährten bereits die Erde gemeistert und das Wasser sich unterworfen hatten.

Franklin hatte bisweilen eine wunderbare Ahnung von der Zukunft. Mit divinatorischer Voraussicht erkannte er schon, daß die Elektrizität, für die anderen damals noch eine unbekannte Erscheinung der Naturkräfte, in sich selbst eine materielle Substanz sei, zusammengesetzt aus unsichtbaren Atomen, von denen jedes ein Universum kleiner Atome enthalte, die wir „Elektronen" nennen und deren Zahl und Kraft jenseits des „menschlichen Fassungsvermögens" liegen. Aber wie bei allen Menschenkindern war auch bei ihm die Vision des Unbekannten nur eine unvollkommene und seltene. Bei seinem Tode hinterließ er der Stadt Philadelphia ein Legat mit der Bestimmung, daß Kapital und Ertrag ein Jahrhundert lang aufgespart und dann, wenn es wünschenswert schiene, dazu benutzt werden solle, das Wasser des Wissahickon-Baches zur Wasserversorgung nach Philadelphia zu leiten. Dieser kleine seichte Bach ist ungefähr zehn Meilen vom Mittelpunkt Philadelphias entfernt, und seine Breite schwankt zwischen 10 und 20 Fuß. Das illustriert, wie wenig Franklin jemals voraussah, daß Philadelphia in 130 Jahren eine Stadt von zwei Millionen Einwohnern werden könne; denn die jetzige Bevölkerung dieser Stadt würde den von Franklin in Aussicht genommenen Wasservorrat in wenigen Minuten austrinken. Da er also glaubte, seine Adoptivvaterstadt*) werde in einem Jahrhundert etwa eine Bevölkerung von nicht über 50 000 Einwohnern haben, hatte er damals offensichtlich nur eine ganz unklare Vorstellung davon, welche Bedeutung seine Stadt und seine Nation ein Jahrhundert später haben würden, wenn er dann aus seinem Faß Madeira hätte herauskriechen und auch das zukünftige Amerika im Mittagsglanze im Jahre des Heils 1924 hätte sehen können.

Daraus folgt nun freilich nicht, daß Franklin, wenn er in unserer Zeit die Erde wieder besuchen und die Republik, zu deren Erschaffung er so viel beigetragen hatte, in ihrer jetzigen Größe sehen könnte, nicht ihre Fehler ebenso scharf wie ihre Vorzüge beurteilen würde, Denn dieselbe tiefe, über allem Menschenverstand erhabene Weisheit, mit der er die Probleme seiner Zeit betrachtete, würde ihm gleicherweise auch heute noch zur Seite stehen. Man kann keine interessantere Frage aufwerfen als die, ob Franklin die Verfassung, die er einst mit der Sonne verglichen hatte, wenn er sie heute sehen könnte, als aufsteigende oder als untergehende Sonne ansehen würde.

Eines ist jedenfalls klar: er würde weder den politischen Einrichtungen noch den materiellen Errungenschaften als solchen übertriebene Bedeutung beilegen. Überblickte er die Geschichte Amerikas von der Zeit an, da er sich jener stummen Majorität angeschlossen, so würde er sich wohl von den politischen Wandlungen und besonders von denen des letzten Vierteljahrhunderts tief bewegt gefühlt haben. Es würde ihm jetzt aufgehen, daß ihm und seinen erlauchten Genossen des Konvents von 1787 das bedeutsame Privileg

*) Anmerkung des Übersetzers: Benjamin Franklin war am 17. Januar 1706 zu Boston geboren, war aber bereits 1723 nach Philadelphia gezogen.

verliehen war, „den Strom der Jahrhunderte in ein neues Bett zu leiten", und daß die Erschaffung der Vereinigten Staaten als einer unabhängigen Nation und die sichere Entwicklung seines Volkes durch eine kluge und erfolgreiche Regierung eines der großen Ereignisse der menschlichen Geschichte gewesen ist. Seine eigene Vision war kaum über das Alleghenygebirge hinausgegangen. Im Gegensatz zu Washington, der ein echter Bahnbrecher war, hatte Franklin sich nur wenig mit der unerschlossenen Wildnis jenseits des Ohio und des Mississippi beschäftigt. Mit der größten Genugtuung würde er wohl jetzt das Vorgehen seines großen Zeitgenossen Thomas Jefferson betrachtet haben, der durch den Erwerb des unbegrenzten Landes „Louisiana" eine kontinentale Expansion zustande brachte. Er würde sich darüber gefreut haben, daß durch den Bürgerkrieg nicht nur die Einheit der Nation hergestellt, sondern auch das Unheil der Sklaverei für immer beseitigt wurde; denn die letzte Tat, mit der er sein nur dem Guten geweihtes Leben beschloß, war ein Protest, den er auf seinem Sterbebette gegen diese zersetzende Einrichtung richtete. Es würde Franklin sicher sehr interessiert haben, zu bemerken, das 111 Jahre nach der Annahme der Verfassung die Vereinigten Staaten ihren Landbesitz so erweitert hatten, daß sie sich nunmehr von Maine*) nach Manila erstrecken, daß, wie im Mutterland, die Sonne über ihrer Flagge nicht untergeht.

Den allertiefsten Eindruck würde aber auf ihn die Tatsache gemacht haben, daß die Vereinigten Staaten, als die Welt die Sintflut des Weltkrieges zu erleiden hatte, als die Mächte der westlichen Zivilisation, diejenigen, die man die freiheitlichen nannte, mit den anderen in tödlichen Kampf verstrickt waren, sich als der entscheidende Faktor dadurch erwiesen, daß sie fast ebenso viele Soldaten in die Kampflinie nach Europa schickten, wie es zur Zeit der Verfassungsannahme Menschen in den Kolonien gegeben hatte. Bei der Erinnerung an die Geringschätzung der Kolonien durch die Welt zur Zeit der Verfassungsannahme hätte es auf ihn einen tiefen Eindruck gemacht, daß der auf Grund dieser

*) Anmerkung des Übersetzers: Maine ist der nordöstlichste Staat der nordamerikanischen Union.

Verfassung gewählte und mit ihren Vollmachten ausgestattete Präsident der Vereinigten Staaten an einer Weltkonferenz als eine der vier mächtigsten Persönlichkeiten der Jetztzeit teilgenommen hatte, wo er als der Diktator des Friedens begrüßt wurde.

In der ganzen Geschichte gibt es keine ähnliche Entwicklung von der Schwäche zur Macht. Als der Verfasser dieses Buches ein Junge von 13 Jahren war, konnte er noch ganz gut in seiner Vaterstadt den alten Horace Binney gekannt haben, der damals im Jahre 1874 in einem Alter von 94 Jahren stand und der als zehnjähriger Junge noch gesehen hatte, wie sich Washington und Franklin der Independence Hall gegenüber unterhielten. In zwei Lebensaltern also war unter Washington und Franklin aus den abhängigen Kolonien ein unabhängiger Staat, dann unter Jefferson ein kontinentaler Staat, ein wirklich geeinigtes Staatswesen unter Lincoln und schließlich ein Weltreich von unerreichter Macht und überragendem Ansehen unter William Mc Kinley und Woodrow Wilson geworden. Im Jahre 1776 wandten sich die kleinen Kolonien an die Welt um Hilfe; 1924 bittet die Welt Amerika, sie vor der Vernichtung zu retten. Welch erstaunliches „bouleversement", welcher Wandel! Die jetzige Generation lebt diesen wunderbaren Ereignissen noch zu nahe, um ihre Bedeutung zu erfassen. Als Cäsars Legionen die „Ewige Stadt" verließen und in den Wäldern Galliens verschwanden, empfanden der römische Senat ebenso wie das Volk kaum etwas mehr als ein „gewisses" Interesse. Mommsen, der große Verfasser der Geschichte des Römischen Reiches, gibt dem gleichen Gedanken Ausdruck:

> „Jahrhunderte gingen dahin, bis die Menschheit begriff, daß Alexander nicht nur ein Eintags-Königreich im Osten errichtet, sondern auch den Hellenismus nach Asien gebracht hatte; Jahrhunderte gingen abermals dahin, bis die Menschheit begriff, daß Cäsar nicht nur eine neue Provinz für die Römer erobert, sondern auch den Grund zur Romanisierung des Westens gelegt hatte."

Ebenso muß Zeit verfließen, bis es die Welt völlig würdigen kann, daß der Kreislauf des Erdballs um die Sonne der Vision Franklins vollendet und die von den Männern des verfassunggebenden Konvents geschaffene Nation die mächtigste Nation der Welt geworden war, als die Flagge der Vereinigten Staaten im Jahre 1898 an der Zufahrtstraße nach China aufgerichtet wurde und als später die Soldaten Amerikas tapfer die blutige Wildnis der Argonnen durchschritten und den Rhein erreichten.

Fraglos hätte Franklin zuerst die materiellen Seiten dieser erstaunlichen Umwandlung betrachtet. In Erinnerung an die Zeit, in der das Papiergeld Amerikas so entwertet war, daß man es spöttisch als Tapete verwendete, und in der seine Obligationen auf einen bloßen Bruchteil ihres Pariwertes zusammengeschrumpft waren, hätte er darüber gestaunt, daß das Volk der Vereinigten Staaten heutzutage drei Viertel alles Goldes der Welt besitzt. Zu seiner Zeit wurde der gesamte Reichtum der Welt auf ungefähr 100 Milliarden Dollar geschätzt; heutzutage schätzt man den Reichtum allein der von ihm geschaffenen Nation auf mehr als das dreifache oder 320 Milliarden Dollar. In Erinnerung daran, wie „Vater Abraham" sein Leben lang bestrebt war, dem einfachen Volk in den Kolonien Sparsamkeit und Wirtschaftlichkeit zu predigen, wäre er wohl buchstäblich betäubt gewesen über den Reichtum, der heute auf den Kopf der Bevölkerung in den Vereinigten Staaten entfällt. Selbst Franklin, den nichts sichtlich in Erstaunen setzte, wäre durch den Hinweis überrascht worden, daß der Wert des Grundeigentums in den Vereinigten Staaten heute 155 Milliarden Dollar beträgt, daß sich die Aktiven der amerikanischen Fabriken, die zu seiner Zeit noch in den Kinderschuhen steckten, auf 16 Milliarden belaufen, daß die Eisenbahnen, an die er auch im Traume nicht gedacht hatte, den Kontinent überspannen und ein Grundeigentum von über 20 Milliarden Dollar besitzen und daß sogar die Kraftwagen, die Erfindung jüngsten Datums, in einer unglaublich kurzen Zeit einen Wert von fast fünf Milliarden Dollar erreicht haben.

Wie würde er in Erinnerung an seine Zeit, in der auch der größte Unternehmer nur ganz wenige Angestellte hatte, dagegen reichlich gegen Tagelohn arbeitende Gesellen und Lehrlinge, die oft noch im Hause ihres Arbeitgebers wohnten, wie würde er überrascht sein, wenn er erführe, daß ein einziger Fabrikant 167 000 Leute beschäftigt, jedes Jahr zwei Millionen Wagen hergestellt und in zehn Jahren an die Regierung 147 Millionen Dollar Steuern gezahlt hat! Wenn es Franklin vergönnt wäre, Henry Ford die Hand zu schütteln, er würde sicherlich seinen Hut vor einem solch erstaunlichen Organisationsgenie abnehmen.

Alle diese wirtschaftlichen Entwicklungen, die seine kühnste Phantasie unendlich übertreffen, würden so gut wie nichts gegen die Wunder der modernen Erfindung bedeuten. Wie hätte ihn das Telephon in Erstaunen gesetzt oder das große Wunder des drahtlosen Verkehrs, in dem sich die Menschen aus den Wolken menschliche Stimmen holen, die in jeder Richtung gleichzeitig mit einer Schnelligkeit von 186 000 Meilen in der Sekunde dahineilen! Würde Franklin nicht denken, daß der Mensch die Ultima Thule*) der dynamischen Kraft erreicht habe, wenn jemand, der durch das Radio spricht, mit dieser seiner eigenen Stimme zu gleicher Zeit Tausende von Meilen weit gehört werden kann, wozu sich das weitere Wunder gesellt, daß diejenigen, die ihm lauschen, seine Stimme in dieser Entfernung schneller zu hören vermögen — falls der menschliche Geist den Bruchteil einer Sekunde noch teilen könnte — als seine unmittelbaren Zuhörer, zu denen er durch die gewöhnlichen Schallwellen spricht.

Wenn Franklin die Straßen von Philadelphia im Jahre des Heils 1924 betreten und all diese Wunder zur Kenntnis hätte nehmen können, würde er nicht wie Miranda im „Sturm" gesagt haben:

„Wackere neue Welt, die solche Bürger trägt**)!"

Das wäre aber nur sein erster Eindruck gewesen. Dieser tiefe und durchdringende Geist würde bald zu der schnell nachfolgenden Überlegung übergegangen sein, ob denn diese

*) Anmerkung des Übersetzers: Vergl. Vergils „Georgica" I, 30, Bezeichnung eines weit entlegenen Eilands.

**) Anmerkung des Übersetzers: Vergl. Shakespeares „Sturm", V. Aufzug, I. Szene.

neue Welt von Erfindungswundern die geistige Würde des Menschen in Wirklichkeit erhöht oder gemindert hat. Für Franklin war das Problem der Zivilisation immer das Problem des Individuums. Er überschätzte politische Einrichtungen nicht; sie waren ihm nur Mittel zum Zweck. Seine Philosophie gründete sich stets auf die Tatsache, daß das Heil der Gesellschaft vom Wert des Individuums abhängt. Das war der grundlegende Gedankengang seiner „Poor-Richard-Philosophie". In seiner berühmten „Vater-Abraham-Ansprache" hatte er all die schlichten Sprichwörter gesammelt, in denen die letzte Weisheit eines gesunden und vernünftigen Lebens zum Ausdruck kommt und die allgemein auf der Tatsache beruhen, daß Fortschritt davon abhängt, was in einem Menschen liegt, und nicht davon, was außer ihm ist. Darin wiederholte er nur den Ausspruch des großen Lehrers, der da sagte: „Das Reich Gottes ist in Euch."

Für Franklin hätten all diese materiellen Eroberungen des Menschen mit ihren Kollektivauswirkungen keinerlei Bedeutung für das Problem des Fortschritts dann aufgewiesen, wenn das Individuum mit dieser neuen Entwicklung allmählich an Wert verliert. Und wenn Franklin jetzt überlegen könnte, ob seine Sonne im Aufgehen oder im Untergehen sei, dann würde er bei dem Durchschnittsmenschen, nicht bei der Regierungsform oder bei den materiellen Errungenschaften der Zivilisation anfangen. Er würde fragen, ob mit dem Wachsen der mechanisch-dynamischen Kraft das Individuum an innerem Wert zu- oder abgenommen habe, und dann würde er zu der Frage Stellung nehmen, der sich jetzt so viele Menschen gegenübersehen und die so verhängnisvoll wie die Frage der Sphinx in der Sage ist, ob nämlich unser berühmter Fortschritt nur Illusion oder wahre Wirklichkeit ist.

Franklin würde an sich selbst die folgenden drei Fragen mit aller Strenge richten:

1. Befindet sich der Mensch, an der wahren Bedeutung der Werte gemessen, im Stadium des Fortschritts oder des Rückschritts?

2. Bedingen die heutigen gesamtgesellschaftlichen Verhältnisse ein befähigtes oder ein unbefähigtes Führertum?

3. Haben die Menschen eine größere oder eine kleinere Achtung vor der Autorität des Gesetzes?

Von der Beantwortung dieser Fragen würde er es abhängig machen, ob die Verfassung heute „eine aufgehende oder eine untergehende Sonne ist".

Hat die Menschheit in unserem letzten Vierteljahrhundert irgendeinen wirklichen Fortschritt gemacht? Vor dem Weltkrieg würde jeder, der eine solche Frage stellte, einen Zweifel an seinem gesunden Verstande hervorgerufen haben. Und doch war das echte Wort „Fortschritt" vor dem 19. Jahrhundert fast unbekannt; der Ausdruck „Zivilisation" ist lediglich von ihm geschaffen, und nachdenkliche Männer würden, wenn sie hier ernstlich Definitionen aufstellen wollten, weit voneinander abweichen. Vor dem Weltkrieg war das hervorstechende Merkmal des menschlichen Denkens ein unbegrenzter Optimismus. Aber als dann im Jahre 1914 der „top", der Mastkorb der Zivilisation in die Luft gesprengt wurde und der Mensch sich selbst aus dem gigantischsten Schiffbruch der Geschichte herauszog, da begannen die Nachdenklichen danach zu fragen, ob denn der Fortschritt wirklich einzig und allein mit den Maßen der Thermo-Dynamik gemessen werden könne.

Der Fortschritt der Menschheit kann auch nicht nur an der weiteren Verbreitung menschlicher Bequemlichkeit und an der Zunahme materiellen Reichtums gemessen werden. Treffend sagte darüber Dr. Goldsmith:

„Schlecht fährt das Land — wird raschen Übels Spiel,
Wo Reichtum wächst, jedoch Menschtum verfiel."

Der Mensch ist nicht klüger, wenn er mittels des Radio Tausende von Meilen weit statt auf eine Entfernung von 100 Fuß sprechen kann, es sei denn daß er dabei etwas zu sagen hat, was an sich größeren Wert besitzt.

Die Wissenschaft hat uns zwar Lautverstärker gegeben, aber unglücklicherweise können sie die Mechanik des Denkens nicht verstärken. Es ist besser, es wird ein Hamlet mit der Handpresse als eine ebenso witzige wie seelenlose Banalität von Shaw auf einer Rotationspresse gedruckt. Es bedeutet auch keinen Fortschritt für den Menschen, wenn er in einer Minute vier Meilen durch die Wolken zurücklegen und dadurch den Adler im Fliegen übertreffen kann, es sei denn daß er mit seiner Reise bessere Zwecke verfolgt als unsere Vorfahren, die noch mindestens zwei Tage für eine Reise von New York nach Philadelphia brauchten.

Aber wie kann nun bei dem Durchschnittsmenschen Wachstum oder Entartung, wie es der Fall sein mag, festgestellt werden? Ein Kriterium hierfür ist die Frage, ob sich ein Wandel zum Besseren oder zum Schlechteren in den grundlegenden Einrichtungen der Menschen vollzieht, nämlich in der Kirche, in der Schule, im Theater und — seit Gutenberg — in der Presse. Hiervon ist vielleicht die Presse das bezeichnendste Merkmal. Denn man kann von den Zeitungen wirklich sagen, was Shakespeare vom Theater, der Zeitung seiner Zeit, sagte:

> „Sie sind der Spiegel und die abgekürzte Chronik des Zeitalters. Es wäre Euch besser, nach dem Tode eine schlechte Grabschrift zu haben, als üble Nachrede von ihnen, so lange Ihr lebt"*).

Die Presse ist ein Spiegel, in dem sich die Menschheit selbst betrachten kann, um ihr eigenes moralisches Wachstum festzustellen. Ihre glänzende Oberfläche hält den heißen Atem eines fieberndes Zeitalters fest**).

---

*) Anmerkung des Übersetzers: Vergl. Shakespeare, Hamlet, Akt II, Szene 2.

**) Die Zwecken eines Vergleichs dienende Betrachtung einer der größten Zeitungen unseres Landes wie überhaupt der Welt weist auf einen beunruhigenden Wandel der Werte hin. Von den zum Vergleich herangezogenen Ausgaben der New Yorker Times stammt die eine aus dem Jahre 1898 und die andere aus dem Jahre 1923. Die frühere Ausgabe umfaßte 12 Seiten und 84 Spalten, die spätere 40 Seiten und 320 Spalten. Dem Umfang nach haben sich also die Times vervierfacht; und wenn das Ideal der Menge, das jetzt die Zivilisation beherrscht, der richtige Prüfstein ist, dann sind die gegenwärtigen Times die größere Zeitung. Die ältere Ausgabe enthielt 15 Spalten oder annähernd ein Sechstel der Zeitung Anzeigen, die spätere Ausgabe enthielt dagegen 202 Spalten oder zwei Drittel der Ausgabe Anzeigen. Die Zeit des vollseitig annoncierenden Branchengeschäfts hatte 1898 noch nicht begonnen, und man kann wohl bezweifeln, ob die ausgedehnte Herrschaft der vollseitigen Anzeigen irgendwie die Würde oder die Unabhängigkeit des Journalismus erhöht hat.

Unter den 84 Spalten der früheren Ausgabe gab es 32, etwas weniger als die Hälfte, die der nationalen und internationalen Politik

Die wachsende Herrschaft des Sports in der Gegenwart ist eine soziale Erscheinung, der man zu wenig Aufmerksamkeit zugewandt hat. Sie besteht nicht ganz ohne Berechtigung; denn da die mechanische Zivilisation die eigentliche körperliche Arbeit aus dem Leben in so weitem Maße ausgeschaltet hat, besteht bei dem Menschen ein instinktives Verlangen danach, dem physischen Verfall durch Betätigung der Körperkräfte vorzubeugen. Nichtsdestoweniger ist aber das vorherrschende Interesse für Sport ein ernstes Problem geworden, denn es zeigt sich, daß der wirkliche Wandel des Durchschnittsmenschen in falscher Wertschätzung, in einem Schwinden des Sinnes für das wahrhaft Wertvolle liegt. Ein solcher geistiger Verlust ist in der Vergangenheit das charakteristische Zeichen für den Untergang einer Zivilisation gewesen*).

---

gewidmet waren. In der späteren Ausgabe sind nur 18 Spalten auf diese bedeutenden Gegenstände verwandt, oder ungefähr ein Zwanzigstel der Zeitung. In der früheren Ausgabe sind es offenbar drei Themen, die fast völlig fehlen: Verbrechen, Humor und Sport. Eine halbe Spalte ist der Poesie und Scherzen, und anderthalb Spalten sind dem Sport eingeräumt. Diese Zuteilung an den Sport hat sich um das Zehnfache auf 13 Spalten in den jetzigen Times vermehrt, obwohl die frühere Ausgabe in die Jahreszeit des Freiluftsports und die letztere mitten in die Winterzeit fällt, wo man ein Minimum davon erwarten sollte. Damals wie jetzt lehnten es die Times ab, den Ton des Journalismus durch eine Seite sogenannter „Komik" zu erniedrigen. Nichts illustriert vielleicht die Geschmacksverminderung besser als die Tatsache, daß man sich vor einem Vierteljahrhundert an „Sir John Falstaff" erfreute, während es heute „Andy Gump" ist. Die beiden Dromios aus der „Komödie der Irrungen" sind jetzt fast vergessen, aber kein Tag vergeht ohne die langweiligen Banalitäten von „Mutt and Jeff".

*) Hätten Dempsey und Firpo vor 25 Jahren miteinander gekämpft, dann hätten die Zeitungen ihnen vielleicht am nächsten Morgen eine Spalte gewidmet. Heutzutage widmen die Zeitungen jedoch einem gänzlich unbedeutenden und eher brutalen Kampf bereits Wochen und und Monate lang vor dem Ereignis und noch Wochen danach ganze Seiten. Wo ein paar Hundert Leute dem Wettkampf beigewohnt haben (denn so war es noch vor einem Vierteljahrhundert), da reisen heute Hunderttausende von den vier Enden der Welt herbei, um Dempsey und Firpo ein paar schnell vergehende Augenblicke lang sich einander prügeln zu sehen. Was noch bezeichnender ist, Tausende von Frauen sind jetzt Zuschauer, genau wie die römischen Matronen vor 2000 Jahren ihre Finger abwärts auf die Gladiatoren im Kolosseum wandten, die „geschlachtet wurden, um einen römischen Festtag zu ermöglichen". Panem et circenses — Brot und Zirkusspiele — das war die Einleitung zum Untergang des Römischen Reiches.

Der Wert des athletischen Sports für die in ihm aktiv Tätigen kann nicht in Abrede gestellt werden. Aber wer nur Zuschauer ist, gewinnt dabei nichts als Amüsement. In der größten Zeit Griechenlands waren die Akademien, wo sich die Männer über „das Wahre, Schöne und Gute" unterhielten, und das Palästrum, wo die Jugend Athens ihre Körperkraft maß und entwickelte, gewissermaßen e i n e Einrichtung. Wenn die Jugend Athens den Wettkampf liebte, dann liebte sie auch ihren Homer. Der „Homer", den die Jugend von heute am meisten liebt, ist von der Art, daß ein pp. Ruth, irgendeine Baseballkanone, zum Vergnügen einer hysterischen Menge beiträgt. Das Hauptvergnügen von heute ist ein Vaudeville oder irgendein Kitsch von Kinostück. Das eine lenkt drei Stunden lang gesammelte Aufmerksamkeit auf irgendeinen beliebigen Gegenstand, das andere gibt ein Maximum rührseligen Eindrucks mit einem Minimum von Gedankengehalt. Das Perikleische Zeitalter hatte den wahren Sinn für die m e n s s a n a i n c o r p o r e s a n o. Die spätere Degeneration Athens aber ließe sich an der Liebe zum Pferderennen messen, wo nur einige Wenige kämpften und Zehntausende als Zuschauer der primitiven Lust an der Roheit frönten.

Die heutige Presse zeigt zweifellos, daß unser Zeitalter das Zeitalter des Pferderennens ist. Sogar auf vielen der großen Colleges von Amerika, wo die guten Familien entstammende Jugend unseres Landes in den jetzigen kritischen Tagen in der Verteidigung unserer heiligen Institutionen geschult werden sollte, tritt das Unterrichtszimmer in weitem Maße hinter dem Stadion zurück.

Die Presse bestreitet ihre Verantwortlichkeit für diese Degeneration unseres Wertschätzungssinnes. Die Presse behauptet, daß sie dem Volke nur das gebe, was es interessiere. Das ist jedoch nur eine Halbwahrheit. Mag sein, daß die Zeitungen ihrem Wesen nach nicht mehr „ein Spiegel und eine abgekürzte Chronik des Zeitalters" sein können und dem Geist des Zeitalters seine Form und sein Gepräge selbst dann zeigen müssen, wenn der Wertschätzungssinn beim Durchschnittsmenschen irregeleitet ist. Dennoch trägt die Presse im hohen Maße die Verantwortung. Sie schafft im allgemeinen erst das Interesse, das sie dann befriedigt*).

Die Times aus der Zeit vor 25 Jahren beschränkten ihre Spalten auf relativ wenig Gegenstände. Sie gaben dem Verstand des Durchschnittsmenschen etwas, was er verstehen konnte. Die Verteilung ihres Raumes gründete man auf die entsprechende Bedeutung einiger weniger Angelegenheiten, die man als Neuigkeiten oder Mitteilungen auswählte.

Die spätere Ausgabe der Times führt durch die ganze Tonleiter des menschlichen Lebens. Nichts Menschliches ist ihr fremd. Mehr als 44 Arten von Gegenständen werden behandelt, und das dabei vorherrschende Thema ist das Verbrechen. Vor einer Generation bedeutete ein Pressebericht über ein Verbrechen, daß so ein Verbrechen etwas Ungewöhnliches war. Heute muß die jüngere Generation von den vordersten Zeitungsseiten, die mit Nachrichten über Verbrechen aller Art, Verbrechen aus Leidenschaft begangen, Gewaltshandlungen, Unterschlagungen, Untreue usw. ausgefüllt sind, den Eindruck erhalten, das Verbrechen sei im Leben das Normale.

Die Times sind hier nur hervorgehoben worden, um einen Vergleich anstellen zu können. Keine andere Zeitung Amerikas und wenige der Welt weisen ein höheres journalistisches Niveau auf; wenn aber gerade ihre Spalten eine ernstliche Änderung der menschlichen Werteinschätzung zeigen, so kann diese häßliche Tatsache nicht bezweifelt werden.

*) Wenn z. B. auf den Wettkampf zwischen Dempsey und Firpo bis zum Vortage des Kampfes nicht hingewiesen würde, und auch dann nur in einem verborgenen Winkel der Presse, so wüßten nur wenig Leute auch nur von der Existenz dieser berühmten Gladiatoren. Das Interesse wurde jedoch drei Monate durch vorhergehende Veröffentlichungen systematisch entwickelt, bis auch der Durchschnittsmensch, ob er nun einen Wettkampf liebte oder nicht, neugierig wurde, wer der Sieger sein werde. Das war ausgezeichnet für Rickard, von dem man sagt, er habe an der Vorführung dieses Schauspiels einige Millionen verdient. Aber diejenigen, die glauben, daß die Zeit äußerst kritisch ist und daß alle Menschen ihre Aufmerksamkeit den Staatsangelegenheiten zuwenden müssen, wenn die gebrechliche Barke unserer Einrichtungen flott gemacht werden soll, sind davon nicht ebenso begeistert.

Keine gesellschaftliche Einrichtung beweist die Entartung einer mechanischen Zivilisation klarer als die Presse. Das Greshamsche Währungsgesetz, demzufolge das schlechtere Geld das bessere aus dem Umlauf verdrängt, gilt auch für den Journalismus. In jeder amerikanischen Stadt hängt der Erfolg der Presse niedrigen Niveaus davon ab, daß sie das höhere Niveau, also die Zeitungen mit höheren Idealen, zu zerstören sucht. Die Zeitung von heute ist eine im hohen Grade kommerzialisierte Einrichtung, und das Kriterium für ihr Gedeihen ist einzig und allein das Geld. Sie verdankt ihre Nachrichten dem Einheitswaschzettel der „Associated Press" und erfüllt so im wesentlichen den Hauptzweck ihres Daseins. Aber in ihren anderen Spalten, besonders auch in ihren Sonntagsbeilagen, besteht das große Ziel der modernen Zeitungen — wenn nur ihre Besitzer freimütig genug wären, es anzuerkennen — darin, ihren Inhalt auf das geistige Niveau eines Moro hinabzudrücken. Wenn die amerikanische Durchschnittszeitung aufgefordert würde, entweder die syndizierten Artikel der größten Geister der Zeit oder die eintönigen Banalitäten der „Komiker" zu wählen, so würde sie den letzteren den Vorzug geben; denn es ist eine bekannte Tatsache, daß es heute weit wichtiger ist, täglich die unaussprechlichen Albernheiten von Mutt and Jeff zu drucken, als die besten Erzeugnisse der größten Geister der Welt in der Zeitung aufzunehmen.

Die unvermeidliche Folge ist, daß der Geist der jetzigen Generation, verglichen mit den früheren, im allgemeinen auf das Triviale und Vergängliche, auf die Eintagsfliege, gerichtet ist. Die Degeneration unseres politischen Lebens ist zum großen Teil dieser Tatsache zuzuschreiben.

Zur Illustration vergleiche man nur den sorgfältigen Plan, welchen die Verfassung für die Präsidentenwahl annahm, mit den politischen Methoden der Gegenwart. Die Schöpfer der Verfassung glaubten vernünftigerweise, daß die wichtigste politische Aufgabe des amerikanischen Volkes die einmal in vier Jahren vorzunehmende Wahl des Präsidenten der Vereinigten Staaten sei. Sie waren deshalb der Ansicht, daß eine so wichtige Pflicht mit der äußersten Würde und der gründlichsten Überlegung erfüllt werden solle. Daher der Plan des Wahlkollegiums, in dem theoretisch die erwählten Vertreter jedes Staates zur Beratung zusammentreten und unter Ausschaltung aller fremden Rücksichten oder unangemessenen Drucks mit großer Sorgfalt die Wahl beraten sollten.

Man vergleiche diese Theorie mit den Methoden eines Nominierungskonvents von heute. Zwanzigtausend Männer und Frauen sind in einer großen Halle versammelt, um Zeugen der sogenannten „Beratungen" von Vertretern einer politischen Partei zu sein. Man hat alles getan, um einer solchen Versammlung den Charakter eines volkstümlichen Wettrennens zu geben. Ein Parteiprogramm wird sorgfältig zu dem Zweck ausgedacht, so wenig wie möglich zu sagen und nach so viel verschiedenen Richtungen Ausschau zu halten, wie Wähler möglich sein mögen. Nachdem die Nominierungen erfolgt sind, wird eine hysterische Rede mittels der „Lautsprecher" hinausgebrüllt. Dann folgt eine vorbereitete und rein mechanische Demonstration, deren Zweck es ist, alle früheren Rekorde in langem und sinnlosem Lärmen zu schlagen. Leute mit Stoppuhren beobachten den Rekord des lauten Beifallgeschreis, als wenn es ein Pferderennen wäre, und beim schwächsten Anzeichen, daß es geringer wird, nimmt man seine Zuflucht zu allen Arten der Zirkustaktik, nur um die Begeisterung aufrechtzuerhalten. Wenn frühere Rekorde sinnlosen Lärms geschlagen sind, dann erlaubt man der Stimmkraft ungern, zu ersterben. Keine Wahlstimmen sind beeinflußt, und alles, was man ausgeführt hat, ist nur ein bedeutungsloses Schauspiel, vor dem die Welt in Staunen steht. Wenn Washington oder Franklin eine solche Versammlung einer der beiden historischen Parteien in der amerikanischen Politik besuchen könnten, würden sie nicht einander verwundert anblicken und sagen: „Ist das Bedlam oder ist das Amerika*)?"

*) Nach der Teilnahme an einem solchen Schaustück sollten sie noch Rickards Vorführungen der Kunst der Selbstverteidigung beiwohnen und die lebhaften Freudenschreie vernehmen, denen Hunderttausende von Männern und Frauen Ausdruck geben, wenn die furchtbare rechte Hand Dempseys dem zerschlagenen Gesicht Firpos Blut abzapft. Würden sie nicht niedergeschlagen denken, daß noch zu viele Menschen die primitive Blutgier der Höhlenbewohner, obwohl die Menschheit seit

Leben und Sterben einer Kultur hängt von ihrem Gefühl für Werte ab. Nach allgemeiner Übereinstimmung war die größte jemals von Menschen erreichte Kultur die des perikleischen Zeitalters vierhundert Jahre vor Christi Geburt. Das Volk von Athen hatte damals einen wirklichen Sinn für Werte. Ein Jahrhundert später war der Ruhm dieses goldenen Zeitalters vergangen, und alles, was die Leute in Athen noch interessierte, war der letzte Sieg des Lieblingsathleten oder die neueste Schöpfung des obersten Pastetenkochs. Vorwurfsvoll sagte Demosthenes zum athenischen Volk:

„Um Eure Freiheiten kümmert Ihr Euch nicht, nur nach Neuigkeiten lauft Ihr herum!"

Einige Jahrhunderte später wird in der Apostelgeschichte berichtet, daß der Grund, weshalb das einst kultivierteste Volk des Altertums einer ernsten Rede des Paulus nicht zuhörte, der war, daß „die Athener aber alle, auch die Ausländer und Gäste, auf nichts Anderes gerichtet waren, denn etwas Neues zu sagen oder zu hören*)."

Heute ist die Begierde nach Neuigkeiten so groß, daß sie nicht nur jeden Tag, sondern fast schon jede Stunde am Tage mit frischen Sensationen befriedigt werden muß; denn der „Riemenhänger", der das „Fettgedruckte" in der Untergrundbahn liest, erwartet einige Stunden später mit Sehnsucht das erste Erscheinen der Nachmittagsausgaben. Nichts macht einen dauernden Eindruck auf den Menschen. Er hat ein „Kinogehirn", und aus solch einem Stoff kann eine wahre Zivilisation nicht geschaffen werden.

Bei der Feststellung, wie weit der Durchschnittsmensch durch den kollektiven Sieg der Menschheit gewachsen ist, würde Franklin seine Aufmerksamkeit zuerst dem Handarbeiter zuwenden. Franklin stammte selbst aus dieser Klasse. Er konnte sich an die Zeit erinnern, als er auf dem Market-Street-Kai in Philadelphia angekommen war. Er war Buchdruckergehilfe gewesen und war von seinem

ihrem Zeitalter bereits 10 000 Jahre weiter geschritten ist, besitzen und daß sich das Hippodrom von heute nur wenig von dem Amphitheater des Flavius in Rom unterscheidet?

*) Apostelgeschichte, XVII, 21.

Handwerk so eingenommen, daß er, nachdem er doch mit Ehren wie wenige Menschen irgendeines Zeitalters überhäuft worden war, sich mit Stolz in seinem Testament als „Benjamin Franklin, Buchdrucker zu Philadelphia" unterschrieb. Er würde jede Zivilisation der Probe durch das Arbeiterschicksal unterwerfen; denn es kann keinen wahren Fortschritt geben, wenn die Massen an eine seelenlose Maschine gekettet sind. Zu seiner Zeit war jeder Mann ein Handwerksmeister und war wirklich stolz auf seine Arbeit, die in ihrem Wesen darauf berechnet war, Individualität zu schaffen und zu erhalten. Der Durchschnittsmensch von heute ist infolge der Arbeitsteilung viel ungeschickter als der Indianer in den Wäldern zur Zeit Franklins. Der Indianer versteht es, eine Hütte zu bauen, ein Feuer am Stein anzuzünden, seine eigenen Kleider zu weben und seine eigene Nahrung sich zu schaffen. Aber heute gibt es wohl unter den 165 000 Angestellten Henry Fords nur wenige, die, falls sie auf eine einsame Insel verschlagen würden, wüßten, wie sie sich ein Haus bauen, ihren Nahrungsvorrat sammeln, ihre Kleider weben oder selbst nur ein Feuer ohne eine Schachtel mit Zündhölzern anzünden sollten. Zu Franklins Zeit konnte der Mensch noch sein eigenes, wahres Glück durch Entwicklung seiner angeborenen Fähigkeiten in Übereinstimmung mit seinen eigenen Neigungen zu erreichen suchen. Er brauchte vor der Zukunft wenig Angst zu haben und war im allgemeinen mit seinem eigenen Los zufrieden, bescheiden wie er im Vergleich zu den wenigst begünstigten Menschen der Gegenwart war. In unserer Zeit eines hoch entwickelten Industrialismus steht die große Masse der Bevölkerung in der ruhelosen Tretmühle der spezialisierten Arbeit, und es gibt für sie kein Entrinnen vor der Sorge, die das schlecht geordnete Verteilungssystem unvermeidlich macht.

Bis in die neueste Zeit erkannte man das nicht; aber jetzt ist, wie Dr. Lyer es ausdrückt, die Menschheit „plainly in revolt", geradezu im Aufruhr. Die größte Ursache für die heutige Unzufriedenheit des Volkes ist das halb erwachte Bewußtsein des Menschen, daß seine Individualität in einer verwickelten Zivilisation untergegangen ist. Diogenes sagte einmal, daß „der Reichtum eines Menschen an den Dingen geschätzt werden könne, ohne die er nicht zu leben vermöge.“ Ist das der Fall, dann ist die Armut heute verbreiteter als jemals. Denn während in Franklins Tagen der Mensch noch mit dem wenigen für das menschliche Leben Unentbehrlichen zufrieden war, ist er heutzutage mit Tausenden von Luxusgegenständen belastet, die er für notwendig zum Glück hält. Wie zur Zeit Franklins, ist es auch heute noch richtig, daß die Staatssteuern zwar schwer sind, „daß wir aber doppelt so hoch durch unsere Trägheit, dreimal so hoch durch unseren Stolz und viermal so hoch durch unsere Dummheit besteuert werden, und daß für diese Steuern der Steuerbeamte uns keine Erleichterung oder Befreiung zugestehen kann, indem er uns einen Nachlaß oder einen Niederschlag gewährt“.

Wenn die Verfassung morgen einem Volksentscheid unterworfen werden sollte, würde sie dann vom amerikanischen Volk angenommen oder verworfen werden?

Wahrscheinlich wüıde das große Dokument durch eine überwältigende Mehrheit ratifiziert werden. Aber weshalb? Was die einzelnen Stimmberechtigten zu einer Wiederholung des alten Glaubensbekenntnisses veranlassen würde, stünde nicht ebenso fest wie das Ergebnis des Referendums.

Man kann wohl daran zweifeln, daß eine Mehrheit von Stimmberechtigten die Verfassung infolge genauer Kenntnis ihrer Bestimmungen erneut annehmen würde. Selbst unter den Gebildeten kann kaum einer von zehn in vernünftiger Weise ihren Inhalt darlegen oder gar eine genaue Erklärung ihrer grundlegenden politischen Philosophie geben!

Warum würde aber dann das Volk, das doch im allgemeinen kaum den Text der Verfassung und noch weniger seine grundlegende Philosophie kennt, trotzdem so überwiegend für ein Dokument eintreten, das nur wenige gelesen und das noch wenigere verstanden haben?

Das würde deshalb geschehen, weil die Verfassung für den Durchschnittsmenschen die Republik in ihrer Einheit verkörpert. Er weiß, daß diese Verfassung auf irgendeine geheimnisvolle Weise, die er nicht zu ergründen sucht, ein Volk zusammenhält, das einen weiten Kontinent bewohnt und sich auf über 100 Millionen Einwohner beziffert. Kaum ein Amerikaner würde diese Einheit zerstört sehen wollen. Sie bedeutet nicht nur die Verewigung heroischer Erinnerungen, sondern auch eine wirtschaftliche Wohlfahrt, deren sich der Bürger immer bewußt bleibt. Seit 1865 hat sich der amerikanische Bürger nicht gestattet, auch nur zu erwägen, wie sich sein Geschick gestalten könnte, wenn sich die Vereinigten Staaten in zwei oder mehrere Republiken teilen sollten. An diesen Fall könnte man vielleicht eines Tages denken, wenn die Republik so groß ist, daß sie ihren Zwecken nicht mehr entspricht. Der Amerikaner hat aber die mitleiderregende Lage Europas unter den jetzigen Verhältnissen vor Augen, er wird mit Grausen an die Möglichkeit von Zollhäusern am Mississippi oder Ohio und an den gräßlichen Zustand denken, der darin bestehen sollte, daß drei stolze, mächtige und selbstbewußte Nationen unser Land bewohnten und die beständige Reibung widerstreitender wirtschaftlicher Interessen fühlten.

Der Durchschnittsamerikaner hat vielleicht für die Verfassung als solche wenig Interesse. Es genügt ihm, daß sie politische und wirtschaftliche Einheit bedeutet und solche Einheit ihm als amerikanischem Bürger Macht, Ansehen und Schutz gibt, wie sie keine andere Nation zurzeit ihren Bürgern gewähren kann.

Obwohl nun dieser mächtige Instinkt für eine Einheit besteht, so bedeutet das doch nicht, daß die Verfassung vor jedem Angriff gesichert ist. Denn wenn sie auch als ein Ganzes und als Organ einer unlösbaren Einheit vom Volke bestätigt wird, so liegt es doch anders, wenn es um Einzelnes ginge. Durch die Beantragung immer neuer, der Natur der Verfassung fremder Zusätze kann sie angegriffen und kann auf sie so ein zerstörender Einfluß ausgeübt werden. Solche Amendments werden aber, wenn sie von einer agressiven und gut organisierten Minderheit beantragt werden, allzuoft angenommen. Das Gefühl für konstitutionelle Moral ist in der Gegenwart so tief gesunken, daß die Antragsteller von destruktiven Zusätzen das Referendum beherrschen können, während ihre Gegner in Trägheit untätig bleiben.

Das hatte Washington im Sinn, als er in seiner „Farewell Address" feierlich sagte:

> „Es ist von unendlicher Bedeutung, daß Sie den ungeheuren Wert Ihrer nationalen Union für Ihr gemeinsames und individuelles Wohlergehen besonders würdigen . . . Zur Erhaltung Ihrer Regierung und zur Fortsetzung Ihrer gegenwärtigen glücklichen Lage ist es nicht nur erforderlich, daß Sie stets unregelmäßige Opposition gegen ihre anerkannte Autorität mißbilligen, sondern Sie müssen auch mit Sorgfalt dem Geist der Neuerung ihren Grundsätzen gegenüber widerstehen, wie augengefällig die Vorwände dafür auch sein mögen. Eine Angriffsmethode wird es vielleicht sein, daß man in den Formen der Verfassung Veränderungen herbeizuführen sucht, die die Kraft des Systems vermindern, und daß man so das unterminiert, was man auf direktem Wege nicht stürzen kann."

Nimmt man an, daß die Verfassung als Ganzes die Unterstützung einer weit überwiegenden Mehrheit des amerikanischen Volkes behalten und im Einzelnen nicht durch das allmähliche Nagen aufeinanderfolgender Wogen der Neuerungssucht zerstört wird, dann bleibt noch die Frage, ob sie in Gemeinschaft mit allen demokratischen Einrichtungen die jetzige Sintflut in der menschlichen Gesellschaft überleben kann.

In einem Zeitalter allgemeiner Bildung gibt es keinen Ersatz für Demokratie. Es ist nicht wahrscheinlich, daß das Volk irgendeiner freien Nation eine andere als eine demokratische Regierungsform dulden wird. Das wirkliche Problem liegt aber in der Anpassung der Demokratie an die veränderten Verhältnisse der Gesellschaft.

Die Verfassung der Vereinigten Staaten gibt die Lösung zu diesem Problem, und man kann vielleicht fragen, ob der menschliche Verstand bisher eine bessere Lösung gefunden hat.

Ob es eine vollkommene Lösung ist, kann allein die Zeit zeigen.

Es hat nicht an großen Denkern gefehlt, die daran zweifelten, daß die sozialen Probleme durch die Demokratie gelöst werden können. Der größte von ihnen war Lord Macauly, der in einem äußerst bemerkenswerten Brief vom 23. Mai 1857 an Henry S. Randall, den Biographen Thomas Jeffersons, seine Überzeugung aussprach, daß rein demokratische Einrichtungen „über kurz oder lang die Freiheit oder die Zivilisation oder Beides zerstören müßten". Er glaubte, daß die Vereinigten Staaten selbst mit ihrer geschriebenen Verfassung vor diesem Schicksal nicht bewahrt bleiben würden. Dieses Schicksal sah er nur durch die „physische Ursache", daß ihre Bevölkerung über „eine grenzenlose Fläche fruchtbaren und unbesiedelten Landes" verstreut war, als hinausgeschoben an. Der große Whig-Staatsmann sah offenbar wenig Rettung in den Machtbeschränkungen der Verfassung, die er als „nur Segel und kein Anker" betrachtete*).

Um das Gewicht dieser ebenso bemerkenswerten wie schrecklichen Prophezeiung zu würdigen, muß man sie, besonders in ihrer Anwendung auf die Vereinigten Staaten, zunächst kritisch würdigen. Lord Macauly unterschätzte nämlich sehr den gewaltigen Einfluß der Verfassung auf die Unterdrückung der Auswüchse der Demokratie in Amerika.

Man kann freilich seiner Theorie, der Erfolg der Verfassung habe zum Teil von der Tatsache abgehangen, daß das amerikanische Volk über eine weite Landfläche zerstreut und glücklicher Erbe unbegrenzter natürlicher Hilfsquellen war, nicht widersprechen. Jeder ehrliche Amerikaner muß zugeben, daß sich das Schicksal der Verfassung — abgesehen von ihrer überragenden Weisheit — ganz anders entwickelt hätte, wenn sie für ein Land mit dichterer Bevölkerung in Geltung gesetzt worden wäre. Der Flächenraum Englands in Quadratmeilen ist im wesentlichen so groß wie der des Staates New York. Die Be-

---

*) Dieser interessante Brief, den man in den Gesamtausgaben der Werke Macaulys nur selten findet, und ein ergänzender Brief, der wohl kaum in irgendeiner Form zum Abdruck gelangt ist, sind für unsere Zeit, in der demokratische Einrichtungen wie nie zuvor bedroht sind, von so großem Interesse, daß sie in Anhang IV dieses Buches vollständig wiedergegeben sind.

völkerung jenes Landes beträgt ungefähr 35 Millionen Einwohner und die des Staates New York gegen 10 Millionen. Hätte der Staat New York eine ebenso große Bevölkerungszahl wie England, dann könnte man in Zweifel ziehen, ob das Problem der Selbstverwaltung in New York mit Erfolg gelöst wurde. Wenn die anderen amerikanischen Staaten im Verhältnis zu ihrer Flächenausdehnung eine gleiche Übervölkerung wie England aufwiesen, so hätte sich auch die Verfassung nicht bis zu unseren Tagen gehalten.

Trotzdem kann dies auch nur als Vermutung angesehen werden. Es scheint jedoch klar zu sein, daß der Erfolg der Demokratie in England dem homogenen Charakter seines Volkes und der Tatsache zuzuschreiben ist, daß die Erfahrung von 1000 Jahren den Engländern eine ungewöhnliche Fähigkeit zur Selbstverwaltung gegeben hat. Wie lange sich die Demokratie in England ohne die Beschränkungen, welche die amerikanische Verfassung vorschreibt, halten wird, ist ein interessantes Objekt für spekulative Betrachtungen.

Lord Macaulys pessimistische Prophezeiungen haben zwar in einigen europäischen Staaten der Jetztzeit, nämlich dort, wo Empörung gegen die parlamentarische Regierung und wachsende Forderungen nach der Herrschaft eines Diktators auftreten, eine gewisse Bestätigung gefunden. Aber für die Vereinigten Staaten konnte seine politische Philosophie nur wenig gelten, denn der große Schriftsteller hatte eben die Stärke der Verfassung erheblich unterschätzt. Die ganze Geschichte Amerikas hat die Unrichtigkeit seines Angriffs, die Verfassung sei „nur Segel, nicht aber ein Anker“, erwiesen.

Nun ist freilich folgendes richtig: Als Macauly seinen Brief schrieb, hatte die richterliche Gewalt erst wenige Bundesgesetze wegen Verfassungswidrigkeit für nichtig erklärt. Es waren eben erst wenige erlassen worden. Viele einzelstaatlichen Gesetze waren jedoch durch diese Weise als ultra vires schon verworfen worden. Seitdem sind die Auswüchse der Demokratie, die sich in nicht-verfassungsmäßigen Gesetzen der Einzelstaaten und der Nation zeigten, wiederholt durch die klugen Beschränkungen der Verfassung vereitelt worden. So hat sich die Verfassung als ein wirksamer „A n k e r" erwiesen.

Nichtsdestoweniger hat aber doch die amerikanische Geschichte gezeigt, daß Macauly mit seiner Grundanschauung, daß kein geschriebenes Dokument die Auswüchse der Demokratie gänzlich beschränken könne, recht gehabt hat. Vielleicht hat sich die Verfassung mehr als ein Ruder denn als ein Anker gezeigt; denn die menschliche Gesellschaft befindet sich niemals in völlig statischer Lage, und die Verfassung führt eher vorwärts, als daß sie zurückhält.

Die Verfassung ist durch die öffentliche Meinung — die wirklich eher als die Wahlurne das Organ der Demokratie ist — stark abgeändert worden. Infolgedessen sind viele ihrer wesentlichen Grundsätze, wie es Washington warnend voraussagte, heimlich umgekehrt worden, und manche anderen Grundsätze sind heute durch offenen Angriff bedroht.

So wurde der oberste Grundsatz der Selbstverwaltung in gewissem Grade durch die Maßnahmen der Einzelstaaten selbst umgestürzt.

Eigentumsrechte, wie sie vom fünften und vierzehnten Amendment der Verfassung gesichert sind, wurden durch viele sozialistische Maßnahmen abgeschwächt. Die Schwierigkeit lag nicht in den Grundsätzen des verfassungsmäßigen Rechts, sondern in ihrer Anwendung auf verwickelte Tatbestände, und die Entwicklung dieser Tatbestände hat der Rechtspflege eine unmögliche Last auferlegt.

Das System von Hemmungen und Gegengewichten in der Regierung wurde dadurch erschüttert, daß sich die Legislative praktisch der Exekutive in der Regierungstätigkeit unterordnete.

Die wirtschaftliche Macht der Union wurde zur Erreichung verfassungswidriger Ziele und zur gründlichen Vernichtung der Rechte der Einzelstaaten benutzt.

Der fünfzehnte Zusatz ist in vielen Staaten ein toter Buchstabe.

Das Mitwirkungsrecht des Senats bei der Auswahl diplomatischer Vertreter und beim Abschluß von Verträgen wurde häufig durch Protokolle, formlose Verträge und andere Handlungen der Exekutive geschmälert, die eine freie Entscheidung des Senats schwierig, wenn nicht unmöglich machten.

Vor allem aber wurde das Steuersystem seit dem sechszehnten Amendment umgestürzt und führte zu einer Neuverteilung des Besitzes. Die entsprechende Verteidigung der Verfassung gegen den Geist des Sozialismus endete mit der progressiven Einkommensteuer, deren übermäßig abgestufte Sätze tatsächlich oft den Reichtum der Wenigen zugunsten der Vielen konfiszieren. Die Schöpfer der Verfassung hätten sich gewundert, daß Leute mit großem Einkommen verpflichtet sind, an Stadt, Staat und Nation in einigen Fällen fast 80 % ihres Einkommens zu zahlen. Diese tatsächliche Konfiskation — denn es kann nicht als ein gerechtes Beitragsverhältnis zu den Staatsausgaben betrachtet werden— würde sogar noch klarer hervortreten, wenn nicht die Verfassung dem Bunde die Besteuerung der von Staaten und Städten emittierten Wertpapiere verböte, worin eine wirklich wichtige Bestimmung zu erblicken ist. Diese Bestimmung wurde zu einer „Zufluchtsstätte" für die wohlhabenden Klassen, denen es so möglich gemacht wurde, ungefähr 17 Milliarden Dollar in der Form von Eigentum, das der Bundesbesteuerung nicht zugänglich ist, anzulegen. Durch dieses Hilfsmittel entzogen sie sich nicht nur der unbilligen Konfiskation, die einer ungerecht verteilten Steuer zuzuschreiben ist, sondern auch den gerechten und angemessenen Beiträgen zu den Ausgaben der Bundesregierung.

Niemand, der sich mit unseren Einrichtungen befaßt, kann bezweifeln, daß die Verfassung heute von schwererer Gefahr als zu irgendeiner anderen Zeit der amerikanischen Geschichte bedroht ist. Das muß man nicht einer bewußten Feindschaft gegen ihren Geist oder Wortlaut zuschreiben, sondern der Gleichgültigkeit und Teilnahmslosigkeit, mit der die Massen den wachsenden Angriffen gegen die grundlegenden Prinzipien der Verfassung zusehen.

Wenn sich das amerikanische Volk nicht zur notwendigen Verteidigung seiner unschätzbaren Erbschaft aufrafft, dann besteht offenbar die Gefahr, daß noch zur Zeit der jetzt lebenden Generation die Form den Inhalt des Glaubensbekenntnisses überleben wird.

Die wenigen Nachdenklichen, die von Zeit zu Zeit ihre warnende Stimme erheben, sind „wie einer, der in der Wüste ruft." Ihre Stimmen gehen in dem Lärm einer mechanischen Zivilisation unter. Und unter den Wenigen, die besorgt zu sein scheinen, findet sich manch Fatalist, der den eigenen Speicher mit materiellem Überfluß gefüllt hat und nun mit Ludwig XV. selbstzufrieden sagt: „Après nous le déluge"*).

*) Anmerkung des Übersetzers. Nach anderen Berichten soll die Marquise von Pompadour (1720—1764) nach der Schlacht bei Roßbach diese sprichwörtlich gewordenen Worte zuerst geäußert haben. Vergl. Mme. Du Hausset, Mémoires, Paris 1824, Essai sur la marquise de Pompadour, S. 19.

## 23. Kapitel

# DER VERFALL DES FÜHRERTUMS

*„Wie die Staatsmänner, so der Staat."*

— Cicero.

In seiner wertvollen Studie über die Demokratie zweifelt Lord Bryce jene alte, durch die Zeit geweihte und bis auf Aristoteles und Platon zurückgehende Einteilung der Staatsformen in Monarchien, Aristokratien und Demokratien an. Er behauptet, es habe seit Anfang der Zeitrechnung nur eine einzige Staatsform gegeben: die Herrschaft der Wenigen.

Wenn das der Fall ist, dann muß man notwendig nach der Beschaffenheit der Wenigen und der Art ihrer Auswahl fragen; denn die letztere bestimmt, ob eine Regierung als frei oder sonstwie klassifiziert werden muß.

Wie auch immer die Regierungsform sein mag, es kann heute von dem politischen wie von dem wirtschaftlichen Leben der Vereinigten Staaten mit Recht gesagt werden, daß es in ihnen eine unwiderstehliche Tendenz gibt, Macht und Verantwortlichkeit in der Hand Weniger, zeitweise sogar eines einzigen Mannes zu konzentrieren. Das ist in der Geschichte der amerikanischen Nation immer richtig gewesen. Hierfür spricht der Umstand, daß bei jedem Konflikt zwischen Exekutive und Kongreß die Sympathie des amerikanischen Volkes im allgemeinen bei der Exekutive liegt. Ein Präsident als Individuum kann sich an die Phantasie des Volkes wenden, was ein unpersönlicher und vielköpfiger Kongreß vielleicht nicht tun kann.

Die Männer, bei denen heutzutage die Macht in den Demokratien der Welt konzentriert ist, sind ihrer Zahl und allzu häufig auch ihrem ganzen Format nach unbedeutend.

Es gab eine Zeit, in der fast jeder amerikanische Staat seinen sogenannten „Lieblingssohn" hatte, auf den er stolz war und für den er die höchste Ehre, die oberste Beamtenstelle in der Union, erhoffte. Heute beschäftigen nur wenige Männer die Gedanken des amerikanischen Volkes, und von diesen wenigen tritt ein guter Teil bei einem Vergleich mit den Führern vergangener Generationen ganz zurück. Heute werden Männer für die Präsidentschaft genannt, die nur eine Generation vor uns noch gerade für wert erachtet hätte, eine untergeordnete Stelle in einem Einzelstaat einzunehmen. Es werden für das erste Amt, welches das amerikanische Volk zu vergeben hat, Männer ernsthaft in Vorschlag gebracht, die nach ihrer persönlichen Vergangenheit wenig mehr als politische Abenteurer sind.

Glücklicherweise ist aber der alte Schlag starker Männer noch nicht ganz ausgestorben. Cleveland, Harding oder Coolidge hatten gleichen Mut, Aufrichtigkeit und Gemeinsinn wie die starken Männer früherer Generationen; Roosevelts Verstandeskraft ist nicht geringer einzuschätzen als die eines Hamilton, und Wilson braucht hinsichtlich seiner Kraft, sich an den amerikanischen Idealismus zu wenden, einen Vergleich mit Jefferson nicht zu fürchten. Und doch, welche Gruppe von Führern der Gegenwart kann mit Recht mit Washington, Franklin, Hamilton, Jefferson, Madison, Wilson, Mason und vielen anderen des heroischen Zeitalters verglichen werden oder mit Marshall, Jackson, Webster, Clay, Calhoun, Benton, John Quincy Adams und Binney, den Großen einer späteren Zeit, oder auch mit Lincoln, Douglas, Seward, Sumner, Stanton und Greeley, den Persönlichkeiten einer neueren Epoche?

Als übliche Erklärung für diesen unserer Zeit ungünstigen Vergleich hört man, daß alle Menschen in der geschichtlichen Perspektive betrachtet werden müssen.

Ist die jetzige Wertschätzung früherer Führer der gleichen Vorstellung zuzuschreiben, nach der ein Berg scheinbar in die Höhe steigt, wenn sich der Wanderer von ihm entfernt?

Thomas B. Reed, eine überaus starke Persönlichkeit in seiner Zeit, sagte einmal, „ein Staatsmann sei nur ein toter Politiker". Diese Erklärung ist nur eine Halbwahrheit und findet in der Tatsache, daß es großen Männern vergangener Zeiten nicht an entsprechender Würdigung durch ihre Zeitgenossen gefehlt hat, ihre teilweise Widerlegung.

Nur wenige Dinge sind in der Geschichte erstaunlicher als die Tatsache, daß die Männer der Revolution zu ihrer eigenen Zeit einen tiefen Eindruck auf die ganze zivilisierte Welt machten, obwohl die Kolonien damals einen ebenso abgelegenen und der Beobachtung entrückten Teil der zivilisierten Welt wie heute etwa Neuseeland bildeten. Es wäre ein passender Vergleich, wenn sich heute Neuseeland gegen das Empire erheben und plötzlich eine Schar von Männern hervorbringen würde, die in wenigen Jahren Weltberühmtheit erlangten. Von solcher Art war das Werk der Männer, die zu Philadelphia auf dem verfassunggebenden Konvent zusammentraten. Die ganze Welt richtete mit gespannter Aufmerksamkeit ihre Blicke auf das Ergebnis ihrer Beratungen in einer kleinen Provinzstadt, die nicht mehr als 30 000 Einwohner hatte und etwa von den großen Mittelpunkten der Zivilisation entfernter lag, als es heute Wellington*) ist.

Kein Amerikaner hat weder vorher noch nachher die Phantasie der Welt so stark in Anspruch genommen wie Franklin. Es handelte sich nicht um den kurzen Triumph weniger Tage, wie er dem dramatischen Eintritt des Präsidenten Wilson in die europäischen Beratungen zu Versailles folgte. Jahrelang teilte Franklin mit Voltaire die Auszeichnung, die interessanteste Persönlichkeit an dem gebildetsten und stolzesten Hof Europas**) zu sein, und als sein Tod von Mirabeau verkündet wurde, sagte dieser große Redner der Revolution:

> „Franklin ist tot. Der Genius, der Amerika befreite und über Europa eine Fülle von Licht ergoß, ist an das Herz des göttlichen Wesens zurückgekehrt. Der Weise,

*) Anmerkung des Übersetzers: Wellington ist die Hauptstadt Neuseelands.

**) Anmerkung des Übersetzers: Franklin begab sich Ende 1776 nach Frankreich, wo er nach Abschluß des Allianzvertrages mit Frankreich vom 6. Februar 1778 als bevollmächtigter Minister der 13 konföderierten Staaten Nordamerikas auftrat. Nach Abschluß des Friedens mit England vom 3. September 1783 kehrt er nach Amerika zurück.

den zwei Welten als ihr Eigen beanspruchen, der Mann, um den die Geschichte der Wissenschaft und die Geschichte der Staaten miteinander ringen, nahm ohne Zweifel einen hohen Rang im Menschengeschlecht ein. ... Das Altertum hätte diesem prächtigen Genie Altäre errichtet, ihm, der zum Wohl der Menschheit mit seinem Verstand Himmel und Erde durchmaß und gleichermaßen Blitzstrahlen und Tyrannen in Schranken halten konnte. Erleuchtet und frei, schuldet Europa wenigstens ein Zeichen der Erinnerung und des Schmerzes einem der größten Männer, die jemals im Dienst der Philosophie und der Freiheit tätig waren."

Franklin war aber keine exzeptionelle Erscheinung; die Wertschätzung, welche die Welt in den letzten Jahren des 18. Jahrhunderts den Führern des amerikanischen Aufstandes zollte, kann man an der hohen Würdigung ihrer Fähigkeiten durch das größte Genie des Britischen Reiches, den älteren Chatham, ermessen, der in seiner Rede über den ersten Kontinentalen Kongreß sagte:

„Ich muß bekennen, daß in all meinen Büchern und Studien — ich habe Thucydides gelesen und die Meisterstaaten der Welt studiert und bewundert — was Gediegenheit des Urteils, Kraft des Verstandes und Weisheit des Entschlusses unter so verwickelten Umständen angeht, keine Nation oder Körperschaft von Männern vor dem allgemeinen Kongreß in Philadelphia den Vorzug verdient."

Man mag vielleicht einwenden, daß eine solche Würdigung lebender Führer durch ihre Zeitgenossen im Zeitalter des unbeschränkten Drucks nicht erwartet werden kann, wo die Eindrücke mehr vorübergehender Natur und weniger konzentriert sind. Aber die großen Männer der Viktorianischen Ära waren für ihre Zeitgenossen ebenfalls Riesen. Emerson, Carlyle, Ruskin, Matthew Arnold, Herbert Spencer, Huxley. Darwin, Bismarck, Disraeli, Gladstone, Cavour, Richard Wagner, von Moltke, Gambetta, Lincoln, Renan, Pasteur fehlte es nicht an Anerkennung ihrer eigenen Zeit, und einige von ihnen erschienen ihren Zeitgenossen sogar größer als der Nachwelt.

Was nun aber auch der Grund sein mag, es scheint klar, daß die jetzige Zeit kein politisches Führertum hervorbringt, das sich mit der Vergangenheit vergleichen könnte. Unglücklicherweise ist in keinem Lande der Welt dieser Mangel so offenkundig wie in den Vereinigten Staaten.

Hat die amerikanische Republik heute eine Führerschaft, die ihrer Vergangenheit würdig und ihrer Zukunft angemessen wäre? Das ist eine ernste Frage; sie kann wohl als eins der wichtigsten Kriterien, wenn nicht als das wichtigste Kriterium, über Erfolg oder Mißerfolg unserer Einrichtungen bezeichnet werden. Carlyle sagte darüber:

> „Es ist gewiß eine fürchterliche Angelegenheit, daß Ihr Eure fähigen Männer suchen müßt und nicht wißt, wie dabei zu verfahren ist. Das ist die schlimmste Lage der Welt. Wir brauchen den Mann von Verstand an der Spitze der Geschäfte. Das ist das Ziel aller Staatenbildungen und Umwälzungen, wenn sie überhaupt ein Ziel haben. Denn der Mann von wirklichem Verstand ist zugleich der großherzige, der wahre, gerechte, menschliche und tapfere Mann. Erhaltet ihn zum Führer, und alles ist gut. Gelingt es nicht, ihn zu bekommen, obwohl Ihr Verfassungen so reichlich wie Brombeeren und in jedem Dorf ein Parlament habt, dann ist noch nichts erreicht. Wir müssen es entweder lernen, unsere wahren Führer und Staatsmänner etwas besser zu erkennen, wenn wir sie sehen, oder weiter für immer von Männern beherrscht werden, die keine Helden sind. Hätten wir Wahlurnen auch an jeder Straßenecke klappern, so läge darin doch kein Heilmittel!“

Die Demokratie ist eine Einrichtung, die durch eine kluge und würdige Führerschaft und in den Vereinigten Staaten noch durch verfassungsmäßige Beschränkungen der Massengewalt geformt wird. Das gilt besonders von der amerikanischen Republik. Ihr oberster Grundsatz ist eine repräsentative Regierung, und dieses Ideal einer Regierung muß von der Fähigkeit des amerikanischen Volkes, eine richtige Führerschaft hervorzubringen, abhängen. Wenn es darin fehlschlägt, dann hat es ganz fehlgeschlagen. Denn das Moment der Masse allein kann die Wohlfahrt nicht sichern. Es wäre das Gleiche, als ob eine große Armee einen erfolgreichen Feldzug führen wollte, ohne einen großen Führer zu haben.

In seinem klassischen Kommentar über den American Commonwealth sagte Lord Bryce:

> „Der Prozentsatz geistig und gesellschaftlich hochstehender Leute, die ins öffentliche Leben eintreten, ist in Amerika viel kleiner als in jedem anderen der freien Länder Europas."

Gilt das heute nicht genau so wie vor mehr als 36 Jahren, als der American Commonwealth geschrieben wurde? War es damals richtig, so ist es heute noch weit richtiger. Denn wenige Amerikaner werden die Tatsache bestreiten, daß die Qualität der Führerschaft im öffentlichen Leben Amerikas sich in der jetzigen Periode beständig verschlechtert hat, obwohl man gute Führer niemals nötiger hatte. Schwerlich hat, wenn überhaupt jemals, früher ein solcher Mangel an Material bestanden, aus dem man die öffentlichen Beamten auswählen könnte.

Ist dem so, so liegt Grund zur Beunruhigung vor. Welchen Umständen hat man aber diese Tatsache zuzuschreiben: der Art unserer Einrichtungen oder den sozialen Verhältnissen, auf welche die Verfassung nicht einwirken kann?

Von größerer Wichtigkeit ist noch die Frage, wieweit der Verfall des Führertums auf die Verschlechterung der Charaktereigenschaften des Einzelmenschen zurückzuführen ist.

Lord Bryce zählt eine Reihe von Gründen für den verhältnismäßig großen Mangel Amerikas an Führern in politischen Angelegenheiten auf.

Er mißt ihn in erster Linie dem Fehlen einer sozialen und politischen Hauptstadt in diesem Lande bei.

Die Gründer der Republik hatten eine kindliche Angst vor einer großen Stadt. Das war in ihren Tagen durch die Erfahrungen der Vergangenheit einigermaßen gerechtfertigt. Sie waren nicht geneigt, die Hauptstadt der Nation in irgendeine der nach damaligen Begriffen großen Städte zu verlegen, so merkwürdig klein auch die größte von ihnen in jener Zeit war. Sie legten die Hauptstadt in die Gegend, in der damals wenig mehr als eine sumpfige Niederung an den Ufern des Potomac war. Ihre Gründung unter ungünstigen Bedingungen hat nicht verhindert, daß sie eine der schönsten Hauptstädte der Welt wurde. Noch ist sie eine rein politische Hauptstadt und in keiner Hinsicht eine Handels- oder gesellschaftliche Metropole.

Bei der Zerstreuung des amerikanischen Volkes über einen weiten Kontinent ist eine Hauptstadt in des Wortes wahrer Bedeutung unmöglich. Keine Stadt kann die gleiche Stellung zu Amerika beanspruchen wie London zu England, Paris zu Frankreich oder Rom zu Italien. Das Land ist in soziale und wirtschaftliche Zonen geteilt, von denen jede ihre eigene Hauptstadt hat. Keine Stadt hat aber eine so überwältigende Bedeutung in Amerika, daß sich die vorwärtsstrebende Jugend wie die Feilspäne zu einem Magneten von ihr angezogen fühlte, in dem gleichen Sinn, wie es der Ehrgeiz eines jeden Engländers ist, nach London, oder der jedes jungen Franzosen, nach Paris zu gehen. Das Fehlen dieses Antriebs eines für den Staatsdienst verfügbaren Materials zur Konzentration ist eine weitere, wenn auch weniger bedeutende Ursache zu diesem Übel.

Lord Bryce bringt dann den Mangel einer Erbklasse von öffentlichen Beamten in unserem Lande vor. Dabei meint er offenbar nicht die Übertragung von Titeln vom Vater auf den Sohn, wodurch Amtswürden verewigt und große Familien beständig an den Staatsdienst gefesselt werden, sondern verweist vermutlich auf die Tatsache, daß in vielen englischen Familien der Staatsdienst Überlieferung ist und sich so durch das große Patriziat Englands von Generation zu Generation rekrutiert.

Man muß zugestehen, daß in England dem Staatsdienst ein Wert beigemessen wird, den man in den Vereinigten Staaten nicht kennt. Der Sohn eines ausgezeichneten Staatsbeamten betrachtet es nicht nur als ein Vorrecht, sondern als eine ererbte Pflicht, in seines Vaters Fußtapfen zu treten. Mit einem noch höheren Sinn für die Werte des menschlichen Lebens fühlt jedoch der gebildete Engländer auch, daß er nach Sicherung eines hinlänglichen Auskommens sowohl die Pflicht als auch das Vorrecht hat, das bloße Geldverdienen zu verschmähen und sein Leben dem Staatsdienst zu widmen. Zweifellos wird er auch auf seinem Lebensweg stark durch das sorgfältig ausgearbeitete System gesellschaftlicher Klassen beeinflußt, welches auf England mehr als seine sogenannte Verfassung wirkt. Das verwickelte System gesellschaftlicher Würden, welche dem Namen nach die Krone, tatsächlich aber die Regierung den Männern, die dem Staat einen besonderen Dienst geleistet haben, verleiht, ist ganz darauf gerichtet, ihre Anteilnahme am öffentlichen Leben der Nation in hohem Grade zu entwickeln. Jeder Engländer glaubt, daß er sich eines Tages, wenn er dem Staat irgendeinen besonderen Dienst geleistet hat, mag es nun als Eisenindustrieller, Brauer, Dichter, Violinkünstler, Soldat, Seemann, Schauspieler oder dramatischer Schriftsteller sein, wohl unter denen befinden wird, denen man „Geburtstagsauszeichnungen verleiht". Dieser starke Antrieb findet nicht schon bei der Ritterwürde seine Grenze, denn das soziale System Englands sieht eine endlose Folge von Sprossen auf der gesellschaftlichen Stufenleiter vor. Gleichgültig, wie hoch er diese erklimmt, hat ein Engländer immer noch einen Antrieb für weitere Dienste. Wenn ein im öffentlichen Leben stehender Mann wie Curzon nacheinander Ritter, Baron, Viscount, Earl und Marquis geworden ist, dann sieht er immer noch die Möglichkeit vor sich, zum Herzog ernannt zu werden.

Den Amerikanern erscheinen diese Titel wie die antiquierten Verkleidungen vergangener Zeit. Sie lehnen das System ab im Glauben, daß es den Geist des Kastenhochmuts erzeugt, den Thackeray mit seiner beißenden Feder so heftig angegriffen hat. Die Amerikaner sind geneigt, die Tatsache zu übersehen, daß die gleiche Vorliebe für klingende Titel als Ansporn zu erfolgreichem Wirken auch in dem Lande theoretischer Gleichheit nicht fehlt. Selbst der Gothaische Kalender hat nicht imposantere und hochtrabendere Titel als die, welche in Amerika von geheimen Gesellschaften denjenigen ihrer Mitglieder verliehen werden, die sich ausgezeichnet haben. Offenbar bereiten den Würdenträgern dieser geheimen Gesellschaften ihre im allgemeinen von der Vergangenheit geschaffenen Namen und Insignien ebensoviel Vergnügen wie einem englischen Marquis oder Herzog ein vielleicht aus der Zeit Wilhelms des Eroberers stammender Titel.

Obwohl sich diese Erscheinungen im gesellschaftlichen Leben des amerikanischen Volkes zeigen, so finden doch solche Wortauszeichnungen in seinem politischen Leben keine Stätte, nicht etwa, weil die Verfassung sie verbietet, sondern weil sie dem Spottgeist unterliegen, der für Amerika so charakteristisch ist.

Wenn auch die Vereinigten Staaten mittelalterliche Titel nicht brauchen, so wäre es doch ein Ansporn zum Staatsdienst, wenn irgendeine Form der Anerkennung durch unsere Gesetze festgesetzt würde, wie z. B. die Auszeichnung der französischen Ehrenlegion. Wenn ein amerikanisches Tribunal eingesetzt und von der Politik freigehalten würde, um jedem Amerikaner, der sich auf irgendeinem Gebiet nationaler Tätigkeit außergewöhnliche Verdienste erworben hätte, auch äußere Anerkennung zu verschaffen, dann würde ein natürlicher Wunsch nach öffentlicher Anerkennung auf eine andere Weise wie durch das Dollarzeichen befriedigt werden.

Es fehlt in Amerika nicht an dem Rohstoff für ein solches Führertum. Man kann bezweifeln, ob irgendeine andere Nation über eine fähigere, geschicktere und mannhaftere Bürgerschaft verfügt. Diese großen Eigenschaften aber, die leicht einen Schlag von Staatsmännern hervorbringen könnten, der jeder anderen Nation der Welt würdig wäre, werden in weitem Maße auf die Entwicklung unserer materiellen Hilfsquellen abgelenkt. Hier bildet nicht Hoffnung auf gesellschaftliche Ehren, sondern die Sucht der bloßen Geldvermehrung den Antrieb.

Lord Bryce führt dann aus, daß die Regierungseinrichtungen Englands und Frankreichs eine größere Gelegenheit zum Staatsdienst geben als diejenigen Amerikas. Zweifellos tragen unsere Einrichtungen mit ihrer Tendenz zur Lokalisierung nicht zu einem nationalen Führertum bei. In England z. B. kann sich ein Mann in jedem Wahlkreis um einen Parlamentsitz bewerben. Auch wenn er in einem

Distrikt geschlagen wird, kann er sich um einen anderen Sitz bewerben. In Amerika dagegen kann sich ein Mann nicht um einen Sitz im Kongreß bemühen, wenn er nicht Bürger des Staates ist, in dem er wohnt. Und obwohl in der Theorie ein Pennsylvanier in jedem Kongreßwahlkreis dieses volkreichen Freistaates Kandidat sein kann, so hängt doch — weil die Gewohnheiten eines Volkes fast ebensosehr einen Teil seiner Verfassung wie das geschriebene Recht bilden — in der Praxis die Möglichkeit, der Nation in den Hallen des Kongresses zu dienen, davon ab, daß der Wohnsitz-Wahlkreis jemand mit Mehrheit der Stimmen in den Kongreß sendet. Abgesehen von dieser Tendenz zur Lokalisierung, die unserer dualistischen Staatsform zuzuschreiben ist, hat man weiter zu berücksichtigen, daß Amerika sich seiner Größe wegen notwendigerweise selbst in eine Reihe von Einflußsphären teilt, die wiederum stark durch die Maschinerie der Öffentlichkeit bestimmt werden. Ein Bürger von Chikago kann große Fähigkeiten besitzen, und seine Fähigkeiten können dazu genügen, daß Berichte über seine Äußerungen und Handlungen in den führenden Zeitungen Chikagos genügend Raum finden, aber über die Einflußsphäre dieser Zeitung hinaus kann er nicht bekannt werden, er müßte denn in die Hauptstadt der Nation gelangen und dort einen Einfluß gewinnen, der es der „Associated Press" unmöglich macht, ihn zu übersehen. Nur wenige aber können bei Lage der Dinge Washington erreichen, und wenn sie es nicht tun, sind sie „eingepfercht, eingesperrt und eingeengt" von dem begrenzten Einfluß der lokalen Presse. Ein Mann mag vielleicht in der Stadt New York eine hervorragende Presse haben und kann doch in Kalifornien gänzlich unbekannt sein. Wenn sich dagegen ein Mann in London irgendwie zur Geltung bringt, dann wird sein Name in ganz Großbritannien und sogar im ganzen Britischen Weltreich bekannt.

Lord Bryces vierter Grund ist der, daß die Politik in den europäischen Ländern interessanter sei als in Amerika. Das mag für die Zeit zutreffen, als der American Commonwealth zum erstenmal geschrieben wurde, für das Jahr 1888. Solange Amerika seine „zurückhaltende und abgesonderte" Stellung zu dem übrigen Teil der Welt einnahm und in seinen internationalen Beziehungen eine irrtümlich als „Isolierung" bezeichnete Politik verfolgte, war diese Politik sehr auf Probleme von rein heimischer Bedeutung beschränkt. Während nun die Entwicklung des amerikanischen Freistaates in sich selbst viele Probleme von wachsendem Interesse hervorbrachte — z. B. die Lösung des Problems der Sklaverei — hatten doch seine politischen Streitfragen größtenteils wirtschaftlichen Charakter und machten auf die Phantasie keinen großen Eindruck.

Seit 1898 hat sich diese Situation jedoch gänzlich geändert. Als Amerika ebenso eine orientalische wie eine okzidentale Macht, und durch die Entwicklung des internationalen Handels und durch sein eigenes majestätisches Wachstum als Nation unlösbar in die Weltfragen hineingezogen wurde, hatte der Vorwurf, unsere Politik sei im Vergleich mit der europäischen Politik fade, keinerlei Bedeutung mehr.

Niemals in der Geschichte konnten politische Angelegenheiten ein so gewaltiges Interesse für jeden intelligenten Amerikaner wie heute haben. Blind ist, wer nicht sehen kann, daß Amerika bald, falls es dies nicht schon jetzt ist, die mächtigste Nation in der Welt sein und eine Stellung einnehmen wird, die der des Römischen Reiches zu Beginn der christlichen Zeit nicht unähnlich ist. Ausländische Schriftsteller erkannten das lange Zeit vor unseren eigenen Mitbürgern. Green, der Historiker des englischen Volkes, prophezeite bereits vor einem Menschenalter, das künftige Schicksal der Englisch sprechenden Rasse werde eher vom Hudson und Mississippi als von der Themse aus diktiert werden. Er hätte vielleicht ohne Übertreibung hinzufügen können, daß die künftigen Bestimmungen selbst der Zivilisation eines Tages in stärkerem Maße vom Potomac als vom Tiber, von der Themse, Seine und Donau aus beeinflußt werden würden. Ein ehemaliger englischer Ministerpräsident, der heute einer der gelehrtesten Staatsmänner Englands ist, Lord Rosebery, sagte während des Weltkrieges, das Zentrum des politischen Schwergewichts sei durch eine sublime Übertragung von der alten zur neuen

Welt verlegt worden. Es wird nicht mehr nach Amerikas unübertroffener Macht gefragt, sondern nur nach dem Gebrauch, den die Vereinigten Staaten davon machen wollen. Die verantwortlichen Geistesführer in Amerika können heute mit dem gleichen natürlichen Interesse auf die Änderungen der modernen Welt blicken, wie es die Mitglieder des römischen Senats vor 2000 Jahren taten.

Eine solche Lage sollte nicht nur ein Führertum bester Art erheischen, sondern auch ein solches Führertum durch den Zwang einer Situation, die sich die Gründer der Republik niemals träumen ließen, geradezu herbeiziehen. Lord Bryce konnte noch vor einer Generation sagen, unsere Probleme seien im Vergleich mit den großen Fragen des europäischen Gleichgewichts langweilig. Als im Jahre 1888 der American Commonwealth verfaßt wurde, war das partikularistische Problem, das sich aus der Sklavenfrage und den Leidenschaften des Bürgerkrieges entwickelt hatte, fast ganz ausgeschaltet. Die einzige Frage, die damals das amerikanische Volk interessierte, war die verhältnismäßig nüchterne, ob ein Zolltarif hoch- oder nur gemäßigt-schutzzöllnerisch sein solle. Und doch nahm das Volk damals an den politischen Auseinandersetzungen einen Anteil, der das Interesse an den heutigen Weltproblemen weit übertrifft. In der Zeit des Kampfes zwischen Harrison und Cleveland gab es fast 10 000 politische Klubs, von denen viele eine weitgehende Organisation hatten und ihre politischen Überzeugungen streitbar verteidigten. Heute kann man wohl daran zweifeln, ob es hundert im wahren Sinne des Wortes politische Klubs in den Vereinigten Staaten gibt.

Man könnte vielleicht geneigt sein, dies durch die Theorie zu erklären, daß sich hierin nur ein Wechsel der politischen Methoden offenbart. Die neuen Wahlergebnisse jedoch zeigen bei einer Mehrheit der Wählerschaft den verhängnisvollen wachsenden Mangel an Interesse für die wichtigsten Probleme der Stunde. So ergab die Volkszählung des Jahres 1920 die Zahl von 54 Millionen Wahlberechtigten. Als in diesem Jahre bei der Präsidentenwahl ein Mann zum höchsten Beamten erwählt werden sollte, der vielleicht der einflußreichste Staatsmann in der Welt werden konnte, gaben nur 26 Millionen ihre Stimmen ab. Bei der folgenden Wahl im Jahre 1922, als das Volk einen neuen Kongreß wählte, war diese Zahl auf ungefähr 20 Millionen gesunken. In New York wählten nur 49% der Wählerschaft, in Pennsylvania 33%, in Kalifornien 47% und in Maryland 37%. Bei einer neueren und wichtigeren Kongreßwahl ließen es sich nur 17% der Wählerschaft angelegen sein, ihr Wahlrecht auszuüben.

Es ist eine auffallende Tatsache, daß unsere Nation, die theoretisch auf dem Grundsatz der Mehrheitsherrschaft beruht, jetzt, soweit es die Wahlstatistiken anzeigen, von Minderheiten beherrscht wird; denn man kann zweifeln, ob auch nur ein Mitglied des Senates neuerdings gewählt wurde, für das eine Mehrheit der Wahlberechtigten gestimmt hatte.

Das Nachlassen des Interesses zeigt sich auch in der Abneigung des amerikanischen Volkes, seine Geistesführer über politische Gegenstände auch nur reden zu hören. Es gibt in Amerika wohl kaum zehn Leute, die ohne Mithilfe einer politischen Organisation zur Behandlung der Angelegenheiten der Stunde einen großen Saal in irgendeiner amerikanischen Stadt füllen könnten.

Gewöhnlich erklärt man diese Erscheinung nur mit einem Methodenwechsel vom gesprochenen zum gedruckten Wort. Aber das letztere kann die Macht der Persönlichkeit im gesprochenen Wort ebensowenig ersetzen wie ein Farbdruck ein Ölgemälde.

Zweifellos hat die größere Leichtigkeit, mit der man Nachrichten durch die Druckerpresse erfahren kann, die Notwendigkeit des gesprochenen Wortes vermindert. Wenn man aber behauptet, daß das Verschwinden des Redners sich aus der steigenden Bedeutung des Redakteurs erklärt, so ist das nur eine Halbwahrheit.

Der Journalismus zeigt den gleichen Verfall des Führertums wie die öffentliche Rednerbühne. Noch vor einer Generation erwartete das Land mit angehaltenem Atem das Urteil gewisser großer Blätter über die zur Präsidentschaft Nominierten, z. B. des Springfield Republican, der Times, der World, Sun und Tribune in New York, des Ledger in Philadelphia und anderer unabhängiger Zeitungen gleicher Art. Wenn Bowles vom Springfield Republican, Greeley von der Tribune, Dana von der Sun, Raymond von den Times gesprochen hatte, dann machte das einen sofortigen tiefen Eindruck. Heute ist dieser Einfluß sehr geschwunden. Wiederholt ist in den letzten Jahren ein unwürdiger Kandidat zum obersten Beamten einer Stadt trotz der einstimmigen Opposition der lokalen Presse gewählt worden.

Das kann man nicht durch die Behauptung erklären wollen, die großen Zeitungen von heute hätten weniger fähige Leute in ihren Redaktionsstuben. Sie haben nicht nur einen größeren Leserkreis, sondern vielleicht auch fähigere und unterrichtetere Redakteure denn je. Die Schwierigkeit liegt nicht bei den Redakteuren, sondern zum Teil darin, daß der Journalismus eine kommerzialisierte Einrichtung ist, zum größten Teil aber darin, daß sich der Charakter der Leser so sehr geändert hat. Die Schablonisierung hat ihr tödliches Werk getan; es gibt zwischen den Zeitungen von heute ebensowenig Unterschiede wie in der Normalsorte eines Handelsartikels. Der Zeitungsleser hat sich merklich geändert. Die Zeit des großen Redakteurs ist dahin, weil sich der heutige Durchschnittsmensch nicht mehr an das erinnert, was er gestern gelesen hat. Soweit er von der täglichen Presse beeinflußt wird, geschieht es durch das Fettgedruckte der neuen Spalten.

Daß der Verfall des gesprochenen wie des gedruckten Wortes der verminderten Aufnahmefähigkeit des Durchschnittsmenschen zuzuschreiben ist, kann auch noch aus einer anderen bezeichnenden Tatsache erklärt werden.

Es gab eine Zeit, in der die Äußerungen der Staatsmänner mit der peinlichsten Sorgfalt geprüft wurden und politische Schicksale mit der genauen Abschattierung von Ausdrücken stiegen und fielen. Websters glänzende Laufbahn endete in Finsternis, als er eine einzige Rede in vorsichtigen Ausdrücken hinsichtlich der Interessen der Sklavenhalter im

Süden hielt. Nördlich der Mason- und Dixon-Linie*) hatte sein moralischer Einfluß ein Ende gefunden. Lincoln machte auf die ganze Nation einen tiefen Eindruck durch die einfache Erklärung, daß sie nicht weiter „halb versklavt und halb frei“ bestehen könne.

Drei Jahrzehnte später machte sich ein Präsidentschaftskandidat durch die gelegentliche Äußerung unmöglich, „der Zolltarif sei eine lokale Streitfrage“. Sie trug ihm Spott ein und vernichtete seine politischen Hoffnungen.

James G. Blaine verlor in einer Präsidentenwahl, nicht weil er etwas sagte, sondern weil er eine zufällige, aber verhängnisvolle Alliteration eines übereifrigen Anhängers übelzunehmen unterließ.

Vor einer Generation sprach man selten und nur nach sorgfältiger Überlegung, und man prüfte die Worte der Redner mit mikroskopischer Genauigkeit. In der neuen Zeit schwand diese peinliche Achtsamkeit auf politische Erklärungen sehr dahin. Führer der öffentlichen Meinung haben in Glaubensdingen und in der Politik Äußerungen getan, die noch vor einem Zeitalter jeder im öffentlichen Leben Stehende verurteilt hätte. Offenbar macht auch der schlimmste Unsinn, welchen ein öffentlich auftretender Mann von sich geben kann, nur einen vorübergehenden Eindruck auf den Geist der Öffentlichkeit. Was er heute sagt, interessiert im Augenblick den Durchschnittsbürger, aber was er vor einem Jahr sagte, ist von geringer Bedeutung.

Dieser Gleichgültigkeit der Massen den öffentlichen Äußerungen ihrer Führer gegenüber, sei es in der Politik oder im Journalismus, ist der Verfall des Führertums im hohen Grade zuzuschreiben. Große Führer sind das Produkt großer menschlicher Generationen. Sie können nicht auf eine andere Weise hervorgebracht werden. Es war nicht

*) Anmerkung des Übersetzers: Mason and Dixons Line nennt man die in den Jahren 1762—1767 von Charles Mason und Jeremiah Dixon vermessene Grenzlinie, welche in einer Länge von 562 km die Besitzungen des Lords Baltimore in Maryland von dem Gebiet der Söhne Penns in Delaware und Pennsylvania trennte. — Später wurde diese Linie Scheidegrenze zwischen den freien und den Sklavenstaaten.

Napoleon, der die große Armee schuf, sondern die große Armee schuf ihren Napoleon. Ein Zeitalter, das keine Gedankenkontinuität hat, das nur in den Tag hineinlebt, das gegen das Gestern vergeßlich und gegen das Morgen gleichgültig ist, kann ebensowenig große Männer wie eine Diestel Feigen hervorbringen.

Diese verhängnisvolle Erscheinung einer zunehmenden Verschlechterung der Führertums kann am besten aus den Änderungen in den Wertbegriffen des menschlichen Lebens erklärt werden. Eine Nation, die mehr Garagen als Schulen und mehr Kinosäle als Kirchen errichtet, nimmt natürlich nur geringen Anteil an der Besprechung öffentlicher Angelegenheiten. Die New Yorker Stadtbibliothek berichtete vor kurzem die Tatsache, daß im letzten Jahre 400 000 Bände weniger als im Vorjahre ausgeliehen worden seien. Es ist die Zeit der ephemeren Druckseite und des billigen Warenhauses. Das starke Interesse, mit dem das amerikanische Volk einst den Reden der Webster, Clay und Calhoun folgte und mit dem es an jeder Straßenkreuzung und an jedem Kamin die großen Angelegenheiten der Parteipolitik verständig erörterte, ist verschwunden. Daran hat aber nicht, wie Lord Bryce meinte, der Mangel an Fragen fesselnden Interesses schuld.

Weiter bringt Lord Bryce einen Grund von größerer Überzeugungskraft vor, einen Grund, der bei jeder Beurteilung des Wertes unserer Einrichtungen von großer Bedeutung sein sollte. Er schreibt die quantitativ und qualitativ überlegene Führerschaft der freien europäischen Nationen dem vitalen Zwange ihrer besitzenden Klassen zu, sich selbst gegen eine konfiskatorische Gesetzgebung zu verteidigen. In den Demokratien Europas, deren größte England ist, gibt es keine Beschränkungen der Macht ihrer gesetzgebenden Körperschaften. Es liegt immer bei der Mehrheit, das Eigentum durch Konfiskation neu zu verteilen. Das Anwachsen des materiellen Reichtums und die immer größer werdende Kluft zwischen Reich und Arm schaffen die Grundlage für sozialistische Maßnahmen. Lord Rosebery sagte einmal zum Verfasser dieses Buches, daß die Steuermaßnahmen von Lloyd George, wäre der Weltkrieg nicht gekommen, das englische Patriziat innerhalb von 30 Jahren vernichtet hätten und daß der Weltkrieg das Werk der Zerstörung stark beschleunigt habe. Die Konfiskation muß nicht offen sein, um gründlich zu wirken. Das Steuersystem jeder Regierung bietet eine leichte und wirksame Methode, das Eigentum wieder zu verteilen. Hier oder anderwärts werden solche Möglichkeiten nicht übersehen. Leute mit Vermögen treten daher ins öffentliche Leben nur unter dem Zwange, ihren eigenen Besitz gegen ungebührliche Beraubung zu schützen.

Die gleiche Gefahr besteht zwar in unserem Lande, aber man merkt sie nicht so leicht. Denn länger als ein Jahrhundert blickten die besitzenden Klassen Amerikas auf die Verfassung als auf eine Zufluchtsstätte, zu der sie sich flüchten konnten.

Als Freistätte gegen Konfiskation war die Verfassung nur zum Teil erfolgreich. Das übertriebene Vertrauen auf die verfassungsmäßigen Beschränkungen hat nämlich nicht nur die Besitzenden von ihrer Vorsicht abgebracht, sondern hat auch den Geist konstitutioneller Moral unter dem Volk so geschwächt, daß die sozialistische Gesetzgebung mit erstaunlicher Schnelligkeit angewachsen ist. In England wissen die Leute, die Eigentumsinteressen im Staate haben, daß ein vom Parlament einmal angenommenes Gesetz, wenn es auch ungerecht und drückend ist, in Kraft gesetzt wird, und daß es dagegen außer einem Appell an das Volk kein Mittel gibt. In Amerika sind dagegen viele ungerechte und drückende Gesetze bereitwillig angenommen worden, und seine Gesetzgeber versöhnen ihr Gewissen mit ihrer Ungerechtigkeit durch den Glauben, daß das richterliche Departement der Regierung Gesetze schon für nichtig erklären werde, die einen übermäßigen Druck ausüben. Unglücklicherweise haben aber die Gerichtshöfe keine unbeschränkte Macht hierin, so daß das Heilmittel der verfassungsmäßigen Beschränkungen nur teilweise wirksam ist. Wenn das amerikanische Volk, das vom Handarbeiter an, der sich der höchsten Löhne der Welt erfreut, bis zum Multimillionär nur aus Kapitalisten verschiedenen Grades besteht, dieses einsehen würde, würde sich vielleicht eines

Tages das Verlangen nach einer intelligenten und mutigen Führerschaft erheben. Die Verfassung selbst ist das Ergebnis des Zwanges zur Selbsterhaltung. Sie wurde von einem Konvent formuliert, dessen Mitglieder Angehörige der besitzenden Klassen waren und das Hauptziel hatten, ihre Eigentumsrechte vor den Auswüchsen der Demokratie zu schützen.

Nach Bryce ist dann ferner unser dualistisches Regierungssystem nicht geeignet, große Führer hervorzubringen. Diese Ansicht hat etwas für sich; sie beruht auf der schon oben erwähnten Tatsache, dem Geist der Lokalisierung. Manche werden ein großes Interesse an der Bundesregierung nehmen und gänzlich den Einzelstaat und die Stadtverwaltung vernachlässigen, obwohl die Stadtverwaltung die Elementarschule der Staatskunst sein sollte. Andere wieder werden sich ausschließlich ihrer Stadt und der einzelstaatlichen Verwaltung widmen und dann ganz gleichgültig gegenüber der Zentralregierung sein.

Weiter meint Bryce, die Tatsache, daß so viele Amerikaner keinen Anteil an den öffentlichen Angelegenheiten nehmen und es infolgedessen an der Führerschaft mangelt, sei auf die Befangenheit der Amerikaner in der materiellen Entwicklung des Landes zurückzuführen. Das ist zweifelsohne ein wichtiger Grund für das Übel. Amerika ist ein Land von ungeheuren unerschlossenen Hilfsmitteln. Da ist es ganz natürlich, daß bei seiner fortschreitenden Entwicklung die große Mehrheit fähiger Männer ihren Betätigungsdrang in irgendeinem besonderen Arbeitsgebiet bei der Entfaltung der riesenhaften Industrien Amerikas befriedigt hat. Das hat das beste Material für ein geeignetes Führertum dem öffentlichen Leben entzogen. Es fehlt Amerika nicht an tüchtigen Männern; man kann vielleicht behaupten, daß keine Nation fähigere Leute hat. Aber diejenigen, welche durch natürliche Begabung und erworbene Eigenschaften die großen Geistesführer der Öffentlichkeit werden könnten, finden mehr Befriedigung darin, ihre Kraft den großen Problemen der industriellen Entwicklung zu widmen. Hier liegt wieder ein Unglück für Amerika darin, daß seine führenden Männer die Anteilnahme am öffentlichen Leben nicht als eine Pflicht betrachten, es sei denn daß es ihre privaten Interessen berührt. Einem aus den industriellen Führern Amerikas zusammengesetzten Kongreß würde es nicht an Stärke fehlen. Wenn die gleiche Begabung, welche die großen Finanzinstitute, Transportgesellschaften und industriellen Fabrikanlagen geschaffen hat, auf die öffentlichen Angelegenheiten im Geist selbstloser Hingabe an den öffentlichen Dienst verwandt würde, dann hätte man wenig Grund, sich über den Mangel eines Führertums zu beklagen.

Zum Schluß bringt Bryce noch einen Grund vor, der zwar richtig ist, dessen Feststellung aber eine Demütigung bedeutet. Nach seiner Meinung hält in Amerika mehr als in anderen Demokratien die Möglichkeit, im öffentlichen Leben ungerechtfertigten Angriffen ausgesetzt zu sein, Viele von einem Eintritt in das öffentliche Leben ab. Er vermutet, es werde, wenn erst der Weg zum Kongreß von „dem Stein des Anstoßes und den Schmutzhaufen" gereinigt sei, eine große Veränderung im Personenbestande der im öffentlichen Dienste in Amerika Stehenden eintreten. Dieses Buch ging zur Presse in einer Zeit, als in Washington gleichzeitig fünfzehn Ermittlungsverfahren über den Ruf im öffentlichen Leben stehender Männer schwebten. Viele sind auf ein Zeugnis hin verurteilt worden, das niemals von einem Gerichtshof angenommen und bei seiner Annahme nicht für ausreichend erachtet wäre, auch nur einen Berufsverbrecher zu überführen. Solange die großen Industrien Amerikas Leuten mit Selbstachtung überreichlich Gelegenheit zur Betätigung ihrer Anlagen gewähren, wird sich mancher selbst fragen, warum er, wenn nicht eine gebieterische Notwendigkeit vorliegt, ins öffentliche Leben treten soll, in dem sein Ansehen vernichtet werden kann, selbst ohne einen Termin vor einem Gericht, das dieses Namens wert wäre. Manche stolzen und sich selbst achtenden Männer haben große Sympathie mit Shakespeares Coriolan, der nicht geneigt war, seine Wunden auf dem Marktplatz zu zeigen, als er vor der Konsulatswahl stand. Viele Amerikaner, welche der Nation große Dienste leisten könnten, werden abgeschreckt durch die Erwägung, daß sie schnell und unberechtigt Gegenstand persönlicher Angriffe werden und zur Verteidigung ihrer Unschuld genötigt sein könnten. Vielen ist das ein zu hoher Preis für die Anteilnahme am öffentlichen Leben.

Zu Bryces Erklärungen einer ernsten Erscheinung könnten noch andere, die er nicht erwähnt, hinzugefügt werden. Am meisten kommt hierbei der Verfall des repräsentativen Prinzips in Betracht. Wie bereits oben gezeigt, war es die Absicht der Verfassung, eine repräsentative Demokratie zu schaffen. Keine andere Demokratie war von ihren Schöpfern in Betracht gezogen worden. Sie hatten kein Vertrauen zu einer direkten Demokratie, deren erwählte Vertreter lediglich das Werkzeug sind, die angemaßten Wünsche des Volkes zu verwirklichen. Guten Grund hatten sie zu der Annahme, daß die wahre Vertretung nur nach eigenem Ermessen handeln müsse. Wußten sie doch recht gut, daß keine Verfassung zustande gekommen wäre, wenn jedes Mitglied des Konvents einfach die Ansichten zum Ausdruck gebracht hätte, die nach seiner Vermutung die Mehrheit seiner Auftraggeber vertrat. Sie erkannten wohl, daß die Verfassung nur möglich werde, wenn die 55 Delegierten in geheimer Sitzung tagten und jeder nach bestem Wissen und Gewissen entscheide, was der Allgemeinheit zum Wohle gereiche.

In der großen englischen Parlamentsdebatte, welche die englische Reform Bill von 1833 hervorrief, wurde dieser Unterschied zwischen einem Vertreter und einem Delegierten von Sir Robert Inglis folgendermaßen zum Ausdruck gebracht:

> „Dieses Haus ist nicht eine Versammlung von Deputierten, wie es die Generalstaaten von Holland oder die Versammlungen in einigen anderen kontinentalen Ländern sind. Wir sind nicht hierhergesandt, um Tag für Tag die Meinungen unserer Wähler zu vertreten. Ihre gesetzlichen Rechte, ihre Gemeindeprivilegien sind wir verpflichtet zu schützen. Wir sind auch verpflichtet, ihre allgemeinen Interessen jederzeit zu Rate zu ziehen, nicht aber ihren Willen, es sei denn daß er mit unserer

eigenen wohlerwogenen Meinung des Richtigen zusammenfällt"*).

So dachten noch diejenigen, welche die Verfassung errichteten, über die Demokratie. Mit der politischen Revolution vom Jahre 1800 setzte sich aber beim amerikanischen Volk ein ganz neues Ideal von Demokratie durch und beeinflußte stark seine politische Entwicklung bis zum heutigen Tag. Das war ihrer letzten Bedeutung nach die Theorie

*) Den gleichen Gedanken drückte Edmund Burke noch besser in seiner großen Ansprache an die Sheriffs von Bristol aus:

„Meine Herren, wir dürfen nicht mit denen rechten, welche dem Volke dienen. Denn niemand wird uns dienen, solange man einem Hof dienen kann, als die Leute, die ein feines und empfindliches Ehrgefühl haben. Diejenigen, welche glauben, alles sei im Vergleich zu dieser Ehre Staub und Asche, werden nicht dulden, daß sie von denjenigen beschmutzt und beeinträchtigt wird, um deretwillen sie tausend Opfer bringen, sie rein und unversehrt zu halten. Wir werden solche Leute von der Bühne der Öffentlichkeit treiben oder zum Schutz an den Hof senden, wo sie, wenn sie schon ihren Ruf opfern müssen, doch wenigstens ihr Interesse wahren. Verlaßt Euch darauf, daß die Freunde der Unabhängigkeit frei zu sein wünschen. Keiner wird seinem Gewissen Gewalt antun, uns zu gefallen, um nachher ein Gewissen zu erleichtern, welches er verletzt hat, indem er uns treu und ergeben diente. Wenn wir ihren Sinn durch Kriecherei entwürdigen und verderben, dann wäre es ganz verkehrt zu erwarten, daß diejenigen, welche uns gegenüber kriechend und unterwürfig sind, jemals beherzte und unbestechliche Verteidiger unerer Freiheit gegen die verführerischste und schrecklichste aller Gewalten sind. Nein! Die menschliche Natur ist nicht so geartet. Auch werden wir nicht die Anlagen oder besser die Moral von Staatsmännern bessern, wenn wir das unfehlbarste Rezept in der Welt besitzen, um Betrüger und Heuchler zu machen.

Ich will es Euch offen sagen, ich, der ich nicht länger in einer öffentlichen Stellung bin: Wenn wir nicht durch ein tadelloses, schonendes, feines Verhalten gegen unsere Volksvertreter ihren Ansichten Vertrauen schenken und ihren Verstandeskräften einen liberalen Spielraum geben, wenn wir nicht unseren Abgeordneten gestatten, unter einem sehr erweiterten Gesichtswinkel zu handeln, dann werden wir schließlich unsere nationale Volksvertretung zu einem verworrenen und sich raufenden Getümmel lokaler Wirksamkeit machen. Wenn der Volksvertreter in seinen Ideen beschränkt, in seinem Vorgehen ängstlich gemacht wird, dann wird der Krondienst die einzige Schule für Staatsmänner sein. Zu den Lustbarkeiten des Hofs wird es zuletzt rechnen, wenn man auf seine Geschäfte achtet. Dann wird das Monopol der Geisteskraft jeder anderen Art von Macht, die er besitzt, hinzugefügt werden. Auf seiten des Volkes wird nur Schwäche sein; denn Unkenntnis ist Schwäche, Beschränktheit des Geistes ist Schwäche; Schüchternheit ist an sich Schwäche und schwächt und verdirbt alle anderen Eigenschaften, die mit ihr übereinstimmen.

einer direkten Demokratie. Was das Volk wünschte, sollte das Volk haben; seine Vertreter hatten nur eine Pflicht, nämlich die Pflicht, die Ansicht ihrer Wähler zu ermitteln und in Wirklichkeit umzusetzen. Das wäre eine erträgliche Theorie der Demokratie, wenn die Wähler auf irgendein Verfahren mit tatsächlicher Einstimmigkeit übereinkämen; denn wenn im Wesentlichen alle Wähler eines Abgeordneten ein bestimmtes Vorgehen begünstigen, dann könnte dieser natürlich, selbst wenn er anderer Ansicht wäre, annehmen, daß so Viele Recht und er Unrecht haben müßten. In der praktischen Auswirkung der Demokratie besteht aber eine solche Einstimmigkeit nicht.

Diese Theorie über die Demokratie könnte man sogar auch dann noch rechtfertigen, wenn ein Abgeordneter klar und unzweifelhaft wissen könnte, daß eine überwiegende Mehrheit seiner Wähler nach gehöriger Überlegung eine bestimmte Politik begünstige. Denn wenn er dann ihren Willen ausübte, könnte er sich wenigstens mit der Theorie Jeffersons rechtfertigen, daß es für ihn besser sei, den Willen der Mehrheit als den der Minderheit anzunehmen, selbst wenn sich seine eigene Anschauung mit derjenigen der Minderheit deckt.

In der praktischen Auswirkung unserer Demokratie, in der weniger als die Hälfte der Wählerschaft ihre Stimme abgibt, ist es heute einem Volksvertreter fast unmöglich, wenn er auf die rechtliche Ausübung seiner Aufgaben zu verzichten geneigt ist, mit einiger Sicherheit festzustellen, wofür die Mehrheit seiner Wähler ist. Eine sehr starke und laute Minderheit kann — und sie schafft das auch im allgemeinen — einen Wahlsieg erringen, wenn eine Mehrheit zu gleichgültig oder wenn sie einer Stimmenabgabe abgeneigt ist. Deshalb muß der Volksvertreter heutzutage nicht nur seine Meinung zu Gunsten der vermutlichen Meinung einer Mehrheit seiner Wähler aufgeben und lediglich ihr Sprachrohr werden, sondern muß sogar häufig die Ansicht schon einer Minderheit annehmen, die ihn aus dem öffentlichen Leben vertreiben kann, wenn er ihre Wünsche nicht beachtet.

Zu dieser Entartung des demokratischen Dogmas hatte die direkte Primärwahl*) viel beigetragen. Der Volksvertreter von heute muß zweimal als Kandidat für den Staatsdienst auftreten, einmal in der Primärwahl und dann in der allgemeinen Wahl. Wenn seine Partei normalerweise 51 % der als Parteigenossen eingetragenen Wähler sich zuzählen kann, dann können 26 % der gesamten Wählerschaft seine Wiederaufstellung verhindern. Deshalb muß der Volksvertreter heute, wenn er sich im öffentlichen Leben halten will, der aktiven Minderheit sogar eine größere Aufmerksamkeit widmen als einer passiven Mehrheit. Bei so vielen erpresserischen, aus verschiedenen Klassen, Blocks und Interessengruppen zusammengesetzten Minderheiten überrascht es, daß noch so viele sich selbst achtende Männer, die im öffentlichen Leben stehen, geneigt sind, sich einer so lästigen und überaus erniedrigenden Prüfung zu unterwerfen.

Diese Entartung des repräsentativen Prinzips trägt weit mehr zum Verfall des Führertums als all die von Lord Bryce angeführten Gründe bei.

Zum Schluß mag noch darauf hingewiesen werden, daß große Männer das Produkt einfacher Verhältnisse und einfacher Ideen sind. Unser verwickeltes Zeitalter hat die unvermeidbare Tendenz, das menschliche Leben in die gewöhnliche Schablone der Mittelmäßigkeit zu bringen. Die Spezialisierung der menschlichen Bestrebungen ist für das Führertum in der Kunst, Musik, Politik, Literatur und in jeder Art höherer Tätigkeit im Leben verhängnisvoll. Wenn der Verfall des Führertums nur der Ausfüllung der Täler des menschlichen Lebens und der sich daraus ergebenden Verminderung der scheinbaren Höhe der Gebirge zuzuschreiben wäre, dann hätte man weniger Grund zur Besorgnis. Aber seine wahre Ursache ist der ständige Abstieg des demokratischen Dogmas.

*) Anmerkung des Übersetzers: In Amerika gibt es Vorwahlen innerhalb der Parteien, d. h. man gibt bei jeder Wahl nicht nur seine Stimme geheim ab, sondern zeichnet sich zugleich in eine Parteiliste ein. Etwa sechs Wochen vor der nächsten Wahl stimmen dann die in der Parteiliste eingezeichneten Wähler über den von der Partei für die kommende Wahl aufzustellenden Kandidaten ab. Hierdurch soll bewirkt werden, daß als Parteikandidat derjenige auftritt, den die Mehrheit der Parteigenossen vorgeschlagen hat.

Das ist nicht der Fehler der Verfassung. Diese schützt das wahre demokratische Ideal der Abschaffung von Vorrechten, der gleichen Möglichkeit für Alle und der freien Bahn für den Tüchtigen. Sie verkündete die wahre Gleichheit der Menschen, soweit menschliche Einrichtungen die Normen des Menschengeschlechts vorschreiben. Aber durch die Versicherung, daß jeder Mensch seinem eigenen Glauben und seinem materiellen Glück nachgehen könne, proklamierte sie das wahre demokratische Ideal eines Rechts auf Ungleichheit, indem sie darunter das Recht jedes Menschen verstand, von seiner überlegenen Geschicklichkeit und Energie Nutzen zu ziehen.

Das falsche Ideal von Demokratie, welches das 19. Jahrhundert beherrschte, hat gleichsam seine „Frucht des Toten Meeres" erzeugt. Denn nichts zeigt sich deutlicher als eine weit verbreitete Reaktion gegen eine Demokratie, welche die Menschheit auf das Niveau des Verächtlichen herabzubringen suchte. In den gegenwärtigen demokratischen Versammlungen besteht kein wirklicher Wunsch nach einem Führertum, da es das Wesen eines solchen Wunsches ist, geistige und sittliche Führer zu schaffen, die über dem Durchschnitt der Menschheit stehen. Weil sich jetzt aber kein Verlangen nach einem solchen Typ von Führern zeigt, lenken die zu einer solchen Führerschaft befähigten Männer ihre Talente auf nicht-politische bürgerliche Beschäftigungen, wie industrielle Betätigungen, bei denen keine Tendenz, die Führer auf das Niveau des Unwürdigen herabzudrücken, besteht.

In der ganzen Welt wächst die Reaktion gegen die Herrschaft der Mittelmäßigkeit. Wie alle Reaktionen aber neigt auch diese Reaktion zum entgegengesetzten und ebensowenig zu verteidigenden Extrem, in diesem Falle zur Macht eines einzelnen Mannes. Was ist in der modernen Geschichte auffallender als die Tatsache, daß sich in drei der ältesten Reiche der Welt — Rußland, Italien und Spanien — die der Mißherrschaft müden Massen willig einem Diktator fügten? Dem Geist der amerikanischen Verfassung ist nichts fremder als die Herrschaft eines Diktators. Aber es würde sich heute auch in so vielen anderen zivilisierten Ländern nicht die Forderung nach Abschaffung der parlamentarischen Regierungsform und ihrer Ersetzung durch einen Diktator erheben, wenn diese Nationen der Theorie repräsentativer Demokratie treu geblieben wären, wie sie noch immer das Grundideal der Verfassung der Vereinigten Staaten ist.

Das ist keine heitere Lektüre. Sie nährt nicht jenen unbegrenzten und unbesieglichen Optimismus, der gleichzeitig die Stärke und die Schwäche des amerikanischen Charakters ist. Wären die Schöpfer der Verfassung fröhliche Optimisten von der Mark-Tapley-Art gewesen, dann hätten sie niemals die Gefahren ihrer Lage gefühlt, und es hätte keine Verfassung für die Vereinigten Staaten gegeben. Sie verbanden mit einem heilsamen Pessimismus einen unbesieglichen Mut, und ihre Nachfolger sollten ihnen wohl hierin nacheifern.

Berauscht von materiellem Glück erkennt der Durchschnittsamerikaner nicht die Gefahr, die jetzt für seine Einrichtungen besteht. Eines Tages aber wird sich das amerikanische Volk selbst aufrütteln wie „ein starker Mann nach dem Schlaf" — um einen Ausdruck Miltons zu gebrauchen —, und wenn es dann aufgewacht sein wird, ist es sicher jeder Aufgabe gewachsen.

Wenn die Arbeit der Erneuerung beginnt, dann wird eine wesentliche Änderung an der Verfassung nicht nötig sein. Es wird nicht erforderlich sein, auch nur einen Strich an einem „t" oder den Punkt auf einem „i" zu ändern. Es wird nur nötig sein, unsere Einrichtungen in Übereinstimmung mit dem Geist der Verfassung zu entwickeln. Nicht mehr ist notwendig als ein entschlossener Versuch, die besten Männer für die Ämter auszuwählen und diesen dann die volle Macht einzuräumen, das zu tun, was für das allgemeine Wohl am besten ist. Das ist der Geist repräsentativer Regierung —, und in diesem Geist wurde auch die Verfassung geschaffen.

## 24. Kapitel

# DIE AUFLEHNUNG GEGEN DIE AUTORITÄT

*„Verbot zwar jeder Sünde,*
*Doch Sünde so in Gunst, daß die Verbote,*
*Wie Strafgesetze in der Baderstube,*
*Weit mehr verspottet als beachtet werden.*

— Shakespeare*).

Den Sommer des Jahres 1816 verbrachten Byron und Shelley**) mit seiner Familie in der Schweiz. Die Ferien wurden ihnen durch ständigen Regen und trübes Wetter verdorben. Um die Eintönigkeit der Abende, wenn das Heulen des Sturmes nicht zu gesellschaftlichen Freuden geneigt machte, zu unterbrechen, kamen sie überein, daß sich jeder zur gegenseitigen Unterhaltung in einer Geistergeschichte versuchen sollte. Shelleys Beitrag war eine unheimliche Geschichte. Sie handelte von einem Gelehrten, der eine Methode entdeckt hatte, ein Gespenst, dem er eine niedere Form animalischen Lebens gab, in menschlicher Gestalt zu schaffen. Der Name des Gespenstes war „Frankenstein". Diese dem Zufall entsprungene, zur Unterhaltung Weniger niedergeschriebene Geschichte wurde klassisch und hat der englichen Sprache ein neues Wort gegeben.

Einige Jahre später lebte ein anderer junger Dichter zu Cambridge als Ungraduierter. Sein Name war Alfred Tennyson. Unter seinen Freunden befand sich John Kemble,

*) Anmerkung des Übersetzers: Vergl. Shakespeare, „Maß für Maß", V. Akt, 1. Szene.

**) Anmerkung des Übersetzers: Percy Bysshe Shelley (1792—1822), englischer Dichter, schrieb bereits im Alter von 18 Jahren sein Gedicht „Queen Mab", das Byrons Bewunderung erregte. 1816 ging Shelley eine zweite Ehe ein und lebte mit seiner Frau den Sommer über an den Ufern des Genfer Sees nahe der Villa Diodati, die Byron bewohnte.

ein Bruder der berühmten Schauspielerin. Watts Erfindung war gerade auf die Beförderung zu Land angewandt worden, und man baute damals die erste Eisenbahn von Manchester nach Liverpool. In seinem Tagebuch erzählt nun Tennyson, daß John Kemble damals voraussagte, daß eine neue Zeit, in der die mechanische Kraft die herrschende Macht sein werde, im Entstehen sei und daß sie endgültig das geistige Element in der menschlichen Natur zerstören werde.

Diese Prophezeiung war an sich zwar interessant, aber doch unnötig pessimistisch. Sie enthielt bestenfalls nur eine Halbwahrheit. Als aber die Jahrzehnte des 19. Jahrhunderts schnell vergingen und der Mensch im wachsenden Maße von der Entwicklung der Thermo-Dynamik in Anspruch genommen wurde, sahen einige wenige weitsichtige Männer ein, daß eine mechanische Zivilisation nicht ohne tiefen und verderblichen Einfluß auf den menschlichen Charakter sein könne.

Seit dem großen Krieg hat sich diese Überzeugung in steigendem Maße nachdenklichen Menschen eingeprägt. Infolgedessen ist auch der beste zeitgenössische Gedanke mit einem Pessimismus gefärbt, der in einem merklichen Gegensatz zu dem unbegrenzten Optimismus steht, der vor der großen Sintflut des Weltkrieges herrschte.

Nachdenkliche Männer erkennen nun mehr und mehr, daß der Mensch das Schicksal jenes unglücklichen Erfinders teilt, der für sein Holzbein einen Motor konstruiert hatte, aber beim Versuch, den natürlichen Mechanismus von Fleisch und Blut in Übereinstimmung mit seinem Holzbein zu bringen, sofort auf das Gesicht fiel. Der gleiche Mangel an Übereinstimmung zwischen dem menschlichen Geist, wie er seit Tausenden von Jahren besteht, und der verherrlichten Macht des Mechanischen wird den jetzigen Zusammenbruch der Zivilisation weitgehend erklären.

*Von allen Erscheinungen, die das Resultat des Zeitalters der Maschine sind, ist die auffallendste die Auflehnung gegen die Autorität, wobei unter Autorität nicht nur die Gesetze des Staates, die weniger wichtig sind, sondern auch die gro-*

ßen Gesetze des gesellschaftlichen Lebens und die Übereinkommen und Überlieferungen der Vergangenheit zu verstehen sind.

Nach der allgemein angenommenen Lesart sagt Salomon: „Wo keine Weissagung ist, wird das Volk wild und wüst." Aber eine ältere Übersetzung aus dem ursprünglichen Hebräisch bringt eine treffendere Wahrheit; denn wörtlich sagt der jüdische Weise: „Wo keine Vision ist, da wirft das Volk das von sich, was es hemmt."

Niemand kann in Abrede stellen, daß heute eine Auflehnung gegen die Vorschriften der Gesetze und gegen die weisen Beschränkungen menschlicher Übereinkommen besteht, wie sie noch niemals seit Menschengedenken bestanden hat*).

Die Herrschaft der Gesetzlosigkeit hat sich über die Welt verbreitet wie der ungeheure Schatten einer Sonnenfinsternis; aber nur zu Wenige haben die verhängnisvolle Veränderung, die über die zivilisierte Welt gekommen ist, bemerkt.

Früher waren die Verbrechen eines Straßenräubers, eines Einbrechers oder eines Mörders so selten, daß sie als eine bemerkenswerte Abweichung von der Regel des Lebens betrachtet wurden. Heute sind sie in den großen Städten der Vereinigten Staaten etwas ganz Gewöhnliches, wie die Zeitungen, deren Spalten förmlich nach solchen Gesetzesver-

*) In jedem Land sind die von den Strafgerichten behandelten Fälle beispiellos gewachsen. In den Bundesgerichtshöfen der Vereinigten Staaten sind trotz ihrer beschränkten Rechtsprechung die kriminellen Anklagen von 9503 im Jahre 1912 auf über 80000 im Jahre 1923 gestiegen. Dem würde nur wenig Bedeutung beizulegen sein, wenn es, wie man allgemein annimmt, Tatsache wäre, daß der Zuwachs ganz einer Klasse von Verbrechen zuzuschreiben sei, die eher mala prohibita als mala in se sind. Zweifelsohne erklären die Aufwandsgesetze einen wesentlichen Teil dieser Zunahme. Die Steigerung ist jedoch bei den Verbrechen der Gewalttätigkeit, Leidenschaft und Unehrlichkeit in Geldangelegenheiten ebenso bemerkenswert wie bei den Aufwandsgesetzen. Versicherungsgesellschaften berichten, daß allein die Summen, die sie für Einbrüche zahlen mußten, von 886000 Dollar im Jahre 1914 auf über 10 Millionen im Jahre 1920 gestiegen sind; dabei sind solche versicherten Schäden nur ein kleiner Teil der schweren durch Raub und Einbruch verursachten Verluste.

letzungen riechen, nur allzu deutlich beweisen. Vor einer Generation konnte ein Bürger noch unbesorgt durch die Straßen gehen, ohne füglich eine Gewalttat erwarten zu müssen, ausgenommen vielleicht in einem entfernten Minenlager. Heute sind aber die Städte, welche die ältesten Traditionen von Gesetz und Ordnung haben, ebenso wie im 18. Jahrhundert das Feld der Tätigkeit von Straßenräubern und Wegelagerern geworden. Die Tage Dick Turpins und Jack Sheppards sind zurückgekehrt, und es vergeht in den größeren Städten Amerikas kaum ein Tag, an dem sich nicht eine Reihe von Gewaltverbrechen ereignet. Alle Kriminalisten wissen, daß diese Verbrechen zum Teil dem Kraftwagen und der Selbstladepistole zuzuschreiben sind. Das Auto hat dem Verbrecher unbemerkte Annäherung und schnelle Flucht erleichtert, die automatische Pistole hat ihn weit gefährlicher als den Straßenräuber des 18. Jahrhunderts gemacht*).

Was die subtileren, mit Heimlichkeit umgebenen Verbrechen gegen die staatlichen Interessen angeht, so genügt die Feststellung, daß „Graft" eine förmliche Wissenschaft in Gemeinde, Einzelstaat und Gesamtnation geworden ist. Die Verluste durch solche mißbräuchliche Verwendung öffentlicher Mittel belaufen sich — Pelion auf Ossa getürmt — nicht mehr auf Millionen, sondern auf Hunderte von Millionen. Viele amerikanische Stadtverwaltungen sind übelriechende Krebsgeschwüre am politischen Körper. Sich damit zu brüsten, die Frage der örtlichen Selbstverwaltung

*) So wurden in Chikago allein in einem einzigen Jahre 5000 Autos gestohlen. Früher war Mord ein seltenes und unnatürliches Verbrechen. Jetzt gehört er in unseren großen Städten fast zu den täglichen Erscheinungen. Im Jahre 1917 ereigneten sich in New York 236 Morde und nur 67 Verurteilungen; 1918 221 und 77 Verurteilungen; in Chikago im Jahre 1919 336 und 44 Verurteilungen.

Als die Welle der Verbrechen vor einem Jahr ihren Höhepunkt erreichte, erklärten sich die Polizeibehörden in mehr als einer amerikanischen Stadt außerstande, wirksame Gegenmaßregeln zu ergreifen. Leben und Eigentum sind anscheinend fast so unsicher geworden wie im Mittelalter. Neben dem Verbrechen wird der einer mechanischen Zivilisation zu entrichtende Todeszoll täglich größer. Im letzten Jahr überstiegen die Todesfälle in den Vereinigten Staaten durch Automobile die Zahl von 17 000, und die ungezählten Unfälle erreichten die Verwundetenzahl großer Schlachten.

gelöst zu haben, ist ebenso albern, als wenn ein starker Mann mit seiner Gesundheit prahlt, während sein Körper mit eiternden Wunden bedeckt ist. Man hat geschätzt, daß allein die jährlichen Einkünfte infolge Übertretungen der Prohibitionsgesetze 300 Millionen Dollar erreicht haben. Menschen, die so diese Gesetze schmutzigen Gewinns wegen übertreten, achten die anderen Gesetze wahrscheinlich auch nicht. Die Achtung vor dem Gesetz sinkt bei allen Klassen beständig, da das Volk mit der Massenkriminalität vertraut und gegen sie duldsam wird. Ob die moralischen und wirtschaftlichen Folgen der Prohibition diese wachsende Welle der Verbrechen überwiegen, wird die Zeit ja zeigen.

Dieser Geist der Auflehnung gegen die Autorität beschränkt sich nicht auf das politische Gebiet; die Gründe dafür liegen abseits dieser Sphäre menschlicher Tätigkeit.

Das menschliche Leben wird durch allerlei von Menschen geschaffene Normen geregelt, Gesetze der Kunst, Regeln gesellschaftlichen Verkehrs, der Literatur, Musik, des Geschäfts — alle durch Gebrauch und Gewohnheit entwickelt und durch den gemeinsamen Willen der Gesellschaft auferlegt. Hier findet man nun die gleiche Auflehnung gegen Tradition und Autorität.

In der Musik sind die Grundregeln beiseite geworfen worden, und Disharmonie ist als Ideal an die Stelle der Harmonie getreten. Ihr Gipfelpunkt — der Jazz — ist ein musikalisches Verbrechen. Wenn die Formen des Tanzes und der Musik für ein Zeitalter symptomathisch sind, was soll man dann von der allgemeinen Verrücktheit, in rohem und schwerfälligem Tanze nach den synkopierten Mißtönen einer sogenannten Jazz-Musik zu schwelgen, sagen? „Auf zum Tanze, Freude soll herrschen!" ist der Schrei der Zeit.

In den plastischen Künsten sind die Gesetze der Form und die Kriterien der Schönheit durch die Futuristen, Kubisten, Vortizisten, Taktilisten und andere ästhetische Bolschewisten fortgefegt.

In der Dichtkunst, in der man früher die rhythmische Schönheit, die Klangmelodie und den Gedankenadel als die wahren Prüfsteine betrachtete, haben wir heute in Launenform der Poesie die Übertreibung im Grotesken und Brutalen. Hunderte von Dichtern versuchen den „barbarischen Schrei" Walt Whitmans schwächlich nachzuahmen, ohne dies aber wie er durch den Wert gelegentlich erhabener Gedanken auszugleichen.

Im Handel richtet sich die Auflehnung gegen die Reinheit der Normen und die Unverletzlichkeit der Geschäftsmoral. Wer kann es noch in Frage stellen, daß dieses Zeitalter im höchsten Maße das Zeitalter des Schundes und des Betruges ist? Die Wissenschaft wird dazu herabgewürdigt, das Publikum durch Bemäntelung der wachsenden Verschlechterung der Warenqualität zu täuschen. Das geräuschvolle Mittel der Reklame ist allmählich so unwahr geworden, daß es seinen eigenen Zweck vereitelt hat.

In dem größeren Kreis des sozialen Lebens finden wir gegen die Einrichtungen, welche die Billigung der Vergangenheit haben, die gleiche Auflehnung. Die Gesetze der Gesellschaft, die einst bescheidene Zurückhaltung im Gedruckten, in Sprache und Kleidung vorgeschrieben, sind in den letzten Jahrzehnten in steigendem Maße mißachtet worden. Selbst die Fundamente der hehren menschlichen Grundeinrichtungen — wie Familie, Staat und Kirche — sind erschüttert worden. Die großen Treuverpflichtungen des Lebens werden „eher durch Verletzung als durch Beachtung geehrt."

Das sind alles nur Illustrationen zu der allgemeinen Auflehnung gegen die Autorität der Vergangenheit — eine Auflehnung, die an dem Wechsel der grundsätzlichen Auffassung der Menschen über den Wert menschlicher Erfahrung gemessen werden kann. In allen früheren Zeiten galt alles, was in der Vergangenheit lag, als wahr; die Beweislast hatte der zu tragen, der es zu ändern suchte. Heute sieht der Mensch die Lehren der Vergangenheit von vornherein für falsch an, und die Beweislast ruht auf demjenigen, der sich auf sie zu berufen sucht.

Vor einigen Jahren äußerte der verstorbene Papst Benedikt am Weihnachtsabend in seiner Ansprache an das Kardinalkollegium seine Meinung über die gegenwärtigen Zustände. Was er sagte, hätte in viel größerem Maße beachtet werden sollen, als es anscheinend der Fall war.

Der ehrwürdige Oberhirte erklärte, daß zur Zeit fünf Plagen die Menschheit heimsuchten.

Die erste: die beispiellose Ablehnung der Autorität.

Die zweite: ein gleichfalls beispielloser Haß der Menschen untereinander.

Die dritte: die unnatürliche Abneigung gegen Arbeit.

Die vierte: der unmäßige Durst nach dem Vergnügen als dem großen Lebensziel.

Die fünfte: ein grober Materialismus, der das Vorhandensein des Geistigen im menschlichen Leben verneine.

Die Richtigkeit dieser Anklage erkennen auch Männer an, die sich, wie der Verfasser, nicht zu Papst Benedikts Glauben bekennen.

Die Ablehnung der Autorität ist ganz allgemein und beschränkt sich nicht auf den politischen Staat. Aber selbst in seinen engeren Grenzen brennen die Feuer der Revolution entweder in hellen Flammen oder glimmen doch unter der Asche. Zwei der ältesten Reiche der Welt, die schätzungsweise ein Drittel ihrer Bewohner umfassen (China und Rußland), wälzen sich in Anarchie, während sich viele kleineren Völker in einem Zustande der Auflösung befinden. Wäre die Revolution auf absolute Regierungen beschränkt, so könnte man in ihr nur die Reaktion gegen Tyrannei sehen. Aber selbst in der beständigsten unter den Demokratien und bei den aufgeklärtesten Völkern kann man das unterirdische Grollen der Revolution hören.

Selbst England, die Mutter der Demokratien, mit der in der Aufrechterhaltung des Gesetzes stetigsten aller Regierungen, ist in den letzten Jahren bis in seine Grundmauern erschüttert worden, als mächtige Gruppen von Leuten die Hand an die Gurgel des Staates zu legen und ihre Forderungen durch die Drohung, die Bevölkerung auszuhungern, zu erzwingen suchten. Hätte dies nur den uralten Kampf zwischen Kapital und Arbeit bedeutet und nur auf die Bedingungen der Handarbeit hingezielt, es wäre schon ernst genug gewesen. Aber die Auflehnung gegen den politischen Status in England war eher ein Zeichen dafür, daß Millionen Leute ihren Glauben an eine parlamentarische Regierung und ihr erwähltes Organ — die Wahlurne — in erschreckendem Maße verloren hatten. Große und mächtige Gruppen hatten plötzlich entdeckt — und das mag wohl die bedeutungsvollste politische Entdeckung des 20. Jahrhunderts gewesen sein —, daß die Macht, die in ihrer Kontrolle über die Lebensnotwendigkeiten liegt, verglichen mit der Macht des Wahlrechts, sich wie ein 42-cm-Geschütz zu Pfeil und Bogen verhält. Das Ziel, das man zu erreichen suchte, nämlich die Nationalisierung der Schlüsselindustrien und sogar die Kontrolle über Großbritanniens auswärtige Politik, bestätigte die Richtigkeit der Erklärung Lloyd Georges, daß die großen Streikbewegungen etwas mehr als einen Kampf um Arbeitsbedingungen in sich schlössen und daß sie im wesentlichen aufrührerische Anschläge gegen das Leben des Staates seien.

Sie blieben nicht ganz ohne Erfolg. Als im Sommer 1920 nämlich die Heere Lenins und Trotzkis vor den Toren Warschaus standen, wurden die Versuche der englischen und belgischen Regierungen, den schlachtfertigen Polen zu helfen, durch die Arbeitergruppen Englands und Belgiens vereitelt. Diese drohten mit einem Generalstreik, wenn sich ihre beiden Länder mit Frankreich vereinigen würden, um Polen dabei zu helfen, eine vielleicht größere Bedrohung der westlichen Zivilisation abzuwehren, als jene Bedrohung bedeutete, da Attila und seine Hunnen im Jahre 451 n. Chr. an den Ufern der Marne standen.

Von größerer Bedeutung für die Wohlfahrt der Zivilisation ist der völlige, während des Weltkrieges erfolgte Umsturz fast aller internationalen Gesetze, die sich in tausend Jahren langsam entwickelt hatten. Diese Prinzipien, wie sie in den beiden Haager Konventionen kodifiziert waren, wurden in dem heftigen Existenzkampf sofort aufgegeben. Der zivilisierte Mensch führte mit seinem flüssigen Feuer, seinen Giftgasen und seinen überlegten Angriffen auf unverteidigte Städte mit ihren Frauen und Kindern den Kampf mit der rücksichtslosesten Wildheit primitiver Zeiten.

Sicherlich gab dieser grausame Vernichtungskrieg, der 300 Milliarden Dollar Eigentumsverluste verursachte und 30 Millionen Menschen das Leben kostete, der Gegenwart das Zeichen für die „Dämmerung der Zivilisation". Der Zeiger an der Uhr der Zeit wurde — nur zeitweise, wie wir erhoffen und erbeten — ein Jahrhundert zurückgestellt.

Wenige werden auch die Richtigkeit des zweiten Punktes der päpstlichen Anklage bezweifeln. Der Krieg, welcher den Krieg beenden sollte, endete mit einem beispiellosen Haß zwischen den Nationen, Klassen und Menschen. Sieger und Besiegte wurden in gemeinsamem Ruin verstrickt. Wenn es in dieser Sintflut von Blut, welche die Welt überschwemmte, auch einen Berg Ararat geben sollte, auf dem die Arche eines wahreren und besseren Friedens Zuflucht finden kann, so hat sich dieser Berg doch noch nicht über der erregten Oberfläche der Wasser gezeigt.

Noch weniger kann man die eng verwandten dritten und vierten Punkte in Papst Benedikts Anklage in Frage stellen: die beispiellose Arbeitsscheu zu einer Zeit, in der die Arbeit zur Wiederherstellung der Grundlagen des Wohlstandes nötiger denn je ist, und die übertriebene Gier nach Vergnügen, welche der schrecklichsten Tragödie in der Geschichte der Menschheit voranging, sie begleitete und ihr jetzt nachfolgt.

Der wahre Arbeitseifer scheint bei Millionen von Menschen geschwunden zu sein, jener Geist, aus dem Shakespeare seinen Orlando sprechen ließ, als er von seinem treuen Diener Adam sagte:

> „O guter Alter! Wie so wohl erscheint in Dir die treue Gunst der alten Welt, da Dienst um Lieb sich mühte, nicht um Lohn*)!"

Die Moral unserer industrialisierten Zivilisation ist erschüttert worden. Arbeit um der Arbeit willen als Privileg der menschlichen Fähigkeiten ist bei Millionen von Menschen als Ideal wie als treibende Kraft fast gänzlich geschwunden. Die Auffassung, daß Arbeit eine entehrende

*) Anmerkung des Übersetzers: Vergl. Shakespeare „Wie es Euch gefällt", II. Akt, 3. Szene.

Knechtschaft bedeutet, die man nur mit Abneigung und Widerwillen und daher mit Erfolglosigkeit leistet, ist vorherrschend. Der Gedanke, daß Arbeit nur Mittel ist, sich Vergnügen (die jetzt herrschende Note im Leben) zu verschaffen, scheint das neue Ideal zu sein.

Das große Unglück der heutigen Welt ist diese Arbeitsscheu. Als das Zeitalter der Maschine das Element physischer Anstrengung in der Arbeit verminderte, hätte der Mensch eine andere Betätigungsmöglichkeit für seine körperlichen Kräfte suchen sollen. Aber die ganze Geschichte des mechanischen Zeitalters ist im Gegenteil ein andauernder Kampf um höheren Lohn und weniger Arbeit; er hat heute in dem weitverbreiteten Ruin seinen Höhepunkt gefunden. Fast jede Nation liegt jetzt in den Wehen wirtschaftlicher Nöte; viele von ihnen stehen am Rande des Untergangs. Die wirtschaftliche Katastrophe des Jahres 1924 ist weit größer als die politisch-militärische des Jahres 1914.

In allen Ländern sind jedoch die Verluste durch diese Arbeitseinstellung gering im Vergleich zu denjenigen, die durch jenen Geist, den man in England „ca'-canny" nennt, oder durch die Drückebergerei bei der Arbeitsverrichtung und durch „Sabotage", d. h. durch die mutwillige Zerstörung von Maschinen bei der Arbeit, entstehen. Überall hat man die Erscheinung beobachtet, daß trotz der höchsten in der Geschichte der neueren Zeit bekannten Löhne das Arbeitsprodukt zweifellos nachgelassen hat und daß mit einer Vermehrung der Arbeiterzahl eine Verminderung der Produktion verbunden war.

Die Arbeitsabneigung wird von einer tollen Sucht nach Vergnügen begleitet. Sollte diese in solchem Ausmaß zu früheren Zeiten vorhanden gewesen sein, so hat man sie doch wenigstens in der Erinnerung der lebenden Generation noch nicht gekannt. Der Mensch tanzt am Rande eines sozialen Abgrundes; der Tanz hat aber, wie oben schon erwähnt, sowohl in der Form wie in der Begleitmusik seine frühere Grazie verloren und ist zu den primitiven Formen roher, plumper Gewöhnlichkeit zurückgekehrt.

Die gegenwärtige Erschlaffung des menschlichen Geistes und die Enttäuschung über die Nachernte des blutigen

Herbstes mögen diese Symptome vielleicht verschlimmert haben. Sie können sie aber nicht verursacht haben. Sie waren schon Jahrzehnte vor dem Kriege vorhanden und für einige wenige weitblickende Männer auch sichtbar. Es ist tatsächlich möglich, daß der Weltkrieg die malaise, die Krankheit der Zeit, nicht verursacht hat, sondern an sich nur eines ihrer vielen Symptome war.

Unzweifelhaft gibt es viele Ursachen, die dazu beigetragen haben, den unruhigen Strom, diese weite Welten erfassende Revolution gegen den Geist der Autorität anschwellen zu lassen.

So ist die Massenproduktion an Gesetzen nicht geeignet, einen gesetzesgehorsamen Geist zu entwickeln. Diese Tatsache wurde schon oft festgestellt. So beklagte sich Napoleon am Vorabend des XVIII. Brumaire, daß Frankreich mit seinen tausend Gesetzesfolianten ein gesetzloses Land sei. Zweifellos leidet der politische Zustand, was Autorität anlangt, durch den Mißbrauch der Gesetzgebung, insbesondere wenn das Gesetz angerufen wird, um Übel abzuschaffen, die man am besten dem Gewissen des Einzelnen überlassen sollte. Es ist müßig, über die Achtung vor dem Gesetz zu sprechen, wenn ein Gesetz der Achtung nicht wert ist. Denn eine solche Achtung entspringt einer unfreiwilligen Geistesrichtung, und weise Gesetzgeber sollten mit ihr als solcher rechnen.

In diesem Zeitalter individualistischer Demokratie ist der Durchschnittsmensch geneigt, zwei Verfassungen anzuerkennen: die eine die Verfassung des Staates, die zweite eine ungeschriebene Verfassung mit größerer Autorität für ihn. Laut dieser letzteren hält er kein Gesetz, das seiner Meinung nach über die wahre Macht der Regierung hinausgeht, für bindend. Die weitverbreitete Verletzung des Prohibitionsgesetzes illustriert diese Geistesrichtung recht gut.

Ein Geschlecht von Individualisten gehorcht, wenn es dies überhaupt tut, nur widerstrebend Gesetzen, die es als unvernünftig oder schikanös betrachtet. Sie leisten jedem Gesetz, das ihre selbstsüchtigen Interessen berührt, in steigendem Maße Widerstand. Die Gesetzesverzögerungen und ihre nachlässige Anwendung erzeugen zudem einen Geist des „Contempt of Laws“, der Gesetzesmißachtung, und bringen die Menschen nur allzuoft dazu, das Gesetz in die eigene Hand zu nehmen. Diese Dinge sind so bekannt, daß ihre Konstatierung nur ein Gemeinplatz ist.

Die übertriebene Betonung der Menschenrechte, welche die politische Umwälzung am Ende des 18. und am Beginn des 19. Jahrhunderts kennzeichnete, hat zu dieser Erkrankung des Zeitalters beigetragen. Die Menschen sprachen und sprechen noch laut von ihren Rechten, aber nur zu selten von ihren Pflichten. Und doch würden wir abermals irren und ein Symptom als Ursache ansehen, wollten wir die Krankheit lediglich einem übertriebenen Individualismus zuschreiben.

Um die Diagnose für diese Krankheit richtig stellen zu können, muß man eine Ursache finden, die zeitlich mit der Krankheit selbst zusammenfällt und während der ganzen Zivilisationsperiode wirksam war, irgendeinen weitverbreiteten Wandel in den sozialen Bedingungen. Denn die eigentliche menschliche Natur hat sich nur wenig verändert; die Änderung muß deshalb bei der Umwelt liegen.

Es gibt nur eine solche Änderung, die weitverbreitet und tiefgreifend genug ist, um als Ursache für diese Krankheit der Zeit hinreichend in Betracht zu kommen.

Mit dem Ende des 18. Jahrhunderts begann eine ungeheure Umwandlung in der Umwelt des Menschen und setzte sich während des ganzen 19. Jahrhunderts fort. Diese trug weit mehr dazu bei, die Lebensbedingungen der Menschheit grundstürzend umzugestalten, als all die Änderungen in den vorhergehenden 500 000 Jahren, welche die Wissenschaft dem Leben der Menschen auf diesem Planeten zugeschrieben hat. Bis zur Zeit der Wattschen Entdeckung des Dampfes als einer bewegenden Kraft waren diese Bedingungen, soweit die Haupterleichterungen des Lebens in Betracht kamen, im wesentlichen die Bedingungen jener Zivilisation, die vor acht Jahrtausenden an den Ufern des Nils und später an denen des Euphrat begonnen hatte. Wohl hatte der Mensch seine Eroberungen der Natur in späteren Jahrhunderten durch einige mechanische Erfindungen, wie Schießpulver, Fernrohr, Magnetnadel, Druckerpresse, Spinnmaschinen und Webstuhl, vermehrt. Aber das Charakteristische all dieser Erfindungen, mit Ausnahme des Schießpulvers, war, daß sie nur Hilfswerkzeuge für die physische Kraft und geistige Geschicklichkeit des Menschen waren. Anders ausgedrückt: noch beherrschte der Mensch die Maschine, und es gab noch reichlichen Spielraum für seine physischen und geistigen Kräfte. Überdies waren alle Erfindungen vorhergehender Jahrhunderte, von dem ersten Gebrauch des Feuersteins bis zum Spinnrad und der Handpresse, nur Überwindungen der greifbaren und sichtbaren Naturkräfte.

Mit Watts Nutzbarmachung des Dampfes als bewegender Kraft trat der Mensch plötzlich in einen neuen, wichtigen Abschnitt seiner wechselreichen Geschichte ein. Seitdem sollte er durch die Nutzbarmachung der unsichtbaren Naturkräfte, wie der Dampfkraft und der Elektrizität, seine Macht tausendfach vervielfältigen. Dieser erstaunliche Wandel in seinen Kräften und hierdurch in seiner Umwelt ist mit immer größer werdender Schnelligkeit vor sich gegangen.

Der Mensch wurde plötzlich zum Übermenschen. Wie die Riesen in der alten Fabel hat er sogar die Festung der göttlichen Macht gestürmt oder wie Prometheus das Feuer allgewaltiger Kräfte zu seinem Gebrauch vom Himmel selbst geraubt. Seine Stimme kann jetzt vom Atlantischen bis zum Stillen Ozean dringen; er erhebt sich mit seinem Flugzeug und kann in einem einzigen schnellen Flug von Neu-Schottland nach England fliegen. Oder er kann Lausanne verlassen und auf dem Eisgipfel des Montblanc rastend — so wie „der Herold Merkur eben abgestiegen auf einem himmelküssenden Berge" — wieder ins Weite streifen und den Adler selbst im Fluge übertreffen.

Im Jahre 1909 schrieb Rodin, der große französische Bildhauer:

> „Man mag erwidern, daß die Erfindungen der Wissenschaft diesen Mangel (die Vernachlässigung der schönen Künste) ausgleichen, aber diese Erfindungen

bedeuten fast ausschließlich, wenn nicht gänzlich, eine bloße Kraftsteigerung für die körperlichen Sinne und Fähigkeiten, der Telegraph für die Sprache, das Telephon für das Ohr, die Eisenbahn für die Beine, die Kenntnis der Photographie für das Auge. Und diese Erfindungen lassen den geistigeren Teil des Einzelmenschen in Unwissenheit. Man kann Ihr Bildnis aufnehmen, Ihre Stimme einschließen. Das ist zwar etwas Außerordentliches, aber die Seele, die herrscht, das Gute, das im Kopf ist, das wird darüber vergessen."

Durch die Naturkräfte im Besitze fast unbegrenzter Macht hat der Mensch den Zwang zu eigener körperlicher Anstrengung oder selbst zu geistiger Tätigkeit auf ein Mindestmaß beschränkt. Die Maschine handelt jetzt nicht nur für ihn, sondern d e n k t auch allzuoft für ihn.

Kann es überraschen, daß eine so gewaltige Umwälzung sein Gehirn erhitzt und sein geistiges Gleichgewicht zerstört hat? Ein neues Ideal, das er stolz „Fortschritt" nannte, nahm Besitz von ihm, das Ideal der Quantität und nicht mehr der Qualität. Seine praktische Religion wurde die der Beschleunigung und Erleichterung. Alles schneller und leichter zu erledigen und dadurch die Anstrengung zu verringern, wurde sein großes Ziel. Immer weniger vertraute er auf die Initiative seines eigenen Gehirns und seiner Muskeln. Und immer mehr setzte er sein Vertrauen auf die Macht der Maschine, die ihm seine Arbeit abnehmen sollte.

Infolgedessen ist es die Krankheit der Zeit, daß ihre Werte falsch sind.

Wissen ist weniger zu schätzen als Weisheit; das sind nicht vertauschbare Begriffe. Quantität und nicht Qualität ist das Ideal der Zeit. Automatische Kraft ist das große Fordernis, und die Kunstfertigkeit des Einzelnen wird kaum noch als Ideal angesehen. Man betet die Kompliziertheit an und lehnt die Einfachheit ab. Man überschätzt die Gleichmacherei und unterschätzt die Originalität.

Vergnügen ist das große Lebensziel und Arbeit nur ein Mittel zu diesem Ziel geworden, während in früheren Zeiten Arbeit der große Lebenszweck und Vergnügen nur etwas

Nebensächliches war, der Nachtisch zu des Lebens reichlicher Mahlzeit.

Unser Zeitalter überschätzt Phrasen und unterschätzt Wahrheit. Es überschätzt Rechte und unterschätzt Pflichten. Es unterschätzt Individualismus und überschätzt Demokratie, denn es vergißt, daß seit Beginn der Geschichte die Rettung der Gesellschaft das Werk der Minderheit war, jenes „rettenden Restes", von dem Matthew Arnold sprach. Die Zeit überwertet in starkem Maße politische Einrichtungen, aber sie scheint gleichgültig zu sein gegenüber der Verschlechterung der Individualität. Sie liebt Kraft und verachtet Schönheit. Um alles zusammenzufassen, — sie überschätzt die Materie und unterschätzt den Geist.

Dies mag vielleicht als ein zu trübes Bild der Zeit erscheinen, und glücklicherweise ist es auch nur eine Seite des Schildes. Die Rückseite ist erfreulicher. Nichts überrascht mehr als die wunderbare Entwicklung der Musik in Amerika im letzten Vierteljahrhundert. Die größeren Städte in Amerika zeigen eine geradezu hellenische Liebe für Stadtschönheit; liebliche Parkanlagen, imponierende Zentren und vortreffliche Kunstgalerien zeigen überall eine Schätzung ästhetischer Werte, die mit der pessimistischen Betrachtung der Zeit unvereinbar erscheint. Hier wie in anderen Beziehungen ist das Leben ein sich selbst widersprechendes Rätsel. Man muß freilich feststellen, daß sowohl in der Kunst wie in der Musik die Art der öffentlichen Geistigkeit mehr rezeptiv und nachahmend als schöpferisch ist. Norwegen ist nur ein kleines Land und besteht in der Hauptsache aus Bauern und Fischern, und doch hat es in der jetzigen Generation mindestens fünf große Männer hervorgebracht, denen die Unsterblichkeit gewiß ist. Amerika mit seiner 100-Millionen-Bevölkerung hat noch niemals einen Musiker, dramatischen Dichter oder auch nur einen bildenden Künstler ersten Ranges hervorgebracht. Sargent und St. Gaudens kann man unter die Sterne zweiten oder dritten Ranges einreihen; aber sie können niemals zu denen erster Größe wie Raffael, Michelangelo, Rembrandt, Franz Hals oder selbst nicht zu Gainsborough oder Sir Joshua Reynolds gerechnet werden. Noch ist kein amerikanischer

Musiker erstanden, der sich mit Bach oder Beethoven vergleichen könnte, — und das ist noch erstaunlicher, wenn man sich daran erinnert, daß nicht nur das Blut, sondern auch die künstlerischen Temperamente der größten Nationen Europas zu diesem Amalgam aller Völker, zum Amerikaner, beigetragen haben. Dafür scheint es uns nur eine Erklärung zu geben. Das ist die in Amerika herrschende große Überwertung der mechanischen Kraft.

Niemand hat die Anklage gegen diese unmäßige Überwertung besser als Dr. R. Austin Freeman in seinem neuen Buch „Social Decay and Regeneration" formuliert; in ihm sagt er wirkungsvoll:

> „Der Mechanismus ist durch seine Rückwirkungen auf den Menschen und seine Umwelt der menschlichen Wohlfahrt entgegengesetzt. Er hat den Gewerbefleiß zerstört und ihn durch bloße Arbeit ersetzt; er hat die menschlichen Werke erniedrigt und gemein gemacht. Er hat die soziale Einheit zerstört und an ihre Stelle soziale Auflösung und Klassenkampf in einem Umfang gestzt, der geradezu die Zivilisation bedroht. Er hat nachteilig auf den Strukturtypus der Gesellschaft eingewirkt, indem er ihre Organisation auf Kosten des Individuums entwickelte; er hat den minderwertigen Menschen mit politischer Macht ausgestattet, die dieser nun zum Nachteil der Gemeinschaft anwendet, indem er politische Einrichtungen sozialvernichtender Art schafft. Und endlich errichtet er noch durch seine Wirkungen auf die kriegerische Aktivität ein Agens zur allgemeinen physischen Vernichtung des Menschen und seiner Werke und zur Austilgung menschlicher Kultur. Er ist also jenen Gegenkörpern genau analog, durch die das Dasein von Aggregaten niedrigerer Organismen zu einem Ende gebracht wird."

Eine furchtbare, wenn auch übertriebene Anklage; aber die Zeit gibt ihr immerhin einige Berechtigung. Der Mensch brüstet sich damit, daß er Tausende von Meilen weit sprechen kann, aber er übersieht die größere Frage, ob er etwas von Wert sagt, wenn er Stentor übertrifft. Jetzt hat er auch noch die heiteren Räume der oberen Himmel zu seinem Mittel gemacht, Marktberichte und Sportneuigkeiten, Musik zweiten Ranges und noch schlechtere Reden zu übermitteln, und inzwischen bleiben die großen Meister des Gedankens, Homer und Shakespeare, Dante und Milton, unverlangt in den Büchergestellen. Was für ein gemeiner Eitelkeitsmarkt ist doch die moderne Zivilisation!

Diese unberechenbare Vervielfältigung der Kraft hat den Menschen trunken gemacht. Die Lust nahm Besitz von ihm, ohne Rücksicht darauf, ob sie aufbaute oder niederriß. Quantität, nicht mehr Qualität wurde das große Ziel. Der Mensch verbraucht die Schätze der Erde schneller, als er sie hervorbringt, er entwaldet ihre Oberfläche, er weidet ihren verborgenen Reichtum aus. Fieberhaft vermehrt er die Gegenstände, die er sich wünscht, aber noch fieberhafter steigert er seine Bedürfnisse.

Um diese Bedürfnisse zu befriedigen, suchte er die überfüllten Zentren des menschlichen Lebens auf. Obwohl die Welt als Ganzes nicht übervölkert ist, sind doch die in der Zivilisation führenden Länder diesem fürchterlichen Druck ausgesetzt. Die Bevölkerung Europas, die zu Beginn des 19. Jahrhunderts knapp 100 Millionen zählte, hat sich schnell fast verfünffacht. Millionen verließen die Bauernhöfe und strömten in die Städte, um den neuen und anscheinend leichten Sieg über die Natur auszubeuten.

In den Vereinigten Staaten waren noch 1880 nur 15% der Bevölkerung in den Städten zusammengedrängt. 85% waren auf dem Lande geblieben und folgten jenem Berufe, welcher von allen Berufen noch das Übergewicht der menschlichen Arbeit über die Maschine in seiner Reinheit erhält. Heute befinden sich 52% der Bevölkerung in den Städten. Viele führen dort ein fieberhaftes und künstliches Dasein. Obwohl sie eine Beschäftigung haben, arbeiten sie doch nicht selbst, sondern verbringen ihr Leben mit der Überwachung der Maschinenarbeit.

Die Folge ist eine umständliche Arbeitsteilung gewesen, die vielen Arbeitern die eigentliche Bedeutung und die körperliche Wohltat der Arbeit vorenthält.

Die unmittelbaren Folgen dieser übermäßigen Tendenz zur Spezialisierung, durch die nicht nur die Arbeit, sondern auch die Arbeiterschaft in bloße Teilstücke geteilt werden, sind dreierlei. In seinem Werke über John Ruskin*) führt Hobson sie folgendermaßen auf: In erster Linie Beschränktheit infolge der Beschäftigung mit einer einzelnen Tätigkeit, bei welcher die Elemente menschlicher Geschicklichkeit und Kraft in weitem Maße ausgeschaltet werden. Zweitens Einförmigkeit bei der Anpassung des Menschen an eine Maschine, wobei anscheinend die Maschine den Menschen und nicht der Mensch die Maschine beherrscht. Drittens Vernunftlosigkeit, da die Arbeit in der Gedankenwelt des Arbeiters nicht mit einem vollständigen oder befriedigenden Werk in Zusammenhang gebracht wird. Der Arbeiter sieht die Früchte seiner Arbeit nicht und kann deshalb nicht wirklich befriedigt sein. Sein Leben lang nur ein Ventil zu öffnen, um einen Teil einer Nadel zu verfertigen, wirkt, wie Ruskin zeigte, demoralisierend.

So verloren Millionen Menschen die Gelegenheit zu wirklicher körperlicher Betätigung, den Anreiz zur Arbeit durch den fröhlichen Wettkampf in der Geschicklichkeit und endlich auch noch den im Gefühl des Erreichten liegenden Lohn für ihre Tätigkeit.

Ernster jedoch als diese Erscheinungen ist noch der zerstörende Einfluß der Quantität, des großen Ziels unseres mechanischen Zeitalters, auf Kosten der Güte.

Nehmen wir z. B. die Druckerpresse. Niemand kann die großen Vorteile in Frage stellen, die von der größeren Leichtigkeit, Ideen zu übertragen, herrühren. Aber ist es nicht gleichfalls wahr, daß die tausendfache Zunahme dieser Übermittlung durch die Rotationsmaschine dazu beitrug, den herrschenden Gedanken der Zeit zu verwirren? Es ist richtig, daß die Druckerpresse große Schätze menschlichen Wissens angehäuft hat, die unser Zeitalter zum reichsten in der Möglichkeit der Belehrung machten. Wie steht es aber

*) Anmerkung des Übersetzers: John Ruskin, englischer Kunstkritiker und Nationalökonom (geb. 1819 zu London). Von ihm stammen zahlreiche Schriften, z. B. „Pre-Raphaelitism“, „Stones of Venice“, „The political economy of art“, „On the nature of Gothic architecture“, wie ein sehr umfangreiches Werk „Modern painters“. Ruskin war auch Professor der schönen Künste in Oxford. Er befaßte sich besonders aber auch mit sozialen Fragen.

mit den Gedanken, welche die lebende Generation beherrschen?

Man mag wohl die Frage stellen, ob in ihnen noch die gleiche Klarheit liegt wie im Gehirn der Generation, welche die Verfassung der Vereinigten Staaten schuf. Ihre Schöpfer konnten nicht durch den Fernsprecher 3000 Meilen weit sprechen. Kann unsere Generation sie aber an Gedanken von dauerndem Wert übertreffen? Washington und Franklin konnten nicht in einer Stunde 60 Meilen mit der Eisenbahn oder doppelt so schnell in einem Flugzeug fahren. Aber folgt daraus, daß sie nicht zu dem gleichen guten Zweck wie die Menschen dieses Zeitalters reisten, die wie Ameisen in einem zerstörten Ameisenhaufen hin und her eilen?

Zweifellos erhält der moderne Mensch tausend Ideen durch die Presse und Bücher, wo unsere Vorfahren nur eine einzige bekamen. Aber hat er den gleichen Geist ruhiger Forschung und bringt er die Tatsachen ebenso weise miteinander in Verbindung, wie seine Vorfahren es taten? Heutzutage kennt der Mensch etwas mehr Dinge als der Klügste seiner Vorfahren, aber weiß er ebensogut wie sie irgend etwas von bleibendem Wert? Athen hatte in den Tagen des Perikles nur 30 000 Einwohner und nur wenig mechanische Erfindungen, aber es brachte Philosophen, Dichter und Künstler hervor, deren Werk nach mehr als zwanzig Jahrhunderten noch die Verzweiflung ihrer vermeintlichen Nachahmer bleibt.

Shakespeare hatte ein Theater mit der Erde als Parkett und dem Himmel als Dach. New York hat heute 50 Theater und zahlt jährlich 100 Millionen Dollar an die Eintrittskassen seiner verschiedenen Vergnügungsetablissements, aber es hat kaum im Verlauf von zwei Jahrhunderten ein Theaterstück hervorgebracht, das dauernden Wert hätte.

Der Mensch hat heutzutage ein Kinogehirn. Tausende von Bildern spiegeln sich täglich auf der Lichtwand seines Bewußtseins, aber sie gleiten ebenso vorbei wie lebende Bilder in einem Kinotheater. Die amerikanische Presse druckt jährlich über 29 Milliarden Auflagen. Niemand kann den Wert ihrer Erziehungsmöglichkeit bezweifeln, denn die beste aller Universitäten ist vielleicht die Universität G u t e n b e r g. Wenn sie nur die Wahrheit drucken wollte, wäre ihr Wert unbegrenzt. Wer kann jedoch sagen, in welchem Ausmaß Wahres und Falsches in dieser ungeheuren Menge gedruckten Stoffes vorhanden ist? Die Schöpfer unserer Verfassung hatten wenig Bücher und noch weniger Zeitungen. Ihre Gedanken waren nur wenige und einfach; was ihnen aber an Menge fehlte, das ersetzten sie durch unerreichte Güte.

Vor Beginn unseres jetzigen mechanischen Zeitalters konnte man den Lauf der beherrschenden Gedanken einem Bergstrom vergleichen, der zwar zwischen engen Ufern eingepreßt war, aber doch Wasser von kristallener Klarheit hatte. Kann nicht der Gedankenlauf unserer Tage mit dem mächtigen Mississippi zur Zeit einer Frühjahrsüberschwemmung verglichen werden? Seine Ufer sind weit und sein Lauf ist geschwind, aber der trübe Strom, der dahinfließt, hat schmutzige Wirbel und Strudel und überflutet seine Ufer, um sie zu zerstören.

Die große Anklage jedoch gegen das heutige mechanische Zeitalters ist die Anklage, daß es die Arbeitsgesinnung nahezu vernichtet hat. Das schwere Rätsel, das es uns vorlegt und das wir wie das Rätsel der Sphinx entweder lösen — oder untergehen müssen —, ist:

W u r d e d i e Z u n a h m e i n d e r M ö g l i c h k e i t m e n s c h l i c h e r K r a f t e n t f a l t u n g d u r c h d i e T h e r m o d y n a m i k v o n e i n e m g l e i c h g r o ß e n Z u w a c h s i m W i r k u n g s v e r m ö g e n d e s m e n s c h l i c h e n C h a r a k t e r s b e g l e i t e t?

Auf diese Frage über Leben und Tod gab ein großer französischer Philosoph, Le Bon, in einer Schrift vom Jahre 1910 die Antwort, ein unverkennbares Symptom im menschlichen Leben sei die „zunehmende Verschlechterung des menschlichen Charakters“. Und ein großer Physiker hat das Symptom als „fortschreitende Entkräftung des menschlichen Willens“ beschrieben.

In einem berühmten, Ende des 19. Jahrhunderts verfaßten Buch, „D e g e n e r a t i o n“, erklärt Max Nordau als Pathologe diese Tatsache damit, daß unsere verwickelte

Zivilisation dem begrenzten Nervenorganismus des Menschen eine allzu große Anstrengung auferlegt hat.

Ein großer Finanzmann, der ältere J. P. Morgan, sagte einmal von einer damals gerade bestehenden finanziellen Lage, daß sie „an unverdauten Sicherheiten" leide. Um seine Worte zu umschreiben, ist es nicht möglich, daß der Mensch an unverdauten Errungenschaften leidet und daß seine Rettung in der Anpassung an eine neue Umwelt liegt, welche, an jedem der Wissenschaft bekannten Maßstab gemessen, in diesem Jahre des Heils tausendfach größer ist, als sie zu Anfang des 19. Jahrhunderts war?

Niemand würde toll genug sein, auf einen Rückschritt zu drängen, wie ihn der Verzicht auf die arbeitersparenden Maschinen in sich schließen würde. Das wäre tatsächlich unmöglich. Denn wenn man auch von ihren Nachteilen spricht, muß man doch anerkennen, daß ohne ihre wohltätige Hilfe nicht nur die Zivilisation zugrunde gehen würde, sondern daß auch jeder weitere Fortschritt in der menschlichen Geschichte mit einer neuen mechanischen Erfindung zusammenfiel, daß der Fortschritt ihnen sogar zu einem großen Teil zuzuschreiben war.

Aber angenommen, die Entwicklung der arbeitersparenden Maschinen würde einen solchen Grad erreichen, daß jede menschliche Arbeit ausgeschaltet wäre, was würde die Wirkung auf den Menschen sein? Eine Antwort hierauf zeigt uns ein Experiment, das Sir John Lubbock*) mit einem Volk von Ameisen machte. Ursprünglich die gefräßigsten und kriegerischsten ihrer Art, wurden sie nach drei Generationen blutarm und gingen zugrunde, als man ihnen die Bewegungsmöglichkeit nahm und von der Notwendigkeit, sich ihre Nahrung zu suchen, befreite.

Nimmt man dem Menschen die Gelegenheit zur Arbeit und das Gefühl des Stolzes auf sein Werk, dann hat man ihm das eigentliche Leben in seinem Dasein genommen. Robert Burns konnte noch singen, als er seinen Pflug durch

*) Anmerkung des Übersetzers: Sir John Lubbock (geb. 1834 zu London), englischer Naturforscher, Bankier und Parlamentarier. Am bekanntesten ist er durch seine zoologischen, physiologischen und archäologischen Arbeiten geworden.

die Felder von Ayr lenkte*). Heute, wo Millionen Menschen nichts tun als eine automatische und unfehlbare Maschine überwachen, was weder Kraft noch Geschicklichkeit erfordert, singt man nicht bei der Arbeit. Im Gegenteil, nur zu viele verfluchen das Schicksal, das sie gleich Ixion**) an eine solche seelenlose Maschine gekettet hat.

Das Übel ist aber noch größer.

Die Spezialisierung unserer modernen mechanischen Zivilisation hat bewirkt, daß der Einzelne in der Gruppe oder Klasse versinkt. Der Mensch hört schnell auf, die Einheit der menschlichen Gesellschaft zu sein. Gruppen der Selbstverwaltung werden die neuen Einheiten. Das trifft auf alle Klassen der Menschheit zu, auf Arbeitgeber wie auf Arbeitnehmer. Die wahre Rechtfertigung für die amerikanischen Antimonopolgesetze einschließlich des Shermanschen Antitrustgesetzes liegt nicht so sehr auf dem Gebiete der Wirtschaft als auf dem Gebiete der Moral. Dem Untertauchen des Einzelnen, des Kapitalisten oder des Lohnempfängers, in eine Gruppe folgte eine Vernichtung des moralischen Verantwortlichkeitsgefühls. Eine Massenmoral trat an Stelle der Individualmoral; und unglücklicherweise verstärkt die Massenmoral im allgemeinen mehr die Laster als die Tugenden des Menschen.

Vielleicht das bedeutendste Ergebnis des mechanischen Zeitalters ist dieser Geist der Organisation. Seine Verdienste sind mannigfaltig und brauchen nicht erst genannt zu werden; aber sie haben uns gegen die Nachteile einer übermäßigen Organisation blind gemacht. Wir beginnen erst jetzt langsam, aber sicher einzusehen, daß die Organisationsfähigkeit, die als solche den Geist des Individualismus unterdrückte, nicht von ungetrübter Güte ist.

---

*) Anmerkung des Übersetzers: Robert Burns, berühmter schottischer Liederdichter (geb. 1759 in der Grafschaft Ayr im südlichen Schottland). Sein Vater hatte eine Pachtung, Mount Oliphant, übernommen, und sein Sohn mußte ihm als Jüngling bei der Feldarbeit beistehen. Hier, hinter dem Pflug, war es, wo Burns' dichterischer Genius geweckt wurde.

**) Anmerkung des Übersetzers: Ixion, Sohn des Phlegyas, Königs der Lapithen oder Phlegyer, wurde nach der Sage von Zeus in die Unterwelt gebracht und an Händen und Füßen mit ehernen Banden auf ein ewig rollendes, feuriges Rad gebunden.

Die in der Tragödie Deutschlands liegende moralische Lektion läßt sich tatsächlich aus dem demoralisierenden Einfluß einer Organisation herleiten, welche bis zur xten Potenz getrieben war. Keine Nation war jemals höher organisiert als dieser moderne Staat. Physisch, intellektuell und geistig war er eine hochentwickelte Maschine geworden. Sein herrschender mechanischer Sinn nahm von dem Einzelwesen dermaßen Besitz, daß man im Jahre 1914 die paradoxe Erscheinung einer aufgeklärten Nation scheinbar ohne Gewissen beobachten konnte.

Was jedoch für Deutschland zutraf, traf auch — vielleicht etwas abgeschwächt — für alle zivilisierten Nationen zu. In allen war das Individuum in Gruppenbildungen versunken, und die Wirkung auf den Charakter des Menschen war vernichtend für sein besseres Selbst.

Dies mag die Widersprüche im sogenannten „Fortschritt" erklären. Man kann ihn mit einem großen Rad vergleichen, das unter der stets wachsenden Herrschaft der mechanischen Kräfte eine stets größere Geschwindigkeit entwickelte, bis es im Jahre 1914 infolge der Zentrifugalkraft aus seinen Lagern sprang und eine beispiellose Katastrophe verursachte. Langsam arbeitet sich der Mensch aus diesem ungeheuren Trümmerhaufen heraus, gewinnt seine Besinnung wieder und beginnt nun wahrzunehmen, daß Hast nicht notwendig Fortschritt bedeutet.

All diesen Dingen stand das 19. Jahrhundert in seinem übertriebenen Stolz auf die Eroberung der unsichtbaren Kräfte fast blind gegenüber. Es nahm nicht nur den Fortschritt als eine unleugbare Tatsache hin — wobei es jedoch Beschleunigung und Erleichterung irrtümlicherweise als Fortschritt ansah —, sondern glaubte auch in seiner maßlosen Torheit an ein unabänderliches Gesetz des Fortschritts, das die Menschheit mit den blinden Kräften der Mechanik vorwärtstreibe.

Einige wenige Männer jedoch, die auf den Höhengefilden menschlicher Beobachtung standen, sahen die Zukunft klarer als die Masse. Emerson, Carlyle, Ruskin, Samuel Butler und Max Nordau im 19. Jahrhundert und zu unserer Zeit Ferrero, sie alle wiesen auf die unausbleiblichen Gefahren der übermäßigen Mechanisierung der menschlichen Gesellschaft hin. Man hörte jedoch unglücklicherweise auf ihre Warnungen so wenig wie auf diejenigen Kassandras.

Man kann die Tragödie der Zeit, wie sie einige Wenige sahen, erkennen, wenn man die erste Locksley Hall von Alfred Tennyson, verfaßt im Jahre 1827, mit ihrem unerschütterlichen Glauben an das „wachsende Ziel der Zeitalter" und mit ihren rosigen Prophezeiungen des goldenen Zeitalters, in dem die „Kriegstrommel nicht länger ertönen würde und die Kampffahnen im Parlament der Menschheit und des Weltbundes aufgerollt sein würden" mit der späteren, 60 Jahre nachher geschriebenen Locksley Hall vergleicht, in der dieser große geistige Dichter unserer Zeit dem düsteren Pessimismus, der seine Seele erfüllte, folgendermaßen Ausdruck gab:

„Vorbei der Schrei des „Vorwärts, Vorwärts", verloren in wachsender Düsterheit,
Verloren oder gehört nur in tiefer Stille aus der Stille des Grabes.

Halb das Wunder meines Morgens, triumphierend über Raum und Zeit,
Häufigkeit hat Dich ermattet, Vielgebrauch Dich abgestumpft zum Gemeinplatz des Gemeinsten!

Entwicklung immer klimmend zu dem schönsten Ideal hinauf,
Und der Rückfall, stets Entwicklung ziehend in der Straßen Staub.

Ist es gut, daß, wo wir segeln mit dem Wissen, Herrn der Zeit,
Städtekinder Stadtdunst atmen, Geist und Herz damit beflecken?"

Gegen das Übel gibt es viele Heilmittel. Es würde viel zur Lösung des Problems beitragen, wenn man in dem Menschen die Liebe zur Arbeit nur der Arbeit wegen und jenen Geist der Disziplin wieder erwecken könnte, welcher einst einen starken Sinn gesellschaftlicher Solidarität erzeugte.

Arbeit ist noch immer die größte moralische Kraft in der Welt.

Wenn die jetzige Generation nur das Bestehen des Übelstandes erkennen kann, dann ist die Lage noch nicht hoffnungslos; denn der Mensch hat sich noch nie in einer Sackgasse der bloßen Verneinung befunden. Er ist noch „Herr seiner Seele und Lenker seines Geschicks". Es ist das ermutigendste Zeichen dieser Zeit, daß in der zeitgenössischen Literatur ständig der Gedanke zum Ausdruck kommt, nachdenkliche Männer gäben jetzt zu, viel von unserem hochberühmten Fortschritt sei so unwirklich wie ein Regenbogen. Obgleich die Stimmung der Zeit für den Augenblick pessimistisch erscheint, so bedeutet dies doch nur, daß der Mensch jetzt den Abgrund erkannt hat, dessen Vorhandensein er kaum vermutete, über den ihn aber sein unbeugsamer Mut hinübertragen wird.

Wir müssen Vertrauen auf den unauslöschlichen Funken des Göttlichen haben, der in der menschlichen Seele schlummert und den unsere verwickelte mechanische Zivilisation noch nicht vernichtet hat. Dafür ist selbst der Weltkrieg ein Beweis. All die schrecklichen Mittel der Technik und Chemie wurden dazu verwendet, die menschliche Seele zu beugen, aber alle erwiesen sich als wirkungslos. Niemals erhob sich die Menschheit zu größeren Höhen der Selbstaufopferung oder bewies eine größere Treue „selbst bis zum Tode". Millionen sanken ins Grab wie zum Schlafe für ein Ideal. Wenn das überhaupt möglich war, dann läßt diese Pandorabüchse moderner Zivilisation, die alle nur denkbaren Übel wie auch Wohltaten enthält, doch auch Hoffnung bestehen.

Als man den rumänischen Staatsmann Take Jonescu während der Friedenskonferenz zu Paris nach seiner Ansicht über die Zukunft der Zivilisation befragte, antwortete er: „Urteilt man nach der Erleuchtüng des Verstandes, dann gibt es nur wenig Hoffnung; aber ich glaube an den unauslöschlichen Willen des Menschen zum Leben."

Glücklicherweise kann dieser Wille nicht durch einen Wechsel in der Umwelt des Menschen beeinflußt werden!

Selbst als sich der Höhlenmensch vor dem Vorrücken der Polarzone, welche einst Europa mit eisiger Einöde bedeckte, zurückzog, trotzte er nicht nur den Elementen. Er zeigte darüber hinaus auch hier seine Liebe zum Erhabenen, indem er die Wände seines eisigen Gefängnisses mit jenen Wandmalereien schmückte, die den Anfang der Kunst bedeuteten.

Sicherlich wird der Mensch von heute mit der reichen Erbschaft zahlloser Zeitalter ebenso verfahren. Er muß nur das Übel erkennen und wird dann schon auf irgendeine Weise Abhilfe schaffen.

Aber was kann das vom Menschen verfaßte Gesetz in diesem Kampfe gegen die blinden Naturkräfte tun?

Es ist leicht, den Wert aller politischen Einrichtungen zu übertreiben. Sie liegen nämlich im allgemeinen nur an der Oberfläche des menschlichen Lebens und reichen nicht bis tief in die Unterströmungen der Menschennatur. Aber das Gesetz kann doch dazu beitragen, die Seele des Menschen vor der Zerstörung durch die seelenlose Maschine zu retten. Es kann den Geist des Invidualismus verteidigen. Es muß die menschliche Seele in ihrem Gott-gegebenen Recht, die Kräfte des Geistes und Körpers frei zu betätigen, schützen. Es muß das Recht zur Arbeit gegen diejenigen verteidigen, die es entweder vernichten oder herabwürdigen wollen. Es muß das Recht jedes Menschen verteidigen, sich zum Schutze seiner Interessen, ob er nun Geistes- oder Handarbeiter ist, nicht nur mit anderen zusammenzuschließen, denn ohne dieses Recht auf Zusammenschluß würde der Einzelmensch oft das Opfer übermächtiger Kräfte werden, — sondern es muß das Gesetz auch das gleiche Recht des Einzelmenschen schützen, sich, wenn er es will, nur auf seine eigenen Kräfte zu stützen.

Die Tendenz der Massenmoral, die Menschen gleichförmig zu machen — und so alle Menschen auf die tote Ebene durchschnittlicher Mittelmäßigkeit zu bringen —, ist etwas, was das Gesetz bekämpfen sollte. Sein Schutz sollte denjenigen zuteil werden, welche größere Geschicklichkeit und größern Fleiß besitzen und welche den angemessenen Lohn für solche Vorzüge fordern. Jedes andere Vorgehen würde, um den schönen Satz Thomas Jeffersons in seiner ersten Eröffnungsrede zu gebrauchen, „der Arbeit das wohlverdiente Brot vom Munde wegnehmen".

*Eine der edelsten Kundgebungen solchen Geistes ist die Verfassung der Vereinigten Staaten.* Selbst diese Magna Charta vermochte sich jedoch den zerstörenden Tendenzen des mechanischen Zeitalters nicht vollständig zu entziehen. Sie entstand am wirklichen Ende des Hirten- und Ackerbauzeitalters und zu einer Zeit, als der Geist des Individualismus in voller Blüte stand. Die kühnen Pioniere, welche mit ihren Äxten der fortschreitenden Zivilisation den Weg bahnten, waren starke Männer, die wir in unserem Zeitalter nicht unterschätzen dürfen. Der „Prärieschoner", welcher den Naturkräften mit der stolzen Herausforderung entgegentrat: „Pike's Peak or bust", brachte einen ebenso prächtigen Menschentyp hervor wie das Zeitalter, in dem man entweder in Fords „Flivver" oder in dem luxuriöseren Rolls-Royce fährt.

*Das größte und edelste Ziel der Verfassung bestand darin, nicht nur die Rechte der Gesamtnation und der Einzelstaaten im genauesten Gleichgewicht zu halten, sondern auch in den Wagschalen der Gerechtigkeit eine wirkliche Gleichheit zwischen den Rechten der Regierung und den Rechten der Einzelmenschen zu erhalten. Sie glaubte nicht an die Allmacht oder Unfehlbarkeit des Staates, und dennoch proklamierte sie seine Autorität innerhalb weiser und gerechter Grenzen. Sie verteidigte die Unantastbarkeit der menschlichen Seele.*

In anderen Staaten beruhen die Grundregeln der Freiheit auf dem Gewissen der gesetzgebenden Gewalt. Nach der amerikanischen Verfassung sind sie ein Teil des Grundgesetzes und als solche durch Richter zu erzwingen, welche den Eid geleistet haben, die Unantastbarkeit des Einzelmenschen ebenso vollständig zu verteidigen wie die Unverletzlichkeit des Staates.

Wann erfüllte Männer in den politischen Annalen der Menschheit eine edlere „Vision"? Ohne diese Vision, welche jede folgende Generation von Amerikanern von dem Versuch eines Mißbrauchs der politischen Gewalt abhält, würde der amerikanische Freistaat mit seiner großen heterogenen Demokratie eines Tages untergehen.

Diese Vision verbleibt noch immer dem amerikanischen Volk als ein Ideal und führt es zu immer größeren Errungenschaften. In all den wilden Wandlungen, in den Stunden geistiger Erhitzung hat es noch nicht den Glauben und die Liebe zur Verfassung der Väter verloren! Diese Vision wird ihm bleiben, solange, aber auch nicht länger, als in seinem Herzen eine bewußte, willige Unterwerfung unter ihre Weisheit und Gerechtigkeit besteht. Offenbar kann die Verfassung keine eigene Kraft, sich zu verewigen, besitzen. Wenn sie aufhört, ein Teil der Volksseele zu sein, dann nützt das gelbe Pergament, auf dem sie geschrieben ist, nichts mehr. Als dieses Pergament zum letzten Male aus dem Safe des Staatsdepartements genommen wurde, war die Tinte, mit der es vor ungefähr 137 Jahren niedergeschrieben worden war, verblichen.

Alle, die an eine verfassungsmäßige Regierung glauben, können nur hoffen, daß das kein Unheil bedeutendes Symbol ist. Das amerikanische Volk muß den Vertrag nicht mit Tinte auf Pergament, sondern mit „Buchstaben lebendigen Lichts" — um Websters schönen Ausdruck zu gebrauchen — in sein Herz schreiben.

Und abermals drängt sich die feierliche Warnung des Weisen aus dem Altertum auf:

„Volk ohne Weihe vergeht,
Volk, das sich heiligt, besteht."

Und abermals richtet sich sein feierliches Verbot an die gegenwärtige Generation, die so schnell ihr wertvolles Erbe verschleudert:

„Verrücke nicht den alten Grenzstein, den Deine Väter aufgerichtet haben."

# ANHÄNGE UND REGISTER

## Anhang I.

### DER VIRGINIA-ENTWURF

Es wird folgendes beschlossen:

1. Die Artikel der Konföderation sollen verbessert und erweitert werden, um die Ziele zu verwirklichen, die man bei ihrer Errichtung im Auge hatte, insbesondere gemeinsame Verteidigung, Schutz der Freiheit und allgemeine Wohlfahrt.

2. Deswegen soll das Stimmrecht in der Nationalen Legislatur im Verhältnis zu den Steuerbeiträgen oder zu der Anzahl freier Bewohner stehen, je nachdem die eine oder die andere Regelung in verschiedenartigen Fällen für die bessere gehalten wird.

3. Die Nationale Legislatur soll aus zwei Kammern bestehen.

4. Die Mitglieder der ersten Kammer der Nationalen Legislatur sollen von den Einwohnern der verschiedenen Einzelstaaten gewählt werden, und zwar jeder ... auf die Zeit von ...; sie sollen ein Alter von wenigstens ... Jahren haben; sie sollen reichliche Gehälter bekommen, die ihnen einen Ersatz dafür geben, daß sie ihre Zeit dem öffentlichen Dienste opfern. Sie dürfen für die Dauer ihrer Amtszeit und für die Zeit von ... nach deren Beendigung zu keinen Ämtern gewählt werden, die von einem Einzelstaat oder unter der Autorität der Vereinigten Staaten begründet sind, außer zu jenen speziellen Verrichtungen, die zu den Obliegenheiten der ersten Kammer gehören. Sie dürfen in einem Zeitraum von ... nach Beendigung ihrer Amtszeit nicht wiedergewählt und können abberufen werden.

5. Die Mitglieder der zweiten Kammer der Nationalen Legislatur sollen von den Mitgliedern der ersten Kammer aus einer angemessenen Zahl von Personen gewählt werden, die von den Parlamenten der Einzelstaaten nominiert werden, und sollen ein Alter von wenigstens ... Jahren haben. Sie sollen ihre Ämter für eine genügend lange Zeit innehaben, um ihre Unabhängigkeit zu sichern. Sie sollen reichliche Gehälter beziehen, die ihnen einen Ersatz dafür geben, daß sie ihre Zeit dem öffentlichen Dienst opfern. Sie sollen für die Dauer ihrer Amtszeit und für die Zeit von ... nach deren Beendigung zu keinen Ämtern gewählt werden, die von einem Einzelstaat oder unter der Autorität der Vereinigten Staaten begründet sind, außer zu jenen speziellen Verrichtungen, die zu den Obliegenheiten der zweiten Kammer gehören.

6. Jede Kammer soll das Recht haben, Gesetze ins Leben zu rufen. Die Nationale Legislatur soll ermächtigt sein, die Gesetzgebungsrechte zu genießen, welche der Kongreß durch die Konföderation erworben hat. Ferner soll sie ermächtigt sein, die Gesetzgebung in allen Fällen auszuüben, in denen die Einzelstaaten unzuständig sind oder in denen die Eintracht der Vereinigten Staaten durch die Ausübung einer Einzelgesetzgebung gestört werden kann. Sie soll weiter alle von den Einzelstaaten angenommenen Gesetze für ungültig erklären können, die nach der Meinung der Nationalen gesetzgebenden Körperschaft den Artikeln der Union zuwiderlaufen. Schließlich soll sie auch dazu ermächtigt sein, die Truppen der Union gegen jedes Mitglied der Union einzusetzen, das seinen Pflichten gemäß deren Artikeln nicht nachkommt.

7. Es soll eine Nationale Exekutive eingesetzt werden, die von der Nationalen Legislatur für die Zeit von . . . gewählt werden soll. Diese soll pünktlich zu bestimmten Zeiten für die geleisteten Dienste eine feste Besoldung erhalten, die nicht erhöht oder vermindert werden kann, um so auf das Amt einzuwirken, das zur Zeit einer Erhöhung oder Herabsetzung besteht. Sie soll nicht zum zweiten Male wählbar sein. Die Exekutive soll überdies Generalvollmacht zur Ausführung der nationalen Gesetze besitzen und die Exekutivrechte genießen, welche der Kongreß durch die Konföderation erworben hat.

8. Die Exekutive und eine geeignete Anzahl nationaler Richter sollen einen Revisionsrat bilden, der die Befugnis haben soll, jeden Akt nationaler Gesetzgebung vor seiner Inkraftsetzung und jeden Akt einzelstaatlicher Gesetzgebung vor seiner endgültigen Verwerfung zu prüfen. Das dissentierende Votum des benannten Rates soll auf eine Ablehnung hinauslaufen, falls nicht ein Gesetz von der Nationalen Legislatur zum zweiten Male angenommen oder ein Gesetz der einzelstaatlichen Legislatur zum zweiten Male durch . . . der Mitglieder jeder Kammer verworfen wird.

9. Ein Nationaler Richterstand soll eingesetzt werden, der aus einem oder mehreren höchsten Gerichtshöfen und aus niederen Gerichtshöfen bestehen soll, die von der Nationalen Legislatur zu wählen sind. Diese Richter sollen ihre Ämter für die Zeit einwandfreien Verhaltens behalten und pünktlich zu bestimmten Zeiten feste Besoldung für ihre Dienste bekommen, die nicht erhöht oder vermindert werden sollen, um so auf die Personen einzuwirken, die gerade zur Zeit solcher Erhöhung oder Herabsetzung im Amte sind. Die Rechtsprechung der niederen Gerichtshöfe soll in erster Instanz verhören und entscheiden; der Oberste Gerichtshof soll verhören und entscheiden in letzter Instanz, für alle Pirateréien, Verbrechen auf hoher See und vom Feinde erbeutete Prisen, ferner in Fällen, in denen Ausländer oder Bürger

anderer Einzelstaaten, die sich an solche Jurisdiktionen wenden, interessiert sind, oder in Fällen, welche die Erhebung der nationalen Einkünfte betreffen; schließlich bei Anklagen nationaler Beamter und bei Fragen, die den Frieden und die Eintracht der Nation betreffen.

10. Es soll Vorsorge für die Zulassung einzelstaatlicher gesetzmäßiger Erhebung innerhalb der Grenzen der Vereinigten Staaten getroffen werden, sei es durch eine freiwillige Einigung der Zentralregierung mit dem Einzelstaat oder durch eine andere Weise, und zwar mit Einverständnis einer Zahl von Stimmen in der Nationalen Legislatur, die geringer ist als das Plenum.

11. Von den Vereinigten Staaten soll eine republikanische Regierung und das Territorium jedes Staates, außer im Fall freiwilliger Einigung zwischen Zentralregierung und Staat, jedem Einzelstaat garantiert werden.

12. Es soll Vorsorge getroffen werden für die Kontinuität des Kongresses und seiner Vollmachten und Privilegien, wie für die Erfüllung all seiner Verpflichtungen, bis zu einem gegebenen späteren Tage die Reform der Artikel der Union angenommen sein wird.

13. Es soll Vorsorge getroffen werden für das Amendment von Artikeln der Union, wenn immer es nötig erscheinen solle; die Zustimmung der Nationalen Legislatur soll hierzu nicht erforderlich sein.

14. Legislative, Exekutive und richterliche Gewalten sollen in den verschiedenen Staaten eidlich verpflichtet sein, die Artikel der Union zu unterstützen.

15. Amendments, die durch den Konvent bei der Konföderation beantragt werden sollen, müssen zur geeigneten Zeit oder zu geeigneten Zeiten nach der Billigung des Kongresses einer Versammlung oder Versammlungen von Volksvertretern unterbreitet werden, die von den verschiedenen Parlamenten vorgeschlagen und ausdrücklich vom Volk gewählt werden sollen, um hierüber zu beraten und zu entscheiden.

## Anhang II.

### DER NEW-JERSEY-ENTWURF.

Es wird folgendes beschlossen:

1. Die Artikel der Konföderation sollen so revidiert, verbessert und erweitert werden, daß die Bundesverfassung den Erfordernissen der Regierung und dem Schutze der Union entspricht.

2. Die im Kongreß vereinigten Staaten sollen, in Erweiterung ihrer ihnen durch die jetzt bestehenden Artikel der Konföderation zuerkannten Befugnisse, ermächtigt sein, Gesetze zur Aufbringung von Einkünften zu erlassen, indem sie eine Steuer oder Steuern auf alle Waren und Kaufmannsgüter ausländischer Provenienz oder Fabrikation, die in irgendein Gebiet der Vereinigten Staaten eingeführt werden, durch Stempelabgaben auf Papier, Velin oder Pergament legen; ferner, indem sie eine Portoabgabe auf alle Briefe und Pakete legen, die ihren Weg über das Generalpostamt nehmen. Die Einkünfte daraus sollen für solche Bundesaufgaben, die richtig und tunlich scheinen, Verwendung finden. Es sollen Vorschriften und Verordnungen über ihre Erhebung erlassen werden, die von Zeit zu Zeit zu ändern und so zu verbessern sind, wie man es für tunlich hält. Es sollen Gesetze für die Regelung von Verkehr und Handel mit fremden Ländern wie für den Verkehr der Staaten untereinander erlassen werden. Es soll bestimmt werden, daß alle Strafen, Bußen, Reu- und Strafgelder, denen man wegen Zuwiderhandlungen gegen solche Gesetze, Vorschriften und Verordnungen verfällt, der Entscheidung der gewöhnlichen Gerichte der Einzelstaaten unterliegen, in denen ein Verstoß gegen die wahre Absicht und Bedeutung solcher Gesetze, Vorschriften und Verordnungen begangen oder verübt ist. Hierbei soll erlaubt sein, in der ersten Instanz mit allen Prozessen zu beginnen und mit den sich daraus ergebenden Verfolgungen in der oberen Instanz der gewöhnlichen Gerichte in diesen Einzelstaaten, die nichtsdestoweniger zwecks Verbesserung aller im Gesetz und im Tatbestand enthaltenen Irrtümer in der Urteilsfällung einer Berufung an die Gerichtsbarkeit der Vereinigten Staaten unterworfen sind.

3. Sooft Requirierungen nötig sind, sollen, unter Außerkraftsetzung der in den Artikeln der Konföderation enthaltenen Vorschrift über die Requirierungen, die im Kongreß vereinigten Staaten ermächtigt sein, solche Requirierungen zu machen, und zwar im Verhältnis zur Gesamtzahl der Weißen und der anderen

freien Bürger und Einwohner jeden Alters, Geschlechts und Standes einschließlich der für eine bestimmte Dauer von Jahren im Dienstverhältnis Stehenden und von drei Fünfteln aller anderen Personen, die nicht in der voraufgehenden Aufzählung enthalten sind, jedoch mit Ausschluß der Indianer, die keine Steuern zahlen. Wenn man sich solchen Requirierungen nicht fügt innerhalb der hierfür festgesetzten Frist, dann soll die Einziehung der Mittel in den nicht-willfährigen Staaten angeordnet werden, und deshalb sollen Gesetze ersonnen und erlassen werden, welche dies anordnen und genehmigen. Keines der hierdurch den im Kongreß vereinigten Staaten erteilten Befugnisse soll ausgeübt werden ohne die Zustimmung von wenigstens . . . Staaten und im gleichen Verhältnis, wenn die Zahl der konföderierten Staaten später zu- oder abnehmen sollte.

4. Die im Kongreß vereinigten Staaten sollen ermächtigt sein, eine Bundesexekutive zu erwählen, die aus . . . Personen bestehen und für die Dauer von . . . Jahren im Amt bleiben soll. Diese sollen pünktlich zu bestimmten Zeiten feste Besoldungen für ihre Dienste erhalten, die nicht erhöht oder herabgesetzt werden dürfen, um so auf die Personen einzuwirken, welche die Exekutive zur Zeit einer solchen Herauf- oder Herabsetzung bilden. Sie sollen vom Bundesschatzamt bezahlt werden und sollen während ihrer Amtszeit und auf die Dauer von . . . Jahren hernach kein anderes Amt und keine andere Stellung einnehmen. Sie sollen nicht zum zweiten Male wählbar und durch den Kongreß auf Ansuchen einer Majorität der einzelstaatlichen Exekutiven absetzbar sein. Die Exekutivorgane sollen neben ihrer generellen Vollmacht zur Ausführung der Bundesgesetze das Recht haben, alle Bundesbeamten, für die nicht andere Vorkehrungen getroffen sind, anzustellen und alle militärischen Operationen zu bestimmen. Es soll bestimmt werden, daß keine dieser die Bundesexekutive bildenden Personen bei irgendeiner Gelegenheit das Kommando über irgendwelche Truppen ergreifen darf, um persönlich als General oder in irgendeiner anderen Eigenschaft ein militärisches Unternehmen zu leiten.

5. Es soll eine Bundes-Gerichtsbarkeit begründet werden, die aus dem Obersten Gerichtshof bestehen soll und deren Richter von der Exekutive zu ernennen sind. Diese sollen ihre Ämter für die Zeit einwandfreien Verhaltens innehaben und pünktlich zu bestimmten Zeiten eine feste Besoldung für ihre Dienste erhalten, die nicht erhöht oder vermindert werden darf, um so auf die Personen, die zur Zeit einer solchen Erhöhung oder Herabsetzung gerade im Amt sind, einzuwirken. Diese so eingesetzte Richterschaft soll die Befugnis haben, in erster Instanz über alle Vergehen von Bundesbeamten zu verhören und zu entscheiden und im Berufungsverfahren in letzter Instanz in allen Fällen, welche die Rechte von Gesandten und die den Feinden abge-

nommenen Prisen betreffen, ferner in allen Fällen von Piratereien und Verbrechen auf hoher See, in allen Fällen, in denen Ausländer beteiligt sein können, bei der Konstruktion eines Vertrages oder von Verträgen oder in Fällen, die sich über ein Gesetz zur Regulierung des Handelsverkehrs ergeben oder die Erhebung der Bundeseinkünfte betreffen. Keiner dieser Richter soll während seiner Amtszeit oder für die Zeit von . . . hiernach ein anderes Amt oder eine andere Stellung annehmen oder innehaben.

6. Alle Gesetze der im Kongreß vereinigten Staaten, die kraft und in Verfolg der vorliegenden Ermächtigungen und der durch die Artikel der Konföderation ihnen erteilten Ermächtigungen erlassen, und alle Verträge, die unter der Autorität der Vereinigten Staaten geschlossen und ratifiziert sind, sollen oberstes Recht für die Einzelstaaten sein, soweit diese Gesetze oder Verträge die genannten Staaten oder ihre Bürger betreffen sollten. Die Rechtspflege der einzelnen Staaten soll an ihre Entscheidungen gebunden sein, ungeachtet jeglicher Bestimmung in den Sondergesetzen der Einzelstaaten, die dem entgegenstehen. Wenn irgendein Staat oder eine Körperschaft in irgendeinem Staat sich der Inkraftsetzung solcher Gesetze oder Verträge widersetzt oder sie verhindert, so soll die Bundesexekutive ermächtigt sein, die Streitmacht der konföderierten Staaten oder einen so großen Teil davon aufzubieten, als nötig ist, um Gehorsam gegenüber solchen Gesetzen oder die Beobachtung solcher Verträge mit Gewalt zu erzwingen.

7. Es sollen Bestimmungen für die Aufnahme neuer Staaten in die Union getroffen werden.

8. Die Vorschrift für die Naturalisation soll in allen Staaten die gleiche sein.

9. Ein Bürger eines Staates, der in einem anderen Staat der Union einen Verstoß begangen hat, soll in gleicher Weise für schuldig gehalten werden, als wenn der Verstoß von einem Bürger des Staates, in welchem er vorgefallen ist, begangen worden wäre.

## Anhang III.

## DIE VERFASSUNG DER VEREINIGTEN STAATEN VON NORDAMERIKA*).

Wir, das Volk der Vereinigten Staaten, in der Absicht, einen vollkommenen Bund zu schaffen, Gerechtigkeit aufzurichten, inneren Frieden zu sichern, die gemeinsame Verteidigung zu ermöglichen, die allgemeine Wohlfahrt zu fördern und die Segnungen der Freiheit uns und unserer Nachkommenschaft zu erhalten, verordnen und errichten diese Verfassung für die Vereinigten Staaten von Amerika.

### Artikel I.

Abschnitt 1. Mit der ganzen hierdurch garantierten gesetzgebenden Gewalt soll ein Kongreß der Vereinigten Staaten bekleidet werden, der aus einem Senat und einem Repräsentantenhause bestehen soll.

Abschnitt 2. Das Repräsentantenhaus soll aus Mitgliedern gebildet werden, die jedes zweite Jahr von der Bevölkerung der einzelnen Staaten gewählt werden; und die Wähler in jedem Staat müssen den Anforderungen entsprechen, die von den Wählern der zahlreichsten Unterabteilung der einzelstaatlichen Legislaturen gefordert werden.

Niemand soll Abgeordneter werden, der nicht ein Alter von fünfundzwanzig Jahren erreicht hat, seit sieben Jahren Bürger der Vereinigten Staaten ist, und der nicht bei seiner Wahl Einwohner desjenigen Staates ist, in dem er gewählt wird.

(Abgeordnete und direkte Steuern sollen unter den Einzelstaaten, die diese Union umschließt, verteilt werden im Verhältnis zur Bevölkerungsziffer des einzelnen, die dadurch ermittelt werden soll, daß man zu der ganzen Anzahl der freien Personen, einschließlich derjenigen, die auf einen Zeitraum von Jahren im Dienstverhältnis stehen, und ausschließlich nicht besteuerter Indianer drei Fünftel aller übrigen addiert.) Die wirkliche Zählung soll innerhalb dreier Jahre nach der ersten Tagung des Kongresses der Vereinigten Staaten vollzogen werden und in der Folgezeit in einem Abstand von zehn Jahren, in solcher Weise, wie es der Kongreß durch Gesetz festlegen wird. Die Anzahl der Abgeordneten soll nicht einen für je Dreißigtausend übersteigen, aber jeder Staat soll wenigstens einen Vertreter haben. Bis eine solche Zählung vollzogen ist, soll der Staat New

*) Anmerkung des Übersetzers: Vergl. „Moderne Verfassungen, ihr Wortlaut und ihr Wesen, von Dr. Karl Zuchardt, 1919.

Hampshire berechtigt sein, drei zu wählen, Massachusetts acht, Rhode Island und Providence Plantations einen, Connecticut fünf, New York sechs, New Jersey vier, Pennsylvania acht, Delaware einen, Maryland sechs, Virginia zehn, Nord-Carolina fünf, Süd-Carolina fünf und Georgia drei.

Wenn in der Vertretung eines Staates Mandate erlöschen, so soll die Exekutivgewalt desselben Wahlbefehle erlassen, um diese Lücken auszufüllen.

Das Repräsentantenhaus soll seinen Präsidenten (speaker) und seine anderen Beamten wählen und soll das alleinige Recht der politischen Anklage (impeachment) haben.

Abschnitt 3. Der Senat der Vereinigten Staaten soll aus zwei Senatoren von jedem Staat gebildet werden, die von dessen gesetzgebender Körperschaft auf sechs Jahre gewählt werden; und jeder Senator soll eine Stimme haben.

Sogleich, nachdem sie nach der ersten Wahl zusammengetreten sind, sollen sie, so genau wie möglich, in drei Klassen eingeteilt werden. Die Sitze der Senatoren der ersten Klasse sollen nach Ablauf des zweiten Jahres freigemacht werden, diejenigen der zweiten Klasse nach Ablauf des vierten Jahres und diejenigen der dritten Klasse nach Ablauf des sechsten Jahres, so daß jedes zweite Jahr ein Drittel gewählt wird; und wenn durch Verzichtleistung oder auf andere Weise während der Ferien des gesetzgebenden Körpers eines Staates Vakanzen entstehen, so soll die Exekutivgewalt desselben vorläufige Ernennungen treffen bis zur nächsten Tagung des gesetzgebenden Körpers, der dann diese Vakanzen besetzen wird.

Niemand soll Senator werden, der nicht ein Alter von dreißig Jahren erreicht hat, seit neun Jahren Bürger der Vereinigten Staaten ist und der nicht bei seiner Wahl Einwohner desjenigen Staates ist, für den er gewählt wird.

Der Vizepräsident der Vereinigten Staaten soll der Präsident des Senates sein, aber keine Stimme haben, es sei denn, daß Stimmengleichheit herrscht.

Der Senat soll seine andern Beamten wählen und auch einen Präsidenten pro tempore in der Abwesenheit des Vizepräsidenten, oder, wenn dieser das Amt des Präsidenten der Vereinigten Staaten ausübt.

Der Senat soll das alleinige Recht haben, alle politischen Anklagen zu untersuchen. Wenn er zu dem Zwecke tagt, so sollen die Senatoren unter Eid oder eidesstattlicher Versicherung stehen. Wenn der Präsident der Vereinigten Staaten verhört wird, soll der Oberrichter (Chief Justice) den Vorsitz haben, und niemand soll verurteilt werden ohne die Zustimmung von zwei Dritteln der anwesenden Mitglieder.

In Fällen der politischen Anklage soll sich das Urteil nicht weiter erstrecken als bis zu einer Entfernung aus dem Amte und einer Untauglichkeitserklärung für irgendeine Ehrenstellung, einen Vertrauensposten oder ein besoldetes Amt in den Vereinigten Staaten; aber der Verurteilte soll nichtsdestoweniger der gerichtlichen Anklage, dem Verhör, dem Urteilsspruch und der Strafe dem Gesetze gemäß ausgesetzt und unterworfen bleiben.

Abschnitt 4. Die Zeiten, die Orte und die Art der Wahlen für Senatoren und Repräsentanten sollen in jedem Staat durch dessen gesetzgebende Körperschaft vorgeschrieben werden, aber der Kongreß kann jederzeit durch Gesetz solche Vorschriften treffen oder ändern, ausgenommen betreffs der Orte für die Senatorenwahl.

Der Kongreß soll wenigstens einmal in jedem Jahr zusammentreten, und diese Tagung soll am ersten Montag im Dezember stattfinden, falls nicht durch Gesetz ein anderer Tag bestimmt wird.

Abschnitt 5. Jedes Haus soll Richter über die Wahlen, die Wahlberichte und die Wahlfähigkeit seiner Mitglieder sein, und in jedem soll eine Mehrheit ein Quorum für die Geschäftsführung ernennen, aber eine kleinere Anzahl kann die Geschäfte jederzeit vertagen und kann bevollmächtigt werden, die Anwesenheit abwesender Mitglieder zu erzwingen auf solche Weise und unter solchen Strafen, wie jedes Haus sie vorschreibt.

Jedes Haus kann seine Geschäftsordnung bestimmen, seine Mitglieder wegen ordnungswidrigen Verhaltens bestrafen und unter Zustimmung von zwei Dritteln ein Mitglied seines Amtes entsetzen.

Jedes Haus soll ein Journal über seine Sitzungen führen und dieses von Zeit zu Zeit veröffentlichen, mit Ausnahme solcher Teile, die nach seiner Ansicht Geheimhaltung erfordern; und die „Ja" und „Nein" der Mitglieder jedes Hauses bei einer Abstimmung sollen auf den Wunsch eines Fünftel der Anwesenden in das Journal eingetragen werden.

Keines der beiden Häuser darf sich während der Kongreßtagung ohne die Einwilligung des anderen auf mehr als drei Tage vertagen oder seine Sitzung nach einem anderen Ort verlegen als dem, wo die beiden Häuser tagen sollen.

Abschnitt 6. Die Senatoren und Repräsentanten sollen für ihre Dienste eine Vergütung erhalten, die durch ein Gesetz festgelegt und vom Schatzamt der Vereinigten Staaten bezahlt werden soll. Sie sollen in allen Fällen, ausgenommen bei Verrat, Kapitalverbrechen und Friedensbruch, vor einer Verhaftung sicher sein, solange sie der Tagung ihrer Häuser beiwohnen und sich auf der Hin- und Rückreise befinden; und wegen einer Rede oder Debatte in einem der beiden Häuser sollen sie an keinem anderen Ort zur Verantwortung gezogen werden können.

Kein Senator oder Repräsentant soll während der Zeit, für die er gewählt wurde, in irgendein bürgerliches Amt unter der Herrschaft der Vereinigten Staaten berufen werden, das während dieser Zeit geschaffen wurde oder dessen Einkünfte sich während derselben erhöhten; und niemand, der ein Amt in den Vereinigten Staaten innehat, soll, solange er im Dienst verbleibt, Mitglied von einem der beiden Häuser werden.

Abschnitt 7. Alle Gesetzesvorschläge zwecks Erhebung von Steuern sollen aus dem Repräsentantenhaus hervorgehen; aber auch der Senat kann, wie bei anderen Gesetzen, Vorschläge machen und an Amendments mitwirken.

Jeder Gesetzesvorschlag, der vom Repräsentantenhaus und dem Senat verabschiedet ist, soll, ehe er Gesetz wird, dem Präsidenten der Vereinigten Staaten vorgelegt werden. Wenn er ihn billigt, soll er ihn gegenzeichnen; aber wenn nicht, soll er ihn mit seinen Einwendungen demjenigen Hause zurückgeben, aus dem er hervorgegangen ist; und dieses soll die Einwände ausführlich in seinem Journal niederlegen und zu erneuter Durchsicht schreiten. Wenn nach dieser Durchberatung zwei Drittel des Hauses darin übereinkommen, den Gesetzesvorschlag rechtskräftig werden zu lassen, so soll er zusammen mit den Einwendungen dem anderen Hause übergeben werden, von dem er gleicherweise von neuem durchberaten werden soll; und wenn er auch von zwei Dritteln dieses Hauses gebilligt wird, soll er Gesetz werden. Aber in allen solchen Fällen sollen die Stimmen beider Häuser mit „Ja" und „Nein" abgegeben werden, und die Namen derjenigen, die für oder gegen den Gesetzesvorschlag stimmen, sollen in das Journal jedes betreffenden Hauses eingetragen werden. Wenn ein Gesetzesvorschlag von dem Präsidenten nicht innerhalb von zehn Tagen (Sonntage ausgenommen), nachdem er ihm vorgelegt wurde, zurückgegeben wird, so soll derselbe Gesetz sein, als ob er ihn gegengezeichnet hätte, es sei denn, daß der Kongreß durch seine Vertagung die Rückgabe verhindert; in diesem Fall soll er nicht als Gesetz gelten.

Jede Verordnung, Entschließung oder Abstimmung, zu der die Übereinstimmung des Senates und des Repräsentantenhauses notwendig ist (mit Ausnahme einer Frage der Vertagung), soll dem Präsidenten der Vereinigten Staaten vorgelegt werden; und ehe sie verwirklicht wird, mag sie von ihm gebilligt oder mißbilligt werden, soll sie von zwei Dritteln der Senates und des Abgeordnetenhauses von neuem verabschiedet werden, entsprechend den Regeln und Beschränkungen, die im Fall eines Gesetzesvorschlages vorgeschrieben sind.

Abschnitt 8. Der Kongreß soll die Macht haben:

Direkte und indirekte Steuern und Zölle aufzulegen und zu erheben, Schulden zu bezahlen und für die allgemeine Verteidigung und die allgemeine Wohlfahrt der Vereinigten Staaten zu sorgen;

aber alle Steuern und Zölle sollen im Bereich der Vereinigten Staaten einheitlich sein.

Geld zu entleihen auf den Kredit der Vereinigten Staaten. Den Handel mit fremden Nationen, unter den einzelnen Staaten und mit den Indianerstämmen zu regeln.

In dem ganzen Bereich der Vereinigten Staaten eine einheitliche Regel betreffs der Naturalisierung und einheitliche Gesetze betreffs Bankerotte aufzustellen.

Geld zu prägen, dessen Wert und den Wert ausländischer Münzen festzusetzen und Einheitsgewichte und -maße zu bestimmen.

Für eine Bestrafung wegen Fälschung von Wertpapieren und laufender Münze der Vereinigten Staaten zu sorgen.

Postämter und Poststraßen einzurichten.

Den Fortschritt der Wissenschaft und der nützlichen Künste zu fördern, dadurch, daß den Autoren und Erfindern für begrenzte Zeit das alleinige Recht über ihre Schriften und Entdeckungen gesichert wird.

Gerichtshöfe einzurichten, die dem Obersten Gerichtshof unterstehen.

Zu Gericht zu sitzen und zu entscheiden über Piraterei und Kapitalverbrechen, die auf offener See begangen werden, und über Verletzungen des Rechts der Nationen.

Krieg zu erklären, Markbriefe und Kaperbriefe zu gewähren und Regeln zu geben betreffend Prisen zu Lande und zur See.

Heere aufzustellen und zu unterhalten; aber kein Geldaufwand zu diesem Zwecke soll sich auf längere Zeit als auf zwei Jahre erstrecken.

Eine Marine zu beschaffen und aufrecht zu erhalten.

Regeln aufzustellen über die Regierung und Ordnung der Land- und Seestreitkräfte.

Vorkehrungen zu treffen für die Einberufung des Milizheeres zwecks Ausführung der Gesetze der Union, zur Unterdrückung von Aufständen und zur Abwehr von Überfällen.

Vorkehrungen zu treffen für die Organisation, Bewaffnung und Disziplinierung des Milizheeres und für den Oberbefehl über denjenigen seiner Teile, der im Dienste der Vereinigten Staaten gebraucht wird, wobei den einzelnen Staaten die Ernennung der Offiziere vorbehalten bleibt, wie auch die Befugnis, das Milizheer einzuüben in der durch den Kongreß vorgeschriebenen Disziplin.

Ausschließliche Gesetzgebung in sämtlichen Angelegenheiten über denjenigen Distrikt auszuüben (welcher 10 Quadratmeilen nicht überschreiten darf), der durch Abtretung einzelner Staaten und durch Genehmigung des Kongresses der Sitz der Regierung der Vereinigten Staaten wird; und die gleiche Gewalt auszuüben über alle Orte, welche mit Genehmigung der gesetzgebenden Körperschaft desjenigen Staates, in dem diese gelegen sind, angekauft worden sind zum Zwecke des Baues von Festungen, Magazinen, Arsenalen, Werften und anderen notwendigen Gebäuden — und

Alle Gesetze zu geben, die notwendig und geeignet sind, die vorgenannte Gewalt und jede andere Gewalt, mit der durch diese Verfassung die Regierung der Vereinigten Staaten, eine Abteilung oder ein Beamter derselben bekleidet ist, zur Ausführung zu bringen.

Abschnitt 9. Die Einwanderung oder Einfuhr solcher Personen, deren Zulassung irgendeiner der jetzt bestehenden Staaten für angemessen hält, soll durch den Kongreß nicht verboten werden vor dem Jahre 1808; aber eine Steuer oder Gebühr kann auf solche Einfuhr gelegt werden, die jedoch zehn Dollar für die Person nicht überschreiten soll.

Das Vorrecht der Habeas Corpus-Akte*) soll nicht aufgehoben werden, es sei denn die öffentliche Sicherheit erfordere es im Falle eines Aufstandes oder eines feindlichen Einfalles.

Kein Gesetz über Gütereinziehung und Absprechung der bürgerlichen Ehre noch ein Strafgesetz mit rückwirkender Kraft soll gegeben werden.

Keine Kopf- oder sonstige direkte Steuer soll auferlegt werden, es sei denn im Verhältnis zu dem Zensus oder der Zählung, die, wie oben angegeben, ausgeführt werden sollen.

Keine Steuer und kein Zoll soll auf Waren gelegt werden, die von einem der Staaten ausgeführt werden. Die Häfen eines Staates dürfen durch keinerlei Verordnung über Regelung des Handels oder der Einkünfte vor denen eines anderen bevorzugt werden; auch sollen Schiffe, die für einen Staat bestimmt sind oder von einem Staate kommen, nicht genötigt werden, einen anderen Hafen anzulaufen, an ihn Zoll oder Gebühren zu zahlen

Kein Geld darf aus dem Staatsschatz entnommen werden, es sei denn zu gesetzmäßig festgelegter Verwendung; und ein regelrechter Bericht und eine Abrechnung über Einnahmen und Ausgaben aller öffentlichen Gelder sollen von Zeit zu Zeit veröffentlicht werden.

Kein Adelsbrief soll von den Vereinigten Staaten gewährt werden, und niemand, der ein einträgliches Amt oder eine Vertrauensstellung in ihnen bekleidet, soll ohne Einwilligung des Kongresses Geschenke, Vorteile, Ämter oder Titel irgendwelcher Art von einem Könige, Fürsten oder Fremdstaate annehmen.

Abschnitt 10. Kein Staat soll einen Vertrag, ein Bündnis oder eine Verbindung eingehen, Markbriefe und Kaperbriefe gewähren, Geld prägen, Kreditbriefe ausgeben, irgendein anderes Mittel als Gold- und Silbermünze zur Bezahlung von Schulden

*) Anmerkung des Übersetzers: Englisches Staatsgrundgesetz vom Jahre 1679, das die persönliche Freiheit sicherte, insbesondere gegen willkürliche Verhaftung.

zum gesetzlichen Zahlungsmittel machen, ein Gesetz geben, das die Gütereinziehung und Absprechung der bürgerlichen Ehre erlaubt, ein ex post facto-Gesetz (Strafgesetz mit rückwirkender Kraft) oder ein Gesetz, welches die Verbindlichkeit der Kontrahenten antastet; auch soll er keine Adelsbriefe ausstellen.

Kein Staat soll ohne die Einwilligung des Kongresses Abgaben und Zölle auf Import oder Export legen, mit Ausnahme dessen, was unbedingt zur Ausübung seiner Aufsicht erforderlich ist; der Reingewinn aus allen Zöllen und Abgaben, die von einem der Staaten auf Import und Export erhoben werden, soll für den Gebrauch des Schatzamts der Vereinigten Staaten bestimmt sein; und alle diese Gesetze sollen der Revision und Kontrolle des Kongresses unterworfen sein. Kein Staat soll ohne die Zustimmung des Kongresses Tonnengelder erheben, Truppen oder Kriegsschiffe in Friedenszeiten unterhalten, sich auf Verträge und Übereinkünfte mit einem anderen Staate oder mit einer ausländischen Macht einlassen, oder sich in einen Krieg verwickeln, es sei denn tatsächlich angegriffen oder in so drohender Gefahr, daß kein Aufschub zulässig ist.

## Artikel II.

Abschnitt 1. Mit der ausführenden Gewalt soll ein Präsident der Vereinigten Staaten von Amerika bekleidet werden. Er soll sein Amt während eines Zeitraumes von vier Jahren innehaben und zusammen mit dem für den gleichen Zeitraum gewählten Vizepräsidenten wie folgt gewählt werden:

Jeder Staat soll in einer Weise, wie es seine gesetzgebende Körperschaft bestimmt, eine Anzahl von Wahlmännern ernennen, die der gesamten Anzahl von Senatoren und Abgeordneten, zu der der Staat im Kongreß berechtigt ist, gleich ist; aber kein Senator oder Abgeordneter oder ein anderer, der eine Vertrauensstellung oder ein besoldetes Amt in den Vereinigten Staaten innehat, soll zum Wahlmann ernannt werden.

(Die Wahlmänner sollen in ihren einzelnen Staaten zusammentreten und durch Kugelwahl für zwei Personen abstimmen, von denen wenigstens eine nicht Einwohner desselben Staates wie sie ist. Und sie sollen eine Liste aufstellen über alle Personen, für die gestimmt ist, und über die Anzahl der Stimmen für jede; diese Liste sollen sie unterzeichnen und beglaubigen und sie versiegelt nach dem Sitz der Regierung der Vereinigten Staaten übersenden zu Händen des Senatspräsidenten. Der Senatspräsident soll in Gegenwart des Senates und des Repräsentantenhauses alle diese Urkunden öffnen, und dann sollen die Stimmen gezählt werden. Derjenige, der die größte Stimmenzahl hat, soll Präsident werden, wenn diese Stimmenzahl die Majorität der gesamten Anzahl der ernannten Wahlmänner darstellt. Wenn aber mehrere eine Mehrheit haben und also Stimmengleichheit herrscht, dann soll das

Repräsentantennaus sogleich durch Kugelwahl (Stimmzettel) einen von ihnen zum Präsidenten erwählen. Wenn niemand eine Mehrheit hat, dann soll das besagte Haus in gleicher Weise aus den fünf ersten auf der Liste den Präsidenten wählen. Aber bei der Präsidentschaftswahl sollen die Stimmen nach Staaten abgegeben werden, wobei die Vertretung jedes Staates eine Stimme haben soll; ein Quorum aus einem oder mehreren Mitgliedern von zwei Dritteln der Staaten soll zu diesem Zweck bestehen, und eine Mehrheit aller Staaten soll zu einer Wahl nötig sein. In jedem Fall soll nach der Wahl des Präsidenten derjenige, der die größte Anzahl von Wählerstimmen für sich hat, Vizepräsident werden, aber wenn zwei oder mehrere mit gleicher Stimmenzahl übrig bleiben, soll der Senat unter ihnen durch Stimmzettel den Vizepräsidenten erwählen.)

Der Kongreß kann den Wahltermin für die Wahl der Wahlmänner und den Tag, an dem sie ihre Stimmen abgeben, festsetzen. Dieser Tag soll im ganzen Bereiche der Vereinigten Staaten der gleiche sein.

Niemand außer einem eingeborenen Bürger oder einem, der zur Zeit der Annahme dieser Verfassung Bürger der Vereinigten Staaten ist, soll für die Präsidentschaft wählbar sein; auch soll niemand für jenes Amt wählbar sein, der nicht ein Alter von fünfunddreißig Jahren erreicht hat und seit vierzehn Jahren in den Vereinigten Staaten wohnhaft ist.

Im Fall der Entfernung des Präsidenten aus seinem Amte, im Fall seines Todes, seiner Verzichtleistung oder seiner Unfähigkeit, die Rechte und Pflichten besagten Amtes auszuüben, soll dasselbe auf den Vizepräsidenten übergehen. Der Kongreß soll im Fall der Absetzung, des Todes, der Verzichtleistung oder der Unfähigkeit sowohl des Präsidenten als auch des Vizepräsidenten durch Gesetz bestimmen, welcher Beamte dann als Präsident fungieren soll; und dieser Beamte soll demzufolge amtieren, bis die Unfähigkeit des alten behoben oder ein neuer Präsident gewählt ist.

Der Präsident soll zu festgesetzten Zeiten für seine Dienste eine Vergütung empfangen, die während seiner Amtsperiode weder vergrößert noch verkleinert werden darf, und er soll während dieser Periode auch keinerlei andere Bezüge von den Vereinigten Staaten oder einem Einzelstaat erhalten.

Ehe er sich mit der Ausübung seines Amtes befaßt, soll er folgenden Eid oder folgende eidesstattliche Versicherung ablegen:

„Ich schwöre feierlich (oder ich versichere), daß ich mein Amt als Präsident der Vereinigten Staaten getreu ausüben und nach Kräften die Verfassung der Vereinigten Staaten erhalten, schützen und verteidigen will."

Abschnitt 2. Der Präsident soll Oberbefehlshaber der Armee und der Flotte der Vereinigten Staaten und des Milizheeres der Einzelstaaten sein, wenn dieses zum aktiven Dienst für die Vereinigten Staaten berufen wird. Er kann von dem obersten Beamten jedes Verwaltungsfaches schriftlich dessen Meinung über ein Thema einfordern, das die Pflichten der einzelnen Amtsstellen betrifft, und er soll das Recht haben, bei Vergehen gegen die Vereinigten Staaten Strafaufschub zu gewähren und zu begnadigen, ausgenommen in Fällen der politischen Anklage.

Er soll das Recht haben, unter Mitberatung und Einwilligung des Senats Verträge zu schließen, vorausgesetzt, daß zwei Drittel der anwesenden Senatoren zustimmen; und er soll unter Mitberatung und Einwilligung des Senates Gesandte ernennen, ferner andere öffentliche Geschäftsträger und Konsuln, die Richter des Obersten Gerichtshofes und alle anderen Beamten der Vereinigten Staaten, deren Ernennung hierin nicht anders vorgesehen ist und die nicht durch Gesetz erfolgen soll: Aber der Kongreß kann je nach seinem Dafürhalten durch ein Gesetz die Ernennung von Unterbeamten dem Präsidenten allein, den Gerichtshöfen oder den Spitzen der Verwaltungen übertragen.

Der Präsident soll die Macht haben, alle Vakanzen, die während der Senatsferien entstehen, zu besetzen durch Ausstellung von Patenten, die mit Schluß der nächsten Senatssitzung erlöschen.

Abschnitt 3. Er soll von Zeit zu Zeit dem Kongreß einen Bericht über den Stand der Dinge in der Union abstatten und ihm Maßnahmen, die er für nötig und förderlich hält, zur Überlegung empfehlen; er kann bei außergewöhnlichen Gelegenheiten beide Häuser oder eins von beiden berufen, und im Fall einer Uneinigkeit zwischen ihnen hinsichtlich der Zeit der Vertagung kann er sie auf die Zeit, die er für geeignet hält, vertagen. Er soll Gesandte und andere öffentliche Geschäftsträger empfangen. Er soll Sorge tragen, daß die Gesetze redlich ausgeführt werden, und soll alle Offizierspatente in den Vereinigten Staaten erteilen.

Abschnitt 4. Der Präsident, der Vizepräsident und alle Zivilbeamten der Vereinigten Staaten sollen ihres Amtes entsetzt werden bei peinlicher Anklage (impeachment) und Überführung des Verrats, der Bestechung oder anderer schwerer Verbrechen und Vergehen.

## Artikel III.

Abschnitt 1. Die richterliche Gewalt der Vereinigten Staaten soll einem Obersten Gericht und solchen niederen Gerichtshöfen übertragen werden, wie sie der Kongreß von Zeit zu Zeit regeln und festsetzen mag. Sowohl die Richter des

Obersten wie auch der untergeordneten Gerichtshöfe sollen im Amte bleiben, solange ihre Aufführung einwandfrei ist, und sollen zu festgesetzten Zeiten eine Vergütung für ihre Dienste erhalten, die während ihres Verbleibens im Amte nicht verringert werden soll.

Abschnitt 2. Die richterliche Gewalt soll sich auf alle Fälle im gemeinen Recht und im Billigkeitsrecht erstrecken, die sich nach dieser Verfassung, nach den Gesetzen der Vereinigten Staaten und nach den Verträgen ergeben, die unter ihrer Geltung abgeschlossen oder noch abzuschließen sind, — auf alle Fälle, die Botschafter, andere öffentliche Geschäftsträger, Gesandte und Konsuln betreffen, — auf alle Fälle des Seerechts und der Seegerichtsbarkeit, — auf Streitigkeiten zwischen zwei oder mehr Einzelstaaten, — zwischen einem Einzelstaat und den Staatsangehörigen eines anderen,—zwischen Staatsbürgern verschiedener Einzelstaaten,—zwischen Staatsbürgern des gleichen Einzelstaates, welche Ländereien, die der Gebietshoheit verschiedener Staaten unterstehen, beanspruchen, sowie schließlich auf Streitigkeiten zwischen einem Einzelstaat oder dessen Angehörigen und ausländischen Staaten, ausländischen Staatsangehörigen oder Untertanen.

In allen Angelegenheiten betreffend Gesandte, andere öffentliche Geschäftsträger und Konsuln, und in denjenigen Fällen, in denen ein Staat Partei ist, soll der Oberste Gerichtshof originäre Rechtsprechung haben. Bei allen anderen oben erwähnten Angelegenheiten soll der Oberste Gerichtshof Appellationsinstanz sein, sowohl bezüglich der Rechtsfrage als auch der Tatfrage, mit solchen Ausnahmen und nach solchen Bestimmungen, wie sie der Kongreß treffen wird.

Das Verhör soll bei allen Verbrechen, ausgenommen in Fällen der politischen Anklage, durch ein Geschworenengericht erfolgen, und dieses Verhör soll in dem Staate abgehalten werden, wo das besagte Verbrechen begangen wurde; aber wenn es innerhalb keines der Staaten begangen ist, so soll das Verhör an dem Orte oder den Orten stattfinden, die der Kongreß durch Gesetz bestimmen wird.

Abschnitt 3. Als Verrat gegen die Vereinigten Staaten soll nur betrachtet werden: Kriegführung gegen sie oder Anschluß an ihre Feinde dadurch, daß man diesen Hilfe und Unterstützung gewährt. Niemand soll des Verrats schuldig erklärt werden, es sei denn auf Grund der Aussage zweier Zeugen über die erwiesene Schuld oder auf Grund eines Bekenntnisses in offener Gerichtssitzung.

Der Kongreß soll Gewalt haben, die Strafe für Verrat festzusetzen, aber keine Überführung des Verrats soll Ehrverlust oder Gütereinziehung außer für die überführte Person selbst bewirken.

### Artikel IV.

Abschnitt 1. Volles Vertrauen und voller Glaube soll in jedem Staate den öffentlichen Handlungen, Urkunden und dem gerichtlichen Verfahren jedes anderen Staates entgegengebracht werden. Der Kongreß kann durch allgemeingültige Gesetze die Art vorschreiben, in der solche Handlungen, Urkunden und Gerichtsverfahren geprüft werden sollen, und er kann solche Untersuchungen anordnen.

Abschnitt 2. Die Bürger jedes Staates sollen zu allen Vorrechten und Gerechtsamen der Bürger aller anderen Staaten berechtigt sein.

Jemand, der in einem der Staaten des Hochverrats, des peinlichen Verbrechens (felony) oder eines anderen Verbrechens bezichtigt ist, der dessen Gerichtsbarkeit entflieht und in einem anderen Staate aufgegriffen wird, soll auf Verlangen der Vollzugsgewalt des Staates, aus dem er flüchtig ist und dem die Gerichtsbarkeit über dieses Verbrechen zusteht, ausgeliefert werden.

Niemand, der zum Dienst oder zur Arbeit in einem Staate nach dessen Gesetzen verpflichtet ist, soll durch die Flucht in einen anderen infolge irgendeines Gesetzes oder einer Verordnung dieses letzteren von besagtem Dienst oder besagter Arbeit entbunden sein, sondern er soll auf Verlangen derjenigen Partei, der er zu solchem Dienst oder solcher Arbeit verpflichtet ist, ausgeliefert werden.

Abschnitt 3. Neue Staaten können durch den Kongreß in diese Union aufgenommen werden, aber kein neuer Staat darf gebildet oder errichtet werden innerhalb des Verwaltungsbezirks eines anderen. Auch darf kein Staat durch die Vereinigung von zwei oder mehreren Staaten oder Teilen von Staaten gebildet werden ohne die Einwilligung sowohl der gesetzgebenden Körperschaften der betreffenden Staaten als auch des Kongresses.

Der Kongreß soll das Recht haben, über das territoriale und sonstige Eigentum der Vereinigten Staaten zu verfügen und alle notwendigen Vorschriften und Anordnungen diesbezüglich zu treffen; und nichts in dieser Verfassung soll so ausgelegt werden, daß es irgendwelche Rechtsansprüche der Vereinigten Staaten oder eines Einzelstaates beeinträchtigt.

Abschnitt 4. Die Vereinigten Staaten sollen jedem Einzelstaate in dieser Union eine republikanische Regierungsform garantieren und sollen jeden derselben gegen einen feindlichen Einfall und auf Antrag der gesetzgebenden Körperschaft oder der Exekutive (wenn die gesetzgebende Körperschaft nicht zusammenberufen werden kann) auch gegen innere Vergewaltigung schützen.

### Artikel V.

Der Kongreß soll, wenn immer zwei Drittel beider Häuser es für notwendig halten, Amendments zu dieser Verfassung vorschlagen, oder er soll auf Ansuchen der Parlamente von zwei Dritteln der Staaten einen Konvent berufen, der Vorschläge zu Abänderungen machen soll. Diese sollen in beiden Fällen allen Absichten und Zwecken gegenüber als Teile dieser Verfassung rechtskräftig sein, falls sie von den Parlamenten von drei Vierteln der Einzelstaaten oder von Konventen von drei Vierteln der Einzelstaaten, je nachdem die eine oder die andere Ratifizierungsart vom Kongreß festgesetzt ist, ratifiziert werden. Es wird jedoch bestimmt, daß kein Amendment, das vor dem Jahre 1808 gemacht wird, in irgendeiner Weise den ersten und vierten Satz vom 9. Abschnitt des Artikel I antastet, und daß kein Staat ohne seine Einwilligung des gleichen Stimmrechts im Senat beraubt werden kann.

### Artikel VI.

Alle kontrahierten Schulden und eingegangenen Verpflichtungen aus der Zeit vor der Annahme der Verfassung sollen den Vereinigten Staaten gegenüber unter dieser Verfassung genau so gültig sein wie unter der Konföderation.

Diese Verfassung und die auf ihrer Grundlage erlassenen Gesetze der Vereinigten Staaten sowie alle unter der Autorität der Vereinigten Staaten abgeschlossenen oder noch abzuschließenden Verträge sollen oberstes Gesetz des Landes sein. In jedem Einzelstaat sollen die Richter daran gebunden sein, ungeachtet etwaiger entgegenstehender einzelstaatlicher Verfassungen oder einzelstaatlicher Gesetze.

Die obengenannten Senatoren und Repräsentanten und die Mitglieder der einzelstaatlichen Legislaturen und alle Exekutiv- und Gerichtsbeamten sowohl der Vereinigten Staaten als auch der Einzelstaaten sollen durch Eid oder eidesstattliche Versicherung verpflichtet werden, diese Verfassung zu erhalten, aber kein religiöser Eid soll jemals als zur Eignung für ein öffentliches Amt oder einen öffentlichen Ehrenposten in den Vereinigten Staaten erforderlich abverlangt werden.

### Artikel VII.

Die Ratifizierung durch die Konvente von neun Staaten soll zur Errichtung dieser Verfassung zwischen den Staaten, die sie ratifizieren, genügen.

Gegeben im Konvent unter einmütiger Zustimmung der anwesenden Staaten am siebzehnten Tage des September im Jahre des Herrn Eintausend Siebenhundert und siebenundachtzig und im zwölften Jahre der Unabhängigkeit der Vereinigten Staaten von Amerika. Zur Beglaubigung dieses haben wir es mit unseren Namen unterzeichnet.

George Washington,
Präsident und Abgeordneter von Virginia.

New Hampshire.
John Langdon
Nicholas Gilman.

Massachusetts.
Nathaniel Gorham
Rufus King.

Connecticut.
Wm. Saml. Johnson
Roger Sherman.

New York.
Alexander Hamilton.

New Jersey.
Wil. Livingston
David Brearley
Wm. Patterson
Jona Dayton.

Pennsylvania.
B. Franklin
Thomas Mifflin
Robt Morris
Geo. Clymer
Thos. Fitzsimmons
Jared Ingersoll
James Wilson
Gouv. Morris.

Delaware.
Geo. Read
Gunning Bedford jun.
John Dickinson
Richard Basset
Jaco. Broom.

Maryland.
James McHenry
Dan of St Thos Jenifer
Danl. Carroll.

Virginia.

John Blair
James Madison jr.

North Carolina.

Wm. Blount
Richd. Dobbs Spaight
Hu Williamson.

South Carolina.

J. Rutledge
Charles Cotesworth Pinckney
Charles Pinckney
Pierce Butler.

Georgia.

William Few
Abr. Baldwin.

Beglaubigt:

William Jackson, Sekretär.

**Zusatzartikel und Amendments zur Verfassung der Vereinigten Staaten von Amerika, vorgeschlagen vom Kongreß und ratifiziert von den Parlamenten der einzelnen Staaten gemäß Artikel V der Originalverfassung.**

Artikel 1.

Der Kongreß soll kein Gesetz erlassen betreffend die Einführung einer Religion oder das Verbot ihrer freien Ausübung oder betreffend die Beschränkung der Freiheit der Rede oder der Presse oder des Rechts des Volkes, sich friedlich zu versammeln und eine Petition an die Regierung einzureichen zwecks Abstellung von Mißständen.

Artikel 2.

Da eine wohlgeordnete Miliz für die Sicherheit eines freien Staates notwendig ist, soll das Recht des Volkes, Waffen zu behalten und zu tragen, nicht verkürzt werden.

Artikel 3.

Kein Soldat soll in Friedenszeiten in einem Hause einquartiert werden ohne die Einwilligung des Besitzers; ebensowenig in Kriegszeit, es sei denn auf die vom Gesetz vorgeschriebene Art und Weise.

Artikel 4.

Das Recht des Volkes auf Sicherheit der Person, des Hauses, der Papiere und Effekten vor unverständiger Nachsuchung und Beschlagnahme darf nicht verletzt werden; und kein Haftbefehl soll erlassen werden, es sei denn auf Grund beweislicher Tatsache, unterstützt durch Eid oder eidesstattliche Versicherung und eine genaue Beschreibung des zu durchsuchenden Ortes, der festzunehmenden Person oder der zu beschlagnahmenden Güter.

Artikel 5.

Niemand soll wegen eines Kapitalverbrechens oder eines sonstigen schweren Verbrechens zur Verantwortung gezogen werden, es sei denn auf Grund der Anklage oder Vorladung eines großen Geschworenengerichts (grand jury), ausgenommen in Fällen, die sich bei den Land- oder Seestreitkräften oder in dem Milizheer ergeben, wenn diese sich in Zeiten des Krieges oder der öffentlichen Gefahr im aktiven Dienst befinden; auch soll niemand zweimal für dasselbe Vergehen Gefahr für Leib oder Leben laufen oder in Kriminalfällen gezwungen werden, gegen sich selbst Zeugnis abzulegen; niemand soll des Lebens, der Freiheit oder des Eigentums ohne ordentliches Gerichtsverfahren verlustig gehen, noch soll Privateigentum ohne gerechte Entschädigung zum öffentlichen Nutzen beschlagnahmt werden.

Artikel 6.

Bei jedem Kriminalverfahren soll der Angeklagte das Recht haben auf ein schleuniges und öffentliches Verhör durch ein unparteiisches Geschworenengericht des Staates und Distriktes, in welchem das Verbrechen begangen wurde; dieser Distrikt muß vorher durch ein Gesetz festgestellt werden; der Angeklagte soll das Recht haben, über Art und Ursache der Anklage Aufschluß zu verlangen, den Zeugen der Gegenpartei gegenübergestellt zu werden, ein zwangsweises Verfahren zur Erlangung von Zeugen zu seinen Gunsten einzuleiten und den Beistand eines Rechtsgelehrten zu seiner Verteidigung zu genießen.

Artikel 7.

Bei solchen Verfahren nach dem gemeinen Recht, bei denen der Wert des Streitobjektes zwanzig Dollar überschreitet, soll das Recht der Untersuchung durch ein Geschworenengericht beibehalten werden; und kein Fall, der vor einem Geschworenengericht verhandelt worden ist, soll von irgendeinem Gerichtshof der Vereinigten Staaten anders als nach den Regeln des gemeinen Rechts nachgeprüft werden.

### Artikel 8.

Übermäßige Bürgschaft soll nicht gefordert werden; auch sollen keine übermäßigen Geldbußen auferlegt und grausame und ungewöhnliche Strafen verhängt werden.

### Artikel 9.

Die in der Verfassung enthaltene Aufzählung gewisser Rechte soll nicht so ausgelegt werden, daß andere dem Volk zukommende Rechte deswegen verweigert oder geschmälert werden.

### Artikel 10.

Die Rechte, die den Vereinigten Staaten durch die Verfassung nicht zugebilligt und den Einzelstaaten nicht abgesprochen sind, bleiben den Einzelstaaten oder dem Volke vorbehalten.

### Artikel 11.

Die richterliche Gewalt der Vereinigten Staaten soll nicht so ausgelegt werden, daß sie sich auf solche Prozesse im gemeinen Recht und im Billigkeitsrecht erstreckt, die gegen einen Einzelstaat der Union durch Bürger eines anderen Staates oder durch Bürger oder Untertanen irgendeines fremden Staates angestrengt und verfolgt werden.

### Artikel 12.

Die Wahlmänner sollen in den Einzelstaaten zusammentreten und durch Stimmzettel den Präsidenten und Vizepräsidenten wählen, von denen mindestens einer nicht Angehöriger des gleichen Staates wie die Wahlmänner sein darf; sie sollen auf ihren Zetteln die Person nennen, die sie zum Präsidenten wählen, und auf besonderen Zetteln diejenige, die sie zum Vizepräsidenten wählen; und sie sollen genaue Listen aufstellen von allen denjenigen, für die Stimmen für den Präsidentenposten und Vizepräsidentenposten abgegeben sind, und über die Anzahl der Stimmen für jeden; diese Listen sollen sie unterzeichnen, beglaubigen und versiegelt nach dem Sitz der Regierung der Vereinigten Staaten senden zu Händen des Senatspräsidenten. Der Senatspräsident soll in Gegenwart des Senats und des Repräsentantenhauses alle diese Urkunden öffnen, und dann sollen die Stimmen gezählt werden: derjenige, der die größte Stimmenzahl als Präsident hat, soll Präsident werden, wenn diese Zahl die Mehrheit der zugelassenen Wahlmänner darstellt; und, falls niemand eine solche Mehrheit besitzt, soll das Repräsentantenhaus aus denjenigen Personen, die auf der Liste der für die Präsidentschaft Gewählten die größte Stimmenzahl haben, deren Anzahl jedoch nicht höher als drei sein darf, durch Stimmzettel sogleich den Präsidenten wählen. Jedoch bei der Wahl des Präsidenten sollen die Stimmen nach Staaten abgegeben werden, und die Vertretung jedes Staates soll eine Stimme haben. Ein Quorum aus einem oder mehreren Mitgliedern von wei Dritteln der Staaten soll zu diesem Zweck bestehen, und die Mehrheit aller Staaten soll zur Wahl nötig sein. Falls das Repräsentantenhaus keinen Präsidenten vor dem vierten März des folgenden Jahres wählt, wenn immer das Recht der Wahl ihm zufällt, dann soll der Vizepräsident als Präsident amtieren, ebenso wie im Falle des Todes oder sonstiger, durch die Verfassung umschriebener Unfähigkeit des Präsidenten.

Derjenige, der die größte Stimmenzahl als Vizepräsident erhält, soll Vizepräsident werden, wenn diese Zahl die Mehrheit der gesamten zugelassenen Wahlmänner bedeutet; und falls niemand eine Mehrheit hat, soll der Senat aus den beiden ersten der Liste den Vizepräsidenten wählen. Ein Quorum aus zwei Dritteln der Gesamtzahl der Senatoren soll zu diesem Zweck bestehen; und eine Mehrheit der Gesamtzahl soll zur Wahl erforderlich sein.

Aber niemand, der laut Verfassung für das Amt des Präsidenten nicht wählbar ist, soll für dasjenige des Vizepräsidenten der Vereinigten Staaten wählbar sein.

### Artikel 13.

Abschnitt 1. Weder Sklaverei noch Zwangsdienst, ausgenommen als Strafe für ein Verbrechen, dessen der Beschuldigte rechtmäßig überführt worden ist, soll innerhalb der Vereinigten Staaten oder in einem Orte, der ihrer Gerichtsbarkeit untersteht, bestehen.

Abschnitt 2. Der Kongreß soll Gewalt haben, diesen Artikel durch angemessene Gesetzgebung zu erzwingen.

### Artikel 14.

Abschnitt 1. Alle diejenigen, die in den Vereinigten Staaten geboren oder daselbst naturalisiert sind und die unter ihrer Gerichtsbarkeit stehen, sind Bürger der Vereinigten Staaten und des Staates, in dem sie wohnhaft sind. Kein Staat soll irgendein Gesetz geben oder in Kraft setzen, das die Vorrechte oder Freiheiten der Bürger der Vereinigten Staaten verkürzt; auch soll kein Staat jemand des Lebens, der Freiheit und des Eigentums ohne ordentliches Gerichtsverfahren berauben noch irgend jemandem innerhalb seiner Gerichtsbarkeit den gleichmäßigen Schutz der Gesetze versagen.

Abschnitt 2. Die Repräsentanten sollen auf die verschiedenen Staaten nach Maßgabe ihrer Bevölkerungsziffer verteilt werden, wobei jeder Einwohner gezählt wird mit Ausnahme steuerfreier Indianer. Wenn jedoch das Recht zur Wahl der

Wahlmänner für die Präsidentschafts- und Vizepräsidentschaftswahl der Vereinigten Staaten, für Repräsentanten im Kongreß, für Exekutiv- und Gerichtsbeamte eines Staates oder für die Mitglieder der gesetzgebenden Körperschaft desselben solchen der männlichen Bewohner eines Staates versagt wird, welche einundzwanzig Jahre alt und Bürger der Vereinigten Staaten sind, oder wenn dies Recht ihnen auf irgendeine Weise verkürzt wird, es sei denn auf Grund der Teilnahme an Aufständen oder anderer Verbrechen, so soll die Grundzahl der Vertreterschaft dieses Staates in dem Verhältnis verkleinert werden, in dem die Anzahl solcher männlichen Bürger zu der Gesamtzahl der einundzwanzig Jahre alten männlichen Bürger in diesem Staate steht.

Abschnitt 3. Niemand soll Senator oder Repräsentant im Kongreß oder Wähler des Präsidenten und Vizepräsidenten werden oder irgendein Amt im Zivil- oder Militärdienst der Vereinigten Staaten oder in einem Einzelstaate bekleiden, welcher, nachdem er als Mitglied des Kongresses oder als Offizier der Vereinigten Staaten oder als Mitglied einer gesetzgebenden Körperschaft oder als Exekutiv- oder Gerichtsbeamter eines Staates einen Eid geleistet hat, die Verfassung der Vereinigten Staaten aufrechtzuerhalten, sich gegen die Vereinigten Staaten aufgelehnt oder ihren Feinden Hilfe und Rat erteilt hat; jedoch kann der Kongreß bei Stimmenmehrheit von zwei Dritteln jedes Hauses diese Bestimmung umstoßen.

Abschnitt 4. Die Gültigkeit der Staatsschuld der Vereinigten Staaten, die durch Gesetz genehmigt ist, einschließlich derjenigen Schulden, die für Auszahlung von Pensionen und Prämien für Dienste bei der Unterdrückung von Aufständen und Rebellionen gemacht worden sind, soll nicht in Frage gestellt werden. Aber weder die Vereinigten Staaten noch sonst ein Staat sollen irgendeine Schuld oder Verpflichtung anerkennen oder begleichen, die gemacht wurde zur Unterstützung von Aufständen oder Rebellionen gegen die Vereinigten Staaten oder zur Befriedigung eines Entschädigungsanspruches auf Grund des Verlustes oder der Befreiung eines Sklaven; sondern alle diese Schulden, Verpflichtungen und Ansprüche sollen für null und nichtig erklärt werden.

Der Kongreß soll die Gewalt haben, durch angemessene Gesetzgebung die Durchführung dieses Artikels zu erzwingen.

### Artikel 15.

Abschnitt 1. Das Wahlrecht der Bürger der Vereinigten Staaten soll von den Vereinigten Staaten oder einem Einzelstaat nicht verweigert oder verkürzt werden auf Grund der Rasse, der Farbe oder wegen eines vorangegangenen Dienstverhältnisses.

Abschnitt 2. Der Kongreß soll Gewalt haben, diesen Artikel durch angemessene Gesetzgebung zu erzwingen.

Artikel 16.

Der Kongreß soll das Recht haben, Steuern auf Einkommen, gleichgültig woher dieses fließt, zu legen und zu erheben, ohne an eine richtige Verteilung dieser Steuern unter die einzelnen Staaten oder an eine Volksschätzung oder Volkszählung gebunden zu sein.

Artikel 17.

Der Senat der Vereinigten Staaten soll aus zwei Senatoren von jedem Staat gebildet werden, die von dessen Bevölkerung auf sechs Jahre gewählt werden; und jeder Senator soll eine Stimme haben. Die Wähler in jedem Staat müssen den Anforderungen entsprechen, die für Wähler der zahlreichsten Unterabteilung der staatlichen Legislaturen notwendig sind.

Wenn Vakanzen in der Vertretung eines Staates im Senat entstehen, so soll die Exekutivgewalt desselben Parlamentswahlbefehle erlassen, um diese Lücken auszufüllen: Es wird daher verordnet, daß die gesetzgebende Körperschaft jedes Staates ihre Exekutive ermächtigen kann, vorläufige Ernennungen vorzunehmen, bis das Volk die Vakanzen durch eine Wahl, welche die Legislatur festsetzen kann, besetzen wird.

Dieses Amendment soll nicht so ausgelegt werden, daß es die Wahl oder die Amtsperiode eines Senators berühren könnte, der gewählt wurde, bevor es als Teil der Verfassung rechtskräftig wird.

Artikel 18.

Abschnitt 1. Ein Jahr nach der Ratifizierung dieses Artikels soll die Fabrikation, der Verkauf oder Transport berauschender Liköre in den Vereinigten Staaten, ihre Einfuhr nach oder ihre Ausfuhr aus den Vereinigten Staaten und allen Gebieten, die ihrer Gerichtsbarkeit unterstehen, für Trinkzwecke hierdurch verboten werden.

Abschnitt 2. Der Kongreß und die Einzelstaaten sollen konkurrente Ermächtigung haben, diesen Artikel durch geeignete Gesetzgebung zu erzwingen.

Abschnitt 3. Dieser Artikel soll unwirksam sein, wenn er nicht als Amendment zur Verfassung durch die Legislaturen der Einzelstaaten, wie es die Verfassung bestimmt, angenommen wird in sieben Jahren, nachdem er vom Kongreß den Staaten unterbreitet worden ist.

Artikel 19.

Das Wahlrecht der Bürger der Vereinigten Staaten soll von den Vereinigten Staaten oder einem Einzelstaat auf Grund des Geschlechtes nicht verweigert oder verkürzt werden.

Der Kongreß soll Gewalt haben, diesen Artikel durch angemessene Gesetzgebung zu erzwingen.

## Anhang IV.

## MACAULAYS KORRESPONDENZ MIT RANDALL.

Holley Lodge, Kensington, London,
den 23. Mai 1857.

Sehr geehrter Herr!

Die vier Bände der „Colonial History of New York" haben mich glücklich erreicht. Ich versichere Ihnen, daß ich sie hochhalten werde. Sie enthalten viel, um einen englischen Leser ebenso zu interessieren wie einen amerikanischen. Empfangen Sie bitte meinen Dank und übermitteln Sie ihn auch den Mitgliedern der Universität.

Sie sind überrascht, zu erfahren, daß ich von Jefferson keine hohe Meinung habe, und ich bin über Ihre Überraschung überrascht. Ich bin sicher, daß ich niemals eine Zeile geschrieben habe und daß ich niemals im Parlament, im Gespräch oder auch nur auf den Wahlbühnen — eine Stelle, wo man doch gewöhnlich dem Pöbel den Hof macht — ein Wort geäußert habe, das eine Meinung anzeigte, die oberste Gewalt in einem Staate solle der Mehrheit seiner Bürger anvertraut werden, mit anderen Worten, dem ärmsten und unwissendsten Teil der Gesellschaft. Ich bin seit langem überzeugt, daß rein demokratische Einrichtungen früher oder später Freiheit oder Zivilisation oder Beides zerstören müssen.

In Europa, wo die Bevölkerung dicht ist, wäre die Wirkung solcher Einrichtungen eine fast sofortige. Was sich kürzlich in Frankreich zugetragen hat, ist ein Beispiel dafür. 1848 hat man dort eine reine Demokratie errichtet. Während einer kurzen Zeit hatte man Grund, eine allgemeine Plünderung, einen Staatsbankrott, eine neue Verteilung des Bodens, ein Maximum der Preise und eine ruinierende Steuerlast zu erwarten, die den Reichen aufgebürdet würde, um die Armen in ihrer Faulheit zu erhalten. Ein solches System hätte Frankreich in zwanzig Jahren ebenso arm und barbarisch gemacht, wie es zur Zeit der Karolinger war. Zum Glück wurde die Gefahr abgewendet; aber jetzt ist dort ein Despotismus, ein verschwiegener Tribun und eine versklavte Presse. Die Freiheit ist verschwunden, aber die Zivilisation wurde wenigstens gerettet. Ich hege auch nicht den kleinsten Zweifel daran, daß die Wirkung die gleiche wäre, wenn wir hier eine rein demokratische Regierung hätten. Entweder würde der Arme den Reichen plündern und die Zivilisation zugrunde gehen, oder Ordnung und Wohlfahrt würden durch eine scharfe Militärherrschaft gerettet, aber die Freiheit würde verschwinden. Sie glauben vielleicht, daß sich Ihr Land einer Ausnahme von diesen Übeln erfreut. — Ich will Ihnen offen gestehen, daß ich ganz anderer Ansicht bin. Ihr Schicksal ist, glaube ich, entschieden, obwohl es von einer physischen Ursache aufgeschoben wird. Solange Sie eine grenzenlose Weite fruchtbaren und nichtbesiedelten Landes haben, wird Ihre Arbeiterbevölkerung weit ruhiger sein als die Arbeiterbevölkerung der alten Welt, und solange dies der Fall ist, kann die Politik Jeffersons weiter bestehen, ohne irgendein verhängnisvolles Unglück zu verursachen. Aber es wird die Zeit kommen, in der Neu-England ebenso dicht besiedelt wie das alte England sein wird. Die Löhne werden dann bei Ihnen ebenso niedrig sein und ebenso schwanken wie bei uns. Sie werden dann auch Ihre Manchesters und Birminghams haben, und in diesen Manchesters und Birminghams werden sicher Hunderte von Tausenden der Handarbeiter zeitweise arbeitslos sein. Dann werden Ihre Einrichtungen erst ihre Prüfung ganz bestehen müssen. Die Not macht den Arbeiter überall aufrührerisch, unzufrieden und geneigt, den Agitatoren mit Begierde zu lauschen, die ihm erzählen, daß es eine ungeheuerliche Ungerechtigkeit sei, wenn ein Mensch eine Million haben solle, wahrend ein anderer keine ausreichende Mahlzeit bekommen könne. In schlechten Jahren gibt es hier genug Murren und manchmal sogar einen kleinen Tumult. Aber dem kommt nur wenig Bedeutung zu. Denn hier sind die Notleidenden nicht die Herrschenden. Die oberste Gewalt liegt in den Händen einer gewiß zahlreichen, aber ausgewählten Klasse, einer gebildeten Klasse und einer Klasse, die an der Sicherheit des Eigentums und an der Aufrechterhaltung der Ordnung stark interessiert ist und auch weiß, daß sie es ist. Infolgedessen werden die Unzufriedenen fest, aber höflich in Schranken gehalten. Die schlechte Zeit ist vorübergegangen, ohne die Wohlhabenden zwecks Unterstützung der Armen zu berauben. Die Quellen nationalen Gedeihens beginnen bald wieder zu fließen. Arbeit gibt es reichlich, die Löhne steigen, und alles ist Ruhe und Heiterkeit. Ich habe England schon drei oder viermal durch solche kritischen Zeiten gehen sehen, wie ich sie beschrieben habe. Durch solche Zeiten werden die Vereinigten Staaten im Verlauf des nächsten Jahrhunderts, wenn nicht noch in diesem, zu gehen haben. Wie werden Sie diese überstehen? Ich wünsche Ihnen von Herzen ein gutes Überstehen. Aber meine Vernunft und meine Wünsche liegen im Kampf miteinander, und ich kann es nicht unterlassen, das Schlimmste vorauszusagen. Es ist ganz klar, daß Ihre Regierung niemals imstande sein wird, eine verelendete und unzufriedene Mehrheit in Schranken zu halten. Denn für Sie ist die Mehrheit die Regierung und hat die Reichen, die immer nur eine Minderheit bilden, ganz und gar in ihrer Gewalt. Es wird der Tag kommen, an dem im Staate New York eine Menge von Leuten, von denen keiner mehr als ein halbes Frühstück gehabt hat oder mehr als ein halbes Mittagessen erwartet, eine gesetzgebende Körperschaft wählen wird. Ist es noch möglich, daran zu zweifeln, was für ein Parlament da gewählt wird? Auf der einen Seite steht ein Staatsmann, der Geduld, Achtung vor wohlbegründeten Rechten und strenge Einhaltung des öffentlichen Vertrauens lehrt. Auf der anderen Seite steht ein Demagoge, der über die Tyrannei der Kapitalisten und Wucherer loslegt und fragt, warum es jemandem erlaubt sein soll, Sekt zu trinken und im Wagen zu fahren, während es Tausenden von ehrlichen Leuten am Notwendigsten fehlt. Welchem von beiden Kandidaten wird vermutlich von einem Arbeiter, der seine Kinder nach mehr Brot schreien hört, der Vorzug gegeben? Ich befürchte ernstlich, daß Sie in einer solchen Zeit des Unglücks, wie ich sie beschrieben habe, Dinge tun werden, die verhindern, daß die Wohlfahrt wiederkehrt; daß Sie wie Leute handeln werden, die in einem Jahr des Mangels alles Saatkorn aufzehren und so das nächste Jahr nicht zu einem des Mangels, sondern zu einem völliger Hungersnot machen. Es wird, fürchte ich, Plünderungen geben. Die Plünderung wird das Elend nur noch steigern. Das Elend aber wird neue Plünderung nach sich ziehen. Es gibt nichts, um sie aufzuhalten. Ihre Verfassung ist ganz und gar Segel und kein Anker. Wie ich oben sagte, muß, wenn eine Gesellschaft erst in dieses Abwärtsgleiten gekommen ist, entweder die Zivilisation oder die Freiheit zugrunde gehen. Entweder wird ein Cäsar oder Napoleon die Zügel der Regierung mit starker Hand ergreifen, oder Ihre Republik wird im 20. Jahrhundert von Barbaren ebenso fürchterlich geplündert und verwüstet werden, wie es das Römische Reich im 5. Jahrhundert wurde, mit dem Unterschied nur, daß die Hunnen und Vandalen, die das Römische Reich verheerten, von auswärts kamen, während Ihre Hunnen und Vandalen in Ihrem eigenen Land durch Ihre eigenen Einrichtungen hervorgebracht worden sind.

Im Gedanken daran kann ich Jefferson natürlich nicht unter die Wohltäter der Menschheit rechnen. Ich gebe gern zu, daß seine Absichten gut und seine Fähigkeiten beachtenswert sind. Über sein Privatleben waren widerliche Erzählungen im Umlauf; ich weiß aber nicht, auf welchem Zeugnis diese Erzählungen beruhen, und ich halte es für wahrscheinlich, daß sie falsch oder doch ungeheuer übertrieben sind. Ich bezweifle nicht, daß ich aus Ihrem Bericht über ihn sowohl Vergnügen als auch Belehrung haben werde.

Ich habe die Ehre, sehr geehrter Herr, Ihr aufrichtiger Diener zu sein T. B. Macaulay.

Herrn H. S. Randall.

Hochw. usw. usw.

Holley Lodge, Kensington,
den 9. Oktober 1858.

Sehr geehrter Herr!

Ich bitte Sie, meinen Dank für Ihre Bände entgegenzunehmen. Sie haben mich soeben erreicht und werden sich, soweit ich das nach der ersten flüchtigen Durchsicht beurteilen kann, als interessant und belehrend erweisen.

Ihrem Buch ging ein Brief voraus, für den ich Ihnen ebenfalls zu danken habe. In diesem Brief haben Sie ohne die geringste Unhöflichkeit eine Meinung geäußert, die ganz entschieden von einigen Ansichten abweicht, die ich lange bei mir behalten habe, mit denen ich Sie aber niemals belästigt hätte, wenn Sie es nicht selbst ernstlich gefordert hätten, und die ich gegen Ihre Einwände nicht zu verteidigen wünsche.

Wenn Sie einen Trost hinsichtlich des zukünftigen Schicksals Ihres Landes aus Ihrer Überzeugung herleiten, ein gütiger Schöpfer werde es niemals zulassen, daß mehr menschliche Wesen geboren werden, als reichlich zu leben haben, so ist das ein Trost, den ich Ihnen leider nehmen muß. Durch dasselbe logische Verfahren kann man zu vielen angenehmen Schlüssen kommen, z. B. daß es keine Cholera, keine Malaria, kein Gelbes Fieber keine Negersklaven in der Welt gebe. Zu meinem Unglück vielleicht lernte ich von Lord Bacon eine Methode, die Wahrheit zu erforschen, die derjenigen, der Sie zu folgen scheinen, diametral entgegengesetzt ist. Ich bin vollkommen unterrichtet über den ungeheuren Fortschritt, den Ihr Land an Bevölkerung und Reichtum gemacht hat und noch macht. Ich weiß, daß die Arbeiter bei Ihnen reichliche Löhne, Essen im Überfluß und die Mittel haben, ihren Kindern einige Erziehung angedeihen zu lassen. Aber ich sehe keinen Grund, diese Dinge der Politik Jeffersons zuzuschreiben. Ich sehe keinen Grund zu der Annahme, daß Ihr Fortschritt weniger rasch gewesen wäre, daß Ihre Arbeiterbevölkerung schlechter ernährt, gekleidet oder unterrichtet wäre, wenn Ihre Regierung nach den Grundsätzen Washingtons und Hamiltons geleitet worden wäre. Nein, Sie werden zugeben, davon bin ich überzeugt, daß der Fortschritt, den Sie jetzt machen, nur eine Fortsetzung des Fortschritts ist, den Sie schon immer seit der Mitte des 17. Jahrhunderts gemacht haben, und daß die Segnungen, deren Sie sich nun erfreuen, auch schon Ihre Vorfahren genossen haben, die treue Untertanen der Könige von England waren. Der Gegensatz zwischen dem Arbeiter aus New York und dem Arbeiter aus Europa ist jetzt nicht stärker, als er damals war, als New York noch von Rittern und Herren verwaltet wurde, die durch das große englische Siegel dazu beauftragt waren. Und es gibt im gegenwärtigen Augenblick Schutzgebiete der englischen Krone, in denen man alle jene Erscheinungen in höchster Vollendung sehen kann, die

Sie rein demokratischen Einrichtungen zuschreiben. Die Kolonie Victoria in Australien wurde erst vor 20 Jahren gegründet. Ihre Bevölkerung beträgt jetzt, wie ich annehme, ungefähr eine Million, das Steuereinkommen ist beträchtlich, gegen 5 Millionen Pfund, und wird ohne Murren entrichtet. Die Arbeitslöhne sind höher, als sie selbst bei Ihnen sind. Ungeheure Summen gibt man für die Erziehung aus. Und das ist eine Provinz, die von dem Delegierten eines erblichen Souveräns regiert wird. Es scheint mir deshalb doch ganz klar, daß die Tatsachen, die Sie anführen, um die Vortrefflichkeit rein demokratischer Einrichtungen zu beweisen, nicht diesen Einrichtungen, sondern Ursachen zuzuschreiben sind, die in Amerika schon lange vor Ihrer Unabhängigkeitserklärung wirksam waren und die auch jetzt noch in vielen Teilen des Britischen Reiches wirksam sind. Sie werden es also erkennen, daß ich nicht, wie Sie dachten, vorschlage, die Interessen der gegenwärtigen Generation den Interessen späterer Generationen zu opfern. Es wäre in der Tat absurd für eine Nation, Einrichtungen aufzugeben, denen sie ungeheures Gedeihen in der Gegenwart schuldet, nur wegen der Besorgnis, diese Einrichtungen könnten nach Verlauf eines Jahrhunderts Unheil verursachen. Aber ich kann nicht zugeben, daß die Wohlfahrt, deren sich Ihr Land erfreut, sich aus jenen Seiten Ihrer Politik ergibt, die man gewissermaßen Jeffersonianisch nennen könnte.

Jene Seiten Ihrer Politik bringen bereits schlechte Wirkungen hervor und werden, ich müßte mich denn stark im Irrtum befinden, noch verhängnisvolle Wirkungen erzeugen, wenn sie solange fortbestehen sollten, bis Nordamerika erst 200 Einwohner pro Quadratmeile hat.

Mit nochmaligem Dank für Ihr Geschenk habe ich, sehr geehrter Herr, die Ehre zu sein

Ihr aufrichtiger Diener

Macaulay.

## Anhang V.

## WASHINGTONS BERÜHMTER „APPELL".

Im 5. Kapitel führte der Verfasser die berühmte, fraglos von Washington stammende Erklärung an, welche er am Vorabend des Konvents abgab und welche die späteren Generationen Amerikas so begeisterte und in kritischen Zeiten amerikanische Staatsmänner so stark beeinflußte, daß sie sich von liebedienerischer Politik zu edleren grundsätzlichen Erwägungen bekehrten.

Der einzige Gewährsmann für diese oft zitierte Äußerung Washingtons war Gouverneur Morris. Als Washington starb, hielt Morris am 31. Dezember 1799 die Trauerrede in New York City. Im Verlauf dieser Rede sagte er:

> „Die Fehler des Bundesvertrags wurden bald zu stark gefühlt, um nicht allgemein anerkannt zu werden. — Amerika verordnete eine Revision durch Leute nach seiner Wahl. Er war ihr Präsident. Vor dem ersten Zusammentreffen war es fraglich, welchen Weg man einschlagen sollte. Männer von resolutem Temperament, die dem Staate ergeben, mit klugen Erwägungen die Sachlage überblickten, dachten an eine Regierungsform, die ganz neu geschaffen werden sollte. Aber behutsame Leute, die nach Popularität haschten, hielten es für richtig, das Volk nach seinen Wünschen zu befragen und sich danach zu richten. Amerikaner! — Laßt die Meinung, die von dem größten und besten Manne damals geäußert wurde, immer eurem Gedächtnis gegenwärtig sein. Er hatte sich innerlich gesammelt. Seine Haltung war feierlicher als gewöhnlich. Sein Blick war fest und schien in die Zukunft zu sehen.
>
> ‚Es ist (sagte er) nur zu wahrscheinlich, daß keiner der von uns vorgeschlagenen Entwürfe angenommen werden wird. Vielleicht muß noch ein zweiter furchtbarer Kampf ausgehalten werden. Wenn wir aber, nur um das Wohlgefallen des Volkes zu finden, etwas vorlegen, was wir selbst mißbilligen, wie können wir dann später unser Werk verteidigen? Laßt uns ein Banner aufpflanzen, unter dessen Schutz sich die vernünftigen und braven Männer sammeln mögen. Was dann wird, liegt in Gottes Hand.'

Dies war die patriotische Stimme Washingtons, und dementsprechend hielt er es ständig in seinem Leben. Mit diesem

> starken Pflichtgefühl gab er unserer Verfassung seine Herzensbilligung. Und er fügte so seinem Ruhm eines Helden den Ruhm eines Gesetzgebers hinzu."

Offenbar bediente sich Morris rednerischer Freiheit. Es erhebt sich daher die Frage, ob diese Darstellung als geschichtliche Tatsache angenommen werden kann oder ob sie zu behandeln ist wie die erdachte „Sink- oder Schwimmrede" John Adams auf dem Kontinentalen Kongreß, die Daniel Webster mit einem ähnlichen Gedankenflug einer seiner Ansprachen einfügte.

Daß Washington wohl eine solche Äußerung getan haben mag, kann nicht geleugnet werden. Sie paßte, wie Morris wörtlich sagte, zu dem „ständigen Tenor seines Verhaltens". In ihr stellt sich nicht nur sein Verhalten in der großen Krisis von 1787, sondern auch seine Haltung zu allen Zeiten in seiner politischen Laufbahn dar. Er war ein offener, ehrlicher Mann, der Realitäten und nicht Illusionen liebte und der den Weg des Grundsatzes dem Weg des augenblicklichen Nutzens vorzog.

Seine vielen, vor dem Konstitutionellen Konvent über das Thema einer neuen Regierungsform geschriebenen Briefe atmen den Geist, der in den ihm von Gouverneur Morris zugeschriebenen Worten liegt. So schrieb Washington am 31. März 1787, etwa zwei Monate vor dem Zusammentritt des Konvents, an Madison:

> „Mein Wunsch geht dahin, daß der Konvent keine nach den augenblicklichen Umständen sich richtenden Notbehelfe annimmt, sondern die Fehler der Verfassung bis auf den Grund untersucht und für eine Radikalkur sorgt, mögen sie damit zufrieden sein oder nicht! Ein Verfahren dieser Art wird ihren Schritten das Gepräge von Klugheit und Würde verleihen und ein Licht hochhalten, das früher oder später seinen Einfluß ausüben wird."

Es ist übrigens nicht unwahrscheinlich, daß sich Morris bei seiner Rede im Jahre 1799 wirklich genau der Worte Washingtons erinnert haben kann, die dieser nach seinen Angaben im Jahre 1787 geäußert hat. Morris hatte 1787 das plastische Gedächtnis der Jugend; und wenn der schweigsame Washington diese so treffende Bemerkung am Vorabend des Konvents machte, dann war es eine Bemerkung, die sich vermutlich dem Gedächtnis seines jungen Freundes tief einprägte. Es ist gerade so eine Äußerung, deren sich ein Mann in späteren Jahren erinnern kann.

Die Schwierigkeit liegt darin, daß Morris bei seiner Feststellung, daß Washington die Bemerkung machte, etwas unbestimmt ist. Er sagt nicht, er habe sie gehört, aber da er Washingtons Art und Haltung in der in Frage stehenden Zeit beschreibt, so ist der Schluß erlaubt, daß Washington die Bemerkung machte.

Trotzdem entschuldigt dies nicht die Erdichtung, zu der sich einige Geschichtsschreiber hergegeben haben. So stellt Fiske in seiner „Kritischen Periode der Amerikanischen Geschichte" im Kapitel VI die Behauptung auf, Washington habe diese Bemerkung im Konvent und als Redner „von seinem Präsidentenstuhl aus" gemacht. Es wird dann weiter hinzugefügt, daß

> „dieser Ausbruch edler Beredsamkeit alle insgesamt überzeugte. Seitdem hörten wir nicht davon, daß offen irgendein Angriff erfolgte, um die Ergebnisse zunichte zu machen, als diese näher rückten. Es war ein höchst wohltuender Grundton. Er spannte den Konvent zu hohen Entschlüssen an und machte auf alle Delegierten den Eindruck, daß sie in einer Lage seien, in der ein Schwanken oder Tändeln leichtfertig und gefährlich sei."

Das ist reine Erfindung. Als „Grundton" war die Äußerung nicht sehr durchschlagend, denn der ganze Konvent bestand aus einer Reihe von Kompromissen über grundsätzliche Angelegenheiten.

In seiner Aufzeichnung über die Schlußstunden des Konvents sagt Fiske auch:

> „Als alles vorüber war, schienen viele der Mitglieder, wie man sagte, von Ehrfurcht ergriffen gewesen zu sein. Washington saß gesenkten Hauptes in feierlichem Nachdenken."

Im 14. Kapitel habe ich bereits gezeigt, daß auch dies auf bloßen Vermutungen beruht. Fiske schloß sich einfach Bancroft in diesem phantastischen Gedankenflug an.

Der Verfasser hat sich in diesem Buch bemüht, zwischen den Tatsachen zu unterscheiden, die durch zeitgenössische Beweismittel erwiesen sind, den möglichen Vorgängen, die nur auf der Überlieferung beruhen, und den heutigen Erwägungen über Vorfälle, die sich vielleicht ereignet, vielleicht aber auch nicht ereignet haben.

## Anhang VI.

## VERSCHIEDENE BEMERKUNGEN

### Bemerkung I.

### Wo der Konvent tagte.

Die geheimnisvolle Atmosphäre, die den Konstitutionellen Konvent umgibt und die der Verschwiegenheit seiner Mitglieder zuzuschreiben ist, hüllt selbst den bestimmten Raum, in welchem er tagte, in Dunkel. Zweifellos tagte man in dem Pennsylvania State House, jetzt unter dem Namen Independence Hall bekannt. Es ist richtig, daß die Protokolle der Carpenters Society of Philadelphia angeben, daß diese Gesellschaft ihren Saal, in welchem sich der Erste Kontinentale Kongreß versammelt hatte, dem Konvent anbot; aber es findet sich darin keine Erwähnung, daß dieses Angebot angenommen wurde. Dagegen sind reichlich Beweise vorhanden, daß der Konvent im State House tagte.

Zweifelhaft ist, ob er im Erdgeschoß in dem Raum tagte, in dem die Unabhängigkeitserklärung angenommen und unterzeichnet wurde, oder eine Treppe höher in dem Saal, welcher zur Kolonialzeit für Festlichkeiten benutzt wurde, die der Bürgermeister von Philadelphia in Ausübung seiner Repräsentationspflichten geben mußte.

In jeder Frage, die sich auf die Geschichte Philadelphias bezieht, ist John T. Watson, dessen *Jahrbücher von Philadelphia und Pennsylvania* erstmalig im Jahre 1830 veröffentlicht wurden, eine Autorität, denn Watson war ein unfehlbarer „Aufschnapper von Kleinigkeiten". Er sammelte mühsam all die Daten, welche die Kolonialgeschichte Philadelphias betreffen. Er sagt über den Konvent folgendes:

> „Der Konvent tagte eine Treppe hoch, und zur gleichen Zeit wurde das Pflaster der Chestnut Street mit Erde bedeckt, um den Wagenlärm zu dämpfen."

Eine unmittelbarere Quelle ist das Tagebuch des Reverends Manasseh Cutler, der unter dem 13. Juli 1787 seinen Besuch des State House an diesem Tage beschrieb. Seine Beschreibung ist so interessant, daß sie *in extenso* angeführt werden soll:

> „Von Peale gingen wir zum State House. Dies ist ein prächtiges Gebäude. Seine Architektur ist reicher und

schöner als irgendeines Gebäudes, das ich bislang gesehen habe. Das Erdgeschoß ist nicht ein offener Rundgang, wie meist in Gebäuden dieser Art. In der Mitte indes findet sich ein breiter, gekreuzter Chorgang, und das Stockwerk darüber wird von zwei Säulenreihen gestützt. Von diesem Chorgang geht eine breite Öffnung zu einer großen Halle auf der Westseite, und dieser Eingang wird von Bogen und Säulen getragen. In dieser Halle tagten die Gerichtshöfe. Wenn man den Chorgang durchschreitet, kann man den Gerichtssaal vollständig überblicken. Der Oberste Gerichtshof tagte gerade. Diese Richterbank besteht nur aus drei Richtern. Ihre Roben sind scharlachrot, die Advokatenroben schwarz. Der Oberste Richter, McKean, saß mit der Mütze auf dem Kopfe, was Brauch ist, aber auf mich einen sehr seltsamen Eindruck machte und die Würde eines Richters zu schmälern schien.

Die Halle östlich des Chorganges wird für öffentliche Angelegenheiten benutzt. Das Zimmer darüber ist jetzt vom Konvent besetzt, der zur Zeit seine Tagung abhält, aber drinnen und draußen sind Posten aufgestellt — um jeden daran zu hindern, sich dem Zimmer zu nähern —, die sehr tüchtig in der Ausübung ihrer Pflicht zu sein scheinen.

Wir gingen durch diesen breiten Chorgang zu „The Mall". Es ist ein kleiner, fast viereckiger Platz; und ich glaube, er umfaßt nicht mehr als ein acre. Wenn man „The Mall" vom State House aus betritt, von dem allein man dorthin kommen kann, so scheint es nicht mehr als ein breiter Innenhofraum zum State House zu sein, geschmückt mit Bäumen und Laubengängen. Aber hier bekommt man eine gute Vorstellung ländlicher Mode und Eleganz. Der Platz war so frisch noch in seine jetzige Form gebracht, daß er nicht jene Art von Größe zeigte, welche die Zeit ihm geben wird. Die Bäume sind noch klein, aber meist sehr verständig geordnet. Die künstlichen Erdlöcher und Senkungen und kleinen Haine in den Quadraten haben eine höchst liebliche Wirkung. Die zahlreichen Gänge sind gut mit Kiessand bestreut und hart gewalzt. Sie gehen sämtlich in Schlangenlinien, was die Schönheit erhöht und ständige Abwechslung bietet. Jene quälende Einförmigkeit, die man gewöhnlich in Gärtenalleen findet, und andere derartige Maßnahmen hat man glücklich hier vermieden, denn es gibt in the Mall nicht zwei Teile, die gleichmäßig sind. Hogarths „Schönheitslinie" ist hier in vollem Maße verwirklicht. Die Eleganz dieses Planes verdankt die Öffentlichkeit der fruchtbaren Phantasie und dem Geschmack Sam'l Vaughans. Er wurde unter seiner Leitung ungefähr vor drei Jahren ausgeführt. The Mall ist jetzt nahezu mit Gebäuden umgeben, die nahe an dem Bretterzaun stehen, der den Platz einschließt; und die noch freien Teile werden in kurzer Zeit auch besetzt sein. Auf der einen Seite errichtet die Philosophische Gesellschaft ein großes Gebäude, um darin ihre Versammlungen abzuhalten und ihre Bibliothek und Arbeitszimmer unterzubringen. Dieses Gebäude ist schon im Bau; und auf einer anderen Seite steigt jetzt ein Landgerichtsgebäude auf."

Ein Argument, das diese beiden Feststellungen, von denen die eine zeitgenössische Beweiskraft hat, stützt, ist folgender Umstand. Wenn der Konvent Geheimhaltung wünschte, so konnte er diese besser sichern, indem er in dem oberen Raum tagte; denn die breiten Fenster der unteren Halle, welche zur Chestnut Street hinausgingen, hätten doch einigermaßen diese Geheimhaltung, die man so sehr forderte, beeinträchtigt.

Auf der anderen Seite liegt das strikte Zeugnis einer Entschließung der Pennsylvanischen gesetzgebenden Körperschaft vor, die folgendermaßen lautet:

> „Der ehrenwerte Verhandlungsleiter stellte dem Hause vor, daß sein gewöhnlicher Sitzungssaal zur Zeit von dem Bundeskonvent belegt sei, dessen Sitzungen sich über die in Aussicht genommene Zeit ausgedehnt hätten. Deswegen sei der Saal darüber hergerichtet worden, um dies Haus oder den Konvent zu versorgen, wie es am passendsten schien und bestimmt würde. Hierauf wurde angeordnet, daß, wenn dieses Haus sich vertage, es in dem Raum eine Treppe höher tagen solle."

Die ständig vom Vater auf den Sohn verpflanzte Überlieferung, der Konvent habe in dem unteren Raume, in welchem die Unabhängigkeitserklärung unterzeichnet sei, getagt, stützt diese eben erwähnte Feststellung. Überdies wäre dieser Raum der natürliche Versammlungsplatz gewesen, denn er war für diesen Zweck gut hergerichtet. Hinzu kommt, daß wahrscheinlich das Parlament von Pennsylvania jener imposanten Versammlung der ersten Bürger aus den Kolonien den Ehrenplatz hat einräumen wollen. Aus diesen Gründen mag die Geschichte die Überlieferung wohl akzeptieren. Viele Tatsachen verpflanzen sich von Generation zu Generation, ohne daß ein geschriebenes Zeugnis vorliegt, das solche Tatsachen stützt.

Die Geschichte verdankt dem Tagebuch Cutlers ein Bild der Halle, wie sie war, als der Konvent seine wichtigen Sitzungen in jenen Mauern abhielt. Es ist interessant, zu erfahren, daß seine Mitglieder, als sie über die großen Streitfragen des Konvents debattierten, über sich die Trophäen des großen Unabhängigkeitskampfes erblicken konnten. Cutler sagt hierüber:

„Dieser Raum wird solange berühmt sein, als er besteht; denn in diesem Raum wurde die Unabhängigkeitserklärung der Vereinigten Staaten verfaßt, unterzeichnet und durch den Kongreß bekanntgegeben. Er wird jetzt benutzt als Verwahrungsstätte der Kriegstrophäen, welche jene kühne und glorreiche Deklaration begründeten und krönten. Diese Trophäen bestehen aus Kanonenstücken, Handwaffen, Seitengewehren von Offizieren und Mannschaften, Flaggen, Standarten, Zelten, Militärkoffern und all den verschiedenen Montierungen von Offizieren und Mannschaften; und aus vielen vollständigen Uniformen verschiedener Regimenter, von Feldoffizieren herab bis zum gemeinen Soldaten, Uniformen, die namentlich von den beiden gefangenen Armeen der Generäle Burgoyne und Cornwallis herstammten. Es finden sich auch in dieser Sammlung verschiedene Trophäen, die von Anhängern der amerikanischen Armee bei kühnen und verzweifelten Angriffen erbeutet wurden, ausgestellt zu Ehren jener Helden, die sie eroberten."

Bemerkung 2.

### Die Geheimhaltung des Konvents.

Im folgenden werden einige Darstellungen von Zeitgenossen des Konvents über die Politik der Geheimhaltung gegeben.

William Samuel Johnson schrieb am 27. Juni 1787 an seinen Sohn:

> „Wir sind übereingekommen, daß für die jetzige Zeit unsere Beratungen geheimgehalten werden sollen, so daß ich Dir nur berichten kann, daß in den einleitenden Verhandlungen viel Kenntnis und Beredsamkeit sich gezeigt hat, und daß wir ferner große Nüchternheit, Offenheit und Mäßigung in der Debatte gewahrt und viel Sorge um das öffentliche Wohl bewiesen haben. Wie jedoch zu erwarten war, besteht eine große Verschiedenheit in den Ansichten; das macht es fast unmöglich, zu erklären, was das Resultat unserer Überlegungen sein wird." History of the Foundation of the Constitution (1882), von George Bancroft, II, 430.

„Die Verhandlungen werden durch eine solche Vorsicht und Verschwiegenheit gekennzeichnet . . ., daß es den Mitgliedern schwer fällt, sich sogar, wie es sonst üblich ist, unter einander Mitteilungen zu machen. Und so vorsichtig sind sie in der Abwehr der Neugierde des Publikums, daß alle Debatten beim Eintritt ihrer eigenen unteren Angestellten ausgesetzt werden. Die Besorgnis des Volkes muß sich notwendigerweise steigern durch jede Erscheinung der Geheimtuerei bei der Besorgung dieses wichtigen Geschäfts." Boston Gazette vom 11. Juni 1787; Virginia Independent Chronicle vom 20. Juni 1787.

Madison schrieb an Jefferson am 18. Juli:

> „Die öffentliche Meinung ist sehr begierig auf den Ausgang, und verschiedene Gerüchte sind im Umlauf, welche die Neugierde anzustacheln suchen. Indessen kann ich nicht bemerken, daß irgendwie Unzufriedenheit über die Zurückhaltung ausgedrückt wird." Soc. Hist. IV, 266.

„Unzählige Auszüge aus Briefen, Abhandlungen und Artikeln haben die Blätter über das Ergebnis ihrer nationalen Beratungen gefüllt. Da aber die absoluteste Verschwiegenheit von dieser erhabenen Versammlung beobachtet wird, müssen diese Zeitungsartikel usw. als müßig, als Hirngespinste der verschiedenen politischen Phantasien, die sie hervorgebracht haben, betrachtet werden." New Hampshire Spy vom 1. September 1787.

Jeremias Belknap schrieb am 4. September 1787 an Ebenezer Hazard:

> „Ihre Verschwiegenheit ist so groß gewesen, daß ich glaube, nicht ein Artikel der Verfassung ist bekannt. Wenn sich aber nur ein erträglicher ergeben sollte, so glaube ich, jeder Freund des Friedens und der Wohlfahrt Amerikas sollte ihm seine Unterstützung zuteil werden lassen." Belknap Papers, Mass. Hist. Soc. Coll.

„Das Ergebnis des Bundeskonvents ist jetzt endlich vollständig verlautbart, nachdem eine vollkommene Verschwiegenheit von seinen Mitgliedern beobachtet worden war, die wenigstens ihre Treue geehrt hat; denn wir glauben, daß kaum ein anderes Beispiel ähnlicher Vorsicht unter einer so großen Personenzahl vorgebracht werden kann." Pennsylvania Journal vom 6. Oktober 1787.

Daß die Geheimhaltung des Konvents nicht überall gebilligt wurde, kann man aus einem Brief des „Centinel" in Independent Gazetteer vom Oktober 1787 ersehen:

> „Das Schweigegebot, das den Mitgliedern des letzten Konvents während ihrer Beratung auferlegt wurde, war offenbar vom Geist der Aristokratie diktiert: es wurde für unpolitisch gehalten, dem Volke die Grundsätze der angestrebten Regierungsform zu offenbaren, da dies den beabsichtigten Zweck vereitelt hätte."

Natürlich konnte sich gerade in jenen Tagen die Presse nicht all dessen enthalten, was Washington „vorzeitige Spekulationen" nannte. Ein fingierter, detaillierter Bericht über die im Konvent „zur Erwägung stehenden Angelegenheiten" erschien in New York Daily Advertiser vom 13. August 1787 in einem

Brief eines „Herrn in Philadelphia an seinen Freund in Charleston, So. Car., datiert vom 4. Juli 1787".

Ein anderer lächerlicher Bericht war von New Haven, Conn., in Umlauf gesetzt worden. Er erschien in Pennsylvania Packet vom 13. August, Independent Gazetteer vom 14. August, Independent Chronicle vom 16. August und Maryland Journal vom 17. August 1787 und in vielen anderen Zeitungen und lautete:

„Ein Zirkularbrief ist im Lande herumgesandt worden und empfiehlt eine Königliche Regierung für diese Staaten. Der Schreiber schlägt vor, man solle nach England zum Bischof von Osnaburgh, dem zweiten Sohn des Königs von Großbritannien, senden und ihn zum König über diesen Kontinent krönen. Wir haben, sagt er, aus der Erfahrung ersehen, daß wir noch nicht genügend Verstand haben, um uns selbst zu regieren, daß all unser Gerede und Geprunke über Republikanismus, Freiheit, Eigentum und Menschenrechte nur dummes Zeug und Unsinn sind und daß es hohe Zeit für uns ist, den eigensinnigen Schritt rückgängig zu machen, den wir in diesen zwölf Jahren gegangen sind. Man hat uns erzählt, daß dieser Plan schnell Freunde und Anhänger gewinnt; und es ist sicherlich für den großen Teil des Volkes notwendig, auf der Hut zu sein. Der Bundeskonvent mag uns vor der schlimmsten aller Verwünschungen (einer Königlichen Regierung) bewahren, falls wir klug genug sind, seine Empfehlung dann anzunehmen, wenn sie uns mitgeteilt werden sollte." —

Nach der Urheberschaft dieses Berichtes wurde von Alexander Hamilton geforscht (vergl. Briefe Hamiltons an Jeremiah Wadsworth vom 20. August, Wadsworths an Hamilton vom 26. August, D. Humphreys an Hamilton vom 1. und 16. September, in denen gesagt wird, daß der Artikel zuerst in einer Zeitung vom 25. Juli 1787 zu Fairfield, Conn., erschien. Doc. Hist. IV, 255, 265, 267; vergl. auch Constitutional History of the United States von George Ticknor Curtis I, 624, Anm.). Der Bericht wurde als so wichtig angesehen, daß vom Konvent folgende halboffizielle Richtigstellung veranlaßt wurde: „Wir sind wohl informiert, daß an die Mitglieder des Konvents aus verschiedenen Gegenden viele Briefe geschrieben worden sind, welche die üblen Zirkulationsberichte betreffen, daß es beabsichtigt sei, eine monarchische Regierung zu errichten, an den Bischof von Osnaburgh zu senden usw. usw." Hierauf ist gleichmäßig geantwortet worden: „Obgleich wir Ihnen noch nicht bestimmt sagen können, was wir tun, so können wir Ihnen doch negativ erklären, was wir nicht tun — wir haben niemals an einen König gedacht." Boston Gazette vom 27. August 1787.

Im wesentlichen wurde das allein Richtige auch hinsichtlich der Handlungen des Konvents in Pennsylvania Packet vom 31. Juli 1787 veröffentlicht (und in vielen Zeitungen abgedruckt):

„Der Bundeskonvent beschloß über die Maßnahmen, die notwendig seien, um seine wichtige Aufgabe abzuschließen, und vertagte sich dann auf nächsten Montag (d. h. vom 26. Juli auf den 6. August), um einer für diesen Zweck bestimmten Kommission Zeit zu geben, das Material, welches die ehrwürdige Körperschaft gesammelt habe, zu ordnen und in ein System zu bringen." Das bezog sich auf die Einsetzung des „Committee of Detail", dessen Vorsitzender John Rutledge war.

Die Zeitungen stellten auch fest, daß am 13. August, „wie man sagte, eine Entscheidung über die wichtigste Frage getroffen wurde, die seit Zusammentritt dieser Versammlung verhandelt worden ist." Boston Gazette vom 27. August 1787. Dies bezog sich auf den Beschluß, durch welchen dem Repräsentantenhaus das Recht erteilt wurde, alle Anleihegesetze ins Leben zu rufen.

„Diese vom Konvent bisher beobachtete gründliche Verschwiegenheit müssen wir als ein glückliches Omen ansehen, denn sie beweist, daß sich der Parteigeist bei einer großen und wesentlichen Aufgabe nicht irgendwie emporgeschwungen haben kann." New York Daily Advertiser vom 14. August 1787; Pennsylvania Packet vom 22. August 1787.

Ich verdanke diese interessanten Angaben von Leuten der damaligen Zeit dem jüngst veröffentlichten Buch Warrens: „Die Verfassung und der Oberste Gerichtshof."

## Bemerkung 3.

### Die Harmonie des Konvents.

Schon am 21. Juni 1787 berichtete Independent Chronicle in Boston: Wir wissen, daß dort unter den Mitgliedern eine große Meinungsverschiedenheit herrscht und daß sich dort bereits Weisheit, Beredsamkeit und Patriotismus in wundervoller Weise offenbart haben. (Vergl. auch Washington an Hamilton unter dem 10. Juli 1787.)

Nathan Dane schrieb am 5. Juli 1787 an Rufus King: „Wenn sich der Kongreß nicht wenigstens auf einige Amendments einigt, dann wird eine allgemeine Verzweiflung ob unseres Zusammenhaltens Platz greifen. Man scheint hier übereingekommen zu sein, daß der Virginia-Entwurf zur Vorlage zugelassen werden solle, um ihn versuchsweise und hierin ein wenig nachgiebig zu prüfen, und daß dieser jetzt seinen Platz behauptet. Der Inhalt dieses Entwurfs war, glaube ich, schon vor dem Zusammentritt des Konvents Einigen bekannt." Farrand, III, 54. Vergl. Luther Martins Brief an die gesetzgebende Körperschaft von Maryland (1788), (Elliott's Debates, I 358): „Ich glaube, fast 14 Tage — vielleicht mehr — verwandte man auf die Diskussion dieses Gegenstandes, während wir dicht vor der Auflösung standen, kaum zusammengehalten durch Haaresstärke, obwohl die Zeitungen über unsere vollständige Einmütigkeit berichteten."

Vergl. auch Autobiography of Col. William Few aus Georgia, nach Original-Manuskripten im Besitz von William Few Chrystie, Mag. of Amer. Hist. (1811), VII: „Die Modifikation der Rechte der Einzelstaaten, die ungleichen Interessen und die Verschiedenheit der Meinungen schienen für einige Zeit unüberwindliche Hindernisse in den Weg zu legen. Nach ungefähr dreiwöchigen Beratungen und Debatten dachte der Konvent ernstlich daran, sich zu vertagen, ohne etwas anderes zu tun. Alle menschlichen Anstrengungen schienen vergeblich zu sein. Doktor Franklin beantragte, einen Kaplan anzustellen und Gott um Hilfe anzurufen, aber sein Vorschlag ging nicht durch. Es waren verhängnisvolle und kritische Momente. Wenn der Konvent sich damals vertagt hätte, schien die Auflösung des Staatenbundes unvermeidlich zu sein. Diese Erwägung hatte zweifellos auf die Versöhnung widerstreitender Meinungen und Interessen ihren Einfluß."

In einem an Jefferson aus Philadelphia am 11. Oktober 1787 geschriebenen Briefe stand: „Der Versuch ist neu in der Geschichte, und ich kann Ihnen noch etwas Neueres mitteilen — — Die Herren, welche aufwarteten, haben mir versichert, daß kaum eine Anzüglichkeit oder ein verletzender Ausdruck während der ganzen Sitzungsdauer gefallen ist. Das Ganze schloß mit einer Großherzigkeit und Aufrichtigkeit, die ihnen höchste Ehre macht". Doc. Hist. IV, 324.

Bemerkung 4.

**Franklins Ansprache vom 17. September.**

Man berichtete, Franklin habe geweint, als er die Mitglieder um ihre Unterschrift ersuchte — Independent Gazetteer vom 21. September 1787; Salem Mercury vom 2. Oktober 1787 —

> „Die Ansprache Sr. Exzellenz des Dr. Franklin an die Mitglieder des Konvents vor der feierlichen Transaktion war (wie uns ein Berichterstatter versichert) wirklich rührend und äußerst gefühlvoll" — Connecticut Courant vom 9. Oktober 1787; Boston Gazette vom 26. November und 3. Dezember 1787 und zahlreiche andere Zeitungen.

„Helvidius Priscus" (James Warren) schrieb am 27. Dezember 1787 in Independent Chronicle:

„Der alte Doktor, der nach seinen Grundsätzen und Handlungen immer Republikaner gewesen war, zweifelte, zitterte, zögerte, weinte und unterschrieb."

Frau Mercy Warren, Schwester von James Otis und Gattin des Patrioten Warren, die viel von Elbridge Gerry erfahren hatte und im Jahre 1805 die erste Geschichte der Revolution schrieb, berichtet uns in ihrer History of the American Revolution, III, 363, daß Franklin

„das Instrument für die Vereinigung der Vereinigten Staaten mit Tränen zeichnete und es, wenn er es endlich zeichnete, mit den Zweifeln und Befürchtungen darüber rechtfertigte, daß seine Landsleute nicht in der Lage sein würden, es besser zu machen, selbst wenn sie einen neuen Konvent berufen sollten".

Der Verfasser glaubt nicht, daß der alte Philosoph weinte. Falls er es tat, so „lächelte er wie Andromache unter Tränen." Nichts in seiner anmutigen und geistreichen Ansprache deutet auf Tränen, sondern nur auf jenen übersprudelnden guten Humor und gesunden Menschenverstand, die all seine öffentlichen Äußerungen und Handlungen kennzeichneten. Er war zu gesetzt und hatte einen zu großen Sinn für Humor, um in dieser Stunde seines Triumphes Tränen zu vergießen; denn die Annahme der Verfassung war der endgültige Schlußstein in seiner großen Laufbahn. Wie Horatio war er ein Mann, „der Nichts litt, indem er Alles litt", denn sein ganzes Leben lang, hatte er „Fortunas Stöß und Gaben mit gleichem Dank genommen".*)

Bemerkung 5.

### Der Anteil der Frauen an der Erreichung der Ratifizierung.

Angesichts des 19. Amendments**) interessiert es zu sehen, daß ein so ritterlicher Kavalier wie Washington nicht unterließ, die Rolle zu würdigen, welche die Frauen bei der Erreichung der Annahme der Verfassung gespielt hatten. In seinem Brief vom 31. August 1788 an Frau A. Stockton bemerkte er:

„Ein Geist der Anpassung war glücklicherweise den führenden Persönlichkeiten des Kontinentes gegeben, und der Menschensinn wurde allmählich durch getäuschte Hoffnungen zur Annahme einer guten Regierung vorbereitet. Auch

*) Anmerkung des Übersetzers: Vergl. Shakespeares Hamlet, Akt III, Szene 2.

**) Vergl. Seite 411.

könnte ich nicht dem schöneren Geschlecht seinen Anteil an dem Ruhm einer die menschliche Natur so ehrenden Umwälzung rauben. Denn ich glaube wirklich, daß Ihr Frauen zu der Zahl der besten Patrioten zu rechnen seid, deren Amerika sich rühmen kann."

Aufrufe an die Frauen zur Unterstützung erschienen in verschiedenen Zeitungen im Juni 1787:

„Es ist die Pflicht der amerikanischen Frauen, sich in besonderer Weise an dem Erfolg der Maßnahmen zu interessieren, die jetzt vom Bundeskonvent zum Heile Amerikas in die Wege geleitet sind. Sie können ihren Rang als vernunftbegabte Wesen nur unter einer freien Regierung wahren. In einer Monarchie (zu der uns die jetzige Anarchie in Amerika, wenn sie nicht bezähmt wird, bald führen muß) werden sie als wertvolle Glieder der Gesellschaft nur dann betrachtet werden, wenn sie fähig sind, Mütter von Soldaten zu sein, welche die Stützen von gekrönten Häuptern sind. Es liegt in ihrer Macht, durch ihren Einfluß auf ihre Gatten, Brüder und Söhne — — —." Independent Gazetteer vom 5. Juni 1787; Salem Mercury vom 19. Juni 1787.

Wiederholt drücke ich meinen Dank Charles Warren für diese interessanten Exzerpte aus zeitgenössischen Berichten aus. Er hat seine Standesgenossen und sicherlich auch alle Geschichtsbeflissenen durch seine unermüdlichen Anstrengungen, ein wenig mehr der Vergessenheit zu entreißen, zu großem Dank verpflichtet.

# REGISTER

DRUCK VON
A. SEYDEL & CIE. AKTIENGESELLSCHAFT
BERLIN SW 61.

FSC
www.fsc.org
MIX
Papier | Fördert
gute Waldnutzung
FSC® C083411

Kolibri 360 GmbH
Ferdinand-Jühlke-Straße 7
99095 Erfurt, Deutschland
produktsicherheit@kolibri360.de